国家社科基金优秀社科学术社团奖励性补助项目资助
华东政法大学地方高水平大学建设项目资助

外国法制史研究

（第25卷 第2辑）

北欧法研究专辑

何勤华 主 编
周 勇 史志强 执行主编

法律出版社
LAW PRESS·CHINA
北京

图书在版编目（CIP）数据

外国法制史研究. 第25卷. 第2辑，北欧法研究专辑 / 何勤华主编. -- 北京：法律出版社，2025. -- ISBN 978-7-5197-9956-4

Ⅰ. D909.9-53

中国国家版本馆 CIP 数据核字第 2025AC8654 号

外国法制史研究（第25卷第2辑）
北欧法研究专辑
WAIGUO FAZHISHI YANJIU(DI-25 JUAN DI-2 JI)
BEIOU FA YANJIU ZHUANJI

何勤华 主　编
周　勇
史志强 执行主编

责任编辑 曲　杰
装帧设计 李　瞻

出版发行 法律出版社
编辑统筹 学术·对外出版分社
责任校对 王语童
责任印制 胡晓雅　宋万春
经　　销 新华书店

开本 A5
印张 10.625　**字数** 288千
版本 2024年6月第1版
印次 2024年6月第1次印刷
印刷 唐山玺诚印务有限公司

地址：北京市丰台区莲花池西里7号（100073）
网址：www.lawpress.com.cn
投稿邮箱：info@lawpress.com.cn
举报盗版邮箱：jbwq@lawpress.com.cn
销售电话：010-83938349
客服电话：010-83938350
咨询电话：010-63939796

书号：ISBN 978-7-5197-9956-4　**定价**：78.00元

凡购买本社图书，如有印装错误，我社负责退换。电话：010-83938349

序

作为我国外国法研究的重要学术阵地,《外国法制史研究》长期致力于介绍和讨论域外法律制度的发展历程及经验,为我国法律发展提供借鉴。尤其是在2022年改为一年两辑出版后,除了每年外法史年会的论文精选外,我们还单独策划了一些具有重要学术价值、填补学术空白的外国法研究的选题,以研究专号的形式推出。本次我们推出的“北欧法研究专辑”就是其中的尝试之一。此次专辑我们精心挑选翻译了北欧几位重要法学家的经典论著,同时也刊登目前国内对于北欧法律研究的最新成果,为国内学界介绍北欧法律的历史演进和当代样貌。这一尝试在中国法学界应该还是第一次。

早在明清时期,中国就与北欧各国有贸易往来。中华人民共和国成立后,瑞典是第一个与中国建交的西方国家。近年来,中国同北欧国家人员往来日益频繁,贸易规模不断扩大,多边关系逐渐走向深入。北欧各国不仅拥有共同的祖先神话、语言文化,而且相较于欧陆其他国家,他们受到罗马法的影响相对较晚,其法律传统别具特色。但我国目前对于北欧地区的历史、政治、法律的学术研究尚显薄弱。本次北欧法专辑的论文主题涵盖北欧法律的发展历史、北欧国家宪政实践的比较分析、北欧特色的法律制度和法学思想(如监察专员制度、斯堪的纳维亚法律现实主义)等。

本次专辑所收译文的作者地域上囊括挪威、瑞典、丹麦、芬兰四国,他们均为北欧各国声誉卓著的知名学者,其中希斯蒂·斯特罗姆·布尔(Kirsti Strøm Bul)曾任挪威人文与科学院院长、迪特莱乌·塔姆(Ditlev Tamm)为丹麦皇家科学院院士、达格·米凯尔森(Dag Michalsen)曾任挪威奥斯陆大学法学院院长、皮亚·雷托—瓦纳莫(Pia Letto-Vanamo)曾任芬兰赫尔辛基大学法学院院长、劳拉·埃尔沃(Laurra Ervo)曾任瑞典厄勒布鲁大学法律系主任,他们不仅在各自的国家法学界有着重要地位,也在国际法学界产生了深远的影响。通过"北欧法专辑"的推出,我们希望进一步深化我国法学界对北欧法律传统的认识,填补外国法律史和比较法研究中的空白,更希望搭建起一座连接中国与北欧法学对话的桥梁。

同时,本专辑的出版也是华东政法大学与挪威奥斯陆大学开展长期学术交流的成果。2018年,应华政法律史研究中心主任李秀清教授邀请,挪威奥斯陆大学法学院院长达格·米凯尔森教授一行访问华东政法大学,2019年华东政法大学叶青校长一行回访,双方签署合作备忘录,一致同意建立合作交流机制。2020年,双方决定在华东政法大学与奥斯陆大学法学院共同建立"中国－北欧法研究中心",并于2021年5月共同举办了"中国－北欧法研究中心"国际学术研讨会。在此基础上,我们以全国外国法制史研究会集刊《外国法制史研究》为平台,推出了"北欧法研究专辑"。

此次专辑的策划由华政"中国－北欧法研究中心"的主要成员——奥斯陆大学的达格·米凯尔森、玛丽亚·伦德伯格(Maria Lundberg)、周勇和华东政法大学的何勤华、李秀清、于明——共同组成"北欧法专辑"编委会。其中,周勇老师承担了最繁重的工作,从挑选文章、联系版权到最终编辑审定,都付出了极大地心血。在此我们要向周勇老师以及所有为本专辑翻译、撰稿的学者表示诚挚的感谢。此外,本辑的另一位执行主编史志强老师也为本辑的策划、翻译审定和编辑做了大量工作,在此也要特别感谢。研究生韩驰、张志萌、郭雨薇、黄雨欣、金逸菲、李昭慧、陈怡玮等承担了本辑中北欧学者论文的翻译工作,韩驰还担任了本辑的编辑助理,编辑部主任孙晓鸣老师也为本辑的出版付出很多辛劳,也同样一并表示感谢。

我们相信,在各方的共同努力下,中国法学界对北欧法的研究将不断深入,并为我国法治现代化建设注入新的活力与动力。

何勤华
于华东政法大学
涉外法治研究院
法律文明史研究院
2024 年 6 月 10 日

目　录

主题研讨

专题论文

主题研讨

北欧法:多元规范空间的互动与时间性问题

周　勇*

[**摘要**]北欧由三个君主立宪制国家(挪威、瑞典和丹麦)、两个共和国(芬兰和冰岛)以及数个具有特殊法律地位的区域(如斯瓦尔巴群岛、格陵兰岛、奥兰群岛等)组成。如何对北欧法进行一种整体性的观察,描述和分析该区域内法律的文化特性、制度文明的演进和当下的挑战?本文依据规范空间、法律多元和法律过程的理论视角,提出以“多元规范空间的互动和时间性”问题来建构一种研究框架,并初步探讨了北欧法系、北欧区域内的地方自治、民族国家建设、原住民权利运动和政教关系改革等相关问题,以及北欧的规范知识和实践在空间性和时间性上拓展的可能。

[**关键词**]北欧法;法律多元;法律过程;多元规范空间;时间性

北欧法是什么?为什么要研究北欧法?如何将北欧法置放在其地方社区国家和欧洲乃至全球的语境空间中进行观察和分析?这些问题学人们见仁见智,一致百虑。本文尝试构建一种观察北欧法景观的视角,即从多元规范空间的互动与时间性的框架中提出以下问题:(1)北欧法的界定和北欧特性问题。具有共同的神话祖先和语言文化历史传统特色的北欧在全球的规范空间体系比较中是否构成某种法系。(2)北欧法域的东与西,合与分问题。如何解释地方自治,民族主义和多元规范空间构建中的成与败。(3)北欧法域的南与北,原住民萨米人的权利运动和习惯法与国家法和国际法的互动,北欧国家的和非国家的行动者在全球治理规范空间中的角色和意义。

---

* 周勇,挪威奥斯陆大学法学院研究员、项目主任,德国马克斯—普朗克社会人类学研究所合作研究员,华东政法大学兼职教授。

一、构建一种北欧法研究的框架

空间和时间是自然和社会科学理论中的关键概念。社会科学指称的空间从地理学上借鉴而来,在用来理解人类行为与物理的和社会文化的环境关系时呈现多种含义。[①] 多元规范空间的视角构建主要基于近期法律地理学[②]和法律人类学的研究成果。[③]

20世纪人文地理研究在视角上的"空间"转换启发了法律与地理学的交叉研究。[④] 空间性(spatiality)问题就是描述空间生产的过程以及各种社会的和地理的变量要素在此实践过程中所起的作用。因此,空间是一个社会过程的产物。社会空间是人类社会生活中建立的一种社会关系网络。法律规范的空间视角是对相关的法律规范在其实践的过程中所扮演的角色以及其生成的产品的观察分析。法律都有其地域相关性的方面,但规范空间的视角关注不仅仅是法律规范的地域管辖和有效性问题,而且更重要是观察分析法律与其规范嵌入的社会关系的领域。这两种有形的和无形的空间(物理地域和社会领域)不是分立的,而是"共联的或共构的"(conjoined or co-constituted)。[⑤] 与本文相联系,"北欧"作为一个空间不仅是一个物理的地域单位或地方(place),

---

① See Nigel Thrift, *Space: The Fundamental Stuff of Human Geography*, in Sarah L. Hollaway et al. eds., Key Concept in Geography, Sage, 2003, p. 85 – 107.

② See Jane Holder & Carolyn Harrison ed., *Law and Geography*, Oxford University Press, 2003; David Delaney, *The Spatial, the Legal, and the Pragmatics of World-Making: Nomospheric Investigations*, Routledge, 2010.

③ See Franz von Benda-Beckmann et al. eds., *Spatializing Law: An Anthropological Geography of Law in Society*, Ashgate, 2009; Katrin Seidel & Hatem Elliesie, Normative Spaces and Legal Dynamics in Africa, Taylor and Francis, 2020.

④ Edward W. Soja, *Postmodern Geographies: The Reassertion of Space in Critical Social Theory*, Verso, 1989.

⑤ See I. Braverman et al., *Introduction: Expanding the Spaces of Law*, in I. Braverman et al. eds, The Expanding Spaces of Law: A Timely Legal Geography, Stanford University Press, 2014, p. 1 – 29.

而是一个多种社会关系的相关因素共存和连接互动的构成。北欧法也不仅是一个地理概念中的法律体系,它还应被理解为嵌入在宗教信仰、政治意识形态、经济贸易交往和文化活动等这些无形的社会网络空间之中的规范生成的过程和产物。

法律多元论和法律过程论是建构这一研究框架的基石。法律多元论认为法律不仅是正式的国家法律制度规范,而是在国家法以内和以外的多重规范的混合并存,这些多元的规范通常并不一致且可能相互矛盾冲突。其彼此之间的互动又在不断地形塑对方。在这一过程中,法律的和非法律的规范互动并没有明确的区分。① 这一理论视角强调人类社会结构中多重规范存在的制度事实,它拓展了以国家法为中心的观念,将不同的多重的规范体系纳入观察研究的视野。在这些多元的规范体系或多重的规范空间中,国家法有时并不一定总是占据中心或主导的地位。②

法律作为一种过程的理论③将一种以行为者为导向的互动过程观察引入描述和分析的框架中。多种法学理论(如自然法理论、法律实证论、建构论以及法律的现实主义等)对于“法”的界定的不同,在很大程度上影响了法律在社会生活中的作用分析。多元规范空间的互动采用莫尔提出的法作为“半自治的社会领域”(semiautonomous social field)的概念和法律作为一种过程的视角来观察北欧。综上所述,本文所指的多重规范空间彼此相关联,且在互动中不断构建。这种复数的规范的空间(normative spaces)是由多种社会组织、地方区域和国家以及跨国家的规范制度框架和实践的交织叠加,这些复合的规范体系在不同

① See Sally Engle Merry, *An Anthropological Perspective on Legal Pluralism*, in Paul Schiff Berman ed., *The Oxford Handbook of Global Legal Pluralism*, Oxford Academic (Oct. 8, 2020), https://doi.org/10.1093/oxfordhb/9780197516744.013.20.

② See John Griffiths, *What is Legal Pluralism*?, 18 The Journal of Legal Pluralism and Unofficial Law 1 (1986).

③ Sally F. Moore, *Law as Process: An Anthropological Approach*, LIT, 1978.

的时空制度安排中经由多种行为者被持续地重复、解释和再构建。① 规范空间的时间性就是观察过去、现在和未来的多重规范及其相关代理人/行为者在立规、用规和司规空间的互动和再生产过程。

因此,本文提出的观察北欧法景观的框架由以下三个要素构成:多元的规范制度;多样的行动者;多种行动者在立规用规和司规过程中的互动。具体说来,这些规范的多元空间构成,包括北欧国家的国内法、国家之间双边的和多边组织(如北欧理事会等)的国际法、国家地域内地方社区(特别是如奥兰岛和格陵兰岛等自治地方)和原住民的习惯法以及其国家的(作为欧盟和联合国的成员国等)和非国家的(各种跨国组织的成员)多种行为者参与构建的区域性、行业性和全球性治理空间中的规范体系。对于这种规范体系之间的关系的观察,尽管国家法及其立法、行政和司法机构作为重要的行动者具有不可替代的作用,但国家并不总是制度化规范的中心。非国家的行为者和新确认的行为主体代表在多元规范体系互动(立规用规和司规过程)中的对抗、竞争和合作是不可忽视的。北欧国家及其多种行动者在建构、巩固和拓展基于其价值理念和利益的全球治理空间的活动值得关注。与此同时,作为社会关系范畴的规范空间总是具有时间性的。北欧多重规范空间构建的过程及其在全球的移植拓展都是在这一研究框架下值得深入探讨的问题。

二、北欧法的多元规范空间及其互动

(一)北欧法传统和法系问题

北欧在地理上处于欧洲大陆的北部边缘。北欧作为一个地理的概念现指挪威、瑞典、丹麦、芬兰和冰岛五个国家的区域。与该区域相关联的词有挪威、瑞典、丹麦语和德语中的 Norden 以及斯堪的纳维亚。

① 基于对法律概念的更为宽泛的理解,Katrin Seidel 和 Hatem Elliesie 等提出"规范的空间"(normative spaces)这一概念。参见 Katrin Seidel & Hatem Elliesie, *Normative Spaces and Legal Dynamics in Africa*, Taylor and Francis, 2020.

Norden 直译为“(特指的)北方”,具体指称北欧五国却是新近的事。斯堪的纳维亚在地理上包括瑞典、挪威和芬兰的一部分,但政治和文化上包含了丹麦甚至扩展到冰岛格陵兰岛和法罗群岛等区域。北欧这种地方和文化地理上的模糊性恰恰反映了空间不仅是物理的还是文化和制度上的。

对于北欧法与其共同的祖先神话、语言文化传统以及近现代一系列协同实践所展示的相似性特质,雷托 - 瓦纳莫和塔姆提出用“Nordic legal mind”,即一种共同的北欧法的思维、心智和精神来表述北欧社会国家治理上的密切关系。①

尽管将北欧国家的法律制度归为欧洲大陆法系的一个分支是一种较普遍的观点,但并非没有争议。② 相对于欧陆其他国家,北欧法律制度的早期构建过程较少受到大陆法系的影响,并曾经在一定的程度上抵制罗马法。法学教育中认真研习和教授罗马法的历史是晚近才开始的。一个明显的事实是罗马法或欧陆法知识对北欧的法学教育和司法实践影响有限。北欧国家的立法缺少大陆法系国家的一个典型特征,就是没有编纂一部综合的民法典。

这里重要的问题是对法律文化或传统作为法系分类基础的反思。由于法律传统在我理解是一种复杂的知与行的混合构成,并有其时间性的持续变化甚至革命性的变革,从来就不存在一种“纯粹的”或“正宗的”形貌。用传统、传统价值、法律传统等词来叙述和分析都极具争议。③ 重要的是,法律文化或传统不应该是一个封闭的概念,而是一种

---

① See Pia Letto-Vanamo & Ditlev Tamm, *Nordic Legal Mind*, in Pia Letto-Vanamo et al. eds., Nordic Law in European Context, Springer Nature, 2019, p. 1 – 20.

② 比较法学者的不同分类参见 K. Zweigert & H. Kötz, *An Introduction to Comparative Law*, Oxford University Press, 1998; J. Husa, *Classification of Legal Families Today*, 56 Revue internationale de droit comparé 11 (2004); J. Husa, *A New Introduction to Comparative Law*, Hart Publishing, 2015; J. Husa et al., *Nordic Law—Between Tradition and Dynamism*, Intersentia, 2007。视其为欧洲大陆法系是目前一种普遍的观点。参见渥太华大学法学院建立的多语言法律信息数据库中全球法(JuriGlobe)项目的分类。

③ See Thomas Duve, *Legal Traditions*, in Marie-Claire Foblets et al. eds., The Oxford Handbook of Law and Anthropology, Oxford University Press, 2022.

对多元规范空间历时性交流互动的过程观察。法律多元论的观察发现世界上没有彼此界限分明且具有文化上同一性的法律传统。对于北欧法而言,有意义的观察或许是理解该地域以及在更广大的欧洲和全球空间里北欧规范认同或分离的过程。例如,从8世纪末至11世纪初生活在北欧区域的维京人对于欧洲沿海地区的征战、贸易和定居究竟怎样影响了北欧法律规范的构成?北欧国家受基督教特别是路德宗深刻影响而形成的政教关系体制与其历史上形成的规范空间上的叠加意味着什么?北欧国家在欧盟规范层面上的互动对于其日常生活的影响?等等。无论如何,从当地人的观点看,曾任挪威最高法院法官的芬恩·希奥西(Finn Hiorthøy)指出,斯堪的纳维亚的法律具有民族特色,其法律灵活且贴近生活,不像其他欧洲法律体系那样教条主义。在实践中,人们尤其关注在法庭上形成的规则和原则。有许多的法律是法官制定的,但不受先例的约束,不适用遵循先例的普通法原则。司法相对自由地满足不断变化的社会条件的要求。外行广泛参与民事和刑事诉讼在某种程度上促成了现代斯堪的纳维亚法律的务实和灵活的特点。①

(二)北欧规范空间的东与西、合与分

1500~1800年的北欧是东部丹麦和西部瑞典两大帝国的并存时期,充满了冲突和战争。丹麦拥有北德意志、挪威和冰岛,而瑞典则控制着芬兰和波罗的海国家。1789年法国大革命和此后的拿破仑战争,改变了欧洲的政治版图,也带来了该地域的变化。俄罗斯从瑞典手中夺取了芬兰,并将其变成了一个半自治的实体。这导致了瑞典的旧王室被驱逐和1809年制定的新宪法。脱离了丹麦的挪威制定了1814年的宪法在并入瑞典联盟后最终于1905年独立。芬兰直到1917年才摆脱俄罗斯而成为独立的共和国,冰岛从丹麦逐渐分离直到1944年完全独立。

---

① See Finn Hiorthøy, *Judge of the Supreme Court of Norway*, *Oslo*, 1955 – 1973, Britannica(Jan. 4,2024), https://www.britannica.com/topic/Scandinavian-law.

在19世纪和20世纪,北欧区域内呈现不同类型的民族主义。一种是趋向于区域的整合并建立一个统一的北欧国家的斯堪的纳维亚主义,另一种则是各别建国的民族主义,如挪威诉求的民族自决。斯堪的纳维亚主义,或称泛斯堪的纳维亚主义(Scandinavism 或 Pan-Scandinavianism)是依北欧国家具有相关的历史与文化传承、共通的神话体系、相同的语言发源并且在历史上存在过的卡尔马联盟(Kalmarunionen)等,[①]倡导斯堪的纳维亚国家(或北欧国家)之间的合作和共同建国。斯堪的纳维亚主义出现于19世纪,但是,为什么相较于同时期的德意志和意大利的欧洲民族国家建设,斯堪的纳维亚的建国方案却未能达成?[②]

北欧规范空间的合与分,民族主义和地方主义的意识形态之间的关系是值得进一步讨论。挪威人具有比其邻人更强烈的民族主义,最终行使民族自决权从瑞典分离独立,也不加入欧盟。当1814年挪威获得相对独立时,其政治和文化精英们普遍使用丹麦语。1850年,语言学家奥森(Ivar Aasen)开始了他基于挪威西部地区和东部的山区的方言创制新挪威语的项目,引发了"新挪威语"的民族主义运动。20世纪语言学家克努森(Knud Knudsen)进一步将城市的挪威口语标准化为新挪威语的书面语。但是挪威国家旨在统一挪威语的政策和措施并没有获得成功,在法律上现今新挪威语和原先的丹麦挪威语(bokmå)在一个人口仅500万的国家都是官方语言。

尽管存在不同的民族主义和分离的倾向,北欧区域的国家之间保持了200多年的合作与和平共处。在北欧法史上一个重要的现象就是

---

① 1397年至1523年由斯堪的纳维亚的丹麦、瑞典(包括芬兰)和挪威(包括冰岛、法罗群岛、格陵兰岛、设得兰和奥克尼)为主组成的共主邦联。三国的联盟把整个北欧地区置于一个国王的统治下,有利于北欧国家对抗德意志汉萨同盟在波罗的海和北海的贸易垄断地位。

② 有趣的是1872年来自丹麦、挪威和瑞典的移民者在新西兰共同建立了一个移民城镇,并以维京时代在丹麦南部建立的防御要塞丹内维尔克(19世纪在普丹战争中沦陷)命名该镇,反映斯堪的纳维亚主义具有文化区域认同的基础。

从19世纪70年代开始共同进行的北欧立法的倡导。① 第一次北欧法律人论坛提出推进北欧法律协同的基础就是北欧区域存在一种北欧法精神的共识。②

北欧整合协同的方案在20世纪提出并实践。③ 第二次世界大战结束后,北欧国家走向一体化的趋势明显,北欧护照联盟、④北欧理事会、北欧航空等政府间组织相继成立。自1954年以来北欧国家之间的边界一直是开放的,在这么多的国家之间开放边界,前所未有,其实践成为申根国家协议的先导。1953年成立的北欧理事会(Nordic Council)旨在就北欧共同问题进行协商,促进五国在经济、社会等领域的合作,北欧理事会的部长会议在共同规范空间建构和行动计划的协调一致上起着关键作用。在安全合作方面,最近的俄乌战争消弭了瑞典和芬兰历史上的顾虑嫌隙,其加入北约的决定促进了北欧区域之间的军事防御合作。但是,北欧区域的整合趋势也由于欧洲一体化的过程而被分化或弱化。例如,欧盟的组建,瑞典、丹麦、芬兰成为其成员国,而挪威与冰岛则没有加入。

(三)北欧规范空间中的南与北:萨米原住民与国家的关系

目前,约5万~10万萨米人分别居住生活在斯堪的纳维亚和科拉

---

① D. Tamm, *De nordiske juristmøder* 1872 - 1972—*Nordisk retssamvirke gennem* 100 *år*, Nytnordisk Forlag Arnold Busck, 1972; G. Carsten, *Hundert Jahre Nordischer Juristentag*: 1872 - 1972, 37 Rabels Zeitschrift für ausländisches und internationales Privatrecht 80 (1973).

② 自1872年第一次北欧法学会议在哥本哈根召开以后,这一会议定期举行。参会人员包括法官、公务人员、执业律师和法学学者等。

③ 例如,1919年由瑞典人提出建立一个北欧的经济合作组织或共同体的方案。

④ 北欧护照联盟允许北欧各国公民——冰岛、丹麦、挪威、瑞典以及芬兰——在其他北欧国家自由旅行、居住(格陵兰岛以及斯瓦尔巴群岛除外),而无须提供任何旅游证件或居留证。北欧护照联盟的设立可以分为三个阶段:1952年,丹麦、挪威、瑞典和芬兰同意四国公民在区域内旅行时候无须提供护照。1954年7月1日起,四国公民有权在任一协议国自由定居或工作。1957年7月11日,丹麦、挪威、瑞典和芬兰通过协议,同意废除所有边境的护照检查,非协议国公民从某一北欧国家旅行到另一北欧国家时,亦同样适用。该协议于1958年5月1日起生效。1965年9月24日起,冰岛加入,1966年1月1日起,法罗群岛加入。

半岛的四个国家,即挪威、瑞典、芬兰和俄罗斯。与欧洲绝大多数印欧语系民族的文化不同,萨米语属乌拉尔语系,放牧驯鹿和渔猎是萨米人最具特色的传统生活方式。从历史上看,北欧萨米人与其所在国家的关系大致经历了三个阶段。早先萨米人生活的芬马克高原地域并未处于任何国家的控制下,但他们也没有建立过自己的国家,而是通过"斯达"(Siida)组织生产活动、划分水源牧场森林等自然资源的使用,并协商和解决纷争。[①] 大约在1100~1350年,俄罗斯人、瑞典人和挪威人等建立的王国将其国家权力扩展至萨米人的传统领地,但是萨米人依然在该地域内运用其习惯法实行自治,这些王国对该地的管理十分微弱,因此,这一阶段通常称为中世纪王国扩张时期。第二阶段是现代民族国家构建时期。这一时期的开始以18世纪中期以来各王国之间彼此划分国界为标志,其王国体制也向现代民族国家转型,萨米人最终被分割在四个国家境内。伴随这些现代国家的政权建设和国族构建,国家加强了对萨米地区的行政控制,推行家长式保护和同化政策。这种持续了100多年的政策和法律措施构成了对萨米人政治权利和文化社会生活的制度化歧视,也引发了他们争取其正当权益的抗争。这一区域性的社会抗争运动随后又与北美等土著人民权利运动在20世纪50年代逐渐合流,推动了国际法的演进。20世纪60年代北欧国家逐步关注和确认萨米人正当权利的法理发展,标示着萨米人与其所在国家的关系进入了第三阶段,即对同化政策的抛弃和确认萨米人的权益受到作为国际法上的"少数人"和"原住民"或"土著人民"保护的法律地位。

挪威北方萨米人放牧驯鹿的习惯权利的历史演变揭示了北欧南北不同生活方式的民族之间的长期冲突。[②] 地理学家尼尔森(Nielsen)认为,

---

① 有关萨米人的这一传统社会组织及其地方差异,参见 Sara Korpijaakko-Mikkel, *Siida and Traditional Sami Reindeer Herding Knowledge*, Northern Review, March 22, 2009。

② 参见本书希斯蒂·斯特罗姆·布尔的文章《挪威萨米驯鹿牧民放牧权的演变:从十九世纪至今》。

萨米人比挪威农民较晚时期才从北方迁居并侵占南方的农地这一理论①在1889年被拉普委员会接受,②并成为挪威法院直到20世纪60年代的法理判断的事实依据。

萨米人对其权利的诉求自20世纪50年代起,成为国际原住民权利运动的一部分。1978年挪威的“阿尔塔事件”在这一系列活动中最具代表性。该事件的起因是挪威计划在阿尔塔-卡托凯诺(Alta-Kautokeino)河谷地方建坝,利用当地的水力发电。依据建设规划,一部分萨米人生活居住的核心地域将会受到影响,200多萨米人聚居的马斯(Masi)村要被水淹没。1978年年底,挪威议会投票通过了建造水坝的计划,次年政府就项目实施颁发许可令。萨米人认为:这一开发计划损害其赖以生存的土地资源和驯鹿放牧产业。与此同时,他们所失去的不仅是土地,还有其族群的文化认同,他们将被迫融入一个对他们了解很少却歧视很多的社会。萨米人和环保人士对此项工程采取了多种形式的抗议活动,包括向社会公众争取签名支持、向挪威国家议会提交抗议书、向挪威地方和最高法院以及欧洲人权委员会提起诉讼或申诉甚至直接阻止工程建设活动,炸毁桥梁和绝食抗议等。但这一切都没能阻止工程建设。在此期间,国家为确保工程的进行,不得不在当地派驻大量的警力维持治安。

尽管萨米人对该事件的各项权利诉求均遭遇挫折,但由此案引发的萨米权益和环境保护问题直接导致了挪威政府对萨米政策、法律和社会问题的反思。20世纪80年代初挪威的萨米权利委员会提出了法律改革的建议,检讨了联合国的相关工作定义以及国际法和国内法上

① Yngvar Nielsen, *Lappernes fremrykning mod syd i Trondhjems stift og Hedemarkens amt*, Det norske geografiske Selskabs Aarbog, 1891, p. 19.

② *Indberetning fra den ved kongelig Resolution af* 12*te Juli* 1889 *til Undersøgelse af Lappeforholdene i Hedemarkens, Søndre-og Nordre Trondhjems Amter anordnede Kommission* [Commission Report], 1892, p. 4.

对土著人民概念的使用。[①] 1984年该委员会作出结论认为:尽管挪威的国内立法中没有使用这一术语,但萨米人明显属于土著人民。[②] 该委员会提出的法律改革建议最终促成了挪威宪法的修改和萨米议会法案的通过。[③]

继挪威宪法在1988年作出修正,确认萨米人的"人民/民族"(people)的法律地位后,[④]芬兰和瑞典的宪法也于1995年和2011年分别进行了修改。北欧三国此后制定了有关萨米议会的相关法律,分别于1989年(挪威)、1993年(瑞典)和1996年(芬兰)建立了各国基于民主选举基础上的全国性的萨米人代表组织——萨米议会,[⑤]成为土著人民行使其群体权利的制度保障。

尽管北欧国家的立法和规范空间在20世纪80年代后拓展到欧洲人权公约和国际人权公约的适用,最近的福森(Fosen)案件的判决和实施显示的这一演进过程的成就与局限。福森风电项目是欧洲最大的陆地开发可再生能源的项目。但由于其部分项目点位于萨米驯鹿的牧场,2021年挪威最高法院第一次依据公民权利和政治权利公约判定挪威政府和开发公司侵犯了萨米人依法享有的文化权利。这一里程碑意义上的胜诉尚没有带来实际的救济,2023年春挪威首都奥斯陆的和平抗议正促使政府在法院判决后的一年半之后考虑采取相应的措施。

---

① 有关联合国工作上就该术语概念的定义综述,参见 The Concept of Indigenous Peoples, Background paper prepared by the Secretariat of the Permanent Forum on Indigenous Issues, PFII/2004/WS. 1/3.

② NOU No. 1984:18 section 10.

③ 参见周勇:《少数人权利的法理》,社会科学文献出版社2002年版,第163~165页。

④ 挪威宪法第110条第a项。

⑤ 萨米议会挪威语称 Sametinget、瑞典语称 Sametinget 或 Sami Riksdag、芬兰语称 Saamelaiskäräjät、萨米语有多种方言拼写不一,通常称 Samediggi。2010年,俄罗斯的萨米人模仿北欧三国的制度也成立了萨米议会(俄语为 Куелнегк Соамет Соббар,萨米语为 Kuelnegk Soamet Sobbar),但是该萨米议会组织尚没有得到俄罗斯政府的承认。

三、北欧法的空间拓展和时间性(temporality)

多元规范空间的构建与互动总是具有时间性的。达格认为,法律史学者的核心任务就是反思法律的时间性。[①] 从法律科学的整体看,法律史学科承担着处理法律的时间化(temporalization)问题,[②]因为历史不是过去事件的集合,过去永远是相对于"当下"而言。过去不断地在更新,也因此潜在地反映法律未来的、可能的样貌。法律史学者的任务是通过分析和整合法律中的时间,从历史全景的视角诠释和理解它们,并预见其未来。

法律的时间性又是与空间相联系的。一个与北欧法相关的典型的问题讨论就是北欧模式是否可能移植(空间性)?是否代表世界其他地区尤其是发展中国家法律制度的未来(时间性)?本文无意重复与此问题相关的诸多讨论,而是主要强调两个方面的观察:一是北欧国家由于受外来移民影响而不断增长的社会文化多样性挑战,要求其进行法律规范上的改革,这里特别提及的是挪威新近对于其延续500年的政教合一体制的宪法改革。二是北欧三国正在起草和谈判中的《北欧萨米公约》的实践意义,以及北欧在全球治理上的影响。

(一)全球空间和治理:北欧的行动者

北欧国家的政府社会组织和个人活跃在全球治理的相关领域,留下许多可见的象征性符号和足迹,是一个值得关注的现象。北欧国家是人口数量和领土面积上的小国,却在国际和平和人道主义以及可持续发展等国际多边主义合作机构的建立、规范制定和实施方面积极参与。举例来说,联合国第一任秘书长是挪威的特里格韦·哈尔夫丹·赖伊

---

① 参见本书达格·米凯尔森的文章《1667年至2017年的宪法与法典编纂:一位法律史学家的思考》。

② Markus D. Dubber & Christopher Tomlins eds., *The Oxford Handbook of Legal History*, Oxford University Press, 2018; Anthony Musson & Chantal Stebbings eds., *Making Legal History: Approaches and Methodologies*, Cambridge University Press, 2012; Dag Michalsen ed., *Reading Past Legal Texts*, Oslo, 2008.

(Trygve Halvdan Lie)先生,他率领挪威代表团出席在旧金山举行的联合国国际组织会议,并担任第三委员会的主席,负责起草宪章中关于安全理事会的规定。他从 1946 年 2 月 1 日当选任职到 1952 年。瑞典的达格·哈马舍尔德(Dag Hammarskjöld)先生自 1953 年 4 月 10 日起担任联合国第二任秘书长直到 1961 年 9 月 18 日在刚果执行和平任务时飞机失事殉难。联合国纽约总部的图书馆就是以他的名字命名以纪念他努力防止战争和实现宪章宗旨的贡献。

在难民事务的人道主义国际多边合作中,挪威北极探险家弗里特约夫·南森(Fridtjof Nansen)在国际联盟成立之初的 1921 年担任第一位难民事务高级专员,处理棘手的战争难民问题,帮助他们获得合法身份及经济自立的能力,并为无国籍人士的人道需求设立了最终获得 52 个国家认可的"南森护照"。1954 年联合国设立南森难民奖,每年颁发一次授予为难民事务作出杰出贡献的个人或组织。

在生态环境保护方面,1972 年在斯德哥尔摩举行的联合国人类环境会议,是首届将环境问题作为主要议题的世界会议。会议通过的《斯德哥尔摩宣言》将环境问题置于国际关注的首要位置,标志着工业化国家与发展中国家开始就经济增长、空气、水和海洋的污染以及全世界人民福祉之间的关联展开对话,制定行动计划和起草几项重要的国际环境法公约,并建立了联合国环境规划署。被称为"可持续发展概念之母"的格罗·布伦特兰(Gro Brundtland)曾担任挪威首相、世界卫生组织总干事、联合国气候变化特使等职。1984 年她担任首届新成立的联合国环境与发展委员会的主席(这个委员会又被称为"布伦特兰委员会")。正是在担任这一职务期间,她推动了这一全球保护环境和生态的主导理念的确立,发表了世界环境与发展委员会的报告《我们共同的未来》,对 1992 年在巴西里约热内卢召开的联合国环境与发展峰会起到了重要推动作用,促进了《联合国气候变化框架公约》《生物多样性保护公约》规范的拟定和实施。

在维护和促进国际和平方面,瑞典科学家诺贝尔作为个人设立并由挪威诺贝尔委员会颁发的和平奖也已实践了 100 多年。在原住民权利保护和运动方面,马戛(Magga)先生是1975年在加拿大成立的世界土著人民委员会(WCIP)的代表。他于1980年至1985年领导挪威萨米人协会,并于1989年至1997年担任挪威萨米人议会的第一任主席。2002年,他成为联合国土著问题常设论坛首任主席。

北欧社会作为一种区域的整体性及其可能预示未来全球治理目标的方向性方面可以用人类发展指数和法治指数来说明。依据联合国开发计划署基于国民的健康、教育和生活水平的人类发展指数(Human Development Index)进行评估,北欧五国的发展程度都属于"极高"一组,基本位居世界的前十名。[①] 与此同时,在2022年WJP法治指数的世界排名中,北欧五国除冰岛名列第10位,其他四国分别位列第一到第四。[②] 这项对法治的评估是基于八大类指标的综合统计,即对政府权力的限制、没有腐败、开放的政府、基本权利、秩序和安全、监管执法、民事司法和刑事司法,指标进行的综合统计评估,较广泛地反映了法律制度和实施的状况。[③] 北欧模式和北欧多种行为者在全球规范空间建构的意义究竟如何去衡量和评价,有待进一步观察和探索。

(二)持续增长的文化多样性与政教关系改革

天主教传入北欧可以追溯到11世纪。12世纪的丹麦瑞典和挪威王国分别成为罗马统治下的独立教会省份(丹麦1100年,挪威1152年,瑞典1164年)。16世纪受马丁路德的宗教改革运动影响,斯堪的纳维亚国家都脱离了罗马教皇,基督教路德宗成为丹麦、瑞典、挪威、冰岛的国教,并在后来的宪法中予以确认。

---

① 依据人类发展指数进行的国际比较评估将国家分为极高、高、中、低共四组。在最新的报告(2021~2022年)人类发展指数的排名中,北欧四国居前十,芬兰居第11位。参见联合国开发计划署官网,https://hdr.undp.org/content/human-development-report-2021-22。

② 参见世界正义工程官网,https://worldjusticeproject.org/rule-of-law-index/global/2022。先前的排名记录也是如此,可以参见该网站2015年以来的各年度统计。

③ 在此八大类之外还有一类非正式的正义的资料收集,但有一这类制度的复杂性和评估其有效性的困难,没有包括在总体评估排名中。参见世界正义工程官网,https://worldjusticeproject.org/rule-of-law-index/about。

尽管政教分离原则的倡导源于宗教改革运动对于世俗王权与教会权力关系边界的反省,路德和加尔文的新教宗派在北欧国家取代天主教而成为国教的体制有悖于宗教信仰自由的基本原则,1789 年法国《人权和公民权利宣言》以及 1791 年《美国宪法第一修正案》中禁止设立国教。当今全球成文宪法中绝大多数都严格规定政教分离原则。

一般来说,北欧这种政主教从、以教辅政的国家教会模式,是一种政教合一(Caesaropapism)的体制,即国家元首既是教会的领袖也是宗教事务的最高决定者的一种政治制度。马克斯·韦伯对这一制度的界定是:

但是在实践中,宗教改革后的欧洲其宗教(天主教东正教和基督教新教各派)与国家的关系呈现多种模式。政教合一在运用时也有广义和狭义之分。狭义的政教合一指国家元首和宗教领袖由同一个人兼任,并且国家的法律制度以教义为基础。而广义上的政教合一国家则具有多种形式,甚至在符合以上条件之一的情况下也不被视为政教合一的国家,如英国的国家元首也是教会的最高领袖。

20 世纪以来,北欧国家是欧洲极少数仍未废除国教的国家。在明确规定设立国教的国家中,进一步考察宪法关于宗教团体地位及其与政权关系的具体规定,会发现在国教是否融入国家政权和融入的程度等方面存在差异。有研究者通过考察国教与国家政权、国家元首的宗教身份以及政治意识形态、教育、社会生活的关系等方面,把形式上规定设立国教的国家的实质政教关系又具体分为政教合一、国教主导、国教不涉政和政教分离四种。以此分类,挪威、丹麦属于国教主导型,而冰岛属于政教分离型。①

北欧国家面临着外来移民和文化多样的挑战,特别是与信仰穆斯林的移民与主流社会构成某种紧张关系。以挪威为例,自 1814 年以来,挪威宪法即确认路德教信义宗作为国教的规定。② 在一个日益多元

① 参见王秀哲:《政教关系的全球考察》,载《环球法律评论》2012 年第 4 期。

② Grunnlovsbestemmelse 21. mai 2012 (kirkeforliket) Lovdata.

化的社会,国家的这种宗教上的不中立构成对于其他宗教信仰自由的歧视。[①] 2011年的安德斯·布雷维克(Anders Behring Breivik)案反映了挪威社会在日益多元化的社会中不断增长的紧张关系。2012年的宪法修正案删除了相关条款,2017年挪威教会依新法正式与国家分离成为独立的组织。[②] 这一法律的修订和实践被称为是500年以来政教关系的最大变化。尽管如此,基督教根植于北欧的社会文化传统之中,修正后的挪威宪法仍然保留了其规定基督教和人道作为基本价值观和挪威国王在任何时候都要信奉路德信义宗教义的条款。[③]

(三)迈向国家与原住民关系的新契约

与欧洲其他地域相比,北欧跨境生活的三国(挪威、瑞典和芬兰)萨米原住民有其共同的群体认同,20世纪80年代中期,萨米人自己的国际组织——北欧萨米理事会提议缔结《北欧萨米公约》(以下简称《公约》),解决跨境生活方式诸多争议的方案,但三国政府对这一提议的态度不一。经过20多年的谈判磋商,该项工作在近年有了实质性进展,萨米议会和国家之间基本达成共识,拟定的草案正进入最后审议阶段。2018年三国的萨米议会协同一致,提出其相关修改意见,并在2022年夏进行新一轮的谈判。[④] 无论其最终是否可能在近年成为具有法律约束力的国际公约,20世纪90年代以来三国就起草该公约谈判磋商的实

① 挪威宪法第2条规定,福音路德教会为正式国教,并确定,“信奉此教的居民有义务按宗教规定的方式养育子女”。芬兰最高法院最近对福音路德教会任命牧师的纠纷中裁定男女平等的宪法原则高于关于宗教自由的宪法规定。

② See Lov om endringer i kirkeloven (omdanning av Den norske kirke til eget rettssubjekt m. m.), https://lovdata.no/dokument/LTI/lov/2016-05-27-17.

③ See § 2. Verdigrunnlaget forblir vår kristne og humanistiske arv. Denne Grunnlov skal sikre demokratiet, rettsstaten og menneskerettighetene. § 4. Kongen skal alltid bekjenne seg til den evangelisk-lutherske religion. See https://lovdata.no/dokument/NL/lov/1814-05-17/KAPITTEL_2#KAPITTEL_2.

④ 有关萨米议会与三国政府谈判协商的最新进展参见onacos官网,https://innsyn.onacos.no/sametinget/postliste/norsk/wfinnsyn.ashx?response=arkivsak_detaljer&arkivsakid=2018000668&。

践,业已开启了一个构建土著人民与国家关系的新的范式。达成这种范式可能的路径,可以从公约起草的理念、内容、协商和批准实施程序等几个方面来观察。

首先,从理念上看,《公约》倡导北欧三国分立的政治边界将尽可能地协调一致,以尊重分居在不同国家的萨米人作为一个民族的群体和文化认同的整合。[①]《公约》规定其目的旨在确认和增进萨米人民保护和发展其语言、文化、生活方式的必要性和权利,并使其最少地受到国家边界的干涉。[②] 为此缔约各国须采取措施使他们更便利地从事跨境经济活动和满足其文化生活需求,消除基于他们的公民身份、居住地或因跨越国界而导致的各种障碍。[③] 各国承认跨境居住的萨米人作为一个原住民的法律地位。国家须对萨米人的法的观念、法律传统和习惯表示正当地尊重,保护萨米的生活方式、自然资源使用和(跨境)放牧驯鹿。[④]

其次,从内容上看,《公约》尊重萨米人基于历史的权利和自治。例如,针对上述跨境放牧的利益纷争,《公约》申明其所规范的萨米权利是基于《拉普条款附件》的新发展。萨米人驯鹿放牧的权利建立于其传统的生产生活方式和对自然资源的历史悠久的使用(through use from time immemorial)。《公约》对萨米放牧驯鹿的生产生活方式对土地和水资源的权利的规定不仅源于国际人权公约和国家制定的成文法规定,更是源自北欧国家独立的司法实践。[⑤] 对于跨境放牧的冲突问题,

---

① 起草这一国际条约最终没有包括俄罗斯及其萨米人有多种因素,俄罗斯并不存在如北欧三国经全国选举产生的萨米议会组织,与北欧三国仅有萨米人作为原住民的情况不同,俄罗斯有对其多种人数较少的原住民的政策和法律,约 2000 的萨米人仅是其中的一个群体,仅就萨米人的权利保障缔结国际条约在俄罗斯社会可能产生其他的政治和社会影响。此外,俄罗斯对《联合国土著人民权利宣言》的立场与北欧三国的态度迥异,所以最终是由北欧理事会组织协调缔结北欧三国的《公约》。

② 《公约》草案第 1 条。

③ 《公约》草案第 11 条。

④ 《公约》草案第 9 条和第 43 条。

⑤ 《公约》草案第 27 ~ 33 条。

《公约》提出了尊重萨米自治的纷争解决原则:[①]关于过境放牧的活动规范先基于其习惯,萨米社群之间订立的协议优先于国家立法和条约。当就该类协议的解释或适用发生争议时,争议方有权提交一个仲裁委员会审议处理。该仲裁机构的组成和程序应由三国的萨米议会联合决定。在没有萨米社群之间订立的协议的情况下,争议的解决适用国家间有效的条约规定。基于习惯享有驯鹿放牧权利的个人如果认为其有超越条约规定的权利,有权向其牧场所在地的国家法院就争议提起司法诉讼。

最后,从《公约》起草协商和监督实施的实践看,2002年成立的起草公约的专家委员会依据的是"三三制"原则,即三名专家分别来自三国的萨米议会,另外三名专家来自三国政府。为保证《公约》的有效实施,三国政府主管萨米事务的部长和三国萨米议会的议长组成合作理事会,并就促进《公约》宗旨的事务定期进行商议。[②] 建立由政府和萨米议会依"三三制"分别任命的6人《公约》委员会监督实施。[③]《公约》委员会将向三国政府和三国的萨米议会提交《公约》实施的报告,还可以就加强致力于实现《公约》宗旨的事项提出建议,也可以就个人和群体提出的问题发表意见。各缔约国承诺该公约应如同其国内法一样由司法部门直接援用,并提供实施《公约》所必要的财政费用。

《公约》作为一种新范式,其最明确的表述就是规定三国政府在签署公约后必须提交三国的萨米议会审议,并获得他们的同意。三国的《公约》批准程序只有在获得萨米议会的赞同后方可进行。[④] 这种新的实践就是:萨米人通过其自己的代表机构表达的群体意志,是其所在国缔结相关国际公约的前提条件。

传统的帝国与现代民族国家的不同特性之一是有边疆而无明确的

① 《公约》草案第43条。

② 《公约》草案第44条。

③ 《公约》草案第45条。

④ 《公约》草案第48条。

边界划分。[①]《公约》所要解决的问题是现代欧洲民族国家(nation-state)构建过程中产生出来的民族问题。国家领土疆界的划分产出了所谓的“少数”“跨境”的问题,而国族构建和国家立法将具有历史上传统地域和文化特殊性的社群边缘化又导致了“土著/原住”问题。当下各种形式的发展主义又强力侵蚀土著人民多样的世界观及其生活方式的物质基础,并造成生态环境的破坏,而形塑了新一波世界土著人民的权利运动。

北欧三国实践中的跨境民族与国家关系的范式转型,是该区域历史的和现实的长期规范空间互动的产物。2007年《联合国土著人民权利宣言》为建立或重建国家和土著人民的关系提供了新的共识和规范框架。[②] 从制度变迁的“路径依赖”视角来观察,《公约》重提1751年的《拉普条款附件》和各国司法对萨米人习惯权利的尊重,可以被看作该区域法律制度演进上的复古或新的浪漫主义转型。但是,与270年前历史经验的一个最大区别,就是该公约的各缔约国政府将萨米人作为制定新的规范的主体一方,并在立规的过程中不仅遵循咨商参与的规则,而且要进一步征得其同意。这种基于同意的群体意志在目前的状况下是由三国的经选举产生的萨米议会组织形成,但并不排除在未来可能由萨米人组织一个统一的群体代表机构来表达。这种实践,突破了缔结国际条约的国家中心主义的藩篱,对构建一种土著人民与国家的新的社会契约关系,提供了进一步反思的法理基础和制度可能。

结 语

处于欧洲大陆地理边缘的北欧从原来的两大帝国分立为三个君主立宪制国家(挪威、瑞典和丹麦)和两个共和国(芬兰和冰岛)以及数个

---

① 吉登斯关于边疆(frontiers)与边界(borders)的区分,参见 Anthony Giddens, *The Nation-State and Violence*, Polity, 1985, p. 49.

② UN Secretary General, Ban Ki-Moon, *Protect, Promote Endangered Languages, Secretary General urges in message for International Day of World's Indigenous Peoples*, United Nations (July 23, 2008), https://www.un.org/press/en/2008/sgsm11715.doc.htm.

自治地方。北欧各国的法律制度史、法律思想和当代社会的规范模式有很多类似或相同的特性,并在该区域内互动合作,维持了近两百多年的和平,将他们作为一个规范空间的整体性观察是有意义的。本文致力于构建一种多重规范的空间互动和时间性框架,旨在拓展法学在国别法或部门法研究中的种种藩篱,对于北欧法进行更广泛的和更深入的观察分析。文中提出的问题只是观察北欧法的一些侧面,其他如在性别平等、公众参与、可持续发展治理、商业与人权等诸多方面的实践都有值得关注的新的发展,有待进一步的细致观察分析。

与此同时,北欧的多种行为者协同构建的福利民主国家体制也正不断拓展其规范空间,对欧洲区域和全球治理产生了显著的影响。北欧法是欧洲空间规范和叙事的一部分,在区域的和全球的互动交往过程中,其富有特色的观念制度和实践具有启发意义,其他国家结合其地方性知识和社会的功能性需求,适时进行制度性创新,也是持续的北欧规范空间构建观察的一部分。这里需要注意的是:当下一些关于“北欧模式”的制度输出或法律移植等问题的讨论缺乏对北欧法律规范及其制度实践的知识基础,而认为“北欧模式”具有代表发展中国家未来的普遍性论断,则明显带有人类社会和法律发展的单线进化的预设。这种论断忽视了全球多元空间和多种行动者结合其地方性知识在互动过程中构建多重规范秩序的现实。就北欧模式的社会和法律规范基础进行的更深入地讨论,有助于提升在不同社会空间里建构多种可能的规范制度方式的认知。

北欧法之思维*

[芬兰]皮亚·雷托-瓦纳莫** [丹麦]迪特莱乌·塔姆***/著 韩 驰****/译

[摘要]本文将重点讨论北欧法律体系与法律思维的特质。北欧法律体系的共同特征建立在历史因素(与许多欧洲国家相比存在一定的历史延误)和法律协同的基础之上。主动的法律协同运动开始于19世纪70年代,不仅具有悠久的历史,而且创造了许多具体的成果,共同的法律规范便是其中一例。人们往往使用实用主义、现实主义、非形式主义、法律透明和法律平等等词语来描述北欧法律思维的典型特质,这些价值是北欧国家法律协同的奠基石,同时也能够解释北欧国家何以不愿融入欧盟法的趋向与政策。直至今日,在北欧国家的法律人看来,立法上的灵活性(使用诸多各别立法)仍比一个法典化的司法体系(使用民法典)更具优位。

[关键词]北欧;法律思维;法律协同

一、北欧法

北欧法(Nordic law)其实并不存在,但我们可以讨论北欧法的思维。北欧国家——丹麦、芬兰、冰岛、挪威和瑞典(包括格陵兰岛、法罗群岛自治领和奥兰群岛自治省等)——各有各的法律,也各有各的制度。但北欧法这一提法也有一定的用处,因为我们确实需要一个概念

---

* 原文题目为 Nordic Legal Mind,载 Pia Letto-Vanamo et al. eds., *Nordic Law in European Context*, Springer Nature, 2019, p. 1-20.

** 皮亚·雷托-瓦纳莫(Pia Letto-Vanamo),芬兰赫尔辛基大学法学院原院长、荣休教授,研究领域为法律史学、比较法学、欧洲法律史、北欧法律文化与跨国法研究。

*** 迪特莱乌·塔姆(Ditlev Tamm),丹麦哥本哈根大学法学院教授,法律史学讲席教授,丹麦皇家科学院院士,研究领域为丹麦法律史、欧洲法律史、比较法、教会法、道德神学与法律。

**** 韩驰,华东政法大学法律学院2022级硕士研究生。

来描述那些特质与相似之处,当讨论这些国家的法律体系的时候,这些特质可以被视为其表征和共同点,尽管存在一些保留,但这仍构成北欧法之思维(Nordic legal mind)。

在传统的分类方法上,试图把握欧洲法律体系的比较法学家将北欧国家作为一个整体,视之为一个"法族"(legal family)或一个"法群"(legal group),或至少将其视为欧洲大陆所谓"民法法系"的一个亚法系。[①] 尽管这一分类的合理性可以通过历史得到部分解释,但"北欧性"(Nordic-ness)的概念却更具有现实性。

在比较研究中,人们往往作出这样的解释,北欧法律体系发展中的一些特质,其实源于接受"欧洲主流"法律观念和制度过程中出现了一定的历史延迟。也有学者根据他们所处的地理位置,讨论中心与边缘的关系,北欧国家就处于边缘地带。

然而,直至19世纪,一个明确的"北欧法"观念才正式出现,并成为促进各国在法律领域协同一致的工具,这种观念直接取代了此前将丹麦—挪威法和瑞典法(包括芬兰法)间的种种区隔。自此,积极主动的协同运动促成了北欧国家的统一(或北欧法律体系的形成),也弥合了北欧国家间过往的分歧——"北欧法"就是努力协同的结果。北欧法律协同肇始于1872年几位著名北欧法律人受邀参加的首次北欧法律人论坛(Nordic lawyer's meeting),讨论北欧国家及其法律何以共同解决在工业化早期阶段所面临的挑战。此次会议的灵感源于德国和英国的类似机制。[②]

---

① See K. Zweigert & H. Kötz, *An Introduction to Comparative Law*, Oxford University Press, 1998; J. Husa, *Classification of Legal Families Today*, 56 Revue internationale de droit comparé 11, 11 - 13 (2004); J. Husa, *A New Introduction to Comparative Law*, Hart Publishing, 2015; J. Husa et al., *Nordic Law—Between Tradition and Dynamism*, Intersentia, 2007.

② See D. Tamm, *De nordiske juristmøder* 1872 - 1972—*Nordisk retssamvirke gennem 100 år*, Nytnordisk Forlag Arnold Busck, 1972; G. Carsten, *Hundert Jahre Nordischer Juristentag*: 1872 - 1972, 37 Rabels Zeitschrift für ausländisches und internationales Privatrecht 80 (1973).

第一次北欧法律人论坛[①]的与会人员提出助推北欧法律协同的重要论断之一，就是一种普遍承认的共同的法律思维方式。通过回溯北欧国家法律的历史渊源，进而更加强调北欧国家间的相似性而非差异性，成为这种观点的意识形态基础。因此，要想理解北欧国家法律思维方式的特征，除了需要考虑后来的法律协同，还需要考虑到北欧国家法律体系的历史相似性。

立法合作对北欧国家当今法律体系的形塑起到了巨大作用。随着北欧国家协同机制的发展，并逐步覆盖更多的法律领域，加之此种协同具有非正式性和自愿性的特征又在北欧国家取得了成功，[②]这一机制也就成为其他地区法律协同的一种理想模式，在欧洲法律协同机制还处于起步阶段的今天尤为如此。[③]

极富成效的协同于 19 世纪 70 年代开始，或许也是 19 世纪早期所谓"斯堪的纳维亚运动"（Scandinavian movement）最为持久的成果。正如这场运动的名称所指称的，北欧国家在历经几个世纪的战争以后，这场运动恰恰呼吁北欧各国之间团结、合作和友好关系。然而，斯堪的纳维亚主义作为一场可能引致北欧国家合为一体的政治运动彻底失败

---

① 自 1972 年第一次北欧法律人论坛在哥本哈根召开以后，除 1903～1918 年和 1938～1947 年外，这一会议每三年会召开一次。最近的一次会议（于 2017 年在赫尔辛基召开）有来自所有北欧国家的超过 900 名法律人参加——包括法官、公务人员、执业律师和法学学者等。为增进会议有关法律问题一般性辩论的重要意义，自第一次会议开始，所有的会议文件、会谈文件和部分参与人之间的讨论纪要均印刷出版。

② See J. Smits, *Nordic Law in European Context: Some Comparative Observations*, in J. Husa et al. eds., Nordic Law—Between Traditional and Dynamism, Intersentia, 2007, p. 55 – 64; M. Matteucci, *The Scandinavian Legislative Co-operation as a Model for a European Co-operation*, in the Swedish Branch of the International Law Association and the Swedish Association for International Maritime Law eds., Liber Amicorum to Algot Bagge, Norstedt, 2007, p. 136 – 145.

③ See M. Matteucci, *The Scandinavian Legislative Co-operation as a Model for a European Co-operation*, in the Swedish Branch of the International Law Association & the Swedish Association for International Maritime Law eds., Liber Amicorum to Algot Bagge, Norstedt, 2007, p. 136 – 145.

了,这种想法也被证实是一种乌托邦式的空想。

北欧国家普遍都相对较小,在19世纪后期许多当时的热点问题对于北欧学者而言还是陌生的。在经贸事务上有经验的法律人也并不多,特别是在那些全新又复杂的法律领域中,能被称得上是专家的人更少。共同合作并且利用几个国家潜在的解决方案是最显而易见的办法,也取得了立竿见影的成功。19世纪70年代开始的不仅是北欧法律人论坛,更重要的是北欧法之间的法律协调(legal harmonization)。自此之后,积极主动的立法合作成为北欧法律的决定性特征,使北欧国家在法系分类上更接近于大陆法系国家(以制定法为主要法律渊源的国家),而不是普通法系国家(以判例法为主要法律渊源的国家)或者自成一个独立的法系。

北欧国家法律协同的目的,在于为快速发展的国际贸易带来的问题找到一条北欧国家共同解决问题的路径。商事交往中新的支付工具的出现、通信方式的变革以及更宏观层面上,工业规模扩张和国际贸易问题相关的一切事务,都给北欧国家带来了新挑战。①

自那时起,法律协同机制发挥作用的方式是:不同国家代表讨论出一个新的法律问题的共同解决方案。至于每个国家的立法者在制定本国法律草案并后续通过立法的时候是否采纳以及在多大程度上采纳这个解决方案,都留待各国的政治决定。法律协同也并不意味着各国建立共同的法院或其他机构,进而创造一种基于北欧国家立法的"北欧普通法"。② 同时,各国国内法的律师、法官和法学家都可以对法律自由地

---

① 早在第一次北欧法律人论坛召开之时,邀请函中就强调,由于北欧国家具有对法律共同的理解,许多法律制度也有着共同的起源,那么在新的法律制度的发展当中自然需要共同行动。其中提及需要协同的法律包括商事法律和有关民事与刑事案件的司法程序问题。在1872年的第一次会议中,作为一种短期信贷工具的商事支付工具(如汇票)相关的北欧共同立法就被提上日程。这一点在北欧国家的制定法中成功得以贯彻。参见G. Carsten, *Europäische Integration und nordische Zusammenarbeit auf dem Gebiet des Zivilrechts*, ZEuP (1993), S. 335-348。

② 这里的普通法是Glenn在其书中使用的术语。参见H. P. Glenn, *On Common Laws*, Oxford University Press, 2005。

作出自己的解释。

因此，与欧盟的体制不同，北欧国家并没有共同的司法机构，也没有共同的法律机构，更没有什么共同的法律思维方式。法院的判决、法律规则和法律文献都是国家的本土资源，其他北欧国家的法院判决、法律规则和法律文献很可能被援引，将来也会经常被援引，但它们的作用与外国法相同，仅限于提供咨询意见，换言之，就是法院在判决时可能使用的作为判决灵感的其他渊源。此外，法学院的学生对于其他北欧国家法律文献的熟悉程度，也不可能超越他们对本国法律文献的了解。

然而，并不意在法律统一，而是尊重各国地方特质与意愿的法律协调的"软"方法，也确实在基本的法律领域中取得了巨大成就，形成了一系列重要的制定法，如商法，特别是买卖法和合同法领域形成了普遍适用的法律，[①]甚至在那些常被视作更具民族性和文化敏感性的法律领域，如家事法中也形成了普遍适用的制定法。[②] 正是基于这些制定法，其他大陆法系国家民法典中存在的总则编，北欧国家也发展出了法律的通则规范(general principles of law)。

在20世纪70年代，北欧法律协同经历了一场危机，本文后续还会再度提及这一问题。在1972年北欧法律人论坛上，瑞典司法部部长宣布瑞典将走自己的法律发展之路，特别是在有关经济立法和家事法的领域，瑞典将不再等待其他北欧国家。[③] 此外，在债法领域找到一条共同遵循的道路也成为问题。因此，在20世纪80年代讨论并起草的北欧

① See Johan Bärlund & Peter Moegelvang-Hansen, *Contracting with a Social Dimension*, in Pia Letto-Vanamo et al. eds., Nordic Law in European Context, Springer Nature, 2019, p. 115 – 134.

② See Ingrid Lund-Andersen & Annette Kronborg, *Marriage and Family Relations*, in Pia Letto-Vanamo, et al. eds., Nordic Law in European Context, Springer Nature, 2019, p. 97 – 114.

③ See C. Lidbom, *Den nordiska rättsenhetens problem idag*, *Svensk Juristtidning*, 1973, p. 273 – 278; K. Å. Modéer, *Nordisk juristkultur en del av rättskulturen—Förändring och stabilitet*, in P. Letto-Vanamo ed., Nordisk identitet. Nordisk rätt I europeisk gemenskap, Institutet för internationell ekonomisk rätt, 1998, p. 1 – 14.

货物买卖法并没有获得所有北欧国家支持,瑞典和芬兰倾向于适用相同的法律,挪威也采用了近似的法律规则,但丹麦却没有接受北欧货物买卖法(Nordic Sale of Goods Act),而是更倾向于修订原有的1906年货物买卖法。①

近几十年来,北欧法与法律协同机制面临的重大挑战是欧盟体系内发生的更多领域的协同。事实上,有关北欧国家的法律协同是否已经到头的讨论从未间断,特别是20世纪90年代,有关"北欧的法律认同"及其未来的各种研讨和会议井喷式出现,其主要原因正是在于芬兰与瑞典即将或已经成为欧盟成员国,为确定北欧法律体系之间所具有的相似性以及北欧法与其他西欧国家法律之间的差异,北欧国家的法律常被用于与欧洲(欧盟)国家的法律作比较。实际上,这种比较也在试图预测欧盟成员国之间能否发生更大范围的所谓"趋同"(convergence),以及这种趋同会对北欧国家的协同产生什么样的影响。②

不可否认的是,北欧国家的法律协同受到欧盟内部协同的挑战,这种挑战源于欧盟内部的协同乃是一种基于制度和创设义务的协同,这远比构成北欧国家协同基础的柔性指导意见(soft guidelines)和自愿的制度安排更有效。同时,对于多数人而言,相比于北欧国家的有限协同,欧盟和欧盟法的发展似乎是一个更具吸引力的研究领域。因此,也有学者认为,自1995年瑞典和芬兰加入欧盟(丹麦自1973年就已经是欧共体成员国),他们就已经是欧洲,而非"北欧性"的一部分了,这种论

① 参见 Johan Bärlund & Peter Moegelvang-Hansen, *Contracting with a Social Dimension*, in Pia Letto-Vanamo et al. eds., Nordic Law in European Context, Springer Nature, 2019, p. 115-134。关于注册合伙监管问题的分歧,参见 Ingrid Lund-Andersen & Annette Kronborg, *Marriage and Family Relations*, in Pia Letto-Vanamo, et al. eds., Nordic Law in European Context, Springer Nature, 2019, p. 97-114。

② See e. g. P. Letto-Vanamo, *Nordisk identitet. Nordisk rätt I europeisk gemenskap*, Institutet för internationell ekonomisk rätt, 1998; U. Bernitz, *Nordic Legislative Cooperation in the New Europe—A Challenge for the Nordic Countries in the EU Perspective*, 39 Stockholm Institute Scandinavian Law 39 (2000); See also P. Letto-Vanamo, *Nordische Rechtsgeschichte—eine europäische variante?*, ZNR 35 (2013), S. 112-124.

调成为北欧国家政治与法律争论当中的焦点。

时至今日,情况似乎有所改变,至少是部分发生改变。欧盟内部的经济和政治危机激起了关于欧洲北部和欧洲南部之间不同社会生活组织方式的讨论,同时也引发了关于以社会福利作为关键要素的所谓北欧模式未来发展的讨论。人们对北欧国家作为一种模范社会的认识得以增强,同时,北欧国家间的协同也出现了新的契机——甚至有限度地重提建立北欧联邦国家的提议。① 甚至可以认为,相比于数年前将北欧国家边缘化的做法相比,外界目前对"北欧法"和北欧国家继续协同发展的路径更感兴趣。② 然而,这里仍需强调的是,北欧国家在法律领域的协同已经不再像之前一样是北欧协同的一个鲜明特征,我们绝对需要重振北欧国家的法律协同。③

二、"古老"联盟的影响

北欧国家事实上是五个各自拥有不同历史、拥有不同法律的国家。法律总是具有民族性的,虽然一国国内法本身未必源于本国资源:它可以从其他国家或者其他法律体系之中借用法律或其制度。事实上,北

---

① See G. Wetterberg, *The United Nordic Federation*, *Tema Nord* 583, Copenhagen, Nordiska ministerrådet, Norden (Jun. 21, 2018), www. norden. org/fi/julkaisut/julkaisut/2010 - 583; H. Wenander, *Fri rörlighet i Norden. Nordiska gränshinder i rättslig belysning*, Juristförlaget, 2014.

② 北欧协同的探索精神曾在19世纪70年代至20世纪30年代十分活跃,"二战"以后北欧国家立法协同的重振之时亦是如此,但这样的规模在当前不再能够重现。2005年北欧法学会议上,人们开始讨论北欧法律协同能否进一步发挥作用,而结论正是如果这种"北欧层面"的事物要想维持其地位,就需要更多的燃料。B. Dahl, *Har det nordiske lovsamarbejde udspillet sin rolle?*, in R. T. Árnason ed., Forhandlingerne ved, Det 37. nordiske jurismøde i Reykjavík, Band 1, 2005, p. 155 - 173. 四年后,有学者提出在执行欧洲(欧盟/欧共体)立法的框架下,开启更为有效的北欧协同的提议。M. Buskjær Christensen and N. Fenger, *Nordisk samarbejde om gennemførelse af EU- og EØS-lovgivning. Realiteter og perspektiver*, Nordisk ministerråd, 2009, p. 575.

③ 最新的提议参见 I. L. Backer, *Styrket nordisk lovsamarbeid: Muligheter og utfordringer*, Nordisk ministerråd, 2018。

欧国家的法律——即便罗马法从未成为这片土地的法律——深深植根于早先欧洲国家法律共有的私法原则。

自中世纪以来,北欧国家就受到了教会法和罗马法的双重影响,在中世纪北欧国家法律思维的形成过程中,原始宗教戒律(law of the Church)、教会法(Canon law)以及那些在欧洲南部国家和德国接受教育的学者起到了至关重要的作用。在12世纪和13世纪地方法律书面化的过程中,这些因素也扮演了重要的角色。因此,北欧国家具有悠久的成文法传统。

至少自16世纪起,罗马法影响的早期浪潮(共同法)在许多西欧国家都有着十分典型的表征,但没有在北欧国家产生相同的影响。15世纪末开始,在北欧国家的大学里学习法律成为可能,但学生的数量很少,要想全面学习法律需要出国学习。在欧洲北部地区,经过大学培养的法律职业(以及职业考试)和法律科学的研究,是18世纪或19世纪才出现的。[①] 从那时起,法律学术传统一直与欧洲大陆相同,北欧国家的法律人主动适用其他国家的法律概念和观点。然而,直至稍晚时候,那些所谓学习法律并受过专业教育的法律人才开始对立法有所影响。

中世纪时,北欧国家地方法律中的重要原则都得以成文化,在这些文本中能够发现诸多相似之处,同时也可以找到源于不同地方特质的重大差异。为更好理解北欧国家间的法律以及法律间的联系如何变化发展又如何发挥作用,关键还需重视北欧国家间早期联盟的现代遗存何以仍然如此显而易见。

实际上,我们讨论的对象是北欧国家的西部族群和东部族群,前者

---

① See D. Tamm & E. Slottved, *The University of Copenhagen: A Danish Centre of Learning since* 1479, University of Copenhagen, 2009; L. Björne, *Den konstruktiva riktningen—Den nordiska rättsvetenskapens historia*, *Del III*, 1871 – 1910, Institutet for rättshistorisk forskning, 2002. See also D. Tamm et al. eds., *How Nordic are the Nordic Medieval Laws: Proceedings from the first Carlsberg Conference on Medieval Legal History*, Djøf, 2011.

包括丹麦、挪威和冰岛,后者包括瑞典和芬兰。丹麦和挪威两国自 1380 年起就统一于同一个国王治下,芬兰在 1809 年之前本就是瑞典的一部分,丹麦—挪威王室(也包括冰岛)及其法律与瑞典王国(芬兰此时仍是瑞典王国的一部分)有着不同的发展趋向。在 17 世纪后期,丹麦和挪威的法律实现了统一,二者统一的基础正是两部主要的法律汇编(law books)或法典(原则上包含了各个法律部门的基本规范),即 1683 年丹麦法典①和 1687 年挪威法典,而 1687 年挪威法典也是以丹麦法典为基础,摒弃了许多古挪威法的规则。② 故此,丹麦法和挪威法在数个世纪之中一直保持着高度的一致性。

丹麦—挪威共同法的观念即使在 1814 年挪威与瑞典建立了联盟以后(直至 1905 年)依然存在,挪威并未接纳适用瑞典法。瑞典与芬兰也有着共同的法律基础,其中最主要的表现形式就是 1734 年瑞典法典。③ 甚至在 1809 年以后,芬兰成为俄罗斯帝国的自治大公国(Grand Duchy)以后(直至 1917 年),瑞典法仍然是芬兰的法律,瑞典语也仍是芬兰的官方语言。④ 尽管如此,芬兰与俄罗斯之间的关系还是对芬兰社会以及社会建构和法律思维产生了影响,这使芬兰与其他北欧国家之间存在区别。特别是在法律思维上,芬兰比其他北欧国家更具有法律教条主义(legalistic)⑤的特征。此外,所谓的"斯堪的纳维亚式法律现实主义"(Scandinavian Legal Realism,也称北欧法律现实主义——译者

① See D. Tamm, *The Danish Code of* 1683: *An Early European Code in an International Context*, 28 Scandinavian Studies of Law 163 (1984).

② See D. Tamm, *The History of Danish Law*: *Selected Articles and Bibliography*, Djøf, 2011.

③ See Wagner, *Das schwedische Reichsgesetzbuch* (*Sveriges Rikes Lag*) *von* 1734, Klostermann, 1986.

④ 时至今日,芬兰也有两种官方语言,即芬兰语和瑞典语;例如,芬兰的立法是以双语形式公布的,本书以下文章中提及的芬兰立法都可以找到芬兰语和瑞典语两种版本。

⑤ 在 1900 年前后的几十年所谓"俄罗斯化"(Russification)时期,芬兰处于自治时期,此时,守法主义(legalism)是指在芬兰仍保留尚有效力的瑞典法,并将其作为"法治"(the rule of law)的象征。

注)在芬兰发挥的作用远不如在瑞典和丹麦重要。芬兰参与到北欧国家协同当中也比其他北欧国家更晚,实际上芬兰只有成为主权国家之后,才参与到北欧协同中来。

然而,瑞典和芬兰之间强有力的联系仍是存在的,如一部新立法的准备过程。瑞典法律传统中,包括司法论证(judicial argumentation)等新立法的准备工作(*travaux préparatoires*)[1]发挥重要的作用,如同其在丹麦和挪威发挥的作用。[2] 在芬兰新法律的起草时,通常会援引瑞典的立法材料。事实上,瑞典和其他北欧国家的立法得以考量和援引,也构成了芬兰新法准备程序当中的一部分。

如果这种旨在协调各国法律的发展趋向没有被19世纪开始的积极主动的法律合作所抵消,那么北欧国家可能会继续作为大陆法系中的两个或多个明确界分的不同法群(legal groups)而存在。我们稍后会详细讨论的协同,并不仅仅是建立在北欧国家共同的历史以及北欧国家共享相同法律观念的理念之上,而且根植于这样的一种信念,即由于快速发展,特别是国际经贸领域的发展,所需的必要法律改革最好通过几国共同努力来实现。因此,北欧国家的法律合作不仅具有悠久的历史,而且取得了诸多具体的成果,共同的法律规范就是这当中的例证,这些成果使人们感受到所谓的北欧国家法律共同的"核心"是确实存在的。[3]

此外,更广义上讲,"北欧法律文化"(Nordic legal culture)的典型特征就是积极主动的协同。北欧法律人的身份认知部分源于他们来自北欧国家,还源于他们在北欧国家学习法律。北欧法律人论坛自1872年首次召开,此后,会议在不同时期继续召开。具有共同法律利

---

① See Jaakko Husa, *Constitutional Mentality*, in Pia Letto-Vanamo et al. eds., Nordic Law in European Context, Springer Nature, 2019, p. 41 – 60.

② See T. Wilhelmsson, *Den nordiska rättsgemenskapen och rättskälleläran*, Tidsskirft for rettsvitenskap, 1985, p. 181 – 197.

③ See G. Carsten, *Europäische Integration und nordische Zusammenarbeit auf dem Gebiet des Zivilrechts*, ZEuP (1993), S. 335 – 348.

益的事项保留在议程当中。与此同时,这些原则上只使用各种北欧国家语言的会议,还会让这些北欧法律人感到他们之间的共同之处仍比他们与其他国家的法律人更多。与会者在会议上应使用其本国语言,①表述的方式能够让听众理解总是不大困难的事情。这意味着北欧法律人论坛同样能够成为跨越语言边界的北欧法律共同体的组成部分。②

三、共同的法律思维方式

如果我们在北欧社会内部进行比较,会发现许多人们相对熟知的相似之处显然是存在的——实际上,其中一些相似之处在法律制度和法律思维的发展中仍扮演重要角色。北欧国家普遍较小,北欧社会则具有均质化和平等主义的特征(homogenous and egalitarian)。③ 长期以来,绝大多数的北欧人口生活在乡村地区,人们也据此将这里的社会和法律文化识别为由农民或农村文化所决定的文化,以区别于城市文化。当然,16世纪路德宗教改革浪潮所引进的强大君主制的影响也不容忽视。

在理解北欧社会及其法律制度时,学者也常常恰当地提及这两个重要因素。④ 有学者认为,至少是存在某些原因可以解释北欧"良善"(good)国家观何以能够占据主导地位,社会国家观念又何以能够得以

---

① 然而,对于芬兰的与会者而言,这意味着他们只能使用瑞典语。芬兰语属于印欧语系,并不能为掌握其他北欧国家语言知识背景的人所理解。

② 北欧身份认同的早期成果还包括《北欧法律百科全书》(*Nordisk Retsencyklopedi*, 1878~1899年)以及《北欧杂志》(*Tidsskrift for Rettsvitenskap*, 1888年至今)。

③ See Jørn Henrik Petersen, *Nordic Model of Welfare States*, in Pia Letto-Vanamo, et al. eds., Nordic Law in European Context, Springer Nature, 2019, p. 21–40; Johanna Niemi, *Promoting Gender Equality*, in Pia Letto-Vanamo et al. eds., Nordic Law in European Context, Springer Nature, 2019, p. 79–96.

④ Tamm (2010). (参考文献列表中没有相关文献信息。——译者注)

实施,这二者不仅表现在组织化争端解决方式[1]和国家制度有关的公法[2]中,还在私法的基本观念中得以展现。社会维度一直是北欧法律思维中比较典型的特征,例如,对合同法中弱势当事人保护的关注,特别是劳动或消费者合同关系中的弱势保护。[3] 也有学者论称,一元规范社会(one-norm societies)及其在政教之间的互动可以为北欧福利国家的现代化、普遍性的实践提供肥沃土壤。[4]

北欧国家的现代化相对晚近,总体来说是在19世纪第一波工业化浪潮的过程中才开始现代化进程。在这一进程中,国家发挥了重要作用。人们通常将北欧国家描述为社会与国家间的边界十分模糊。事实上,在许多不同层面,国家和社会看起来确实是可以互换的两个概念。因此,许多社会组织或法律机构就其性质而言是法团主义的(corporatist),其目的恰恰在于保证不同社会利益能够得到代表——例如,具有争端解决功能的董事局(boards),或是起草新法律草案的委员会(committees)。[5] 此外,通过非专业人士的参与,可以将民众对司法

① See Anna Nylund & Jørn Øyrehagen Sunde, *Courts and Court Proceedings*, in Pia Letto-Vanamo et al. eds., Nordic Law in European Context, Springer Nature, 2019, p. 201 – 213.

② See Olli Mäenpää & Niels Fenger, *Public Administration and Good Governance*, in Pia Letto-Vanamo et al. eds., Nordic Law in European Context, Springer Nature, 2019, p. 163 – 178.

③ See T. Wilhelmsson, *Social Contract Law and European Integration*, Aldershot, 1994. See also Johan Bärlund & Peter Moegelvang-Hansen, *Contracting with a Social Dimension*, in Pia Letto-Vanamo et al. eds., Nordic Law in European Context, Springer Nature, 2019, p. 115 – 134.

④ See H. Stenius, *A Nordic Conceptual Universe*, in H. Haggren et al. eds., Multi-layered Historicity of the Present—Approaches to Social Science History, University of Helsinki, Department of Political and Economic Studies, 2013, p. 93 – 104.

⑤ See P. Letto-Vanamo, *Nordic Democracy Facing the EU: Traditions, Myths and Challenges*, in M. Fichera et al. eds., Polity and Crisis: Reflections on the European Odyssey, Ashgate, 2014, p. 217 – 234; P. Letto-Vanamo, *Judicial Dispute Resolution and its Many Alternatives: The Nordic Experience*, in J. Zekoll et al. eds., Formalisation and Flexibilisation in Dispute Resolution, Brill, 2014, p. 151 – 164.

的控制和普遍正义观不同程度引入法院程序当中。还要注意的是,国家可以通过(议会)监察官制度实现对公共行政合法性进行监督,这种制度恰恰起源于瑞典。

在所有的北欧国家中,公共部门与公共行政都占据巨大的空间,发挥着重要作用。公权力机关与公民之间的争端解决机制却在很大程度上是不同的。在瑞典和芬兰,此类诉讼乃是由一个专门的行政法院来解决的,行政法院的组织架构与普通法院并不相同。而其他北欧国家则没有建立这样的一套行政法院系统,如在丹麦,行政案件是由多个不同的组织或机构来解决的。绝大多数的组织结构都是为处理特定行政案件而设立的,如税收、社会立法、①竞争、环境保护、能源供应商以及消费者事务,普通法院(除明示的例外情形外)通常对这些事务具有最终裁决权。

四、实用主义与现实主义

(一)对民法典的排斥

学者通常用这些表述来说明北欧法律的特质:实用主义、现实主义、非形式主义(absence of formality)、法律风格简单易懂、法律透明、法律平等以及避免极端。这些法律思维的特质并不是在北欧国家中个别出现,而是各国普遍保有这样一种特质,这是北欧法强有力的特征。北欧国家同样认为在这些方面,它们相互之间的关系要比它们与其他国家更为密切。这也解释了在欧盟内部走向过度行政(over-administration)和极权倾向时,何以出现了如此大的阻力。这些价值观是最初北欧法律协同机制的奠基石。

"北欧性"在某种程度上是这些国家法律文化专业化较为晚近的结果。在很长一段时间里,人们将其称为非专业性的(non-professional)或非专业人士主导的(lay-dominated)法律文化。这种特性再度反映在北

① 在丹麦和挪威,税收和社会保障事务有关的行政案件也可以由类似于普通法院的组织机构来处理。在这些领域,北欧国家的行政案件处理体系比其他领域更具相似性。

欧国家的法院系统和法律程序之中,[①]也至少能够从一定程度上解释为什么北欧法律文化直至今日仍可用“实用主义”这一术语来定性。[②]

所有北欧国家最重要的法律渊源,也是法律—社会变革的关键性工具,就是议会立法。因此,最重要的法律行为者(legal actor)就是立法者。北欧国家并没有宪法法院,也很少有司法机关来质疑立法者的权威。[③]

目前欧盟关于法律的讨论涉及这样的一个问题:将广阔的部门法领域中的规范收集整合在成文的法律汇编当中是否合适,即所谓的法典化或编纂而成的法典,其形式上是一个包含法律的一般原则和诸多部门法领域的具体规范的系统性集合,并且作为主要的法律渊源。特别是民事法律领域的法典编纂,即债法(包括合同之债与侵权之债)、物权法、家事法和继承法的编纂,是更具积极作用,还是会使寻找法律规范变得复杂,并且造成立法停滞。

如1804年法国民法典(*code civil*)或1900年德国民法典(*Bürgerliches Gesetzbuch*,BGB)中都或多或少包含着民法一般原理(原则)的具体规范,以这二者为代表的现代民法的法典编纂,成为许多国家在传统私法领域法典编纂的模板。在1991年苏联解体以后,前东欧国家也加强了法典编纂的工作。事实上,现在绝大多数欧洲国家都有一个或是全新的,或是完全修订过的私法法典,并将国家的民法典视为国家法律基础的一部分。一些国家甚至还有北欧国家从未有过的专门商法典,当然在北欧国家的个别法案中确有一些关于专业商人群体之间的商事关系的特别规范。

---

① See Anna Nylund & Jørn Øyrehagen Sunde, *Courts and Court Proceedings*, in Pia Letto-Vanamo et al. eds., Nordic Law in European Context, Springer Nature, 2019, p. 201 - 213.

② See K. Zweigert & H. Kötz, *An Introduction to Comparative Law*, Oxford University Press, 1998.

③ See M. Wind & A. Føllesdal eds., *Nordic Reluctance towards Judicial Review under Siege*, 27 Nordic Journal of Human Rights 131 (2009); See also Jaakko Husa, *Constitutional Mentality*, in Pia Letto-Vanamo et al. eds., Nordic Law in European Context, Springer Nature, 2019, p. 41 - 60.

然而,北欧国家却一直在抵制这些大规模的法典编纂运动。它们选择在各别立法(discrete statutes)中单独颁行必要的立法,许多立法草案正是建立在北欧国家的共同倡议和讨论之上,只有刑法①与诉讼法例外。在丹麦,1919 年有着逾千条的诉讼法典生效。现实主义、实用主义的路径,加之普遍的民主化浪潮,瑞典的法律程序和法院体制在 1948 年进行了改革,②在芬兰类似的改革直至 20 世纪 90 年代才得以实现。

在民法中,诸如合同、婚姻和继承等问题或多或少是由一些独立的法律来规范,其中许多法律都是北欧国家共同起草或观点互通的结果。事实上,正是因为并不存在涵盖范围广泛、结构复杂的民法典才促成了北欧国家的立法协同。在丹麦,一些重要的法律领域,如侵权法(有关非合同性损害责任的法律)的一般原则,或多或少,更是完全建立在法院实践基础之上的。同时,法律的一般原理(原则)的发展主要依靠法学学术研究,时至今日,与其他北欧国家学者积极主动的协同仍然是许多法学家日常工作的重要组成部分。

在不同的法学学科中,如行政法、刑法、合同法和家事法等,北欧国家的学者和其他法律人同样也有一些联合会或年会等组织活动。

北欧法也应该编纂成一个完整的北欧法典的想法在 1896 年开始广为流行,而此时在德国法典编纂这项工作以德国民法典的形式着手开展,并最终于 1900 年法典正式生效。德国的法律思维和德国民法典的起草乃北欧国家所熟知,这也重燃北欧国家关于民法编纂的讨论。1899 年,当时北欧法律界最著名的学者之一,丹麦的朱利叶斯·拉森(Julius Lassen)教授借此机会提出了制定一部现代意义上的丹麦民法典的想法。③ 尽管他对德国式的系统法律思维很感兴趣,他还是对德国

---

① See Tapio Lappi-Seppälä & Kimmo Nuotio, *Crime and Punishment*, in Pia Letto-Vanamo et al. eds., *Nordic Law in European Context*, Springer Nature, 2019, p. 179 – 200.

② See K. Å. Modéer, *Renässans för den nordiske juristen?*, Tidskrift utgiven av Juridiska Föreningen i Finland, 2005, p. 58 – 70.

③ See D. Tamm, *The History of Danish Law: Selected Articles and Bibliography*, Djøf, 2011, p. 135 – 139.

民法典的起草方式提出了批评意见。在此基础上,他提出一个共同的北欧民法典才是法典编纂的终极目标。在挪威,人们认为这种观点多少有些狂妄自大,而在瑞典,这种观点却被当作重燃北欧法律协同机制的机遇,因为北欧法律协同在积极主动的良好开局以后,就不知不觉停滞了下来。受到拉森的启发,瑞典议会的一名议员采取积极主动的行动,并提出北欧法律协同应该扩展至诸多新领域。

这种思潮并没有导致,也无意导致北欧法典的起草。所谓的民法委员会于1901年在丹麦和瑞典以及后来在挪威设立的时候,其所包含的民法的范围要小得多。第一个北欧国家立法方案被各国接受,其中有关合同、买卖和担保的法律问题成为适宜协同的几个主题。在1909年的方案中,甚至有关家事法的问题也有所提及,婚姻关系和配偶间的经济关系等领域也成为计划协同的领域。① 在北欧的每一个国家中,都存在两个常设委员会:民事法委员会和家事法委员会。②

然而,编纂一部新的北欧民法典的想法从来就没有成为一种现实的选择。事实上,许多草案已经起草,但这种努力却从未完成,这些草案也并没有使一部完整的北欧民法典诞生。③ 制定一部法典,甚至是一部北欧法典,是一个大工程,在考量这样的大工程前,首先需要进行大量的法律协调工作。北欧的法律人并不认为这样的大工程一定有什么用处,他们优先考虑的是立法中的灵活性,而不是创造一个逻辑连贯且

---

① 在家事法领域,法律协同的特殊对象包括结婚与离婚、配偶之间的财产关系、监护权和父母子女关系。参见 Ingrid Lund-Andersen & Annette Kronborg, *Marriage and Family Relations*, in Pia Letto-Vanamo et al. eds. , *Nordic Law in European Context*, Springer Nature, 2019, p. 97 – 114。

② 北欧法律协同在民事法律领域中最重要的成果应属几乎相同的买卖法、代理法和合同的缔结与合同无效(nullity/non-validity)的法律。参见 Johan Bärlund & Peter Moegelvang-Hansen, *Contracting with a Social Dimension*, in Pia Letto-Vanamo et al. eds. , *Nordic Law in European Context*, Springer Nature, 2019, p. 115 – 134。

③ 然而,1948年丹麦法学家弗雷德里克·文丁·克鲁斯(Frederik Vinding Kruse)教授在北欧法学会议上提交了其完成的北欧民法典草案,并于1962年提交了第二版民法典草案。

法典化的私法体系，其中包含私法诸领域的通则规定和具体规范。

此后，北欧法律界在面对有关欧洲共同民法典的提议时，远没有那么热情，而是更多持怀疑态度。直至今日，北欧国家的法律人都更倾向于各别立法，这种方式不仅制定起来比较简便，修改起来也比较灵活，同时这种立法不会对法律和法律思维太过拘束，相反，还会给予实用主义、司法解释和学者解释的存在空间，来实现实践的目标。

（二）现实主义

北欧法，特别是北欧法学在很大程度上得益于为创设一种发展法律的方法而付出的巨大努力，特别是19世纪德国法学所建立的在法律和法律概念的一致性的深刻思考之上的法律发展方法。然而，这种观念却并未成为主流，甚至逐渐被法律应当服务于社会之目的的观念所取代，因此法律不仅要有理论高度，更要成为达到实践目的的工具。北欧国家法律人的领军人物非常熟悉这些德国伟大的法学家，如萨维尼（F. C. von Savigny）、耶林（Rudolf von Jhering）和温德沙伊德（Bernhard Windscheid），甚至有些人是他们的学生。

因此，我们有必要强调，那些在北欧法律协同运动当中发挥关键作用的法律人，虽然代表不同北欧国家的法律体系，但他们拥有共同的来自德国的法律知识背景。[①] 在芬兰和丹麦尤为如此，而19世纪的挪威法学家对德国法的路径则多持批判态度。然而，在18世纪末至19世纪，北欧国家的民族国家法学[②]产生时，就在很大程度上受到德国法学的启发，他们适从德国的法律观点，严重依赖德国学者所撰写的教科书。因此，北欧法也受到以罗马法为基础的术语和立法体系的影响，这种影响至今还可以在北欧法律体系当中找到影子。同时，德国法学家的思想和法学理论也在北欧国家公法的发展中发挥重要作用。

---

① 北欧法与所谓的以如德国法为代表的“大陆法系”之间确有联系，但北欧协同仍然是在一种新的法律思维方式以及法律风格创造和维系过程中的重要特征——这与高度抽象的德国模式大相径庭。

② See e. g. R. Montgomery, *Handbok i Finlands allmänna privaträtt I*, G. W. Edlund, 1889; J. Lassen, *Haanbog i obligationsretten—Almindelig Del*, Gad, 1892.

然而,我们也必须强调,德国式的法律思维在北欧从来都不是未加批判就直接加以继受的。特别是在法院系统的工作中,就没有掺杂太多理论化的推理论证。我们常说北欧国家法律的实用主义特征,换言之,相比于那些在北欧国家看来过多的理论分析或是过于夸张的抽象思维而言,实际解决问题更受青睐。而这种传统一直可以回溯至19世纪。

在丹麦,最具影响力的法学家应该是安德斯·桑德·厄斯泰德(Anders Sandøe Ørsted,1778–1860)。厄斯泰德在很大程度上受到自己对当代德国法学家研究的启发,他著作等身的法学论著,为审视丹麦法和挪威法的实践奠定了基础。[①] 自20世纪20年代,北欧法哲学深受所谓斯堪的纳维亚现实主义学派的影响,这种现象主要发生在瑞典和丹麦。在瑞典,主流思想是所谓的乌普萨拉学派(Uppsala School),正是通过阿克塞尔·海格尔斯特伦(Axel Hägerström)和维尔赫姆·伦德施泰特(Vilhelm Lundstedt)等学者,才使斯堪的纳维亚现实主义这种哲学流派享誉海外。乌普萨拉学派也对许多北欧国家法律人的法律思维和论证逻辑产生了重要影响,瑞典法学家卡尔·奥利维罗纳(Karl Olivecrona)和丹麦法学家阿尔夫·罗斯(Alf Ross)是法律现实主义运动中最具代表性,也是国际上享有盛名的法学家。然而,在挪威自然法思想也发挥了重要作用,而在芬兰更贴合德国路径的概念性法学思维占据主要地位。

现实主义意味着这种法学理论并不愿意承认普遍适用的法律概念对法律论证的重要性,同时强调法院如何实际作出判决的思考才是法律最恰当的目标。在此种意义上,"问题本质"(*forholdets natur*)或"真实考量"(*reella överväganden*)就成为丹麦和瑞典法律渊源理论的基础。与此同时,法律作为"社会工程"(social engineering)工具的观念成为斯

① D. Tamm, *Anders Sandøe Ørsted and the Influence from Civil Law upon Danish Private Law at the Beginning of the 19th Century*, 22 Scandinavian Studies of Law 243 (1978).

堪的纳维亚现实主义的重要元素。[①]

自20世纪50年代起,受分析哲学和所谓的分析法学派的影响,德国(概念)法学的主导地位在芬兰逐渐衰退。[②] 分析主义所批判的对象主要集中在"从概念中得出结论"。但概念仍是不可忽略的,它们所发挥的是一种启发式的(heuristic)作用——概念对于澄清法律问题,并对其进行分类都十分必要。[③] 当下,法律原则变得十分重要,但法律概念仍然值得关注:这些概念乃是为以原则为基础的法律论证模式做准备。即便如此,芬兰法学仍然要比其他北欧国家法学更具理论性。

与此同时,芬兰法学家一致认为存在三种几乎同样强势的法律行为者(立法者、司法者和法学家群体),并且一致认同法律科学的积极作用是一种法律与社会变革方式的价值观(*ethos*)。至少从法教义学的意义上,法学学术研究可以被视作法律秩序持续生产与再生产的法律实践方式之一,但也只是其中之一。按照当代芬兰法理学家卡阿洛·图瑞(Kaarlo Tuori)的说法,法学学术研究通过其研究结果,如法律的体系化,来促进法律秩序的发展。而在学者的提议被普遍接受以后,如系统划分或新的概念就成为"法律文化的前理解"(legal-cultural pre-understanding)中不可分割的一部分,也会对其他的法律实践过程,如立

---

① See H. Pihlajamäki, *Against Metaphysics in Law: the Historical Background of American and Scandinavian Legal Realism Compared*, 52 American Journal of Comparative Law 469 (2004); L. Björne, *Realism och skandinavisk realism—Den nordiska rättsvetenskapens historia*, *Del IV*, 1911 – 1950, Institutet for rättshistorisk forskning, 2007.

② 对法律思想的影响最密切相关的是20世纪60年代和70年代的芬兰哲学[如冯·怀特(von Wright)和欣蒂卡(Hintikka)],这一阶段的芬兰哲学深受英美分析主义哲学的影响。

③ 芬兰社会最重要的变革可以追溯至20世纪70年代,从那时起,我们就可以称芬兰为一个福利(社会)国家了。这十年是各种民主化和现代化进程所裹挟的十年:例如,对学校体制、大学教育和部分法院体制的改革。在大学的法学教育中,要求法律科学向其他社会科学靠拢,此外,法律研究中的变化趋势也是显而易见的,例如在学位论文和其他学术研究中大量提及法律的"社会维度"。

法和司法裁判发挥其启发性的作用。①

五、走向共同立法

总的来说,北欧国家共同立法的(早期)创制过程可以概括如下:北欧共同立法的制定工作始于一国承担准备在国家委员会上供讨论的书面提案,然后各国委员会将定期举行会议,并以立法草案的形成作为委员会工作阶段的结束。正因如此,每个国家都要准备自己的草案,并附带必要的解释说明,然后提交至各国议会,并最终形成法律。这些法律无论在以前还是现在都被视为民族国家的国内立法。此外,一国颁行的法律可以与另一北欧国家就相同事项颁行的法律轻而易举地区分开来,北欧国家在立法上的协调并不意味着他们的制定法或立法完全相同。但话说回来,他们之间通常也没有什么太过明显的差异。另外,还需强调的是,即便立法是相同的,各国法院也可以自由解释所涉法律。

因此,达成法律协同目标的主要参与者是国家委员会或工作组。每个国家在准备本国的立法草案时,都会委任一个委员会。例如,在汇票问题上,德国法就被选作样版。国家委员会要在将立法草案提交各自国家的议会前,既要分别完成工作召开会议,还要共同协作举行会谈。在汇票问题上,国家委员会紧密协作,并在 19 世纪 80 年代就将完全相同的草案提交各国议会,并通过成为法律。下一步法律协同的方向就是有关商业登记和注册商标的共同法。在 1872 年至 19 世纪 90 年代的数十年,北欧共同商法领域以这种方式取得许多显著成果。

将合作视为法律领域积极有益的东西,是北欧协同的精神所在。在私人倡议、各国共同自愿努力的基础上,北欧协同取得了许多具体成果。直至“二战”以后,这种积极主动的协同仍继续运作。但在 1948 年,北欧协同开始变得更加官方,瑞典、丹麦和挪威的司法部部长决定开启一项包含有十个主题的共同立法项目,并邀请芬兰和冰岛两国加

① See K. Tuori, *Ratio and Voluntas: The Tension Between Reason and Will in Law*, Ashgate, 2010, p. 151 – 153.

入协同计划当中。与此同时,一个永久性机构——北欧立法协同委员会(Nordic Committee for Legislative Cooperation,丹麦语 *Nordisk udvalg for lovsamarbedje*)正式成立。[①] 后续的立法协同都是建立在这些计划之上的。

1962 年,北欧协同在赫尔辛基缔结的条约取得了成文的规范基础。从法律视角来看,《赫尔辛基条约》可以被视作之前协同的汇编,但这一条约也被视为丹麦和挪威有意与欧洲经济共同体(European Economic Community,EEC)协同一致的结果。因此,《赫尔辛基条约》将北欧协同以一种更直观的方式呈现在欧洲协同谈判中"更具形式主义特征的德国人和法国人"面前。[②] 根据《赫尔辛基条约》,北欧国家所要努力实现的法律统一,乃是"在尽可能多的方面实现所有北欧国家法律规制方式的一致"。传统意义上的协同范围限于私法,法律统一的目的也是在私法领域取得尽可能多的一致,但是,《赫尔辛基条约》当中也提到促进刑法与刑事制裁方面的统一同样也是北欧法律统一的目标所在。

事实上,北欧国家的刑法研究人员之间早就存在紧密的协同关系,[③]当论及刑罚执行问题时,犯罪学家发挥了重要的作用。《北欧刑法学杂志》(*Nordisk Tidsskrift for Kriminalvidenskab*)早在百余年前就已经创刊。然而,国家的政治问题往往并不遵循这一路径。在北欧国家,刑事政策长久以来被视为一项重要的政治议题。这往往就会导致在民众

---

① See J. Boucht, *De nordiska juristmötena och rättsgemenskapen i Norden*, 5 Defensor Legis 748 (1999).

② See C. Wiklund, *Helsingforsöverenskommelsens tillkomst*, Nordisk Tidskrift för vetenskap, konst och industri, 1987, p. 328 – 343; G. Petrén, *Helsingforsöverenskommelsens tillkomst*, Nordisk Tidskrift för vetenskap, konst och industri, 1983, p. 62 – 72. See also C. Wiklund, 1962 *års Helsingforsavtal—den första heltäckande nordiska samarbetstraktaten*, in B. Sundelius and C. Wiklund eds., Norden i sicksack—Tre spårbyten inom nordiskt samarbete, Santérus Förlag, 2000, p. 91 – 103.

③ See Tapio Lappi-Seppälä & Kimmo Nuotio, *Crime and Punishment*, in Pia Letto-Vanamo et al. eds., Nordic Law in European Context, Springer Nature, 2019, p. 179 – 200.

的理解、政治目标以及刑法学家和犯罪学家的建议措施之间存在鸿沟。①

按照条约序言的说法,北欧国家政府议定这些条款,乃是源于"促进并增强北欧国家人民在文化、法律和社会理念方面的紧密联系,扩展北欧国家间协同机制范围"的强烈意愿。无论是过去还是现在,必须指出的是:法律协同要拥有共同价值观的共同体之内推进。世俗主义、民主、尊重个体、社会考量、弱者保护等都是北欧国家所具有的价值观,这些价值观对法律事务也多有影响。

同时,协同也应当建立在"北欧效用"(Nordic utility,瑞典语 *nordisk nytta*)原则的基础之上,即只有在能实现北欧国家共同利益(common good)的情况下才会发生协同。协同所涉的活动不仅要促进北欧国家之间的团结感,还要增强北欧国家的能力与竞争力。因此,考量特定情形下,协同的目标到底倾向于实现北欧国家的统一,或仅仅是信息交换或表层协调就变得非常重要。

20世纪70年代,北欧国家部长理事会(Nordic Council of Ministers)的建立标志着北欧协同走向更加正式化的方向。时至今日,政府在立法领域的协同主要由北欧国家的司法部部长领导,他们都会建立本国自己的"法律理事会"(Law Council)。而在实际运作和部长理事会筹备过程中发挥关键作用的是立法事务高级官员委员会(Committee of Senior Officials for Legislative Affairs),该委员会由所有北欧国家及其自治领的代表组成。总之,北欧协同已经成为建立在北欧国家各项条约之上的政府间协同机制,这种协同包括北欧公民的流动,以及税收、家庭关系或社会保障等方面的问题。②

然而,在司法事务方面却没有达成任何的条约。因此,北欧国家的

① See P. Träskman, *Finsk, svensk och nordisk straffrätt—och den europeiska—några reflektioner*, in T. Kyttinen ed., Rikoksesta ja rangaistuksesta. Juhlajulkaisu Pekka Viljanen 1952, Turku, Turun yliopisto, 2012, p. 258 - 270.

② See H. Wenander, *Fri rörlighet i Norden. Nordiska gränshinder i rättslig belysning*, Juristförlaget, 2014.

司法协同仍然在传统的(非正式且自愿的)基础上进行。北欧国家间没有形成具有超国家功能的组织(如欧盟法院),也没有形成一套北欧现行法(一套有拘束力的北欧共同法律规范)。此外,北欧国家在促进北欧立法共同基本原则进程中,立法协同也只被视为一种工具。

六、未来图景展望

如前文所述,自1995年瑞典和芬兰加入欧盟开始,北欧协同出现了危机。然而,1995年修订后的《赫尔辛基条约》显示,北欧协同被视为欧盟内部更广泛协同的一部分。尽管如此,人们希望“北欧国家在更广泛地参与到欧洲协同进程时,进一步更新和扩展北欧国家间协同的领域”。北欧协同在20世纪90年代以后失去了一些动力,连《赫尔辛基条约》中提出的各项建议能否维持北欧国家间的协同都有待观察。在许多部门法领域,北欧协同似乎仅成为欧盟条例的一种补充。[①] 与此同时,北欧国家法律秩序之间的统一却从来没有如今天一样广泛存在过。

因此,时至今日,特别是在欧盟框架之内,有关北欧国家最重要的问题就是北欧法律协同的前景。[②] 挪威和冰岛并非欧盟成员国,但是它们通过欧洲经济区(European Economic Area,EEA)与欧盟国家紧密相连。许多人也倾向于低估欧盟在协同问题上的影响,指出北欧国家之间的协同是基于这些国家具有共同的传统和相同的价值观,而不是基于特定的经济目标(如共同市场的目标)。在布鲁塞尔举行的国家公务人员间的专门会议中,有人基于善意提出北欧协同已经失去了其召开

---

① See T. Wilhelmsson, *Det bristfälliga nordiska lagstiftningssamarbetet och Helsingfors-fördraget*, in Nordiska ministerrådet, *Lagstiftningspolitik—Nordiskt seminarium om lagstiftningspolitik*, *TemaNord* 516, Nordiska ministerrådet, 2005, p. 117 – 127.

② See B. Dahl, *Har det nordiske lovsamarbejde udspillet sin rolle*?, in R. T. Árnason ed., *Forhandlingerne ved*, Det 37. nordiske jurismøde i Reykjavík, Band 1, 2005, p. 155 – 173. See also J. P. Olsen & B. O. Svedrup, *Europa i Norden*: *Europeisering av nordisk samarbeid*, Tano, 1998.

的动力,北欧协同的机制需要重启,否则这种机制就将彻底消失。[1] 除此之外,即便北欧国家的法律人已经丧失了他们对北欧协同的坚守,他们在很大程度上仍然归属于北欧法律共同体。

然而,近几十年来情况发生了许多变化。欧洲国家法律协调已经触及了许多部门法领域。曾经是北欧协同中最主要的主题之一的消费者保护,已经完全由欧盟立法所协调。甚至在刑法领域,也实现了部分欧洲统一化,并一度对"北欧理性与人道的刑事政策"(Nordic rational and human criminal policy)产生了相当大的影响。丹麦法学家奥勒·兰多(Ole Lando)教授和他主持的委员会成功发起了《欧洲合同法通则》(European Principles of Contract Law,PECL)的制定,并进一步提出推动欧洲民法典的观念。北欧法学家也参与了许多欧洲法律协调项目(《共同参照框架草案:欧洲私法的原则、定义与示范规则》,DCFR),欧盟判例中产生的全新法律原则,如保护合法预期原则(protection of legitimate expectations)和比例原则(proportionality),也对北欧国家的法律思维产生影响。北欧国家的法律职业共同体之间,也开始更多使用英文进行交流。

在近几十年,北欧立法协同机制也确实少了许多往日的活力。至少由于许多重要的部门法领域被欧盟立法所接管,使北欧法律协同的性质发生了改变。现在,北欧立法协同不再是"积极主动",而是"被动回应"。因此,就连北欧法律统一所讨论的诸多议程(agenda)也多是由欧盟立法者确定,仅关注于在布鲁塞尔已经起草完成的法律提案,或是欧盟条例的国内实施。此外,北欧协同不再讨论那些共同的法律原则,而是讨论各种立法细节。[2]

同时,北欧国家对待欧盟持怀疑态度。在北欧国家,欧盟内部的民主赤字和透明度的问题都被列入讨论议程中。在如今的芬兰,这个唯

---

① See I. L. Backer, *Styrket nordisk lovsamarbeid: Muligheter og utfordringer*, Nordisk ministerråd, 2018.

② See M. Buskjær Christensen & N. Fenger, *Nordisk samarbejde om gennemførelse af EU- og EØS-lovgivning. Realiteter og perspektiver*, Nordisk ministerråd, 2009.

一接受欧元作为法定货币的北欧国家,因为经济政治危机甚至多了许多对欧盟的批评。然而,北欧协同当前真正的挑战似乎并不源于欧盟,而是北欧精神的衰退。北欧国家的传统以及包含着北欧法学会议、联合会、期刊的合作框架,立法起草程序和《赫尔辛基条约》有关北欧法律协同的条文仍然存在,甚至比百余年前的领域更加宽泛。当下主要的挑战是如何维持北欧精神,重振人们对北欧共同价值观的保护的兴趣。

北欧东部国家的法院文化与法官心理*

[芬兰]劳拉·埃尔沃**/著　张志萌***/译

[摘要]本文探讨芬兰和瑞典这两个北欧东部国家的法院文化与法官心理及其历史、文化与社会根源,旨在揭示瑞典和芬兰两国法院文化的特征以及这些北欧东部国家法官心理的底层机制,进而研究这些因素如何影响裁判。本文重点探讨的是这些国家的历史发展,因为芬兰在1809年之前曾是瑞典的一部分。芬兰在成为俄罗斯帝国下辖的自治大公国后,深受俄罗斯的影响,但瑞典一直是西方世界的一部分。即使芬兰于1917年获得独立,两国之后的历史仍有一定程度的差异。因此,历史上的差异是以何种形式展现在当代法庭诉讼活动中的,这是非常值得探讨的问题。本文的写作主要基于史料和比较研究。

[关键词]芬兰;瑞典;法院文化;法官心理

一、起　点

法律文化一词通常指一种特定的法律传统,一套随着历史发展而演变的法律制度以及司法实践的方式。诸如审判的数量、对法律制度的态度、法律修辞和法律意识形态等都是对法律文化进行的考察。诸如欧洲法律文化、北欧法律文化和国家法律文化等也都是经常使用的概念。①

法律文化可以进一步划分为两个子领域。即在精英化的语境下,

---

* 原文题目为 Culture and Mentality in East-Nordic Courts,原文载于 Laura Ervo et al eds.,*Rethinking Nordic Courts*,Springer,2021,p. 89－106.

** 劳拉·埃尔沃(Laura Ervo),瑞典厄勒布鲁大学教授、法学系主任,研究领域为程序法,特别是程序法中的基本人权问题,重点关注芬兰和瑞典的法律程序比较。

*** 张志萌,华东政法大学法律学院2022级硕士研究生。

① See K. Ervasti,*Tuomioistuinkulttuurin kehityslinjoja*,Oikeus,2005,p. 352.

法律文化可以指代法律职业及其活动;在更通俗的语境下,则指代人们对司法、法院和法律的看法。因此,法律文化可以指法律实施的方式或人们对法律的反应。法律文化还可以包括法官、检察官、律师等法律从业者以及他们的实践活动。此外,法律文化还包括描述法律的概念、术语以及法院的法律程序所使用的特定的语言。经常被提及的法院文化也是法律文化的一部分。从最广泛的意义上讲,法律文化是指一个国家或国家集团的整体立法、司法状况和法律环境。这样理解的话,法律文化就是整个文化概念中的一部分。①

如上所述,法院文化是法律文化的一部分。它指的是法院中包括法律程序和专业人员在内的一种文化。而法官心理(court mentality)则是法院文化的一部分。它由法官的一整套思维方法(a judge's mental set of tools)以及法官参与公民活动和履行其专业职责所依赖的心理手段(psychological instruments)和习惯(habits)组成。法官的性格、受教育程度、所处的环境和世界观也包括在法官心理之内。② 因此,法官心理可以被概括为法官的心理工具箱(psychological toolbox)。

每当作出法律决策时,决策者个人的思维方式和他们的思维体系都会发挥作用。必须承认,审判不是一门精确的科学,也不是一门有严格技术性的学科。当然,法院的客观性和法官的公正性既是非常基本的法律原则,也是整个审判的出发点。但是,包括法官的思想体系在内的法官心理,不可能被完全回避,我们应审慎考虑这类因素在决策中的重要性。③ 即使法官受过良好的教育,并以非常专业的方式工作,也不能完全避免这些因素的影响。研究包括法官心理在内的法院文化,及

① See K. Ervasti, *Tuomioistuinkulttuurin kehityslinjoja*, Oikeus, 2005, p. 352.

② See J. Kemppinen, *Tätä kaikki asianomaiset noudattakoot: korkein oikeus, ihmiset ja yhteiskunta* 1918 – 1990; E. Yrttiaho, *Tuomarimentaliteteti ja kansan oikeustaju. Oikeudenkäytön representaatiot suomalaisessa kaunokirjallisuudessa ja mediassa käytävässä oikeudenmukaisuuskeskustelussa*, Lapin yliopisto, 2000, p. 292.

③ See V. P. Hautamäki, *Teleologisk tolkningsinställning och judiciell aktivism-några teoretiska synpunkter*, 2 Tidskrift utgiven av Juridiska Föreningen i Finland 133(2004).

其如何影响决策的重要性,正是基于此种考虑。

本文主要从历史入手对北欧东部国家的法院文化和法官心理及其各种成因进行了研究和比较。本文旨在探明瑞典和芬兰两国法院文化中所包含的要素以及这些北欧东部国家的法官心理如何发挥作用。研究结果将有助于解释上述所有因素如何影响裁判。然而,研究目的并不是阐明法院文化或法官心理如何影响单个案件的决策,而是探讨这种现象本身及总体情况。因此,本文没有进行实证研究,而是采用了传统的法学方法。在行为和心理方面的研究上,也使用了自我民族志(auto ethnography)的方法。[①] 参考文献主要包括比较法和法律史方面的资料。

本文讨论的起点是北欧法的概念,北欧法在大陆法与普通法的划分之外,形成了北欧法系。胡沙(Husa)认为,北欧国家之间最接近的相似点并不在于正式的法律规则,而是法律心理。[②] 而雷托－瓦纳莫(Letto-Vanamo)和塔姆(Tamm)关注的则是北欧思维或"北欧性(Nordic-ness)",而不是北欧法律。[③] 这是因为该区域的社会正义、社会伦理和法律的某些基本价值观是相似的。由于北欧司法辖区之间的密切关系和共同的风格特征,它们形成了一个独特的法系。[④]

二、历史成因

(一)瑞典的起源

瑞典最早的实质性法律文本是省级法律(provincial laws),这是中世纪瑞典的主要法律渊源。1200年左右,可能是受神职人员的影响,这

① 作者在提及的两个国家都有相当长的工作经验。

② See J. Husa, *The Stories We Tell Ourselves—About Nordic Law in Specific*, 1 Isaidat Law Rev 6(2010).

③ See P. Letto-Vanamo & D. Tamm, *Nordic Legal Mind*, in P. Letto-Vanamo et al. eds., Nordic Law in European Context, Springer, 2019, p. 1, 9.

④ See J. Husa, *The Stories we Tell ourselves—about Nordic Law in Specific*, 1 Isaidat Law Rev 6(2010).

些法律才开始转为成文形式。瑞典最古老的省级法是《西约特兰法典》(Västgötalagen),在瑞典西部使用。1350 年左右,瑞典的省级法被马格努斯四世(Magnus Eriksson)的国家法所取代。①

影响瑞典法律文化发展的因素主要有三个:社会发展、基督教和对外国法律的接受(reception)。② 此外,日耳曼 – 罗马传统对瑞典法律制度也有重要影响。1734 年颁布的综合性法典被称为《1734 年法典》,分为以下几个部分:婚姻法、继承法、土地法、建筑法、商法、刑法、诉讼法以及判决执行法。这一结构在瑞典现在的法典中仍然存在。此后还制定了一些法律,即《父母法》(1949 年)、《环境法》(1998 年)和《社会保险法》(2010 年)。③

在 17 世纪,瑞典通过直接控制波罗的海地区而崛起成为一个大国。瑞典在三十年战争中对于欧洲政治和宗教力量的平衡起到了决定性作用。1721 年,俄国及其盟友赢得了对瑞典的战争,标志着瑞典在欧洲超级大国地位的终结。瑞典还受到启蒙运动的影响,在 1570 年到 1800 年经历了两次城市扩张。④

瑞典的最后一次战争是 1814 年的瑞典 – 挪威战争。瑞典获胜后与挪威结成联盟,一直持续到 1905 年。自 1814 年以来,瑞典一直处于和平状态,形成了和平时期不结盟、战时中立的外交政策。在第一次世界大战和第二次世界大战期间,瑞典保持中立。此外,瑞典试图置身于军事联盟之外,并在整个冷战期间保持中立。社会民主党执政长达 44 年(1932 – 1976)。⑤

(二)瑞典时期的芬兰及其影响

如上所述,瑞典和芬兰这两个东斯堪的纳维亚国家有着共同的历

① See G. Inger, *Svensk rättshistoria*, Liber, Stockholm, 2011, p. 13 – 17.

② See G. Inger, *Svensk rättshistoria*, Liber, Stockholm, 2011, p. 9.

③ See B. M. Ortwein, *The Swedish Legal System: An Introduction*, Ind Int Comp Law Rev, 2, p. 411(2003).

④ See G. Inger, *Svensk rättshistoria*, Liber, Stockholm, 2011, p. 75, 78.

⑤ See G. Inger, *Svensk rättshistoria*, Liber, Stockholm, 2011, p. 307.

史。从12世纪开始,芬兰就是瑞典东部国土的一部分,这一情形一直持续到1809年。在此之前,芬兰没有国家或中央政权。在瑞典时期,中央集权和全国性立法同时开始发展。[①] 因此,两国在法律制度和原则上是同源的。

由于这一共同的历史,特别是在现代芬兰存在了相当长时间的共同的立法传统,两国有着独一无二的共同法院文化的先决条件。法律制度和主要原则所植根的相同的形式基础,保证了两国对关键法律概念和原则实际上有相似的理解方式。同时由于共同的宗教信仰,两国的价值观基础相同。尽管这两个国家都相当世俗化,但其共同的道德体系仍然影响着法律的解释。[②] 诚实信用的观念和强烈的职业道德都是路德教的道德规范影响的结果。[③]

(三)俄罗斯帝国自治大公国时期的芬兰及其俄罗斯化

1809年,芬兰成为俄罗斯的自治区域,但当时瑞典的法律在整个俄国时期的芬兰仍然有效。事实上,俄国的法律制度在芬兰并没有产生太大的影响,瑞典模式始终盛行,一直到1917年芬兰作为一个独立的国家建国。[④]

通常来讲,芬兰被视为是东西方的交界,因为无论在地理上还是历史上,芬兰都位于瑞典和俄罗斯之间。这些地区的宗教不同(俄罗斯是东正教而瑞典和芬兰是路德教),因此价值观和思维方式也不相同。这

---

① See L. Ervo, *Nordic Court Culture in Progress: Historical and Futuristic Perspectives*, in L. Ervo & A. Nylund eds., The Future of Civil Litigation: Access to Courts and Court-Annexed Mediation in the Nordic Countries, Springer, 2014, p. 386 – 390.

② See L. Ervo, *Religious Affects in Civil Procedure: East-Scandinavian Perspective* [Влияние религии на гражданский процесс: восточноскандинавская перспектива], Herald of Civil Procedure [Vestnik Grazdanskogo Protsessa], 4, p. 35 – 50 (2014).

③ See J. Husa et al., *Nordic Law-Between Tradition and Dynamism*, in J. Husa et al eds., Nordic Law-Between Tradition and Dynamism, Intersentia, 2007, p. 23 – 24.

④ See L. Ervo, *Nordic Court Culture in Progress: Historical and Futuristic Perspectives*, in L. Ervo & A. Nylund eds., The Future of Civil Litigation: Access to Courts and Court-Annexed Mediation in the Nordic Countries, Springer, 2014, p. 250.

些差异也体现在芬兰西部和东部的地方文化中。芬兰东部更靠近俄罗斯边境,与俄罗斯人的生活方式有更多相似之处。比如,芬兰东部就有一个东正教的少数派别。

如果没有全面的实证研究,很难确定交界区域的特殊地理状况是否会影响法院文化。法院文化既基于也受制于共同的法律规则(statutes),因此,也很难确定芬兰东部和西部之间的文化差异是否以及如何影响法院文化。乍看之下,文化差异的影响可能是微乎其微的,因为法院文化是一种专业的(professional)文化,它很大程度上由法律约束性部分(legally bound parts)构成;换句话说,法院文化不仅涉及文化,更涉及专业责任。在这两个国家工作了很长一段时间后,根据笔者的经验:芬兰起源于瑞典的历史和作为北欧国家之一的现实情况,导致芬兰的法院文化非常西化。也可以说,芬兰西部和东部的法院文化并没有太大的差异,因为这一问题取决于法院的专业性以及其法律约束性文化(legally bound culture)。尽管如此,作为东西方的交界线,芬兰特殊的地理位置及其对法院文化的潜在影响仍然引人关注,值得进一步研究。① 我们不妨再回到历史的发展上进行探讨。

① 尽管如此,芬兰和瑞典之间还是有很多比较研究。例如,Karonen 和 Östberg 将芬兰和瑞典从历史和政治角度进行了比较。也有一些基于地理或地缘政治的比较。参见 P. Karonen. & K. Östberg, *Avslutning*, in H. Meinander et al eds., Demokratins drivkrafter: kontext och särdrag i Finlands och Sveriges demokratier 1890 – 2020, Skrifter utgivna av Svenska Litteratursällskapet i Finland, 2018, p. 433 – 434。然而,纯粹的文化方面的研究没有对本研究发挥很大的作用。此外,例如,Niemi 和 Kiesiläinen 以及 Niemi 的两篇论文从法律角度比较了瑞典和芬兰。她尤其注重从法学理论的角度进行研究。参见 J. Niemi & J. Kiesiläinen, *Comparing Finland and Sweden: The Structure of Legal Argument*, in J. Husa et al eds., Nordic Law—Between Tradition and Dynamism, Intersentia, 2007, p. 89 – 108; J. Niemi, *Challenges in Legal Argumentation: A Swedish-Finnish Perspective*, in M. Dahlberg ed., De Lege: Juridiska Fakulteten i Uppsala Årsbok 2018, Iustus förlag, 2018, p. 230 – 244。类似的观点有 J. Husa et al., *Nordic Law—Between Tradition and Dynamism*, in J. Husa et al eds., Nordic Law—Between Tradition and Dynamism, Intersentia, 2007, p. 1 – 36。该文也从历史和文化的角度对芬兰和瑞典的法律情况进行了比较。

从1890年起,“俄罗斯化”政策开始在芬兰实施,因而这一时代也被称为压迫时期。可以说,该政策的目的是让芬兰变得更加俄罗斯化。但是,每当俄罗斯在立法领域制定某些例外规则时,芬兰的法律行业就大范围抗议,因而新的制度从未充分落实。值得注意的是,即使是在立法领域所制定的这类例外规则,也只涉及法律体系中的某些方面,而其他方面在官方的正式层面仍然只依照芬兰法(原瑞典法)予以规制。①

例如,《司法程序法典》从1734年沿用至今,②其间尽管芬兰经历了从瑞典的一部分到俄罗斯的自治区域、再到独立国家的历史变迁,③但其效力未曾中断。很少有一部法典能在三个不同的帝国中持续有效。尽管法典内容有所修订,但其主要结构仍沿用至今。其中的原因必然在于法典内容与当地价值观(道德)和思维方式(心理)以及文化(道德和心理的共同背景)的高度一致。

在芬兰自治时期,立法改革并不容易实现。因此,芬兰的立法在一段时间内是静止的,与社会发展相脱节的。俄罗斯时期及其面临的挑战导致独立的芬兰迅速发展,也使法律的适用和解释具有了一定的灵活性,以适应当时社会的需求。据说,从那时起,法律改革常在没有进行广泛社会讨论的情况下迅速推进。一个主要的考虑是提高效率。④俄罗斯时期产生的另一个影响是,如果立法者没有对当前社会的需求

---

① See L. Ervo, *Nordic Court Culture in Progress: Historical and Futuristic Perspectives*, in L. Ervo & A. Nylund eds., The Future of Civil Litigation: Access to Courts and Court-Annexed Mediation in the Nordic Countries, Springer, 2014, p. 250.

② 这并不意味着法典内容始终没有修订与更新。尽管内容一直在一点点地修订革新,但法典本身并没有被废除。因此,其结构等仍未发生变化。

③ See L. Ervo, *Nordic Court Culture in Progress: Historical and Futuristic Perspectives*, in L. Ervo & A. Nylund eds., The Future of Civil Litigation: Access to Courts and Court-Annexed Mediation in the Nordic Countries, Springer, 2014, p. 250.

④ 参见 J. Kekkonen, *Suomen oikeuskulttuurin historiaa ja paikannusta*, Lakimies, p. 936(1998); A. Saarnilehto, *Kansallisen oikeuskulttuurin uhat*, Lakimies, 1, p. 74(2003)。其中后一来源称此类问题已于1917年到1996年得到解决。

作出反应,法院则可以在任何需要的时候对判例采取新的解释。这使灵活性、常识性和解决方案的创造性,成为芬兰法律文化的标志,而这些在更审慎的瑞典人看来,甚至可以用富有创意(imaginative)来形容。①

特别是在芬兰,没有具体条文规定的法律问题,往往通过应用其他成文规定中表达的类推原则或补充判例来解决。此外,在未法典化或法典化程度不足的领域,法律学说起着重要作用。② 芬兰尤其如此。

有人认为,正是芬兰的自治和随之而来的立法挑战所处的这一历史阶段,塑造了芬兰的法院文化及其当今的形态。此外,俄罗斯化导致对合法性(legality)③的重视在公务员队伍中扎根,这种合法性文化仍然影响着现今的制度。④ 然而,并非所有学者都认同这种解释。例如,Björne 认为,芬兰公务员队伍的消极抵抗和对(俄罗斯的)全国性立法

① 参见 J. Sallila, *Eurooppalainen oikeuskulttuuri, pohjoismainen perinne ja juristi-identiteetti: Oikeushistoria Suomen oikeustieteellisissä aikakauslehdissä n.* 1945 – 1970, Oikeus,4,2011,p. 466。Nylund 和 Sunde 将北欧法院文化形容为务实且富有创造力。B. M. Ortwein,*The Swedish legal system: an introduction*,Ind Int Comp Law Rev,2,p. 201 (2003). 这无疑是正确的。当然,也取决于与谁比较。总的来说,与其他国家相比,北欧文化是富有创造性和务实的。然而,当北欧国家单独相比时,其内部层面也有一定差异。此外,Letto-Vanamo 和 Tamm 的论文中将北欧的法律文化被描述为简单且务实。P. Letto-Vanamo & D. Tamm,*Nordic Legal Mind*,in P. Letto-Vanamo et al. eds.,Nordic Law in European Context,Springer,2019,p. 9.

② See U. Bernitz,*What is Scandinavian Law? Concept,Characteristics,Future*,Scand Stud Law,50,p. 20(2007).

③ 《牛津英语词典》显示,合法性指的是与法律相符合的性质或状态。

④ See T. Aalto,*Kansakunnan historia* 4: *Kansakunta kerää voimia* 1855 – 1890, Werner Söderström Osakeyhtiö,1976,p. 40 – 42; O. Jussila,*Suomen suuriruhtinaskunta* 1809 – 1917,Werner Söderström Osakeyhtiö,2004,p. 254; J. Kekkonen,*Suomen oikeuskulttuurin suuri linja* 1898 – 1998, Suomalainen Lakimiesyhdistys,100,p. 162 – 163(1998); J. Kemppinen,*Oikeuskulttuuri*,*in Encyclopædia Iuridica Fennica*,Suomalainen lakimiesyhdistys, 1999; K. O. Virtanen,*Ahdistettu kansakunta* 1890 – 1917: *Kansakunnan historia* 5,Werner Söderström Osakeyhtiö,1974,p. 11 – 410.

所采取的反制措施与守法主义(legalism)本身没有多大关系,而更多的是基于按照解释者的要求解释法律的意愿。Björne也进一步讨论了芬兰的守法主义,指出守法主义是没有依据的,有许多可悲的历史例证,如内战后的审判。①

然而,这些与战争和其他特殊情况有关的悲剧,如内战后的审判或第二次世界大战后芬兰的战争责任审判,不能用以证明日常情况,它们具有政治性质。在这些情况下无论是守法主义还是法律保护都无法完全(乃至部分地)实现。当然,守法主义的深度和社会的法律保护在特殊情况下会受到考验,如果二者在这种情况下仍然站得住脚,则可认为它们是完全有效的。通常情况下,在经济繁荣时期守法主义会发挥作用,但不幸的是,每当社会(政治)出现问题时,违法行为就开始泛滥。

在今天的芬兰,合法性发挥的作用也可能受到挑战。在瑞典和芬兰,合法性作为法制民主和法治的最重要原则之一受到高度重视。尽管如此,与瑞典或其他北欧国家相比,合法性在芬兰发挥的作用更大的观点是没有根据的。笔者认为难以确定的是合法性在芬兰所发挥的实际作用,而非其背景和原因。笔者还认为,北欧各国经历和实现合法性的过程没有重大差异。事实上,合法性原则是北欧法的一个基本原则。也许在更早的时候,芬兰的情况会有所不同:如在国家独立之初,俄罗斯时期的迹象仍然存在于人们的脑海中,其影响远甚于今日。

此外,芬兰的务实且有创造力的法院和法官及其司法能动主义共同表明:我们真正的目标或许从来都不是用一种非常迂腐的方式去解释合法性。如果以一种非常严格和正式的方式来对待合法性,就无法为司法能动主义或创造性、实际性的解决方案留下多少空间。然而,并不是说上述的这种效应与创造性的解释和对合法性的尊重,这三者是直接一一对应的,实际上它们都只是处理困难情况和不良的政治局势

---

① 参见L. Björne, *Suomalainen legalismi: tarua vai totta?*, Lakimies, 1, p. 149–152 (2012)。而与之相对的,如Letto-Vanamo和Tamm认为芬兰是一个比其他北欧国家更具守法主义的国家。P. Letto-Vanamo & D. Tamm, *Nordic Legal Mind*, in P. Letto-Vanamo et al. eds., Nordic Law in European Context, Springer, 2019, p. 7–8.

的不同手段。

如今,法院现实的日常运作情况与20世纪20年代初大不相同。由于法庭上的当事人代表不同的文化,说不同的语言,法院还面临诸如文化多元主义和全球化等新的挑战。截至2019年年底,瑞典约有19.56%的(生于国外的)外国居民,而芬兰的这一数字在2018年为7%。与此同时,案件也更加国际化。犯罪和商业活动都不再局限于国境之内,而是具有国际性和跨国界的特征。因此,法官需要知道如何处理这些类型的文化差异和语言问题以及如何裁判并非仅基于国内法的案件。在这种现代背景下,严格遵循合法性原则或芬兰源头的法律文化似乎已不合时宜。日常生活状况表明,许多其他的价值观念和问题已随着时间的推移而变得日益深入人心。

(四)近代以来的主要关键节点

1917年12月6日芬兰议会通过《芬兰独立宣言》时,这个新国家已经拥有了丰富的民族文化和管理自己事务的数百年经验。如上所述,独立国家的形成可部分地追溯至瑞典统治时期(从13世纪到1809年),更大程度上源于俄罗斯帝国的自治大公国时期(1809~1917年)。

1918年的芬兰内战及其后果以及第二次世界大战及战争责任审判,都具有突出的政治性质,也为芬兰的法院文化增添了新的特色。其中后一事件导致对民主、法治和法律保护诉求的增加。① 20世纪70年代的失业问题和90年代初的经济萧条,在芬兰造成了严重的危机。这一时期产生的文化和心理层面的影响,既包括对社会造成的一般性影响,②更有对法院文化的具体影响。由于仍存在对这两次危机和其他潜

① See J. Kekkonen., *Suomen oikeuskulttuurin historiaa ja paikannusta*, Lakimies, 1998, p. 936.

② 参见V. Lehtinen et al., *Onko lama lisännyt mielenterveyshäiriöiden esiintyvyyttä?*, Duodecim, 111, p. 323 – 329(1995)。认为经济萧条加剧了芬兰社会的心理问题,而Viinamäki等认为二者相关性并不明显。即使如此,后一研究也认同经济因素似与心理问题相关联。H. Viinamäki et al., *Laman vaikutus suomalaisten mielenterveyteen*, Lääkärilehti, 4, p. 1689(1997).

在危机的记忆,无论是一般公众还是如法官和立法者等专业团体,面对困难情况和相关风险时都更加敏感。人们很容易回忆起危机期间的情况,也担忧未来仍有可能发生新的危机,因此没有人相信快乐的日子会永远持续下去。①

瑞典没有战争,对工人的需求大于失业人数。至少与其他许多国家相比,其经济也一直相对活跃。

人民之家(folkhemmet)②的理念很好地展现了瑞典近期的社会历史。它至今仍深刻地影响着瑞典人的自我印象。③ 尽管同为福利国家,芬兰则没有类似情况。人民之家的理念强烈地影响了瑞典文化和瑞典人的生活方式,尤其是在工作环境和劳动法等社会关系方面。它强调群体参与决策的重要性(例如,决策要在工作场所)。这种由人民之家理念产生的社会化思维方式在瑞典社会中相当普遍。

这种心理也影响法律工具的使用方式和法律的解释方式等法院文化。这些社会原因导致北欧东部国家间产生了两种不同的法官心理,从而造成了二者在司法造法方面的差异。

上述关于合法性及其在日常生活和特殊情况下的起源和意义的讨论,现在也正合时宜。合法性的作用方式在特殊时期和正常的日常生

---

① 参见 J. Kiander, 1990 – *luvun talouskriisi Suomen Akatemian tutkimusohjelma*: *Laman opetukset. Suomen* 1990 – *luvun kriisin syyt ja seuraukset*, Valtion taloudellinen tutkimuskeskus, Government Economic Research Center Helsinki, 2001, p. 131。其中展示了芬兰科学院"20世纪90年代经济萧条"研究项目的成果。此外, Kekkonen也关注经济萧条和其他危机如何影响了法律文化。参见 J. Kekkonen, *Suomen oikeuden historiallisia kehityslinjoa. Helsingin ylipiston oikeustieteellisen tiedekunnan julkaisut*, Helsinki, 1999, p. 51, 88, 93。关于社会变革如何影响法院的讨论参见 *Tuomioistuinlaitoksen kehittämiskomitean välimietintö*, Komiteanmietintö, 2003, p. 18。

② 人民之家(folkhemmet)是一个政治概念,在瑞典社会民主党和瑞典福利国家的历史上发挥了重要作用。这一观念的核心是,整个社会应该像一个小家庭一样,每个人都做出贡献。关于这一概念,参见 H. Dahlqvist, *Folkhemsbegreppet*: *Rudolf Kjellén vs Per Albin Hansson*, Historisk Tidskrift, 3, p. 445 – 465 (2002).

③ See B. Bertilsson, *Förändringstendenser i svensk rättskultur*: *rättskipningens funktion och domarens roll*, SvJT, 1, p. 28 (2010).

活中是不同的。很明显,在发生重大公共卫生事件期间,芬兰政府就对合理限制给出了错误信息,很可能是为了让人们更加服从管制。它没有明确说明建议和义务之间的区别。由于议会和政府决定实施紧急立法,这种不明确的信息具有极大的误导性。正常情况下,人们更易评估某一情形合法与否,但紧急立法的内容和限制一般公众无法获知。例如,芬兰公民没有被告知,尽管有紧急立法,他们仍然拥有出入边境的基本权利。① 只有在法学学者开始注意到这种信息的缺失后,政府才修改书面指示,部长们也开始以口头方式进行强调。不过,笔者认为用特殊的政治审判作为日常生活中的例子并不完全合适。还应研究日常案件中如何解释和应用法律,然后再将整个情况与研究目标,如合法性进行比较。只有在日常生活和特殊情况下都严格解释和遵循合法性,才有可能得出展现当地公众一般态度的结论。具有政治价值的案件通常是例外的甚至有时是可悲的案例。俄罗斯化本身对芬兰的合法性原则的影响已经消失,合法性问题的价值也下降了许多。但必须强调的是,上述俄罗斯化时期的传统影响则是恰恰相反的其不仅强调合法性原则,而且还提出由快速改革和创造性的判例构成的解决方案。

三、以瑞典为榜样

芬兰对瑞典法律制度的态度颇为积极。尤其是在立法文化方面,瑞典通常被视为一个可以安全效仿的榜样。不过,芬兰并没有直接复制瑞典模式,芬兰的立法者往往很谨慎,他们基于瑞典的经验,待进行更彻底的评估后,再遵循瑞典模式进行立法改革。芬兰立法者以此将瑞典用作为一个试验场。由于两国有相同的背景和相似的司法辖区,该方法简单易行。两国都同属斯堪的纳维亚法系,而且有共同的历史。这意味着两国的法律制度、法律原则和法院制度即使不完全相同,也非

① 例如,芬兰边防警卫队网站(https://www. raja. fi)上的官方新闻在重大公共卫生事件发生初期具有误导性。在许多教授和媒体就此问题进行了辩论之后,这些指示进行了调整,现在这些指示到底只是建议还是可执行的规则,以及这些限制是只适用于外国人还是也适用于芬兰公民,都已非常清楚。

常相似。此外,至少在宏观层面上,两国的社会环境和公民心理也非常相似,便于进行法律移植。事实上,瑞典的模式或经验在芬兰甚至不被视为法律移植,而更被视为"国内产品"。[①] 基于瑞典和芬兰的共同历史,这不难理解。尽管如此,芬兰自瑞典时期以来发生了诸多变化。因此,共同历史不能解释一切,以瑞典为榜样的主要原因一定在于共同的文化之中,这种文化因地理和心理上的相似性产生影响。这就是为什么移植自瑞典的法律在芬兰视如本国法律。

共同的东斯堪的纳维亚法学家的高度身份认同,则是芬兰采纳瑞典改革和学习瑞典经验的另一个原因,这种身份认同主要通过北欧在实践中的定期接触和合作建立起来的。[②] 在日常生活中,北欧的律师和研究人员经常保持联系,尤其是与瑞典同事。特别是在芬兰,瑞典的判例法和科学文献不仅常被芬兰认真遵循、参考和使用,而且在法庭上法官和律师也经常使用。而由于语言障碍,这一传统在瑞典不太常见。所有芬兰人都懂瑞典语,但大多数瑞典人不懂芬兰语。尽管芬兰有芬兰语和瑞典语两种官方语言,但用瑞典语撰写的芬兰学术文献和用瑞典语撰写的法院判例明显较少。因此,在瑞典研究芬兰法要比在芬兰研究瑞典法困难得多。

在立法文化以及高校的科研和法学教育方面也是如此。然而,与立法领域的良好合作相比,二者在司法领域的日常情形差异更大。[③] 原因是瑞典和芬兰法官所使用的工具箱(toolboxes)不同。每当由于新的实际情况和需求,需要进行新的解释时,如果立法者尚未对法律进行修正,芬兰法院通常会以实用性的方式解释法律的有效部分,以在新情况

① See L. Ervo, *Comparative Analysis between East-Scandinavian Countries*, Scand Legal Stud, 61, p. 136(2015).

② See J. Sallila, *Eurooppalainen oikeuskulttuuri, pohjoismainen perinne ja juristi-identiteetti: Oikeushistoria Suomen oikeustieteellisissä aikakauslehdissä n.* 1945 – 1970, Oikeus, 4, p. 457(2011).

③ See P. Letto-Vanamo & D. Tamm, *Nordic Legal Mind*, in P. Letto-Vanamo et al. eds., Nordic Law in European Context, Springer, 2019, p. 2 – 5, 14 – 17.

下达成最佳解决方案。这种常识存在于芬兰法官的工具箱中，一般来说，这样做并无风险或违法[①]之虞。[②] 然而，瑞典的情况并非如此。特别是在1995年加入欧盟之前，瑞典法院非常谨慎、严格地遵循准备立法的工作资料(*travaux préparatoires*)[③]和法条文义。[④] 得益于欧洲化，自21世纪初以来，这种情况有所改变。但在此方面两邻国之间的差异仍然显著。瑞典法官对芬兰的创造性的解释和适用有效法律条款的方式很陌生。尽管近来瑞典的判例法也日益重要，法官也更愿意在法庭权限内更具创造性地解决争议，但传统上他们在判决中并不会使用这类创造性的工具来进行解释。[⑤]

四、北欧东部国家之间的主要差异

(一)讨论与处理——两国决策间的文化差异

芬兰和瑞典法律文化之间确实存在一些关键的差异。[⑥] 这些差异主要体现在改革的效率和速度以及上述赋予法院实现正义的权力

---

① 无论是一般公众还是法律和秩序的捍卫者通常都不会认为这可能有风险。

② 尽管如此，即使这种方法已经很务实了，芬兰的这种法院文化甚至还被批评为过于被动。参见 T. Määttä, *Lainsäätäjän kunnioittamisasenne, tavoitteellinen laintulkinta ja lakien tavoitesäännökset vallitsevassa tuomarinideologiassa*, in A. Pakarinen et al eds., Lainvalmistelu, tutkimus yhteiskunta Jyrki Talan juhlakirja, Turun yliopisto, Oikeustieteellinen tiedekunta, 2011, p. 207 – 225。

③ 法语，指在立法过程中对于条款的草拟、讨论和谈判的正式记录。——编者注

④ See P. Letto-Vanamo & D. Tamm, *Nordic Legal Mind*, in P. Letto-Vanamo et al. eds., Nordic Law in European Context, Springer, 2019, p. 7.

⑤ See B. Bertilsson, *Förändringstendenser i svensk rättskultur: rättskipningens funktion och domarens roll*, SvJT, 1, p. 29 – 31 (2010); E. Fura-Sandström, *Rättsbildning i en ny miljö: hur har domstolarnas roll och betydelse förändrats? Domstolarnas roll då, nu och sedan*, SvJT, 3, p. 264 – 265 (2004).

⑥ Niemi 在其文章中从法律理论的角度比较了瑞典与芬兰以及本文所提及的相似与差异。参见 J. Niemi, *Challenges in Legal Argumentation: A Swedish-Finnish Perspective*, in M. Dahlberg ed., De Lege: Juridiska Fakulteten i Uppsala Årsbok 2018, Iustus förlag, 2018, p. 227 – 249。

方面。与芬兰相比,瑞典的立法文化更体现出一种对话性。比如,在《政府立法通报》(SOU)[①]中公布的准备工作资料通常都是细致且全面的。计划进行改革之前,通常还要先进行广泛的社会讨论。[②]

这种差异不仅源于立法文化,更源自国家的整体文化。众所周知,瑞典的决策以达成共识为目标,这种决策非常耗时,在最终决定前会有几次冗长的会议和全面的讨论。所有参与者都可以参加讨论并发表意见。[③]从芬兰人的角度来看,这种决策既耗时又低效。[④] 因为在芬兰,结果通常比实现结果的方法更受重视。

芬兰人"处理事情"的方式或者说是"做"而非"讨论"(或反思、分析)事情的方式,是芬兰和瑞典文化之间的主要区别,这一点突出地见诸其法律文化之中。[⑤]

(二)司法造法

上述文化差异也成为导致两国司法造法方面存在差异的原因之一,因为社会共同的氛围和传统会反映在法院中,并影响到法院的工作。法院在判决时的决策程序以及立法机关在立法时的决策程序,自然也遵循着社会的共同文化。

也就是说,法官心理是所谓司法能动主义或司法造法的一个关键因素,与之相反的则是司法自制(judicial self-restraint)。这些概念法官

---

① SOU是瑞典语 Statens Offentlig Ufredningar 的缩略,可译为《政府立法通报》。它公布政府颁布的条例法规,和由政府召集或任命的委员会就政府向议会提出的立法议案中的问题进行解释和分析的报告。——编者注

② See L. Ervo, *Comparative Analysis between East-Scandinavian Countries*, Scand Legal Stud, 61, p. 144 – 145(2015); J. Kekkonen, *Suomen oikeuskulttuurin suuri linja* 1898 – 1998, Suomalainen Lakimiesyhdistys, 100, p. 936(1998).

③ See *Liikekulttuuri Ruotsissa*, rajaneuvonta, https://ruotsi. rajaneuvonta. fi/company/alku/liikekulttuuri-ruotsissa/.

④ 关于所提及的这种差异,参见一档电视节目:Kamrat på svenska, *K*1, *J*3: *Ruotsalainen keskustelukulttuuri*, yle(10. 2. 2008), https://areena. yle. fi/1 – 1164648。

⑤ See L. Ervo, *Comparative Analysis between East-Scandinavian Countries*, 61 Scand Legal Stud 145(2015).

创新性的解释或疑难案件解决的新方法。法官可以像活跃的政治角色一样,积极地创造法律和更新解释;同时也可以像被动的公务员一样,只是技术性地裁量适用法律。①

判例在北欧法律体系中发挥着实际且重要的作用。北欧法中识别判例的通常做法效率极高。北欧人对判例的态度很好地表明,在北欧法律文化中,法院的作用与同时存在的立法者的作用至少在一定程度上是相似的。② 这揭示了北欧法律精神中潜在的,特别是芬兰较之于瑞典所具有的重要特性。③

瑞典的法院和法官与芬兰的法院和法官相比,更受制于规则的文义和准备立法的工作资料(*travaux préparatoires*),而后者则有较大的最终解释权,能够在旧法不符合当前社会需求且立法者尚未作出反应时,找到实际有效的解决方案。④ 通过在芬兰最高法院的判例中搜索"公平审判"(fair trial)一词,六件案件中五件使用了这种创造性解释,特别是在下级法院的案件中。⑤ 最高法院中的少数,有时似乎倾向于以一种实用性的方式扩大解释法律,这在下级法院尤其常用。但在最高法院,尤其是其中的多数法官,仍然更多地受到法律条文文义的约束。

在文献中,西尔塔拉(Siltala)强调芬兰的裁判有两种不同的"趋势":即守法主义的趋势和更具创造性的趋势。当需要适用欧洲立法,以在芬

---

① See L. Ervo, *Comparative Analysis between East-Scandinavian Countries*, Scand Legal Stud, 61, p. 149(2015); V. P. Hautamäki, *Tuomioistuin Aktivismi Tutkimuskohteena*, Oikeus, 2003, p. 171.

② See J. Husa, *The Stories We Tell Ourselves—About Nordic Law in Specific*, Isaidat Law Rev, 1, p. 6(2010).

③ See A. Simoni & F. Valguarnera, *La tradizione giuridica dei Paesi nordici*, Giappichelli, 2008, p. 97.

④ See L. Ervo, *Comparative Analysis between East-Scandinavian Countries*, Scand Legal Stud, 61, p. 145(2015).

⑤ 所找到的案例是最高法院 2016 年的第 98、88、85、84、76 和 45 号案例,其中第 96、88、84、76 和 45 号案例在这个意义上也很有价值。

兰和欧洲规则之中找到更贴合案件的解释时,后一趋势尤其明显。[①] 豪塔迈基(Hautamäki)认为,由于更加开放的规范赋予了法院更多的自由裁量权,芬兰的司法能动主义正在加强。[②] 图奥里(Tuori)同意豪塔迈基和西尔塔拉的观点,他认为能动主义正在加强,尤其是影响到了欧盟立法。[③]

文献中也有不同的观点。例如,马蒂拉(Mattila)在1998年写道,芬兰和瑞典的法官将自己视为立法者意志的执行者。[④] 胡斯(Husa)在2010年发表了同样的观点,但他补充说,北欧国家的能动主义正在加强。根据他的观点,先例的作用在官方和学理意义上都已非常薄弱。胡斯在2010年还指出,两国间不同的法律能动主义都有一个关键因素,就是芬兰和瑞典的一种法律文化态度,即道德争议应该由国家议会而不是法院解决。[⑤]

笔者认为,法律文献中出现这些不同观点的原因,是作者没有以相同的标准对司法能动主义进行比较。显然,广义上讲,瑞典和芬兰的法院和法官都很谨慎;他们很专业,尊重立法且依法裁判。两国职务犯罪数量较少,腐败问题也不严重。此外,对公务人员还存在高度的制约。例如,在这两个国家,监察人员都很常见,且由于不需要太多的手续,他们的信息又很容易获取,因此联系监察人员的门槛极低。从这个角度来看,两国都有高水平的守法主义。[⑥]

---

① See R. Siltala, *Oikeustieteen tieteenteoria*, Suomalainen Lakimiesyhdistys, 2003, p. 294.

② See V. P. Hautamäki, *Tuomioistuin Aktivismi Tutkimuskohteena*, Oikeus, 2003, p. 172.

③ See K. Tuori, *Tuomarit ja tuomioistuimet suomalaisessa oikeuskulttuurissa*, Lakimies, 7–8, p. 1051 (2000).

④ See H. E. S. Mattila, *Pohjoismainen oikeus*, *in Encyclopædia Iuridica Fennica*, Suomalainen Lakimiesyhdistys, 1998, p. 706.

⑤ See J. Husa, *The Stories We Tell Ourselves—About Nordic Law in Specific*, 1 Isaidat Law Rev 7 (2010).

⑥ See L. Ervo, *Liability and Social Control of Scandinavian Judges*, in M. Giżyńska & A. Piszcz eds., Liability of Public Officers: Selected Issues, Oficyna Wydawnicza Szkoły Wyższej im. Pawła Włodkowica, 2013, p. 117–132; L. Ervo, *Between Legal and Social Control: Scandinavian Ombudsmen*, in Annual Conference of British Institute for International and Comparative law, The British Institute for International and Comparative Law, 2013.

尽管如此,在微观层面上,二者仍有本质的差异。[①] 如果只比较芬兰和瑞典,我们可以看到传统意义上瑞典并不存在司法能动主义。虽然瑞典国内的这种情况在欧洲化的要求下发生了全面改变,但这种能动主义仍限于在法院和法官需要作出既符合瑞典法,又符合欧洲法的一致解释,且没有其他变化需要做出反应的情况下。[②] 至于司法自制则是一个约束程度的问题。今天芬兰和瑞典的法院在某种程度上仍然是自我约束的,但芬兰和瑞典在这方面的心理还是有所不同。

上述情形同时也与法律渊源有关。芬兰法官的自由裁量权要比瑞典法官多。文化和心理的差异使在瑞典个人很少去给出解决方案,每当需要新的解决方案时,法院往往会等待立法者的反应。[③] 而在芬兰,人们不会认为在法律过时或缺位的情况下,作出公平合理的决定是有风险的。法律条款的文义中可能行使自由裁量的情况下也是如此。在这些情况下,法官会作出反应,寻求实践中行之有效的解决方案。他们有一种实用性心理,更欣赏快速且实际的解决方案。当立法者还没有作出反应或者立法者通过公开且有针对性的规范将这种权力委托给法院时,人们认为法院作出反应来解决问题是合理的。[④] 通常,人们普遍

---

① 此外,Letto-Vanamo 和 Tamm 强调北欧国家单独之间的差异。参见 P. Letto-Vanamo & D. Tamm, *Nordic Legal Mind*, in P. Letto-Vanamo et al. eds., Nordic Law in European Context, Springer, 2019, p. 1 – 2。

② See B. Bertilsson, *Förändringstendenser i svensk rättskultur: rättskipningens funktion och domarens roll*, SvJT, 1, p. 29 – 31 (2010); E. Fura-Sandström, *Rättsbildning i en ny miljö: hur har domstolarnas roll och betydelse förändrats? Domstolarnas roll då, nu och sedan*, SvJT, 3, p. 264 – 265 (2004).

③ 参见 K. Tuori, *Tuomarit ja tuomioistuimet suomalaisessa oikeuskulttuurissa*, Lakimies, 7 – 8, p. 1049 – 1050 (2000)。此外,Husa 还关注瑞典议会在宪法视角下的重要作用。J. Husa, *Constitutional Mentality*, in P. Letto-Vanamo et al. eds., Nordic Law in European Context, Springer, 2019, p. 41.

④ See L. Ervo, *Group Actions in the East-Nordic Legal Culture*, in A. Uzelac ed., Class Actions: the Holy Grail or a Wrong Trail?, Springer, 2020.

认为北欧法律在本质上是实际且具体、而非理论或抽象的。[①] 尽管有这些特点,北欧国家中仍有实际的与"更实际的"司法辖区之分。芬兰较之于瑞典显然是更实际的辖区。

另外,在瑞典,上述情况通常被视为立法漏洞,而民主制度中的法律漏洞应该由立法权而不是司法能动主义来填补。[②] 原因不仅在于瑞典对民主的不同理解,还在于瑞典的社会文化就是公共性和讨论性的。立法程序比司法能动主义更符合这种类型的民族文化。因此,司法能动主义不太适合瑞典的法院文化和法官心理。此外,法官也是在他们所处的时代和社会中"长大的孩子",必然受到时代和社会的影响。在所受的专业教育和职业之外,他们还会受到社会中更普遍的生活方式和世界观的影响。

五、现　状

今天,芬兰的法律文化仍然以迅速解决和快速改革为特色,如果立法者没有对社会中紧密相关的新的现实需求作出反应,则可以在任何需要的时候通过对判例的新的解释来实现。这使灵活性、常识性和解决方案的创造性,成为芬兰法律文化的标志,甚至可以用"平易近人"(folksy)来形容。换句话说,就是脚踏实地、务实灵活。[③] 此外,在许多情况下,立法者通过开放的法律概念和规范将自由裁量权授予法官,以保证在新情况下灵活适用以解决问题。这一情况有其历史

---

① See J. Husa, *The Stories We Tell Ourselves—About Nordic Law in Specific*, Isaidat Law Rev, 1, p. 5(2010).

② See K. M. Holland, *Introduction*, in K. M. Holland ed., Judicial Activism in Comparative Perspective, Palgrave Macmillan, 1991, p. 2.

③ Letto-Vanamo 和 Tamm 将北欧的法律文化描述为务实、简单和现实。认为其不存在不必要的程序,且法律风格简单易懂,具有透明、平等、避免极端的特点。参见 P. Letto-Vanamo & D. Tamm, *Nordic Legal Mind*, in P. Letto-Vanamo et al. eds., Nordic Law in European Context, Springer, 2019, p. 9。

原因,至今仍可见俄罗斯化时期对芬兰法律文化的影响。[①] 上文对此提出了部分质疑,但目前该观点仍具有一定的合理性。

从总体上看,瑞典人和芬兰人的心理有所不同。芬兰人个性更加鲜明和直接。他们直截了当,热衷于实现计划,而瑞典人更热衷于一起制定计划。不仅在法律文化方面,瑞典文化整体上的特色是在制定或实现计划之前,要与所有的参与者进行长期的讨论。上文提及的俄罗斯化和其他的历史原因,都已经是相当古老的解释了,这些情况可能比古老的解释更能说明问题。[②]

另一个问题是,与更注重个人主义的芬兰人相比,瑞典人更注重集体、社交和合作。例如,瑞典的职场文化是自下而上的,而芬兰的职场文化仍然更注重等级,尽管其程度不及过去严重。[③] 如果抛开两个民族的 DNA 和起源,试图寻找其社会原因,瑞典的"人民之家"运动可能是一种解释。直到今天,"人民之家"的观念仍全面且深刻地影响着瑞典人思考和处理问题的方式。这种文化差异在社会上随处可见。法律文化和法院文化也不例外,是受这些文化差异和思维方式差异影响的范例。

实际国情上的差异也会造成文化差异。如上所述,瑞典社会比芬兰社会的文化更多元。近 20% 的瑞典居民出生在国外,这一比例在日常文化中也显而易见。相应的数字在芬兰是 7% ,这个数字要低得多,但并非微不足道。如此高比例的外国出生居民如何影响法院文化是一个有趣的问题。事实上,其影响在日常生活中并不罕见,如在法庭诉讼

---

① See L. Ervo, *Comparative Analysis between East-Scandinavian Countries*, 61 Scand Legal Stud 143(2015); J. Sallila, *Eurooppalainen oikeuskulttuuri, pohjoismainen perinne ja juristi-identiteetti. Oikeushistoria Suomen oikeustieteellisissä aikakauslehdissä n.* 1945 – 1970, Oikeus, 4, p. 466(2011).

② 参见 *Suomalainen työkulttuuri*, InfoFinland. fi (21. 06. 2023), https://www.infofinland.fi/fi/elama-suomessa/tyo-ja-yrittajyys/suomalainen-tyokulttuuri。

③ 参见 U. Bernitz, *Nordic Law: Position and Possibilities*, Tidskrift utgiven av Juridiska Föreningen i Finland, 5, p. 386(2018); P. Isaksson, *Leading Companies in a Global Age: Managing the Swedish Way*, Vinnova Report VR, 14, Vinnova, p. 16, 20, 39(2008)。

中,作为当事人的外国人应受到与瑞典人相同的待遇。如何在实践中应对这一挑战,是当前面临的问题之一。[①] 此外,还有如刻板印象等潜在的影响。[②] 芬兰也面临同样的挑战,只不过目前与瑞典相比程度较轻。

然而,微观层面上的差异并不妨碍北欧国家如立法事务等方面的合作。[③] 由于立法十分统一,北欧东部国家的法院文化也或多或少是统一的,但仅在宏观层面上是如此。如上所述,这些国家不仅在思维方式尤其在行为方式上有一些差异,为了正确认识北欧东部国家现今的各种法院文化,理解这些差异非常重要。在宏观层面上,北欧东部的法院文化只有一种。但在微观层面上,芬兰和瑞典的法院文化确有不同。

---

① See Ökat förtroende för domstolarna—strategier och förslag—Betänkande av Förtroendeutredningen Stockholm 2008, SOU 2008:106, p. 62.

② See N. Torstensson, *Judging the Immigrant Accents and Attitudes*, Umeå Universitet, Department of Language Studies, Umeå, 2010, p. 95 - 100.

③ 北欧理事会成立于1952年,旨在促进其成员国(丹麦、芬兰、冰岛、挪威和瑞典)以及自治领土(法罗群岛、格陵兰岛和奥兰群岛)的议会议员之间的合作。北欧部长理事会成立于1971年,旨在促进政府官员之间的合作。北欧理事会及其委员会处理一些诸如北欧国家提出的希望协调各国政策的立法议题。

法院与诉讼程序：北欧法的部分特征*

[芬兰]皮亚·雷托－瓦纳莫**/著　郭雨薇***/译

[**摘要**]本文讨论北欧国家法院体系和诉讼程序的特征。这一分析基于如下理念，即将北欧法系作为一个整体，北欧各国之间既具有相似的历史传统，同时在不同的法律人或者团体之间存在高水平的法律合作。首先，探讨以北欧法系为特色的社会法发展、法学理论和法律实践的主要特征。其次，描述法学领域合作的思想、方法和结果。通过三个例子强调存在于法律和司法制度中的北欧特征（Nordicness）。一是关于法律的民众参与，尤其强调非职业法官的重要性。二是涉及立法者与司法机构之间的关系以及不存在立宪法院的问题。最后，讨论北欧国家所特有的冲突解决模式。

[**关键词**]法院体系；诉讼程序；民众参与

引　言

事实上不存在北欧法系这样的概念，然而北欧的法律思想却很容易被引用——这个概念描绘了北欧国家法律体系的独特性和它们之间的相似性。① 事实上，北欧由五个具有不同历史和法律的国家组成。一般而言，法律始终是国家的，但是国家法律本身不需要起源于本民族，它可以是从其他国家或其他法律体系借鉴法律或法律制度的结果。此

---

* 原文题目为 Courts and Proceedings：Some Nordic Characteristics，原文载于 L. Ervo et al eds.，*Rethinking Nordic Courts*，Springer Nature，2021，p. 21－36.

** 皮亚·雷托－瓦纳莫（Pia Letto-Vanamo），芬兰赫尔辛基大学法学院原院长、荣休教授，研究领域为法律史学、比较法学、欧洲法律史、北欧法律文化与跨国法研究。

*** 郭雨薇，华东政法大学法律学院 2022 级硕士研究生。

① See P. Letto-Vanamo & D. Tamm，*Nordic Legal Mind*，in Pia Letto-Vanamo ed.，Nordic Law in European Context，Springer Nature，2019，p. 1－19.

外,北欧国家的法律坚实地建立在这样的原则之上:他们的产生源自一个共同的欧洲历史。①

然而,本文在比较分析中将他们归类为北欧法系,以此为出发点,讨论北欧法院系统和审判程序的特征。

通常认为在"欧洲主流"思想和制度方面的某种历史滞后可以被用来解释北欧体系发展中可见的特殊性。例如,北欧国家仅在18世纪或19世纪,才出现由高校培养的法律职业(附有考试)和法律科学的现象。② 因此,所谓的学术性法律和接受过高校教育的法律专业人才比较晚才开始影响法律制定和争端解决。

同时,关于北欧特征(Nordicness)的观点是非常晚近才产生的。直到19世纪,一种明确的"北欧法"观点开始广泛取代丹麦-挪威法与瑞典法(包括芬兰在内)之间的传统划分,尤其是充当工具,推动了他们在法律领域的合作。从那时起,通过积极的合作,北欧的法律统一形成,也因此弥合了许多先前的差异和分歧。该合作开始于1872年,当时,几位著名的法律人应邀参加面向所有北欧国家法律人召开的第一届论坛,目的在于制定策略以应对北欧国家及其法律在工业化早期所面临的共同挑战。③

"共有的法律思维方式"是第一届北欧法律人论坛的参与者提出的

① 在北欧国家,宗教戒律和教会法对于法律思维的形成是非常重要的。教会法学者在编写地方法的过程中也发挥了重要作用,且主要发生在12世纪和13世纪。然而罗马法复兴(属于共同法)的浪潮并没有产生如同在欧洲其他地方的影响。罗马法复兴来得缓慢又迂回,主要是19世纪(罗马)德国对北欧法律学术产生了影响。

② See D. Tamm & E. Slottved, *The University of Copenhagen: A Danish Centre of Learning since* 1479, University of Copenhagen, 2009; L. Björne, *Den konstruktiva riktningen: den nordiska rättsvetenskapens historia* 1871 – 1910, Institutet for Rättshistorisk Forskning, 2002.

③ 该论坛的灵感源自相似的德国和英国制度。H. Tamm, *De nordiske juristmøder* 1872 – 1972: *Nordisk retssamvirke gennem* 100 *år*, Nytnordisk Forlag Arnold Busck, 1972; G. Carsten, *Hundert Jahre Nordischer Juristentag*: 1872 – 1972, 1 Rabels Zeitschrift für Ausländisches und Internationales Privatrecht/Rabel J Comp Int Private Law 80 (1973).

作为支持北欧合作的主要理由之一。① 因此,认识北欧法律思维和法律实践的特征需要综合考量北欧法律体系和高水平法律合作中的历史相似性。

因此,我们首先在这里讨论具有北欧国家特色的社会法发展、法律思维和法律实践的特征。然后讨论国家之间法律领域合作的想法、方式和结果。通过三个例子强调存在于法律和司法制度中的北欧特征。一是关于法律的民众参与,尤其强调非职业法官的重要性。二是涉及立法者与司法机构之间的关系以及不存在宪法法院的问题。三是讨论北欧国家所特有的冲突解决模式。

一、积极良好的政府(Active and “Good” State)

如上所述,比较法学者将北欧国家典型地归为一个法律个体或者至少是所谓的大陆法系家族中的一个分支。事实上,北欧国家之间存在众所周知的相似性,其中一些仍然在法律制度、实践和理论的发展中发挥作用。人们在谈及北欧国家时,都认为是一个非常小、相当同质和比较平等②的社会。长时间以来,北欧国家的城市都比较小,绝大部分人口居住在农村。

因此,北欧国家的社会文化、法律文化以及诉讼程序和司法文化的特征取决于农民和农业文化。16 世纪路德教宗教改革(Lutheran Reformation)带来的强大君主政体的影响也不能被忽视。人们也可以认为国家与教会之间交往互动的一元化社会在后来成为北欧福利国家

① 自 1872 年哥本哈根北欧法律人论坛以来,该论坛每三年举办一次,1903 ~ 1918 年和 1939 ~ 1947 年除外。2017 年,约有 900 名来自北欧所有国家的法律人(法官、公务员、执业律师和法律学者)参加在赫尔辛基召开的论坛。为了加强他们对一般性法律争议的重视,从第一届论坛开始,与会者之间的会议报告、会谈和部分讨论一直有被印刷和出版。

② See J. H. Petersen, *Nordic model of welfare states*, in Pia Letto-Vanamo ed., Nordic Law in European Context, Springer Nature, 2019, p. 21 – 39; J. Niemi, *Promoting Gender Equality*, in P. Letto-Vanamo ed., Nordic Law in European Context, Springer Nature, 2019, p. 79 – 95.

的现代化和多元化实践的沃土。①

19世纪期间,伴随着工业化第一波浪潮的到来,北欧国家及其法律才实现现代化。在该过程中,政府发挥了重要作用。事实上,北欧国家经常被描述为政府与社会之间界限模糊的国家。的确,政府和社会的概念在许多方面似乎是可以互换的。在此,我们至少可以发现北欧的"良好"政府观念占优势地位和构建社会政府(social state)原因的依据,该趋向也成为北欧法系中冲突解决的路径。例如,政府积极参与到消费者保护以及其他非诉讼解决方案中。②

此外,通常来说,社会维度一直是北欧法理论的典型特征。比如,在合同法中注重对弱者的保护。③ 与此同时,许多社会机构和法律机构在某种程度上一直是社团主义者(corporatist),比如,具有冲突解决和咨询功能的机构或者法律起草委员会。④ 目的是确保其代表各种社会利益。

在晚近的法律领域专业化过程中也可以发现北欧特征。一直以来,人们谈论着非专业化和外行主导的法律文化,这再次定义了法院系统和法律程序,且至少部分解释了即使是今天的北欧法思维还具有实

① See H. Stenius, *A Nordic Conceptual Universe*, in H. Haggren ed., Multi-Layered Historicity of the Present: Approaches to Social Science History, University of Helsinki: Department of Political and Economic Studies, 2013, p. 93 – 104.

② See J. Bärlund & P. Moegelvang-Hansen, *Contracting with a Social Dimension*, in P. Letto-Vanamo ed., Nordic Law in European Context, Springer Nature, 2019, p. 115 – 133.

③ See T. Wilhelmsson, *Social civilrätt: om behovsorienterade element i kontraktsrättens allmänna Läror*, Lakimiesliiton kustannus, 1987; J. Bärlund & P. Moegelvang-Hansen, *Contracting with a Social Dimension*, in P. Letto-Vanamo ed., Nordic Law in European Context, Springer Nature, 2019, p. 115 – 133.

④ See P. Letto-Vanamo, *Judicial Dispute Resolution and its Many Alternatives: the Nordic Experience*, in J. Zekoll ed., Formalisation and Flexibilisation in Dispute Resolution, Brill, 2014, p. 151 – 164.

用主义(pragmatism)[①]的特征。例如,实用主义体现在法官在诉讼及其替代方案中对自身角色的态度上。[②] 与此同时,非专业人士的加入将公众参与及司法共识不同程度地带入审判程序中,本章节稍后将进行讨论。

当今,在所有的北欧国家,公共部门和公共行政占据了巨大领域并发挥着重要作用。然而,他们各自的公共机构和公民之间的冲突解决体系在很大程度上是不一样的。例如,在瑞典和芬兰,政府和公民之间的诉讼是通过设立特定的行政法院来解决,其层次结构不同于普通法院。然而,其他的北欧国家没有这样的行政法院系统。例如,丹麦的行政案件是通过众多不同的机构和委员会解决的,其中大多数是为了特定的行政诉讼设立的,如税收、社会福利、环境保护或者能源供应,而普通法院(除个别例外)通常在这些事务中拥有最后决定权。[③]

二、统一法律制度和法律思维

对法律制度或法律理论更加详细的研究表明:北欧国家之间不仅具有相似性而且还存在差异性。如上所述,瑞典和芬兰有行政法院,但是其他北欧国家没有;斯堪的纳维亚现实主义在法院诉讼程序现代化(民主化)和司法论证的讨论中发挥了重要作用,但主要是在瑞典和丹麦。

中世纪早期,在所有北欧国家,本土法律的重要原则都被记录下来。即使在他们的文本中可以看到许多相似性,但是由于本土的特殊性,产生了显著的差异。因此,为了解北欧国家间法律制度和法律合作

---

① 简单和非正式的风格部分与其不存在现代民法典有关,如1804年《法国民法典》和1900年《德国民法典》。民事案件,诸如合同法或者侵权法已经或多或少地由单行法令进行规制,一般来说,北欧国家一直以来都在抵制这些大规模的法律项目,并选择分别在不相关联的议会立法里颁发必要的立法,其中许多法规都是基于北欧的议案和商讨草拟的。

② 特别是所谓的法院附设调解。

③ See O. Mäenpää & N. Fenger, *Public Administration and Good Governance*, in P. Letto-Vanamo ed., Nordic Law in European Context, Springer Nature, 2019, p. 163 – 178.

(legal contact)的发展和运行情况,很有必要去强调这些国家之间仍然可见的早期合作的印记。为了达到这个目的,我们可以讨论在西部的北欧国家(包含挪威、丹麦和冰岛)和在东部的北欧国家(包含瑞典和芬兰)。丹麦和挪威在同一个国王治下始于1380年并且一直持续到1814年。芬兰直到1809年都是瑞典的一部分。丹麦和挪威君主专制下(也包含冰岛)的法律的发展不同于瑞典王国。在17世纪晚期,丹麦和挪威法律基于两本重要的法律书籍或法典(原则上包含法律领域所有基本规则)统一起来,即1683年《丹麦法典》和1687年《挪威法典》。[①]《挪威法典》以《丹麦法典》为基础,并且废除了许多挪威法旧规。因此,数世纪以来,丹麦和挪威的法律在很大程度上几乎是一致的。在某种程度上,丹麦－挪威共同法思想的观点在1814年之后继续存在,这一年,挪威和瑞典形成联盟(持续到1905年),但是挪威并没有采用瑞典的法律。

瑞典和芬兰一直以来都拥有共同的法律基础,最显著的是1734年《瑞典法典》。事实上,即使是在1809年芬兰成为俄罗斯帝国中独立的大公国(持续到1917年)之后,仍保留着瑞典法律,瑞典语是其官方语言。[②] 然而,和俄罗斯的关系对芬兰社会以及社会思想和法律思想产生了深远影响,体现在芬兰和其他北欧国家之间的部分差异中。例如,在芬兰,相较于其他北欧国家来说,其对俄罗斯更加尊重。[③] 此外,芬兰迟于其他国家,在成为主权国家之后才加入北欧的合作。

尽管如此,瑞典和芬兰之间存在极大的相似性,如新法规的筹备工作。按照瑞典的法律传统,包括司法论证(judicial argumentation)在内,新法规的筹备工作(*travaux préparatoires*)产生了重大影响,丹麦和挪威

① See D. Tamm, *The Danish Code of* 1683: *An Early European Code in an International Context*,28 Scandinavian Studies in Law 163 (1984).

② 目前,芬兰有两种官方语言,芬兰语和瑞典语;例如,立法总是采用这两种语言进行公布。

③ 在所谓的俄罗斯化时期(1900年前后几十年),守法主义的概念是指保留在芬兰(仍然)生效的瑞典立法,将其作为“法治”的象征。

也是如此。在起草芬兰新法规时,瑞典的文献材料经常被使用。70 年代和 80 年代,芬兰在改革法院系统和审判程序时也积极仿效瑞典模式。

如果自 19 世纪以来的积极合作未能使法律政治的发展得到平衡,那么北欧国家可能会继续存在两个或两个以上截然不同的法律团体。这个合作不仅立足于共同或者相似的历史以及北欧国家拥有法律共识的思想基础,而且基于这样一个信念,即在商业贸易的快速发展的背景下,通过共同的努力,可以更好地满足必要的法律改革的需求。合作开始于 19 世纪 70 年代,并且很有可能是 19 世纪早期所谓的斯堪的纳维亚运动的结果,这一运动是北欧国家历经数个世纪的战争之后,寻求北方国家间的统一、合作和友谊。

所有的北欧国家过去并且现在依然相对较小,许多当时的热门问题并不被他们的学者所知悉。携手合作并利用几个国家的潜力是有目共睹的解决办法,成功也会紧随其后。合作的目的是找到共同的北欧方法,以应对由工业化和国际贸易快速发展所导致的问题。尤其是新的支付工具和其他与国际贸易相关的问题所带来的挑战。①

在北欧法律人论坛的基础上,北欧法的协同开始于 19 世纪 70 年代。从那时起,积极的立法合作成为决定性因素,北欧国家因此可归类为更接近大陆法系国家(成文法国家)而不是所谓的普通法系国家(判例法国家),甚至作为一个独立法系。此次合作采取的形式是不同国家的代表讨论共同的、新的法律对策,但是同时交由每个国家的立法者,在政治上决定是否以及在多大程度上将在他们国家实际起草并且正式通过任何此类新立法。

1962 年,北欧法合作取得了文本基础,即赫尔辛基条约的缔结。从

① 在召开第一届北欧法律人论坛时,邀请强调出于一种对法律以及许多法律制度共同起源的共识,这些制度的发展自然需要共同的参与。所提及的有关合作的话题事关商法以及在民刑案件中的审判程序。参见 G. Carsten, *Europäische Integration und nordische Zusammenarbeit auf dem Gebiet des Zivilrechts*, Zeitschrift Für Europäisches Zivilrecht, 2, 1993, p. 335 – 348。

法律角度看,《赫尔辛基条约》可以看作此前合作的法典汇编。① 根据《赫尔辛基条约》,北欧各国将尽可能多方面地实现整个北欧国家法规的一致性,参照传统的合作范围旨在私法领域实现最大可能地统一。该条约也提及了促进刑法和刑事制裁方面协同的目标。

合作并不都意味着建立共同的法院或者其他机构去创建所谓的“北欧共同法”。② 与此同时,其国家的律师、法官和法学教授仍然可以自由地去阐述自己的法律解释。法院判决、法律规则和法律文献是国家性的;其他北欧国家的判决、法律规则和法律文献可以被引用,而且经常被引用,但是它们只发挥建议性功能,类似于其他外国法或者做决策时的灵感来源。

尽管如此,这种协同法律的“软”方法(soft method)并不是旨在统一,而是尊重本土的特殊性和意愿,在基本法领域,如商法,特别是关于合同和货物买卖法等方向法规,③催生了具有重要影响的系列法律规范,包括通常被认为更具民族性和文化上敏感的法律领域,如家庭法。④

北欧的法律合作是所谓的“北欧法律文化”⑤广义上的一个典型特征,该文化强调将源自北欧国家法律并且学习北欧国家法律作为北欧法律人身份认同感的组成部分。北欧法律人论坛(The Nordic lawyer's

---

① 《赫尔辛基条约》一直以来被看作丹麦和挪威与欧洲经济共同体(EEC)利益合作的成果。参见 P. Letto-Vanamo & D. Tamm, *Nordic Cooperation in the Field of Law*, in J. Strang ed., Nordic Cooperation: A European Region in Transition, Routledge, 2016, p. 93 - 108.

② 这里的共同法是 Patrick Glenn 论著中的涵义。参见 H. P. Glenn, *On Common Laws*, Oxford University Press, 2005。

③ See J. Bärlund & P. Moegelvang-Hansen, *Contracting with a Social Dimension*, in P. Letto-Vanamo ed., Nordic Law in European Context, Springer Nature, 2019, p. 115 - 133.

④ See I. Lund-Andersen, *Marriage and Family Relations*, in P. Letto-Vanamo ed., Nordic Law in European Context, Springer Nature, 2019, p. 97 - 113.

⑤ 早期北欧法律“认同”的成果包括《北欧法律百科全书》(*Nordisk Retsencyklopedi*, 1878 ~ 1899 年)和《北欧杂志》(*Tidsskrift for Rettsvitenskap*, 1888 年至今)。还有学者和其他不同领域的法律人参与的北欧联盟和/或者年会。

meeting)始于1872年,在不同阶段都有召开。其议程反映了许多有关共同利益的事务讨论。与此同时,这个会议原则上只采用北欧语言进行,[①]这使北欧法律人感到彼此之间比与其他国家法律人之间有更多的共同点。

北欧没有共同的程序法,但是关于法院、司法机关和诉讼程序的问题经常出现在北欧法律人论坛的议程上。[②] 从第一届论坛开始,法官们(尤其是来自最高法院的)在参与者中构成了最大的团体。国家立法者积极仿效其他北欧国家的改革和模式,而构建非正式和正式的北欧联络网(Nordic contact network)成为法院和法官工作的自然组成部分。[③] 如1981年成立了北欧程序法协会(Nordiska Föreningen för Processrätt)。[④]

三、北欧特征:公众参与

法律现代化通常与民主化这个词联系在一起:北欧国家的(法律)现代化需要在立法的协助下发生,而且也需要公众参与,其中包含非专业人士参与法院争端解决。为了改变司法贵族模式并实施现代化的诉讼程序原则如口头陈述等,瑞典在19世纪期间提出了程序法改革和法院改革。在20年代和30年代期间,"司法体系民主化"是瑞典社会民主法律政策的主要目标之一。[⑤] 然而,该国的法院系统和法律程序改革迟至1948年才开始。在挪威和丹麦,该项改革几年前就已发生。

---

① 然而,对于来自芬兰的参会者而言,意味着只能使用瑞典语。

② See J. Boucht, *De nordiska juristmötena och rättsgemenskapen i Norden*, 5 Defensor Legis 764(1999).

③ 自19世纪50年代,瑞典最高法院的判决的报道一直在Nordisk Domssamling中出版发行。

④ See E. Bylander, *Nordiska Föreningen för Processrätt och det tolfte nordiska processrättsmötet*, Svensk Juristtidning, 2013, p. 337 – 342; E. Bylander & A. Nylund, *Inledning*: *Temanummer*: *Processrätt*, Tidskrift utgiven av juridiska föreningen i Finland, Juridiska Föreningen i Finland, 2015, p. 395 – 400.

⑤ See K. Å. Modéer, *Den stora reformen*: *rättegångbalkens förebilder och förverkligande*, Svensk juristtidning, 1999, p. 400 – 427.

尽管此项进程早在20年前就已经开始,但是芬兰直到90年代才着手进行。

在芬兰,关于法院系统和当地居民(local)的评论和态度方面,初审争端解决就已经强调了维持非正规化和“北欧农民传统”的重要性。甚至是在70年代和90年代,倡导的审判程序的现代化改革(如消除城镇和农村法院和诉讼程序的差异)主要是参考瑞典的范例。然而,芬兰后来参照欧洲发展的改革一度被认为是最合理的,特别是在依据《欧洲人权公约》批准的法律义务方面。①

可以说在很长一段时间内,甚至是当今某种程度上,司法和司法判决的合法性都源于这个信念,或者至少是这个假定,即法院遵守法律,法律是人民意志的表达。与此同时,当地初审法院是争端解决的主要法庭,主要处理刑事和民事案件以及家庭法事务和各种各样的登记任务。② 公众监督和司法共识通过非专业人员小组③的参与和(国会的)行政监察专员的合法(国家)监督被引入诉讼程序中。然而,当今的人们越来越频繁地在其他地方,尤其是在传统法庭争端解决办法的替代方案中寻求决议的合法性。

当然,(农村地区)古老“公社”(communal)的冲突解决办法也在欧洲其他地方广泛使用,而在欧洲其他国家,遵循规则被认为是以具有学术教育培养的司法机关逐渐取代早期的争端解决模式。只有在19世纪,非专业人士才再次被接纳为法院成员,其主要原因是1789年法国大革命和包括法院在内的西欧社会民主化。

同样的过程也发生在挪威和丹麦,但是不在芬兰和瑞典。在后者国家,非专业人士不断地参与到司法机构的行政管理中。在某种程度上,这是由于这些社会相对较迟的现代化以及他们的法院系统整体改革的低效。有些原因是意识形态上的,如维护审判程序的民众

① See P. Letto-Vanamo, *Autonomy and Heteronomy of Judiciary: A Historical Approach*, Oñati Socio Legal (1st Series), 2010.

② 此外,初审法院的诉讼程序混合了司法干预主义和民间的非正式性。

③ 芬兰语中是“nämnd”。

性和平等主义特征的想法得到重视,但是在芬兰,财政也发挥了作用。①

在每个案例中,外行参与的理由不时改变。对地方性知识(local knowledge)的引用越来越少,而公众监督和民主化不断盛行。在20世纪上半叶的瑞典和60年代至70年代的芬兰的争论中,盛行的论点恰恰与司法的民主化和对司法机关的公众监督有关。有趣地是,2003年芬兰法院系统发展委员会提倡了由各方积极发挥作用的所谓的程序正义以及法院附设调解制度的有关安排,建议大幅缩减非职业法官任用,理由是参照其悠久的传统,非职业法官的参与根本就没有正当理由。如今,芬兰仍然存在非职业法官,但是只会在初审法庭的刑事案件中。然而,在瑞典,他们也参与到行政法院和上诉法院中。②

四、北欧特征:立法者居于司法机构之上

在所有的北欧国家,最重要的法律渊源是国会立法,这是法治社会改革的关键措施。因此,最重要的法律角色就是立法者。国家并没有宪法法院,司法机构也不愿意去质疑立法者的权威。③ 事实上,北欧国家是欧洲和世界上比较少有的没有设立特定法院组织进行宪法审查的国家。然而,宪法和司法审查传统现在依然存在。④ 的确,人们现在可

---

① 由一些巡回法官携同(且自行支付部分行政费用)外行人士“审理案件”的系统对公共财政的需求并不大。

② See A. Nylund & J. Ø. Sunde, *Courts and Court Proceedings*, in P. Letto-Vanamo ed., Nordic Law in European Context, Springer Nature, 2019, p. 209-210.

③ See M. Wind & A. Føllesdal, *Nordic reluctance towards judicial review under siege*, 2 Nordic J. Hum. Rights 131(2009).

④ See M. Sunnqvist, *Konstitutionellt kritiskt dömande: Förändringar av nordiska domares attityder under två sekel*, Institutet för rättshistorisk forskning, 2014; M. Sunnqvist, *The Changing Role of Nordic Courts*, in L. Ervo ed., Rethinking Nordic Courts, Springer, 2021.

以谈论北欧国家好几种宪法审查模式。[①] 虽然这些模式之间存在的差异具有历史原因,但是基本原则是相同的,即国会是最重要的法律角色;正是国会而不是司法机构对法律有最终话语权。

因此,北欧司法系统非常尊重其国会作为民主选举的立法者。此外,没有一个北欧最高法院如同宪法法院那样发挥政治作用。同时,最高法院或其他管理机构都无权正式废除议会法案。然而,宪法法院的不存在并不意味着北欧法系不具有欧洲大陆某些法律传统的特征。例如,重要的宪法性文件即使得到了其他正式法令、修正案、宪法惯例和习惯做法(customary praxis)的补充,也要被誊写和编纂。

合宪性首先通过普通法院的立法合宪性审查机制得到保护。然而,在如何组织这种司法审查方面,宪法的制度安排各不相同。丹麦在司法审查方面并没有清晰的宪法条款,[②]但开创性地进行了司法审查。芬兰和瑞典都有编写关于司法审查的宪法条款,尽管在实践中,这些条款被小心翼翼地适用。挪威在2015年的一项修正案中将司法审查纳入宪法文本中。

此外,每个国家之间的司法能动主义(judicial activism)存在差异。瑞典、芬兰、丹麦和冰岛都不太活跃,然而在挪威,最高法院在司法审查中一直以来发挥了积极作用。[③] 尽管存在这些差异,所有北欧国家都拥有立宪精神以及普遍尊重宪法规则和法律位阶的法治。这种精神反映了尊重立法意愿努力避免议会和最高法院之间冲突的议会制,以及符合分权和协商民主的意识形态。

---

① See J. Husa, *Nordic Constitutional Mentality*, in P. Letto-Vanamo ed., Nordic Law in European Context, Springer Nature, 2019, p. 41 – 60; J. Husa, *Nordic Reflections on Constitutional Law: A Comparative Nordic Perspective*, Peter Lang, 2002.

② 关于丹麦的宪法机制参见 H. Krunke, *Constitutional Identity Seen Through a Danish Lens*, 4 Retfærd, Nordisk Juridisk Tidsskrift 24 (2014)。

③ See Kierulf, *Judicial Review in Norway: A Bicentennial Debate*, Cambridge University Press, 2018.

在1814年正式通过的《挪威王国宪法》(The Norwegion Constitution Act),[①]是目前世界上仍有效的第二部古老的成文宪法文件,挪威体系中的习惯宪法(customary constitutional law)的作用大于其他北欧国家。此外,宪法在挪威享有的政治和文化地位[②]也高于其他北欧国家。[③] 对于挪威人民来说,他们的宪法象征着自由独立和民主。挪威在北欧立宪领域中的优越地位与其积极实施立法合宪性的事后审查有关。

在挪威最高法院(在挪威称为“Høyesterett”)扮演核心角色,其主要职责是审查法令是否与宪法相冲突。该司法任务并不包含在2015年之前颁布的成文宪法中。然而,早在19世纪,就已经出现由司法机构进行宪法审查的传统。在2015年,《挪威王国宪法》中增加了一条新的条款,规定“案件提交法庭审理时,法庭有权利和义务去审查由国家权力机关通过的法律和其他决议是否与宪法相违背”。

总之,挪威体系被看作粗放的美国式司法审查和北欧议会友好型方式的结合体。挪威最高法院并不宣布法令无效而是废除有问题的条款。此外,挪威司法审查的方式与欧洲宪法法院的方式大相径庭,因为最高法院仅在提交法庭审理的具体案件中取消了条款的法律规范效力,它的判决可能产生实践效果,即该条款在其他案例中也失去了效力。

瑞典有五部宪法性法律文件。[④]《政府组织法》(The Instrument of Government)[⑤]包含了政府结构的基本原则,定义了政府职能、基本的自由和权利以及对议会(在瑞典称为“Riksdag”)的选举。在1979年,《政府组织法》(The Instrument of Government)产生,严谨的司法审查形式被引入作为成文宪法的一部分。相关规则规定法院可以宣布议会法令

① Kongeriket Norges grunnlov 1817 no 17.

② 与丹麦、芬兰和瑞典相反,挪威并不是欧盟的成员。

③ See J. Husa, *Nordic Constitutional Mentality*, in P. Letto-Vanamo ed., Nordic Law in European Context, Springer Nature, 2019, p. 41 – 60.

④ See J. Nergelius, *Constitutional law in Sweden*, Kluwer, 2011.

⑤ Riksdagsordning (2014:801). (参考文献列表中没有相关文献信息。——译者注)

或者政府法令的条款违宪并因此不可适用,但是前提是错误比较明显。然而,这个规定(措辞与芬兰的相似)对法院的行为并没有产生实际影响。

从2011年开始,任何法律都不再需要与宪法规则产生明显冲突时才能被法院或者其他的公共机构废除。因此,“如果法院发现任何一项条款违反基本法或其他上级法令法规,该条款将不会被适用……”然而,此次改革并没有促成瑞典议会角色的重大改变,因为讨论中的条款也包含了第二部分,其中指出“根据第一款规定,在审查法律行为的诉讼中,必须特别注意到此项事实,即议会(在瑞典称为‘Riksdag’)是人民的首要代表并且宪法优于其他法律”。

换句话说,即使屈服于更强大的司法审查的压力,瑞典的制度实际上旨在将传统的以议会为中心和最新的权力分立思想(兼有强大的司法审查方式)融合在一起。但是即使产生了更加积极的效果,司法审查的影响也许小于这些改革参与者所期望的,因为议会发挥强大作用的瑞典立宪文化也有关于法律渊源的学说。如上所述,瑞典法律人积极利用立法的筹备工作(*travaux préparatoires*)来获取更多关于法律的信息——关于立法意愿和审查中的判决理由(推理论证)。

《芬兰宪法》(The Finnish Constitution)以单行法令的形式制定,①于2000年生效。② 该项宪法载有关于公共权力行使、政府组织以及最高国家机关之间关系的原则。此外,该法案还包含了一系列基本权利和人权,对法律实践和芬兰的宪法学理论产生了重大影响。

在比较分析中,芬兰体系最显著特征是保障立法合宪性的方式。2000年的《宪法法案》(The Constitution Act of 2000)授权法院实施立法的司法审查。此外,该项法令规定法院和其他公共机构有义务以遵守宪法的方式解释立法。根据《宪法》(第106条)规定,在裁决案件时,如果某项议会法令将与《宪法》具有明显冲突时,法院必须优先适用宪法。

① Suomen perustuslaki/Finlands grundlag 731/1999.

② See J. Husa, *The Constitution of Finland: A Contextual Analysis*, Hart, 2011.

从2004年开始,法院将第106条规定运用到少数案件中,但是法院的司法审查在保护立法合宪性方面发挥较小的作用。也就是说,某些迹象表明司法机构的宪法职能正逐步地加强。①

实践中,法律的合宪性在法令付诸实施之前就会被提前审查。其中扮演关键角色是芬兰议会的宪法委员会。该种监督的作用是为了防止法案与现行宪法冲突。从宪法角度来说,委员会的主要职责是审查每部法案并就其合宪性和对人权的影响发表意见。尽管它是由普通议员组成,但该委员会在无党派的基础上(没有党政纪律约束)可就合宪性向议会进行报告。

另外,委员会要求学者专家(基于宪法传统)就每部法案的合宪性审查向委员会提供建议。委员会的报告都是官方陈述,并且受到议会和政府的重视,在任何一部法案成为法律前,只要宪法委员会发现违宪,议会和政府就会努力重新起草该法案条款。如果被发现的违宪事关重大,该法案将被撤回,政府必须寻求一个不同的方式去应对。宪法委员会的官方声明都会被出版发行,他们作为法律渊源享有一个独特的地位。此外,该委员会遵循自己的先例。

所有这一切催生了一个独特的体系来监督立法的合宪性,它结合了抽象的事前审查和具体的、受案件约束的事后审查。宪法委员会的作用非常重要,指导委员会意见的学术专家的作用也很重要。教授和其他一流的宪法学者经常被邀请参加委员会的听证会,比较常见的是:宪法学教授每年撰写(然后口头提出)40条至60条意见,这必然会对宪法和基本权利的解释和应用产生极大影响。

欧洲普遍的宪法化趋势,②即鲜明的欧洲人权路径(European human rights approach),对北欧国家法律实务界和理论界产生影响。③

---

① See T. Ojanen, *From Constitutional Periphery toward the Center: Transformations of Judicial Review in Finland*, 2 Nordic J Hum Rights 194 (2009).

② See K. Tuori, *European Constitutionalism*, Cambridge University Press, 2015.

③ See H. Krunke & B. Thorarensen, *The Nordic Constitutions: A Comparative and Contextual Study*, Hart, 2018.

这些影响在芬兰特别明显,在那里,2000年新宪法规则和原则的适用和解释受到了积极的讨论。然而,宪法法院作为宪法和它的制度的守卫者的理念,对于北欧司法环境来说是陌生的。到现在为止,北部地区的民主体系一直是建立在某种程度的社会稳定及兼具连续性和共识的理想(ideals of continuity and consensus)之上。将国外的法律制度强加到北欧的环境中,可能对北欧宪法的实践和理念产生出乎意料的负面影响。

五、北欧特征:冲突解决的众多办法

目前,除法院诉讼以外的大量冲突解决办法在所有的北欧国家中使用。在其他欧洲国家,可以见到如非诉讼纠纷处理这种类似趋势。但是北欧国家在他们所采用的众多办法以及政府机构的积极作用中是与众不同的。

法律咨询服务不仅在预防冲突方面而且也在解决冲突方面广泛地发挥重要作用。法律咨询服务是多层面的;许多是由国家或地方机构(如公益性法律援助机构和当地的消费者权益顾问)组织和公共财政资助。此外,提供多种形式的建议、观点、指令或解决办法的各式各样的委员会属于北欧的(外行的和社团主义的)法律传统,他们在促进诉诸司法上发挥了核心作用。例如,委员会被用来处理保险、消费者、劳工和竞争法(competition law)方面的纠纷。行政监察专员机构——包括议会行政监察专员(the Parliamentary Ombudsman),一个起源于瑞典并且拥有专业化的行政监察专员的机构,其存在首先是为了实现对法律的普遍监察,并且也在争端解决方面发挥了重要作用。

目前存在一个普遍趋势,即提升庭外争端解决发生率。然而,该趋势也在许多其他的欧洲国家中得到认可,不同模式的非诉讼纠纷处理也在欧盟得到推广。与此同时,在北欧国家存在一个过渡,该体系从拥有众多“包罗万象”的地方法院转变为拥有稀少但配备了专业法官的更为合理有效的法院。关于不动产的登记事项已经转移给行政机构,非争议性金钱债权(总体事项)则是移交给了执行机构。[①]

在北欧法院中,即便一直在不断强调法官的品性、专业技能以及他们对判决的个人责任,但更加着重于非诉讼程序。此外,程序正义的思想也一直受到重视。人们谈及以当事人为中心的方法时,强调了法官的沟通技能,双方当事人(程序)正义的主观感受以及法官和双方当事人之间的互动。[②] 因此,正义观的重点不仅在于法官的公正性、高度专业化和道德水准,还在于当事人有机会参与到诉讼程序以及他们在庭审中被对待的方式。

即便北欧国家愈加频繁地使用普通(法庭上的)纠纷处理的非诉讼措施,法院仍然在普通纠纷处理及其非诉讼措施之间的相互影响上发挥了重要作用。在北欧国家,通常有人指出一个正常运作的法院系统确保了非诉讼纠纷处理(ADR)的可行性:选择将呈交法院前的问题告知承诺方去通过非诉讼纠纷处理(ADR)成功实现问题的解决。因此,传统的审判程序和非诉讼纠纷处理并不是对立的或者相互排斥的概念,相反,而是作为值得称赞的并行制度发挥作用。

仲裁一直以来都是北欧国家商业关系中典型的争端解决办法。通常情况下,当事人将民事案件从法院中拿出来并提交仲裁,因为法院的诉讼程序被认为速度太慢并且缺乏专业的知识。选择私诉程序在这里也发挥了重要的作用。与此同时,调解与和解制度日益适用于民事和刑事案件中。人们把"远离法院"的趋势解释为倾向于社会文化和法律文化个性化和私有化的广泛行为。这也反映了法院服务方面的问题:

---

① See K. Linnanmäki, *Mediation: A Change in Finnish Court Culture?*, in L. Ervo ed., Rethinking Nordic Courts, Springer, 2021; C. Jensen, *Small Claims Procedures in the Scandinavian Countries*, in L. Ervo ed., Rethinking Nordic Courts, Springer, 2021.

② See Ervasti, *Conflicts before the Courts and Court-Annexed Mediation in Finland*, Scand Stud Law, p. 186 - 199, 2007; V. Vindeløv, *Mediation: A Non-Model*, Djøf, 2007.

审判程序(court proceedings)低水平、范围有限、成本高并且持续时间长。①

法院调解制度不再仅是传统司法行政的副产品,而已经成为他们核心服务职能的一部分。事实上,可以理解为法院在回应社会中出现的委托人以及法律权力竞争的现象。

总而言之,在和世界上任何地方,法院仍然很重要,就法院在社会中的地位以及法律发展来说,法院仍然全面而广泛裁决社会各领域中的纠纷。

① 例如,在欧洲人权法院提起的针对芬兰、瑞典和挪威的几起案件涉及《欧洲人权公约》第6条的要求,即法院必须在合理时间内作出裁决。

挪威萨米驯鹿牧民放牧权的演变:从十九世纪至今*

[挪威]希斯蒂·斯特罗姆·布尔**/著　黄雨欣***/译

[**摘要**]过去150年来,挪威对萨米驯鹿牧民是否拥有萨米传统驯鹿牧区放牧权的态度不断改变。挪威与瑞典/芬兰在1751年达成《拉普补充协定》,尊重萨米人自古以来对土地的使用,给予萨米人在边境两边使用土地放牧驯鹿的权利。1821年,挪威议会通过了宪法修正案以保障萨米人的选举权。对萨米驯鹿牧民能否取得土地使用权的问题,挪威法院的判决在18世纪经历了从肯定到否定的转变。这一转变与"挪威化"运动发生在同一时期,当时挪威全国致力于国家建设,并不关注萨米人的生活与权利。1968年挪威最高法院以两个案件的判决再次扭转观点,承认萨米驯鹿牧民根据"自古以来的使用"理论获得放牧权。然而,受学者观点影响,南部萨米地区驯鹿牧民的放牧权仍难以得到认可。2001年挪威最高法院在赛布(Selbu)案中宣告学者观点错误,认可该地区驯鹿牧民的放牧权。

[**关键词**]挪威法;萨米人;驯鹿;放牧权;土地使用权

引　言

本文讨论了过去150年来挪威萨米(Sami)驯鹿牧民对萨米传统驯

---

* 原文题目为 Sami Reindeer Herders' Herding Rights in Norway from the Nineteenth Century to the Present Day, 原文载于 Christina Allard & Susann Funderud Skogvang, *Indigenous Rights in Scandinavia*, Routledge Taylor & Francis Group, 2015, p. 79－94.

** 希斯蒂·斯特罗姆·布尔(Kirsti Strøm Bull),挪威奥斯陆大学法学院荣休教授,研究领域为萨米法律史、挪威法律史、挪威物权法。

*** 黄雨欣,华东政法大学法律学院硕士研究生。

鹿牧区使用权的演变问题。[①] 分析重点有二:首先,笔者对萨米驯鹿牧民使用牧场及其他自然资源的权利进行考察。其次,笔者将尝试处理上述权利与其他经济利益之间的冲突问题。[②]

本文的主题是历史上萨米驯鹿牧民对牧地的使用情况。由于这一点与挪威社会的整体利益会产生冲突,我们需要对其进行法律意义上的分析。在传统挪威法上,个人、大家庭或者其他团体对一类在挪威语中被称为未开野地(*utmark*)[③]的土地定期且反复地使用,是确定所有权或使用权等法律上权利的一个重要因素。这一观念在挪威相关规则的共同用法、习惯法和古代用法中均有体现。通过考察与驯鹿畜牧业相关的挪威法历史,我们可以发现立法者态度在不断变化。在萨米驯鹿牧民对牧地的历史使用能在多大程度确立土地使用权方面,这种态度变化尤为明显。这些态度变化也受到挪威对萨米人总体政策的影响。

一、1751年《拉普补充协定》(Lapp Codicil 1751)

萨米人居住于挪威、瑞典和芬兰等北欧国家以及俄罗斯的科拉半岛。北部萨米语是大多数居住于挪威、瑞典和芬兰极北地区的萨米人的母语。极北地区以南的萨米人使用的语言是卢克萨米语,再往南则是南部萨米语。

---

① 本文参考 Kirsti Strøm Bull, *Studier i reindriftsrett*, Tano Aschehoug, Vol. 149, 1997, p. 34 – 55 和 Kirsti Strøm Bull, *Yngvar Nielsen med prejudikatvirkninger*, in Dag Michalsen ed., Institutt for Offentlig Retts Skriftserie, 2005, p. 137 – 149。与驯鹿畜牧业相关法律的历史记录源于 Øyvind Ravna, *Rettsutgreiing og bruksordning i reindriftsområder*, Universitetet i Tromsø, 2008, p. 320.

② 牧场的分配权也是驯鹿放牧领域内部争论的关键问题之一。然而,这一发生在驯鹿畜牧业不同群体之间的争论,如合作放牧伙伴关系(在北萨米语中称为 *siida*)和"驯鹿牧区"(挪威语: *reinbeitedistrikt*),超出了本文的讨论范围。有关这些问题,参见 Kristina Labba, *The Legal Organization of Sami Reindeer Herding and the Role of the Siida*, in Christina Allard & Susann Funderud Skogvang, Indigenous Rights in Scandinavia, Routledge Taylor & Francis Group, 2015。

③ *utmark* 指的是未经开垦的自然环境,如草地、山地牧场、森林、沼地和海岸线,在本文中暂译为未开野地。

萨米族是一个跨国民族,它们的家庭、文化、语言和经济联系均超越了国界。

挪威与瑞典/芬兰于1751年确定了边界,该边界线直接穿过了萨米人的领土,也被称为萨米地(*Sápmi*)。[①] 在划定边界之时,人们已经认识到新划定的边界可能会使萨米人的游牧生活陷入困境。因此,在一份发表于1750年瑞典和丹麦–挪威边境谈判期间,名为"保护拉普人"的声明中,对萨米人的权利保护是其中必不可少的部分。[②] 1751年边界条约第3条指出,"边界线两边的拉普人都需要两国的土地放牧驯鹿",据此产生了一项条约附录,以确保萨米人能一直享有在边界线两边使用土地的权利,这一附录被称为《拉普补充协定》(Lapp Codicil)。

《拉普补充协定》第十部分第一句规定,"由于拉普人需要两个国家的土地,根据古老的习俗,他们被允许在春秋季带着他们的驯鹿跨越边境进入另一个国家",这肯定并承认了历史上萨米人对某一区域土地的使用。尽管国家边界线将该区域一分为二,但这种使用习惯必须得到尊重。该补充协定并没有为萨米人创设一种新的土地使用权利,而是使一项古老且不成文的习惯法得以成文化。

二、1814年挪威宪法和萨米人选举权

这一部分的内容尽管直接涉及本文主题,但是能够简要说明1814年挪威人对待萨米人的态度,在这一年挪威拥有了自己的宪法与国会(*Storting*)。[③]

---

① 1751年时,芬兰属于瑞典的一部分。1751年的这一条约还确定了挪威和芬兰之间直到乌茨约基(Utsjok)的边界。直至1809年,芬兰被瑞典割让给俄国作为一个大公国,瑞典与芬兰间的边界线才得以确定。1826年,挪威与芬兰之间自乌茨约基以外的边界线以及挪威与俄罗斯的边界线被确定。

② 发表于1750年9月16日,引自NOU 1984:18,187。

③ 1380年至1814年,挪威是丹麦联盟的一部分。作为拿破仑战争的结果,丹麦被迫根据1814年1月签署的基尔条约将挪威割让给瑞典。根据该条约条款的规定,挪威将与瑞典合并为一个王国。这一消息传到挪威,激起了挪威独立运动。由于对条约内容的反对,挪威于1814年5月17日签署通过了宪法,并选举出了一位独立的挪威国王。此后不久,挪威军队就进攻了挪威。这场进攻导致挪威同意与挪威合并为一个联盟,挪威仍保留自己的新宪法,然而必须根据联盟的需要进行修改。挪威瑞典的这一联盟一直持续到了1905年。

阐明挪威人此时的态度也将有助于思考他们在19世纪末出现的不同态度。

在挪威,符合下列条件之一的25岁以上男子均享有选举权:(a)担任公职或曾经担任公职。(b)在农村地区拥有或租用"记录在册"的土地。(c)是某一集镇的公民,或在某一集镇拥有超过一定规模的财产。这些标准意味着在芬马克郡①(Finnmark)只有很少人享有选举权,而且其中无疑没有萨米人。早在1818年,已经有提案要求修改挪威宪法以使芬马克郡的萨米人能够取得选举权。为了支持这一提案,宪法委员会指出:如果1814年国民议会在艾德斯沃尔(Eidsvoll,宪法起草地)开会时意识到了芬马克郡的情况,关于选举权的规定显然会与现在不同。芬马克郡的大部分居民既不拥有也没有租用土地,但他们是"流动的芬马克人"。此外,"尤其是所谓的芬兰山区人"是"驯鹿和其他资产的所有者,这些资产的价值远远超过土地的价值"。②

宪法委员会同时也强调,对芬马克郡来说,在挪威议会中拥有足够多的地区代表是十分重要的。之所以这么说,是因为芬马克郡的情况与挪威其他地区非常不同,而1814年国民议会的与会代表们对芬马克郡的情况几乎一无所知。1821年,挪威议会一致通过了保障芬马克萨米人选举权的宪法修正案提案。③

1751年《拉普补充协定》和1814年《挪威宪法》证明了挪威对萨米人的尊重和对他们经济、文化和历史的理解。然而在接下来的一个世纪,这一态度发生了重大转变,萨米人的法律权利也因此受到逐步侵蚀。

三、萨米驯鹿牧民使用牧地的法律基础

根据上文所述,在挪威,个人、大家庭或者其他团体对未开野地

① 芬马克郡是挪威最北部的郡。

② Storthings Forhandlinger (March 1821) 233 – 241.

③ 1818年提出的提案无法在1821年议会会议之前通过,因为宪法修正案需要到下一次大选之后才能通过。

长期定期使用是确定所有权或使用权等法律上权利的一个重要因素。

在某些案例中,挪威最高法院面临着一个问题,即萨米驯鹿牧民对某一牧场区域或未开野地的长期持续使用能否创设土地使用权。具体而言,问题的关键在于萨米驯鹿牧民对某一特定区域的使用时间是否足够长,是否足够集中,以至于足以确定使用权的产生。如果这一问题的答案是肯定的,那么系争土地的所有人就必须尊重萨米人的使用权。在过去的150年里,人们对于萨米驯鹿牧民是否享有土地使用权的看法是不断变化的。这一看法会受到其他因素的影响,如挪威人对萨米历史的态度以及农业与驯鹿畜牧业之间的相对重要性等。需要注意的是,当时的挪威学界对萨米人在某些地区的存在时长问题有很多相互矛盾的观点,这些观点影响了挪威法院对萨米驯鹿牧民能否取得系争土地使用权问题的判断。在南部萨米地区,这一影响尤为显著。

直到19世纪末,萨米人才被认为是挪威的土著居民,后来由于讲古斯堪的纳维亚语部落占领了他们的居住地,他们被迫向北迁移。① 这一观点影响了挪威法院的判决。比如,1862年挪威最高法院对一个案子②进行了复审。在该案中,一名萨米驯鹿牧民因其从挪威北部诺兰郡(Nordland)的一块私人土地上掠夺木材和桦树皮的行为而被起诉。最高法院宣布这名萨米驯鹿牧民无罪,理由是他行使的是萨米人使用该地区土地的古老权利。法院认为,萨米人是诺兰郡的原住民,因此该地区的土地所有人(他们最近才移居到这片地区)必须尊重萨米人使用他们所有土地的权利。

此外,勒罗斯(Røros)委员会在一份发表于1879年的报告中指出,在勒罗斯铜厂建立以前,勒罗斯的农村自治市几乎无人居住,"只有一

① See Peter Andreas Munch, *Det norske Folks Historie*, Tonsberg, 1853 (Christiania 1852 - 1859).

② Rt 1862 p. 654.

些以游牧为生的拉普人在那里有临时居所"。① 该报告提到了挪威法院的一些初审判决,其中有法院认为,由于萨米人在某地区具有的原始居民身份,他们有权使用该地区的土地。②

将萨米人视为挪威土著居民(无论是南方或是北方)的观点在1889年被彻底推翻了。历史和地理学家英戈瓦·尼尔森(Yngvar Nielsen)在这一年夏天徒步穿越了勒罗斯以东的费孟登地区(Femunden),并向北一直走到纳姆斯科根(Namskogen)。同年11月,尼尔森在挪威地理学会上做了一场名为"拉普人在特隆赫姆教区(Trondheim)和海德马克郡(Hedemark)向南迁移"的讲座。③ 尼尔森宣称挪威民族才是最早定居于勒罗斯地区的民族,萨米人则是在较晚的时期从北方迁居至此,并侵占了当时已被挪威农民使用的土地。这一说法与萨米人认为他们是原住民的说法产生了冲突。为了支持这一说法,尼尔森提出了他的两个发现:第一,他在该地区没有发现萨米语地名。第二,他在该地区没有发现任何萨米人墓地或祭祀场所的痕迹。④

据尼尔森所说,萨米人直到17世纪末才来到特伦德拉格郡(Trøndelag)南部,并且直到18世纪才到达勒罗斯地区。⑤

---

① 勒罗斯委员会于1875年1月11日成立,其任务是调查勒罗斯铜厂和挪威政府在工厂控制林业活动的立场。这一引文源于委员会报告的第17页。

② Report of the Røros Commission 1879, p. 47.

③ 这一讲座内容发表于该学会1891年年刊:Yngvar Nielsen, *Lappernes fremrykning mod syd i Trondhjems stift og Hedemarkens amt*, Det norske geografiske Selskabs Aarbog, 1891, p. 19。

④ See Yngvar Nielsen, *Lappernes fremrykning mod syd i Trondhjems stift og Hedemarkens amt*, Det norske geografiske Selskabs Aarbog, 1891, p. 20.

⑤ 牧师和人口学家Thomas R. Malthus于1799年在挪威境内旅游,勒罗斯是他去过的地方之一。Malthus在他的日记中写道,勒罗斯铜厂厂长Knoph告诉他,萨米人"在Roraas为人所知之前就居住在这片山区之中"(See Patricia James ed., *The Travel Diaries of Thomas Robert Malthus*, Cambridge University Press, 1966, p. 195.)这一信息与Yngvar Nielsen在90年后所表达的观点相矛盾。Malthus的日记里还包含了他探访一个居住在勒罗斯南部托尔加地区(Tolga)的萨米驯鹿牧民家庭的生动记录(ibid 188 – 195)。勒罗斯铜厂厂长向Malthus提供的这一信息,直到1966年随着Malthus的日记出版才为人所知。

在尼尔森提出其理论的同年7月,挪威皇家决议(Royal Resolution)建立了一个研究"海德马克郡与特隆赫姆郡南北部的拉普人生存状况"(The Lapp situation in the counties of Hedemark and Southern and Northern Trondhjem)的委员会,简称1889拉普委员会(the Lapp Commission of 1889)。该委员会毫不质疑地接受了尼尔森的理论。尼尔森的工作成果显示,拉普委员会宣称远在萨米人到来之前,挪威民族已经开始在特伦德拉格郡南部和海德马克郡的山地发展农业。除此之外,该委员会还发现:

有人声称,从前拉普人在挪威和瑞典都居住于比现在更南的地区,他们才是真正的土著居民,他们在居住地的游牧生活原本不受任何阻碍,随后他们被斯堪的纳维亚人赶向了北方。而最近发表的学术研究成果已经使这种说法站不住脚了。①

挪威法院很快采纳了尼尔森的理论,即萨米人侵占了已经由挪威农民使用的土地。这一态度转变在19世纪90年代挪威最高法院作出的两个判决中得到了体现。

第一个案件记载于Rt 1892第411页。在该案中,勒罗斯地区的农民就驯鹿对夏季牧场造成的损害要求赔偿。萨米驯鹿牧民则主张,远在农民将未开野地当作高山牧场并种植干草之前,牧民就已经取得了这片土地的使用权。然而,萨米驯鹿牧民最终败诉。受尼尔森理论的影响,挪威最高法院改变了此前的态度,他们现在认为萨米人并非这片区域的原住民。法院认为,萨米人在农民开辟了高山牧场之后才开始使用这片土地。因此这些萨米驯鹿牧民必须服从判决,并尊重农民的对这片土地的长期使用权。

1897年,最高法院审理了一个类似的案件,这一案件记载于Rt 1897第759页。在这一案件中,法庭又一次判决萨米驯鹿牧民不享有

① See *Indberetning fra den ved kongelig Resolution af* 12*te Juli* 1889 *til Undersøgelse af Lappeforholdene i Hedemarkens, Søndre- og Nordre Trondhjems Amter anordnede Kommission* [Commission Report] 1892, p. 4.

放牧权,裁判理由同样是农民对土地的使用早于萨米驯鹿畜牧业在此地区的发展。

不久之后,人们就在尼尔森宣称萨米语地名和萨米人遗迹均不存在的地区发现了过去萨米人遗留的痕迹。然而,尼尔森的理论依然十分具有生命力。据下文所述,甚至直到一个世纪后,南部萨米地区的挪威法院在审判与驯鹿畜牧业有关的案件时,仍然深受尼尔森发表于1889年的文章影响。

四、国家建设和"挪威化"运动

从19世纪下半叶开始,人们对待萨米人和萨米文化的态度转变了。与此同时,人们对于萨米人地上资源使用权的态度也开始发生变化。这些转变与1850年左右兴起的"挪威化"运动发生在同一时期。在这一时期,不断增长的挪威人口和不断扩大的农业区给古老的萨米民族不断施加压力。此外,当时的挪威文化几乎只关注挪威的国家建设进程,并不关注萨米人的文化、经济和社会生活。

在19世纪的剩余时间里,挪威的国家建设包括了对所有典型挪威事物的美化。这导致了挪威农耕文化地位的提升和挪威人对萨米人的消极态度。例如,出版于1900年的精装书《19世纪的挪威》(*Norway in the nineteenth century*)对挪威不同地区人民进行了描述,其中奥斯特达兰(Osterdalen)和居德布兰河谷(Gudbrandsdalen)的人民深受作者赞扬,然而作者对萨米人的态度却不敢恭维。

这本书中有关芬马克西部地区的章节清楚地说明了芬马克为实现人口挪威化所作出的努力。在这一章的结束语中,作者总结道:"芬马克是一块好土地,是挪威人、挪威语言和挪威习俗的土地。"①

因此,尼尔森的理论,即萨米人到达挪威南部地区的时间远比人们从前以为的要更晚,事实上是"挪威化"运动和挪威国家建设时期人们

① Axel Hagemann, *Vestfinmarken*, in Nordahl Rolfsen ed., *Norge i det nittende Aarhundrede*, Vol 2, Christiania, 1900, p. 145.

对待萨米人态度的一种体现。如上文所述,尼尔森的理论导致一些挪威法院认为萨米人在驯鹿牧区不享有他们事实上长期行使的土地使用权。

在挪威北部,萨米人可以清楚证明他们对于土地和自然资源存在长期使用行为,因此没有人可以否认萨米人早已在这一地区生活的事实。然而,他们对于自然资源的使用行为尽管长期存在,却并没有被政府视为应当受到保护的权利。

如前文所述,根据 1751 年《拉普补充协定》的约定,挪威政府在 18 世纪和 19 世纪都承认,萨米人长期以来对土地和自然资源的使用行为赋予了他们"自古以来的使用"(*alders tids bruk*)权。然而到了 20 世纪,萨米驯鹿牧民对土地和自然资源的使用行为却被视为"容忍性使用"(*tålt bruk*)的一种体现。而人们的普遍观点是,"容忍性使用"必须让步于"不可阻挡的法律进程"。

20 世纪人们对驯鹿牧民的态度可以从 1955 年挪威最高法院对于一起来自诺兰郡的案件判决中得到体现。[①] 本案的争议焦点为萨米驯鹿牧民是否享有一个私人所有湖泊的捕鱼权。双方当事人都认可萨米驯鹿牧民对土地及地上资源的使用行为(包括捕鱼)可以追溯到很久以前,早于挪威在该地区开始实行私有制之时。然而,挪威最高法院坚持认为萨米人不能依据"自古以来的使用"理论而取得权利。法院认为,根据 1933 年颁布的《挪威驯鹿畜牧法》(Norwegian Reindeer Herding Act),萨米驯鹿牧民仅在公共土地上享有捕鱼权。而对于非公共土地,即使萨米人可以证明他们历史上的长期使用,他们也不能超越本法规定而取得使用权。

尼古拉斯·吉尔斯维克(Nikolaus Gjelsvik)教授认同并发展了法院的这一理论,他是 20 世纪初期挪威物权法领域最著名的专家。吉尔斯维克在他编写的教科书《挪威物权法》(Norwegian Property Law)中写道:"在芬马克,人们的土地使用权是由政府赋予的,因此政府在任何时

① Rt 1955, p. 361 (the Marsfjell case).

候都可以收回这一权利"。[1] 该观点一直盛行至今。

正如前文所述,20世纪60年代挪威的官方观点是,萨米驯鹿牧民对土地和自然资源的使用仅是一种"容忍性使用"。这一观点逐渐在立法中得到体现,牧民对土地的使用开始受到行政法的种种限制。我们从下一段中可以了解到,"自古以来的使用"理论并没有赋予牧民超出法律规定的土地使用权。

在这一时期,挪威驯鹿畜牧业由1933年颁布的《挪威驯鹿畜牧法》规制。然而,即使这一法律在名称中提到了驯鹿,它在内容中却给予了农业比驯鹿畜牧业更高的地位。例如,如果驯鹿闯入耕地,该法规定驯鹿所有人需承担极其严厉的责任以赔偿驯鹿造成的损失。然而,这些规则没有以平等的态度处理这样一个事实,即传统上用于驯鹿放牧的土地也受到了农业种植、道路规划、水电建设工程等事由的侵占。对于这些牧地侵占案件,挪威政府却认为萨米驯鹿牧民不享有任何要求损害赔偿的权利。

五、对萨米人使用资源态度的改变:以1968年的两个案件为标志

1968年,挪威最高法院以两个案件的判决突破了当时的主流观点,即萨米驯鹿牧民不能根据"自古以来的使用"理论而取得权利。

第一个案件,也被称为布雷肯(Brekken)案,涉及萨米驯鹿牧民在布雷肯一片共同所有的山区中狩猎和捕鱼的权利。布雷肯是勒罗斯东部的一个地区。[2] 在布雷肯案中,全体土地所有人共同主张萨米人在这片土地上不享有狩猎权和捕鱼权。土地所有人承认萨米人在该地区发展驯鹿畜牧业已经有几个世纪的历史,萨米人对这片土地的使用甚至早于挪威农民取得该地区的土地所有权。然而,土地所有人援引了Marsfjell案的判决[3]和1933年《挪威驯鹿畜牧法》,指出萨米驯鹿牧民

① Nikolaus Gjelsvik, *Norsk Tingsrett*, Oslo, 1926, p. 133 – 134.

② Rt 1968, p. 394.

③ Rt 1955, p. 361.

仅在政府所有的公共土地(*statsallmening*)①上享有狩猎权和捕鱼权,而在私人土地上无法取得这些权利。萨米驯鹿牧民则主张,根据"自古以来的使用"理论,他们毫无疑问在这片土地上享有狩猎权和捕鱼权。土地所有人先后在土地整理法院和上诉法院取得胜诉。

上诉法院认为,除了 1933 年《挪威驯鹿畜牧法》,并没有其他法律赋予萨米人狩猎和捕鱼的权利。上诉法院参考了 Marsfjell 案的裁判思路并指出,萨米驯鹿牧民"几个世纪以来对使用权的行使(包括捕鱼权和狩猎权)"并没有超越萨米人被允许广泛行使的"无害用益权"(*uskadelige nyttesrett*)范畴。法院进而阐述:"无论是基于既定的习惯还是基于'自古以来的使用'理论使用土地和自然资源的行为,都不能为萨米人创设出一项无法由后来的立法自由改变的权利。"②

然而,在萨米人第二次上诉时,挪威最高法院并没有将萨米驯鹿牧民对土地和自然资源的使用行为视为对"无害用益权"的行使。该案的主审法官经其他法官同意后,提出他的裁判观点如下:

是萨米人首先使用了这片山区的土地与资源。已有证据显示,萨米人长期在这片山区的土地上放牧驯鹿,或以其他方式使用这片土地。在此之前,这片山区并没有被其他人使用过。萨米人每年都不断迁居,因此他们每年使用的土地范围事实上也在不断变化。但至少他们长期固定地使用后来确立的"芬恩线"(Finn line)以东地区的土地,并取得了这片土地的使用权。因此,他们对土地的使用行为不能简单地等同于行使一种"无害用益权"或一种"共同区域的进入权"。③

挪威最高法院于 1968 年 4 月 5 日作出了布雷肯案的判决。仅 15 天后,挪威最高法院又在一起名为阿尔特瓦恩(Altevann)④的案件中宣

---

① *Statsallmening* 是 *utmark* 中的一类,是一类归政府所有的土地,但当地居民,尤其是当地农民可以行使广泛使用权。

② Rt 1968, p. 394, 401.

③ Rt 1968, p. 410.

④ Rt 1968, p. 429.

称萨米驯鹿牧民历史上对土地和自然资源的使用是他们取得权利的法律基础,从而使他们有权在国家收回他们的使用权时获得补偿。本案中,来自瑞典的一些萨米驯鹿牧民会使用挪威境内特罗姆郡(Troms)阿尔特瓦恩湖(Lake Altevann)附近的夏季牧场,这些驯鹿牧民主张他们有权在挪威政府收回他们的土地使用权时获得补偿。而法院首先要判断的是,挪威政府在阿尔特瓦恩湖上筑坝建造水电站是否会导致瑞典萨米人的放牧权被挪威政府征收。因此本案与跨境驯鹿畜牧业有关。本案的原告是具有瑞典国籍的萨米村民,他们冬天的牧鹿区在瑞典,夏天则在挪威。1751 年《拉普补充协定》承认了跨境驯鹿畜牧业的存在,而 1919 年挪威与瑞典间签订的《驯鹿放牧公约》(the Reindeer Grazing Convention)对跨境驯鹿畜牧业进行了更为严格的规定。

起初,挪威水道管理局已准备赔偿瑞典萨米人因失去牧地而产生的损失。然而挪威外交部出面干涉。外交部认为,根据 1919 年挪威与瑞典间签订的《驯鹿放牧公约》规定,某一国萨米族的个人或群体在另一国领土上不独立享有权利。在外交部看来,这一公约仅赋予了萨米人在其国籍国内享有权利的资格。因此,仅在两个国家与其各自的萨米国民之间才能发生与牧地使用权有关的损害赔偿问题。瑞典萨米村民不同意外交部的这一观点,并主张他们依据“自古以来的使用”理论在这片水域享有放牧权和捕鱼权,这些权利不受两国间条约的限制。

由于挪威外交部的干涉,挪威水道管理局转变了态度,他们主张瑞典萨米人不得以挪威私法为法律依据起诉,因为瑞典萨米人主张他们在阿尔特瓦恩湖周围地区享有驯鹿放牧权的法律依据是挪威与瑞典间签订的公约和联合法案。在挪威水道管理局看来,1751 年《拉普补充协定》签订前,从瑞典穿越挪威瑞典边境而来的萨米人并没有因为历史上对这片区域的长期使用而取得使用权,且该协定也没有承认瑞典萨米人在挪威拥有任何权利。挪威水道管理局认为该协定仅允许萨米人在不损害两国利益的前提下发展驯鹿畜牧业,因此萨米人对土地的使用

“仅是一种被许可的使用,各国可以随时改变、限制或彻底禁止这种使用”。①

挪威最高法院的观点却正好相反。主审法官经其他法官同意后,提出他的裁判观点如下:

对于本案,我的意见也基于上诉法院认定的事实:在1751年确定国界前的一百年里,这个萨米村庄的每一代人都在阿尔特瓦恩湖边定居,并在那里拥有仓库、隔离围栏、船只和其他设备,拉普人每年也都在该地区放牧和捕鱼。因此,正如上诉法院所做的那样,我们必须查明,拉普人是否自古以来就长期使用这一地区的自然资源以发展经济。②

根据法院的这一意见,从瑞典穿越挪威瑞典边境而来的萨米驯鹿牧民根据“自古以来的使用”理论在阿尔特瓦恩湖周边区域享有使用权,这意味着他们的权利并不仅源于某一时期内存续的公约或法律。最终,本案中挪威萨米村民被法院认定因水电站的修建工程而损失了牧地和渔业资源,这些损失得到了挪威水道管理局的赔偿。

通过1968年的这两个案件可以看出,此时最高法院的法官并不认可1955年Marsfjell案法官的观点,萨米驯鹿牧民的权利并不仅由某一国的立法或国家间的协议和公约所创设和规定。恰恰相反,萨米驯鹿牧民拥有更广泛的权利,这些权利是依据“自古以来的使用”理论而产生的。这一观点成为此后挪威最高法院审判类似案件时的依据与准则。

尽管挪威最高法院已经作出如此明确的表态,但是挪威农业部(现为挪威农业和食品部)在1978年起草新的《挪威驯鹿畜牧法》时,仍然不愿意承认萨米驯鹿牧民能够依据“自古以来的使用”理论而获得权利。挪威农业部在该法案的准备工作中声称,从前立法者处理这一问题时所依据的原则是,萨米人在驯鹿牧区从事驯鹿畜牧业的权利完全由立法管辖。换言之,萨米人放牧驯鹿时对土地和自然资源的使用权

---

① Rt 1968,p. 429,433.

② Rt 1968,p. 429,437 – 438.

仅由现行法确定。这也是挪威农业部制定新法时打算遵循的态度。在这一背景下,农业部作出了如下声明:

在任何时候,赋予驯鹿放牧者的权利都必须在驯鹿畜牧业的利益与邻近企业的利益,乃至整个社会的利益之间取得平衡。①

因此,挪威农业部没有理会挪威最高法院于1968年及此后的案件判决中所确立的原则。农业部在其1978年的法律筹备工作中没有采纳挪威最高法院在多个案件判决中所表明的观点,即无论现行法律如何规定,萨米人的土地使用权依据"自古以来的使用"理论而确立。直到1996年《挪威驯鹿畜牧法》修正案出台时,法院的观点才被立法者所接受。挪威农业部在1996年的修正案中宣布:"根据法院判例所确立的规则,与驯鹿畜牧业有关的权利并由本法所规制。"②换言之,挪威最高法院对于萨米驯鹿牧民土地使用权的态度虽然早在1968年就通过两个判决明确体现,却直到近30年后才被挪威农业部采纳。

在1968年的阿尔特瓦恩案中,瑞典萨米人因挪威政府在阿尔特瓦恩湖修建水电站而失去了牧地,因此要求损害赔偿,而挪威外交部出面干涉了本案的损害赔偿问题。这一干涉的背景是,当时挪威正准备与瑞典协商制定一部新的《驯鹿放牧公约》,因此挪威外交部希望看到瑞典萨米人在挪威必须受到该公约的全面约束。这部新的《驯鹿放牧公约》于1972年生效,但公约内容并没有涉及习惯权利和阿尔特瓦恩案具有里程碑意义的判决。这一公约直至2002年依然有效。2002年之后,由于瑞典和挪威又一次展开了新公约的谈判工作,1972年公约的有效期一度被延长。但2005年时,这一谈判因为两国对于习惯权利的重要性问题存在分歧而宣告失败。与此同时,1972年公约也正式失效。

在2005年的谈判破裂之后不久,有关《驯鹿放牧公约》的新的国

---

① Ot prp no. 9 (1976 – 1977) 42.

② Ot prp no. 28 (1994 – 1995) 28.

际谈判再次启动。这一谈判最终于2009年完成,①新公约明确承认了习惯权利的存在。② 然而这一公约在挪威和瑞典至今都尚未被批准生效。

六、2001年赛布案(The Selbu Case)

即使挪威最高法院从1968年起就已经承认了萨米驯鹿牧民对土地的使用权源于"自古以来的使用"理论而非《挪威驯鹿畜牧法》,但是萨米驯鹿牧民仍然难以证明他们对土地的使用情况足以符合该理论的标准,这一现象在南部萨米地区尤为严重。该地区的驯鹿牧民奋力争取法院承认他们因历史上对土地的长期使用行为而享有使用权,这一点在Rt 1981第1215页,③Rt 1988第1217页④和Rt 1997第1608页⑤记载的案件中均有体现。

在上述所有案件中,驯鹿牧民依据1889拉普委员会报告的内容对他们历史上使用土地和自然资源的情况进行了描述,法院在审判时对这些描述十分重视。由于该报告在描述驯鹿牧民使用土地和自然资源情况时所持的立场,许多案件的法官认为萨米驯鹿牧民使用土地的时间不够长,也不够集中,因此不足以据此取得权利。如前文所述,拉普委员会对萨米人的态度深受尼尔森的理论影响,委员会认为萨米人侵占了该地区原本由农民所使用的土地。而即使是在拉普委员会承认的

① 关于这一问题,参见 Else Grete Broderstad, *Cross-border Reindeer Husbandry: Between Ancient Usage Rights and State Sovereignty*, in Timo Koivurova and Nigel Bankes eds., *The Proposed Nordic Saami Convention: National and International Dimensions of Indigenous Property Rights*, Hart, 2013。

② 公约第8条规定,本公约不影响与驯鹿畜牧业有关的习惯权利,比如,一个缔约国的驯鹿牧民在另一个缔约国拥有的权利。第8条同时规定:"有关习惯权利范围的司法确定不应受到公约的限制,而应根据挪威私法中与自古以来的使用行为有关的规定以及瑞典关于自古以来的使用行为的规定来确定。"

③ The Trollheimen case.

④ The Korssjøfjell case.

⑤ The Aursunden case.

萨米驯鹿牧区和1894年被划分为萨米"牧场地区"的区域内,萨米驯鹿牧民也失去了在未开野地上放牧的权利,这是1997年Aursunden案与1988年Korssjøfjell案判决共同导致的结果。

拉普委员会的报告指出,将某些土地划分为"牧场地区"并没有为萨米人的权利划定明确的边界,因为即使在"牧场地区"以内,仍然有一些土地是萨米人无法享有驯鹿放牧权的。[①] 挪威最高法院由此主张,即使对于"牧场地区"内的草场,驯鹿所有人仍然负有证明他们因历史上的长期使用行为而享有放牧权的义务。

由于挪威最高法院1988年在Korssjøfjell案中作出的判决对土地所有人有利,其他土地所有人也纷纷向法院提起诉讼,试图禁止萨米人在他们所有的牧场上放牧驯鹿。1995年在特隆赫姆以南的赛布(Selbu)地区,共有229名挪威土地所有人向法院主张萨米人无权在他们所有的土地上放牧驯鹿,并要求萨米人进行损害赔偿,尽管这些土地都位于萨米人的"牧场地区"内。挪威土地所有人认为萨米人的驯鹿放牧权只能存在于公共土地上,[②]驯鹿所有人则主张,虽然这些区域的土地为私人所有,但是他们自古以来就以放牧的方式使用这些土地,因此当然享有放牧权。驯鹿牧民在地区法院与上诉法院均以微弱多数的优势胜诉。最终,赛布案来到了挪威最高法院,该院认为本案所讨论的问题过于重大,于是决定以全体会议的方式审理本案。[③]

虽然最高法院在赛布案中处理了若干问题,但是在这其中只有少数有必要放在本文中进行讨论。首先,最高法院改变了他们对拉普委员会观点的看法。判断萨米人在某一地区的存续时间时,最高法院十分看重Korssjøfjell案(1988年)和Aursunden案(1997年)的书面资料所提供的信息。而在这两个案件中,萨米人意图通过提交一些物证来

① Commission Report, p. 42.

② Rt 1955, p. 361.

③ Rt 2001, p. 769 (the Selbu case).

证明萨米民族在历史上长期生活于某一地区,但两案法官都认为,这些证据并不足以推翻拉普委员会从前作出的书面结论。然而,审理赛布案的大多数法官都展现出了他们对历史背景更为细致入微的看法,同时他们对拉普委员会的观点也持有更具批判性的态度。

赛布案的多数法官(共九名法官)提出,他们在审判本案时遇到的具体困难集中在对萨米人在南部萨米地区生活状况的调查取证方面。这些困难可以归因于这样的一个事实:萨米民族不同于挪威民族,在他们的历史上不存在一种书面语言。相反,萨米人的很多传统都是通过口头流传的。有鉴于此,主审法官作为多数法官的代表,提出他的裁判观点如下:

从另一角度看,萨米人当然与其他的长期居民一样,也有很多口耳相传的传统。这些传统必须被谨慎对待,而不能被笼统地舍弃。如果这些传统能得到其他证据的支持,那么它们在案件审判中具有重大价值。①

除此之外,多数意见也指出,审判时需要考虑到挪威人与萨米人在沟通中产生的误解,因为语言和文化的差异很容易导致人们对彼此的误解。

多数意见认为,虽然萨米人缺乏证明其历史上存在于某一地区的物证,但是法院在作出判决时必须谨慎,因为萨米人属于游牧民族,他们使用的主要是土地上的有机物,而这些有机物会随时间流逝分解,最终难以留下痕迹。因此,在过去的几个世纪,寻找萨米人放牧驯鹿的物证都十分困难。

在赛布案中,决定挪威最高法院判决结果的一个关键因素是拉普委员会所提供的材料。在拉普委员会的工作中,研究者从农民和其他人处收集了很多信息,并记载于该委员会的会议记录中。这些信息包括早期最高法院和上诉法院对部分有关案件的判决。最高法院审判赛布案时直接采纳了拉普委员会的会议记录作为证据。Anders Løøv 作

① Rt 2001 p. 769, 792.

为大学图书馆研究员①承担了誊写这些会议记录的工作,会议记录里包含了当代人提供的有关古代萨米人使用土地的信息,例如,提到了古代萨米人的扎营地。然而在拉普委员会随后的报告中,这些信息却被忽略了。这些会议记录表明萨米牧民对土地的使用与尼尔森的理论是不一致的。挪威最高法院据此判断,驯鹿畜牧业在塞布地区存在的时间要比拉普委员会所认定的时间更长。

此外,最高法院对一些与驯鹿畜牧业有关的挪威法律作出了一系列重要解释。最高法院认为,驯鹿放牧权是一项独立的权利,它不源于法律规定,而源于"自古以来的使用"理论。因此放牧驯鹿并不仅是一种容忍性使用,而应当被视为一种权利。

最高法院还指出,如果能够通过"自古以来的使用"理论而创设一项权利,则这一使用需要具备三个条件:这一使用必须具有特殊性质;这一使用必须长期存在;这一使用必须出于善意。此外,在判断一项权利是否存在时,应当重视这项权利的特殊性质。在本案中最高法院多数意见指出,由于本案涉及的是驯鹿放牧权,因此必须考虑到放牧驯鹿的特殊性。换言之,上述标准的适用应当考虑到驯鹿的习性与萨米人的游牧生活方式。因此,对放牧其他动物而取得土地使用权的判断标准并不能直接适用于放牧驯鹿的行为之上。

在赛布案中,最高法院多数意见强调驯鹿畜牧业需要大面积的土地,且驯鹿使用的具体区域会随着天气情况、风力以及牧场的质量而年年变化,因此要求驯鹿牧民每年必须在固定区域放牧驯鹿以满足证据要求并不合适。考虑到这个因素以及萨米作民族游牧的生活方式,法院认为驯鹿牧民使用某一块土地时短时间甚至较长时间的中断并不影响他们取得土地使用权。

驯鹿有一边吃草一边闲逛的生活习性。因此,虽然驯鹿可能会在某些时期(如产犊时)主要使用一个较小的区域,但是在通常情况下,驯

① Anders Løøv 是特隆赫姆大学(University of Trondheim)古纳勒斯图书馆(the Gunnerus Library)的研究员。

鹿实际使用的区域明显更大。①

在挪威最高法院判决赛布案中的萨米驯鹿牧民胜诉后,北部赛布地区的土地所有人纷纷撤销了他们对萨米人的起诉。

结　语

在对待萨米驯鹿牧民是否享有对传统萨米牧场和牧区的使用权的问题时,挪威的官方态度在过去的150年里不断发生变化。直到19世纪晚期,萨米驯鹿牧民对未开野地的使用都被视为一项权利,且这项权利与挪威农民对土地的使用权地位相当。这项权利是由萨米人世世代代对牧场和牧地的使用而创设的。然而,在"挪威化"运动时期,人们将这一使用视为权利的态度发生了转变,这一时期自19世纪中叶一直持续到了1960年前后。在这一时期内,萨米驯鹿牧民对未开野地的使用被视为一种"无害用益权",该权利的行使必须让步于"不可阻挡的法律进程"。然而,从20世纪60年代晚期开始,由于挪威最高法院于1968年对两个案件(布雷肯案和阿尔特瓦恩案)的判决,人们的态度再次发生转变。因此可以说,这两个案件开启了对萨米驯鹿牧民使用未开野地权利观念的新阶段。

在最高法院审判这两个案件之后,挪威的法院开始普遍采纳这样一个观点:萨米驯鹿牧民可以根据他们自古以来对未开野地的使用而获得使用权。然而,在挪威边界内南部萨米地区最南端的萨米驯鹿牧民发现,法院仍然难以认可他们能够通过长期以来对土地的使用而获得一种官方、合法的使用权。造成这种地区差异的主要原因是于1889年提出的一种理论,即萨米驯鹿牧民是在挪威农民将南部地区的土地开辟为自己的牧场之后才来到这一地区的。这一理论很快在挪威官方报道和法院判决中流行起来。尽管随后的研究揭示了这一理论中有关萨米人历史的观点并不正确,但直到最近,这一理论仍然影响着该地区

① Rt 2001,p. 769,789.

法院判断萨米驯鹿牧民是否拥有土地使用权。然而,在挪威最高法院于2001年审判的赛布案中,法院已经宣告萨米人在赛布地区生活的时间要远远长于1889年的理论所确定的时间。[①]

① 在赛布案后一年,考古学家发现了至少1000年前萨米人在挪威南部山区存在的证据。参见 Jostein Bergstøl & Gaute Reitan, *Samer på Dovrefjell i vikingtiden - et bidrag til debatten omkring samenes sørgrense i forhistorik tid*, Norwegian Journal of Historical Studie, 2008, p. 9 - 27。

1667 年至 2017 年的宪法与法典编纂：一位法律史学家的思考*

[挪威]达格·米凯尔森**/著　金逸菲***/译

[摘要]本文从当下欧洲法学院的法学教育与法学研究面临的困境出发，针对法律国际主义和法律民族主义之间的矛盾展开讨论。本文指出，法律史学科承担着时间化(temporalization)和探讨法律科学与社会科学、人文科学边界的双重任务，而宪法与法典编纂运动充分体现了法律史学科对于时间性(temporality)的诠释。1667 年至 2017 年的宪法与法典编纂，最先起源于法典化的理论先驱普芬道夫，而后掀起北欧国家的法典化浪潮。以挪威宪法为例，挪威宪法史既是一部民族认同史，也是国际宪法史的一部分，本文围绕此作出了五点思考。通过梳理挪威宪法史中法律民族主义和法律国际主义的平衡，对当今统一欧洲民法典项目的秩序和构建新的法律国际主义提供了一定的启示。

[关键词]法律史；法典编纂；挪威王国宪法；国际主义；民族主义

一、当代法学院面临的困境

隆德大学(University of Lund)法学院是欧洲领先的法学院之一，拥

---

* 原文题目为 Constitutions and Codifications, *1667 – 2017: A Legal Historian's Reflection*，原文载于 Kjell Åke Modeer, ed., *Legal History: Reflecting the Past and the Present Current Perspectives for the Future*, Institutet för Rättshistorisk Forskning, p. 328 – 345，原文为作者 2017 年 6 月受聘隆德大学荣誉教授时所作的演讲。

** 达格·米凯尔森(Dag Michalsen)，挪威奥斯陆大学法学院原院长、教授，法律、社会和历史变迁研究小组负责人，研究领域为法律史，重点关注领域为欧洲法律史和宪法史。

*** 金逸菲，华东政法大学法律学院 2024 级博士研究生。

有许多创新性的教学和科研成果。[①] 这不禁促使笔者反思欧洲法学院的现状。[②] 毋庸置疑,各大法学院既要履行一个国家或地区的法学教育义务又要着手进行国际研究,向国际知名研究机构迈进。这两大任务之间,存在日益紧张的矛盾关系。培养律师当然是所有法学院的主要任务,最近甚至成为各大法学院的首要目标。而在科研方面,法学院的研究也完全体现了法律科学的运作特征,大多数研究都与国家责任和本国法律制度相关。

法律科学在过去几十年经历了双重国际化的过程,包括法律制度本身的国际化和研究经费的国际化。一方面,政府希望法学院能够参与国际研究课题;另一方面,大部分国家资助仍用作教育经费,对于加强法学院的总体科研能力、使之实现与国际接轨这一目标来说,显然还远远不够。法学教育与国际研究之间的矛盾愈加尖锐,不容忽视。由此,我们该如何平衡国家层面的教育任务与国际层面的科研任务之间的利益冲突? 此外,鉴于法律工作的数字化转型,未来几年,社会究竟需要什么样的律师? 这一问题,在当下也日益变得不确定了起来。[③]

不过,我们还是有很多制度创新方法来缓和以上矛盾。譬如,首先认可所有法学教育在国际层面都有关联,然后加强法学教育的"欧洲一体化"协作,就是其中一种方法。[④] 一方面,这将给法学国际研究带来国家层面的全新理解;另一方面,对法学院来说,继续承担历史使命,为国家法律制度作贡献非常重要;若无前者,这些诸如"欧洲一体化"的国际方法也将在一国法律社会中失去其正当性。

---

① 隆德大学是欧洲研究型大学联盟 LERU(The League of European Research Universities)的成员。

② 以下主要是笔者担任奥斯陆法学院院长(2016 - 2020)时所作的思考。

③ 许多著作都表明了这一点,参见 Edward Rubin ed. ,*Legal Education in the Digital Age*, Cambridge University Press,2014。

④ 这是 2019 年马克龙总统倡议欧洲大学计划的结果,参见欧盟委员会官网"欧洲大学计划"条目:www. ec. europa. eu/education-levels/higher-education/european-universities-initiative。

有人可能会问,老牌法学院以往不得不作出的许多选择都有其历史必然性,但在当下,它们是否还享有优势?实际上,隆德大学法学院一向如此,它一向能融会、平衡民族法律和国际法律。① 隆德大学法学院具有非常深厚的历史基础,这种传统本身就代表着一种身份认同和对未来的期望,所以能成为其中一员当然是一种荣幸。隆德大学距今已有 350 年的历史,其间诞生了许多伟大的法学家,如塞缪尔·普芬道夫(Samuel Pufendorf,1632 - 1694)、大卫·尼赫曼·埃伦斯特罗勒(David Nehrman Ehrenstråle,1696 - 1769)、卡尔·约翰·施莱特(Carl Johan Schlyter,1795 - 1888)、卡尔·奥列维克罗纳(Karl Olivecrona,1897 - 1980)与安娜·克里斯腾森(Anna Christensen,1936 - 2001),正是他们在不同领域作出的贡献定义了隆德大学,并使隆德大学获得了长足发展。他们致力于研究法学理论和法律政治,我们在今后的研究中仍需在这两方面再接再厉,以确保在不断发展的世界中仍能取得预期的教学和科研成果。

不过,仅作为老牌法学院还不能胜任这项任务。实际上,如果老牌法学院无法摆脱旧有思维习惯,就无法应对快速变化的法律制度,也无法在教学或研究上作出适当调整。所以,现在我们必须解决一些重要问题:第一,法学教育是应该建立在通识教育之上还是应该开设更多法律相关的专业课程?第二,法学教育是应当建立在单一学科基础上还是跨学科基础上,两者也存在内在矛盾,这也是我们经常面临的难题,而且还未有显而易见的答案。第三,在以一国教育为主的法学教育中,当代法学的国际主义应当以多大程度体现出来?最关键的是,法学院如何向国家政法体系传达:当下,国际主义内部矛盾重重,各国必须加紧法治化的进程,而在这种情况下,法学院只是缺少足够的机会来进行高质量的重要研究?

以上思考在某种程度上,是笔者对约翰·密尔(John Stuart Mill,

① See Kjell Åke Modeer, *Det förpliktande minnet*: *Juridiska fakulteten i Lund* 1666 - 2016, Santérus Förlag, 2017.

1806－1873)曾提出的“时代精神”的进一步反思,密尔对时代与社会之间不断变化的相互关联性进行分析,将其称为“时代精神”。[①] 作为一名法律史学家,笔者的任务是解释时代、法律制度与法律之间是如何相互作用的。对我而言,反思法学院面临的现代危机,是了解法学院的历史和过去活动的第一步。我们这个时代的问题,确实有相当的历史基础,和历史上出现过的许多问题也有相似之处,比如,国际主义与民族主义的矛盾、法学研究与专业教育的矛盾、究竟将法学研究理解为是一门科学还是法学的矛盾。

为了把当代问题与特定历史问题连接在一起,笔者将把重点放在宪法和法典的发展史上。隆德大学自1667年建校至今,已有350年的历史。今年正值隆德大学350周年校庆,笔者就以1667年至2017年作为考察对象。实际上,对笔者来说,这一时间跨度的选择并不只是出于校庆意义,而和以下人物息息相关,随后笔者将详述。塞缪尔·普芬道夫是提出宪法和法典编纂主要理论的先驱之一,这一点毋庸讳言。当代的律师敏锐地意识到了这两种法律工具在社会中的重要作用。即使在今天,宪法和法典编纂都是我们国际课程授课内容的重要部分。宪法和法典永远是法律、政治和社会发展争议问题中的主题。在全球和本土范围内(见下文第3～5节),法律史学家一直通过宪法和法典本身、形成过程、特质以及它们在历史上不断演变的角色来解释法律史。不过,为了把握宪法和法典数百年来的历史以及它们最初何以诞生,必须先搁置这个问题,谈一谈笔者在方法论层面,对法律科学和法律史关系的认识。

---

① See John Stuart Mill, *Spirit of the Age* (1831), in Ann P. Robson & John M. Robson eds., The Collected Works of John Stuart Mill, Volume XXII, Routledge and Kegan Paul, 1986.

二、法律史与法律科学

从法律科学的整体框架上看,法律史学科承担着双重任务。① 一是处理时间化(temporalization)的问题。二是探讨法律科学与社会科学、人文科学的边界。这两大任务非法律史学科所独担,但纵观其历史,跨学科就是法律史功能特征的一部分。

法律史的任务是诠释、预测法律和法律科学的历史和未来。法律是时间性的(temporality)。法律随着时间推进而演化,因此具有众多层次的时间功能。法律史学家的核心任务就是反思法律的时间性。从本质上来说,历史不是过去事件的集合,因为"过去"永远是相对"当下"这个时间点而言的,所以过去不断在更新、发展,也因此能够包容法律未来的、潜在的样貌。② 律师的任务是分析和整合法律中的时间,法律史学家的贡献则是从历史全景的视角理解它们。所以笔者姑且将法律史学家的重要职责之一称为"对法律中时间的灵敏度"(sensitivity of time in law)。真正重要的学科不仅重要在历史,更重要在时间性(temporality),从这个意义上来说,也许我们应该将法律史学家称为"法律时间主义者"(legal temporalist)。不过,正如我们常说的,标签并不重要。

除了时间化,法律史可能还利于界定法律科学内部,以及法律科学和社会科学、人文科学学科的知识边界。一直以来,我们对法律科学特征的思考,就包括如今再度兴起的、对法律科学在知识体系中地位的探讨。这个问题始自法律科学存在之初。③ 因此,在当代法律科学中,法

① See Markus D. Dubber & Christopher Tomlins eds. ,*The Oxford Handbook of Legal History*,Oxford University Press,2018; Anthony Musson & Chantal Stebbings eds. ,*Making Legal History: Approaches and Methodologies*, Cambridge University Press, 2012; Dag Michalsen ed. ,*Reading Past Legal Texts*,Unipax,2008.

② See Reinhardt Koselleck,*Futures Past: On the Semantics of Historical Time* ,trans. by Keith Tribe,Columbia University Press,2004.

③ See M. Loughlin,*Foundations of Public Law*, Oxford University Press,2010.

律史学家的任务是提醒我们,法律科学在时间和知识上(legal time and legal knowledge)没有清晰边界,这项任务对法律史学家来说是有趣的,对笔者来说更是重要的。

以上是笔者的方法论观点。当下笔者的任务是从时间和知识两方面来探讨宪法和法典,它们是过去两百多年来的两种基本的法律表现形式。这里明显存在时间上的矛盾(tension of time),宪法和法典编纂如何兼顾当下与未来?当时,人们的最初想法是,这两种形式(宪法和法典)应当超越时间,为不确定的未来创造稳定的法律制度和独立于时间的法律规范。① 其中,宪法代表了社会的法律——政治模式,而法典则代表了法律——私人的经济世界。两者都是为了突破后古典自然法时代不稳定和不断变化的暂时性的法律经验而设计的。

有了宪法和法典,1800年前后的立法者和律师们突破了法律的新界限。宪法和法典明文规定的规范和法外规范既是法律,也不是法律,这是对法律自治的全新理解,将重新定义19世纪、20世纪法律的样貌特征。宪法使法律和政治有所区别,而法典则使法律和私人社会实践有所区分。19世纪,法律实证主义(legal positivism)盛行,宪法和法典编纂运动也进行得如火如荼,直到今天法典编纂也从未停止。法律实证主义是社会转型的结果,见证了法律职业群体专业性的增强,他们声称对法律享有独立权威,而不受政治的影响。

三、宪法与法典运动中的时间性(temporality)

宪法与法典是法学的伟大发明之一。如今,大多数国家都有一部现代意义上的宪法,作为国家以及国家与其公民之间关系的规范基础。现代宪法诞生于18世纪的最后几十年,随后成为现代宪制(无论是专

① 笔者在这方面的初步研究,参见 Dag Michalsen & Hilde Sandvik reds. ,Kodifikasjon og Konstitusjon,Pax Forlag,2013。

制主义政权还是自由主义政权)的标准政治法律形式。① 法典也是如此,即使有些国家未采用法典化的形式,但仍有许多国家通过法典编纂,构建了综合法律体系。从1800年至今,宪法和法典改变了法律的形式和内容,如果还有什么可以被视为现代世界全球法律史的主题,那么一定是宪法和法典,它们已经成了一种全球性现象。

必须强调的是,无论在法律还是政治上,法典和宪法运动的新浪潮之间都存在紧密联系。② 宪法和法典编纂是律师和政治家们作出的选择,而非一国的必经之路。譬如,北欧地区有宪法,但没有名义上的法典。但实际上,19世纪、20世纪的北欧国家在法典编纂方面作出过很大的努力。宪法与法典之间的联系一般是这样的:国家通过编纂法典颁布新法,从而使旧法失效,就像宪法总是代表着新的法律政治秩序,把旧秩序抛诸脑后一样。此外,更重要的是,正如许多法治原则要求的那样,只有法典才能满足宪法对实体法的形式和内容所提出的要求,这点在刑法上体现得尤为明显。因此,制定法典既是一种法律要求,也是一种政治要求。

法典化最初是加强立法者权威的一种方法。③ 如我们所知,18世纪的立法者不相信律师、法官及相关法律从业者,立法者认为,法典或许能以某种方式规训他们的言行。但与此同时却产生了一个悖论,也即在此后的全民立法时代,立法者反而越来越依赖法律专家,实际上恰

---

① See C. H. McIlwain, *Constitutionalism: Ancient and Modern*, Cornell University Press, 1940; R. C. van Caenegem, *Constitutional History: Chance or Grand Design*, 5 European Constitutional Law Review 448 (2009); E. Holmøyvik, *The Changing Meaning of "Constitution" in Norwegian Constitutional History*, in Karen Gammelgaard & Eirik Holmøyvik eds., Writing Democracy: The Norwegian Constitution 1814 – 2014, Berghahn Books, 2014, p. 42 – 59.

② See Dag Michalsen & Hilde Sandvik eds., *Kodifikasjon og konstitution*, Pax Forlag, 2013.

③ 有关此问题的核心论文,参见 Jeremey Bentham, *General View of a Complete Code of Laws* (oppr. 1802)。[经译者查证,该书应为1802年法语初版,无法核实英文版具体出版信息。——译者注]

恰是这些专家在编写法典。所以,任何有关法典的争论,其核心都离不开立法者与人民、立法者与法律专家之间的矛盾。如今这种矛盾依然存在,人们常常抱怨,如果要追求又快又高质量的立法,那么法律就不可避免地交由一个不断扩大的立法专家委来制定,这与民选议会之间就产生了不平衡的矛盾关系。①

在这里,笔者必须强调一个问题,它与上节提到的法律史的任务有关:要理解宪法和法典诞生的历史,必须摒弃纯粹的法学视角;为了理解宪法和法典的多种功能,必须了解其历史背景。这些法律形式的突破以及它们对法律体系产生重大影响的原因,都必须通过1800年前后——这个历史上的特殊时期来解释。1776年至1815年,各地战争频发,1792年至1815年,欧洲经历了长达25年的持续战争。这是个剧烈动荡的时代,新兴国家的出现迫使人们制定宪法,宪法一举成为巩固政权、界定领土和组织人民的灵活工具。这对当代世界的宪法又产生了何种影响,笔者将在结尾再谈。② 法典诞生的故事则有些不同,但仍然是新兴国家急于以新方式制定法律的结果,例如,普鲁士、奥地利、法国及其附庸国(satellite state)以及处于战争状态的国家相继制定了自己的法典。从19世纪的法典化运动同样可以看出,伟大的政权、政治需求和法律改革的野心相互关联。法律史可以,也必须为法律科学作出解释,什么是宪法和法典诞生的社会和政治条件。

四、1667~2017年的宪法和法典编纂

在法典化运动的史前史中,隆德法学院杰出校友塞缪尔·普芬道夫就是这样一位代表人物。普芬道夫的主要成就是将自然法理解成一种法律实体,因而在宗教改革后的时代,自然法被认为是超越宗教、超

---

① 对区域性民法典的著名批判,参见 Pierre Legrand, *Civil Law Codification in Quebec: A Case of Decivilianization*, Zeitschrift für Europäischen Privatrecht, 1993, p. 574–591。他的方法论参见 Pierre Legrand, *Negative Comparative Law*, Taylor & Francis, 2018。

② See Oren Gross & Fionnuala Aoláin, *Law in Times of Crises: Emergency Powers in Theory and in Practice*, Cambridge University Press, 2006.

越政治和超越习惯法传统的存在。① 1672 年出版的《论自然法和万民法》(*De Jure Naturae et Gentium*)一书,概述了普芬道夫的系统自然法思想和内容,尤其论述了在所有法律部门上建立一种共同而普遍的法律之设想的可能性,这在当时看来似乎是不可能的,甚至是绝对不可能的。近期,许多学术研究都论证了,如果没有普芬道夫的自然法理论,没有他的政治理论和对法律本质的洞察力,后来的法典可能都不会出现。对此,笔者不再赘述其中细节,但要提醒大家注意这些历史时期。

这些新理论和实践方法对北欧国家的法典编纂又产生了什么影响呢?它们将 17 世纪末、18 世纪初的北欧法转变成了新的现代法典。这一争论早在 1800 年以前就开始了。因此,当普鲁士、奥地利,尤其是法国纷纷在 1794 年至 1814 年颁布了当时的主要法典时,北欧国家同样在推进法典化的进程。

现在回想起来,我们对于法典化运动的最初反应是相当令人意外的。1804 年 12 月 4 日,反法同盟瑞典王国的国王古斯塔夫四世(Gustav Ⅳ,1778 - 1837)通过一项法令,禁止在瑞典传播任何有关《拿破仑法典》的消息,从而揭示了法典在政治上引发的问题。② 另外,1814 年《挪威王国宪法》第 94 条(借鉴法国 1791 年宪法),规定了制定现代

① See Kjell Å Modeer red., *Samuel von Pufendorf* 1632 - 1982: *Etträttshistoriskt symposium i Lund*, 15 - 16 *januari* 1982, Institutet för Rättshistorisk Forskning, 1986; Timothy Hochstrasser, *Natural Law Theories in the Early Enlightenment*, Cambridge University Press, 2000.

② 事实上,当时连怎么称呼法国国王都受到了限制,"波拿马"是指称法国国王的唯一合法方式。参见 Elmar Nyman, *Indragningsmakt och tryckfrihet* 1785 - 1810, Bok Och Reklamtryck, 1963, p. 122 - 124; Tore Frängsmyr, *Svensk idéhistoria*, *i*: *Bildning och vetenskap under tusen år*: *1000 - 1809*, Natur och kultur, 2000, p. 422. 关于总体情况概述, See Dag Michalsen, *Legislators, Journals, and the Public Legal Sphere in Scandinavia around* 1800, in Ellen Krefting, Aina Nøding & Mona Ringvej eds., Eighteenth Century Periodicals as Agents of Change. Perspectives on Northern Enlightenment, Brill Academic Publishers, 2015, p. 202 - 214.

法典的必要性,响应了拿破仑法典的制宪精神和该时代的制宪原则。在此基础上,经过40年的努力,挪威制定了一部刑法典,但也仅此而已。瑞典和丹麦的情况也相当类似,尽管新的制宪环境要求改革立法,但并未取得很大成功。因此,似乎所有北欧国家都有宪法,而无法典。

那么,北欧国家在19世纪上半叶所进行的大量法典编纂工作是否就白费了?非也,从19世纪下半叶开始,法典编纂促使北欧颁布了许多新的立法,为社会现代化作出了贡献。此外,在20世纪晚些时候,北欧共同立法计划诞生了,最终反而在北欧五国之间实现了某种统一的私法规范。假如在19世纪初各国就有了属于自己的完备法典,就不会出现这种情况了。

法律是以一定数量的单行立法还是以法典的形式颁布,引发了学界的争论:既然北欧国家没有正式的民法典,与欧洲大陆的民法建构不同,那么,能否说北欧法因此更接近于普通法的传统?这也许可以解释,相比欧洲大陆的律师,北欧和英国的律师为何没那么热衷于制定欧洲统一民法典。

我们必须反思这200年来法典编纂的实践,尤其是要考虑到与立法理论和实践相关的重要传统。北欧在私法领域的强大共同法传统,在历史上起到了替代统一民法典的作用。此外,我们不能忘记,像英美这样的普通法国家,在大部分私法领域也都引进了系统立法模式。我们也不该夸大欧洲内部的立法差异。在过去350年里,无论在民法典编纂还是在长期的综合立法中,那些成体系的、实体的私法理念和立法实践,极大地强化了系统化的私法立法模式。如果我们在政治和文化上有这样的愿景,要制定一部更为系统的欧洲民法典的话,那么借鉴法典编纂的历史经验,更容易使我们实现该夙愿。

五、宪法史:一些方法论上的思考

现在,让我们从法典转向宪法。笔者的目的是提出一些有关宪法史学科的方法论上的思考。[①] 这一主题相当广泛,笔者选取的角度非常个人化,笔者认为,有关宪法的历史研究很少是中立的。宪法史研究通常以文化政治背景为导向,赋予研究特定现实意义,这种情况往往比研究民法典史来得多得多。由此,研究者必须明确研究方法,因为这最终必然关系到,当代法学院应当进行什么样的研究。就这个问题,笔者将在这部分的结尾详细阐释。

笔者的发言也是基于在奥斯陆法学院法律史研究小组的工作经验。从 2011 年起,我们的研究小组在宪法史和国际法史领域,开展了一些外部资助的研究项目。当时正值《挪威王国宪法》颁布 200 周年,因此,挪威法律史学家获得了许多经费支持。在此之前,挪威宪法和宪法史的"研究现状"(Stand der Forschung)早已昭然若揭,无论是律师还是历史学家,都站在了民族主义的方法论一边。此外,资助者想在某种程度上促成一项政治目标,也即通过宪法史研究,解释现行宪法中新插入的第 2 条的合法性和正当性,第 2 条写道:"民主、法治和人权"。当然,宪法史研究不是为了实现宪制目的而服务的。我们在研究敏感问题时,譬如研究现代宪法史或近代国际法史时,应以什么样的标准来确定一项研究指导原则? 这个问题恐怕众所周知,也亟须解决。

我们都知道,1814 年 5 月 17 日颁布的《挪威王国宪法》,是在 1776 年《邦联条例》和 1790 年代法国诸多宪法颁布后制定的。[②] 因此,挪威宪法也许是 1814 年 7 月《法国宪章》颁布前,最后一部具有典型革命特

---

① 参见 Eirik Holmøyvik and Dag Michalsen, *Lærebok i forfatningshistorie*, Pax Forlag, 2015; Eirik Holmøyvik and Dag Michalsen, *Constitutional History*, in David S. Law and Malcolm Langford eds., Research Methods in Constitutional Law: A Handbook(即将出版)[经译者查证,该文集最终于 2021 年爱德华·埃尔加出版公司出版——译者注];最重要的请参见 Michael Stolleis, *Verfassungs-und Verwaltungsgeschichte: Materialen, Methodok, Fragestellungen*, De Gruyter Oldenbourg, 2017。

② 关于宪法的种类与数量,参见 Horst Dippel ed., *Constitutions of the World from the Late 18th Century to the Middle of the 19th Century*, Vol I, K. G. Saur, 2005; Karen Gammelgaard & Eirik Holmøyvik eds., *Writing Democracy: The Norwegian Constitution 1814 – 2014*, Berghahn Books, 2015。

征的宪法典,它明确规定了人民主权原则、权力分立原则、人权目录,最后规定了国王对议会立法的暂时否决权。根据这种宪制理念,我们可以将挪威宪法理解为一部自由主义宪法。在挪威史料编纂界,即使有批评,学者也几乎都将挪威宪法史描述为目的论的(teleological),甚至描述为卓越的(*par excellance*),因为它见证了民族和自由政治的稳步发展,这种描述每年都屡见不鲜。

当我们的研究小组面对国际主义的国家宪制叙事路径时,似乎必须重新摆正过去的民族主义立场,重新进行非传统、非民族主义的研究。在这里,笔者想强调五个较为普遍的方法,对挪威宪法史研究将大有裨益。如何为一部具有200年历史且现行有效的宪法搭建一套法律史研究的理论框架?为此,必须搞清楚历史学和教义学的边界何在,并且作出超越。这也是法律史能够为法律科学作出的贡献,即界定法律科学的边界。

第一,对一部现行有效的古老宪法进行宪法史研究,意味着其大部分条文在过去和当代都适用。① 因此,首先有必要以大家所熟知的方法梳理宪法史,以免受到当代宪法文本的干扰。但说起来容易,做起来难,因为《挪威王国宪法》就是挪威现行宪法。况且,它涵盖了200年来的数百条社会规范,这些规范还调整着我们当下生活的方方面面。由此,矛盾就不可避免地产生了。挪威宪法既属当今律师的研究范围(法律工具意义上),又属宪法史学家的研究范围,这两者之间难免要产生冲突。除了梳理宪法史,宪法史学家诠释宪法的水平还取决于法律分析(legal analysis)的质量,也许还取决于法律分析的能动性。法律分析是阐释历史的一种方法,其目的是攫取历史信息,而非当代法学知识。当然,我们都知道,宪法和宪制史是密不可分的,它们可以以许多难以预想的方式交织在一起。

第二,挪威宪法史是一部民族认同史。这对宪法史学家来说是一

① See Eirik Holmøyvik & Dag Michalsen, *Lærebok i forfatningshistorie*, Pax Forlag, 2015, p. 43 – 48.

项挑战。为了避免重复研究,宪法史研究应该摆脱当代法学观点的影响,也应该摆脱传统民族国家史学研究的窠臼。为了达至此,要铭记宪法是历史上的一般法律实体(generic normative entity),这样,就能突破以往民族主义叙事中所承袭的根深蒂固的意识形态解释路径。至1814年,在世界范围内大约颁布了130部宪法,宪法成为一项全球性的“法律发明”。[①] 当然,这不意味着各国的宪法史无关紧要,相反,历史很重要,但在研究挪威宪法时还是有必要将其看作一般法律实体,而忽略其民族主义立场——挪威宪法不过是数百部宪法中的一部罢了。不过,将挪威宪法看作一般法律实体,摒弃原先民族主义的解释方法,意味着重新整理历史,找寻挪威宪法作为规范实体的另一种历史面貌,而非民族主义立场下的历史面貌。为了实现这一目标,我们回到了更自由、更激进的国际主义的宪法诠释方法。

第三,国际主义立场意味着研究宪法史时,要与他国宪法进行比较,也要探究一国宪法史的社会背景。正如笔者此前提到的,“宪法”这一概念产生于1800年前后,其间其内涵不断发展,如今,任何宪法史研究都会将“宪法”的新内涵纳入考察范围。无论就形式还是就内容而言,世界各国的宪法已经在许多方面变得统一,各国宪法作为一种国际法律类型,发挥着宪法起草模板的作用。许多大体量的宪法史研究项目已经论证了这点。说回挪威,挪威1814年5月7日所颁布的新宪法只是1814年世界宪法的一部分,任何宪法史的研究都必须考虑到,制宪会议在制定本国宪法时,一定会参考大量他国宪法。

任何时期的宪法史都值得详细研究。让我们继续1814年挪威宪法的故事。如今,宪法理论史和实践史都揭示了,1814年《挪威王国宪法》的各种原则和机制与此前颁布的宪法有所关联,特别是和那些自由主义立宪政体所制定的宪法有关。因此,要从历史和比较法的角度解

---

① 迪特·格林(Dieter Grimm)与海因茨·默恩豪普特(Heinz Mohnhaupt)有关宪法的重要论述,参见D. Grimm & H. Mohnhaupt, *Verfassung: Zur Geschichte des Begriff von der Antike bis zur Gegenwart*, Duncker u. Humblot, 1995。

释1814年宪法,就要考察艾德斯沃尔(Eidsvoll)国民会议上的制宪者所参考的宪法,以及那些最终未作为参考甚至鲜为人知的他国宪法。1814年挪威宪法以及任何宪法的历史意义,只有通过宪法比较研究,才能了解其历史谱系、技术特征和背后的意识形态。

随着时间的推移,任何宪法解释都会发生变化。通过施行,19世纪的数百部宪法都经过了重新诠释,可以说,宪法的重新解释本就是其社会和政治背景的一部分。所以说,没有哪一部宪法一开始就是固定且完备的。这是反本质主义(anti-essensialistic)的基本观点。回顾几十年前,大约从1980年开始,20世纪宪法的民族主义被明显的国际主义趋势所取代。如今,将宪法的一般政治和文化特质视为民族国家的主要表征是错误的。此外,现代宪法是实现超民族主义价值的一种手段。这种从民族主义到国际主义的思想变化,在国际人权方面体现得尤为明显,国际人权法是对一国宪法中公民权利的重要补充。将这一见解落实到宪法史的研究中是很重要的。

第四,为了了解1814年前的几十年,那些错综复杂的法律是如何塑造了当今挪威宪法史的面貌,应尽可能地将国际法律纳入考察范围。这一道理也许不言而喻。我们可以把这些国际法律称为国际规范法(international normative acts)。[①] 笔者指的是像条约、宪法、法典、法令这样的规范法以及具有国际影响力的国际话语体系(discourses)。研究国内宪法法律制度(如1814年《挪威王国宪法》)与国际法律制度(如拿破仑时代后期和后拿破仑时代的条约体系)之间的密切联系,能揭示像挪威宪法那样的国际主义特征。特别是通过系统地强调其国际主义立场,以此凸显国际条约和宪法规范间的关联,在制宪当时似乎很重要,甚至在任何时候,乃至今天都同样重要。

我们可以将这一思路,称为连接国家和地缘政治实体的国际法律制度地缘政治历史分析思路(analytical geopolitical history of international

---

① See Dag Michalsen, *The International Dimensions of the Norwegian Constitution of 1814*, 54 International Journal of Scandinavian Studies 65(2015).

legal regime)。实际上,将宪法诠释与形成过往国际法律秩序的一系列其他法律联系起来似乎很有意思。这意味着,尽管一部宪法或法典只适用于某个特定国家,但我们还是要把这个时代的不同规范(条约、宪法、法典和其他新形式的法规)都理解成国际法律规范。研究思路的转变,使挪威宪法所谓的“国际背景”——1814 年前后的国际关系史和宪制史,不仅只是背景,而成为了历史解释的一部分。

第五,为了了解过往宪法的历史,要将宪法与国家紧急状态相对照。很少有宪法像 1814 年《挪威王国宪法》一样稳定,挪威宪法本身存续 200 多年就是活生生的力证。它和其他国家的宪法一样具有切实的稳定性,但大多数国家有时会经历重大的政府更迭,以极快的速度使原有宪法改头换面。保留原有宪法是否可取,取决于原有宪法的质量、特征和民众政治支持度。可以说,挪威自 1814 年以来就没有再制定过新宪法,因为挪威政治精英始终以协商一致为导向,加之挪威在 19 世纪时,被迫与瑞典结成挪威—瑞典同盟,1905 年成功解除同盟关系,形成了自己的宪制观念。此外,挪威未经历过专制统治,挪威宪法具有足够的灵活性,吸收了 20 世纪以来民主与福利国家兴起的成果,当然也不会在法律上阻止挪威走向新兴民主和福利国家。

这种叙事方式,体现了挪威宪法史的自由主义法治视角。从理论上讲,自由主义的法治,意味着国家常态与国家紧急状态之间存在差异以及在紧急状态下政府可以自由将行政权力正当化。然而,国际宪法史在很大程度上与之相反,在国家常态和国家紧急状态下,没有差异,行政权的行使范围也被约束。挪威宪法史是国际宪法史的一部分,也是一段国家紧急状态下的历史。从历史上看,1814 年挪威宪法是在战争和特殊情况下制定的,后来甚至还遭遇了一些危机,譬如 19 世纪末的议会政治斗争、1905 年挪威—瑞典同盟的解体、“一战”与“二战”之交的阶级斗争,其中最严重的,要数 1940 年至 1945 年德军对挪威的占领。

然而,事情并未就此结束。笔者想提请各位注意,2011 年 7 月 22 日那场臭名昭著的挪威恐怖袭击。一名右翼极端恐怖分子炸毁了奥斯陆政府大楼,造成8人死亡,同天,他又在奥斯陆郊外的工党青年成员夏令营杀死了70人,致超过70人受伤。我们还不清楚这一悲剧为何会发生。这里笔者只想强调宪法方面的问题。首先,恐怖袭击的等级和程度不清楚:直接针对挪威中央政府的袭击,究竟是什么程度的暴力?这时,挪威宪法所规定的必要原则的适用场合出现了,挪威政府立即拥有了行使特权的权限,因为宪法规定,必要性权力依法产生,不必事先批准;但是,一旦有人意识到实际情形不符合宪法必要性的要求时,政府就必须停止行使该权力。7月22日的情况就是如此,挪威政府很快就意识到,这一袭击毕竟是有限的,政府不属于危机应对情形。这就是为什么,挪威政府在对“7·22恐怖事件”的公开报道中,没有使用“宪法必要性”一词的原因。几个月之后,12月9日,联合国人权委员会(Human Right Commission)发表了一份报告,其中指出,挪威对于恐怖事件的处理,体现了国家和宪法的密切关系:

> 为了不随意动用宪法和宪法惯例,国家不得不陷入危机,这将严重威胁到更多的人口安全、社会基本结构甚至王国的存亡。政府和民众对2011年7月22日发生的恐怖袭击的处理表明,国家有能力在不滥用宪法的情况下,处理这一沉痛且令人震惊的悲剧。①

这段历史一方面体现了自由主义宪法的法治机制之间差异的复杂性,我们可称为宪法规范的显著性(obviousness);另一方面,体现了斯堪的纳维亚半岛国家的宪法规范的脆弱性(fragility)。今天,我们对于法治“Rechtsstaatlichkeit”几近分裂般的理解:一方面,过往的法治从未像今天这样,在道德和法律上都立足于国际人权法之上;另一方面,持

① 参见挪威官方委员会(NOU, Official Norwegian Reports)的报告,NOU 2012:14 Report of the 22 of July Commission (2012),载挪威政府官网,https://www.regjeringen.no/no/dokumenter/nou-2012-14/id697260/。

续了20多年的世界反恐战争已然使国际社会形成了一种集体焦虑，担心宪法是否有能力维持常态化运作，而不随意诉诸紧急状态法律。①

六、余　论

当下，有关宪法和法典的争论呈现一派复杂的特征。我们知道，法律世界既是国际的，也是民族的，这不过是任何律师的常识。一方面，世界由国际法律制度组成，这些法律或多或少建立在西方主导权的世界秩序之上；另一方面，在地方层面，法律是每个人在日常生活中都会面对的。这种巨大的跨度是现代法的特质之一，也因此促成了有关宪法和法典的争议产生。

我们都对欧洲自1989年以来，有关欧洲民法典的争议很熟悉，为了制定一部统一欧洲民法典，各国都或多或少开展了一些"乌托邦"项目，对某些人来说，可能是"反乌托邦"项目。为了达成一部统一民法典，欧洲过去20年来作出的大量努力，反而迎来了更多犀利的政治和文化批评。过去几十年里，在欧洲私法方面，国际主义者和民族主义者之间存在根深蒂固的矛盾，他们在制定一部欧洲民法典是否可行以及欧洲文化背景能否承受起这样一部统一民法典的问题上，产生了分歧。

这些争议和关于欧盟宪制的争议非常类似，由于自由主义的法治观不能应对新的社会和文化差异带来的挑战，受到了大量批评。随着最重要的普通法国家——英国的退出，是否会利于欧洲大陆一贯的法典化思路的推进，还有待观察。现在，欧盟委员会已经暂时搁置了民法典项目，欧盟总方针的变化将决定欧洲民法典的最终结果。至于宪法争议也是类似的；在国际贸易法、气候协定和人权法方面，也产生了国际主义与民族主义的矛盾。放在十年前，大家的普遍想法是无条件地接受并实现法律国际主义。而今天，伟大的政治实践教导我们要更为克制，要探寻法律之间的差异，而非相同之处。

① See Günter Frankenberg, *Staatstechnik: Perspektiven auf Rechtsstaat und Ausnahmezustand*, Suhrkamp Verlag AG, 2010.

丹麦法及其传统*

[丹麦]迪特莱乌·塔姆**/著　李昭慧***/译

[摘要]本文简要陈述了丹麦法律史的传统,以欧洲视野探讨了丹麦法和北欧法之间的关系、北欧法是否算作一个独立的法系、日德兰半岛法和丹麦中世纪法、近代早期的丹麦罗马法、1665年《丹麦皇家法》和1683年《丹麦法典》、19世纪安德斯·桑德·奥斯特和外国法对丹麦法的影响以及19世纪以后丹麦法与北欧国家在法律领域的合作等多方面阐述了丹麦法的重要历史进程。通过对这一历史进程的梳理,可以窥见丹麦法发展的独特路径和遗存下来的法律风格。进入20世纪,国际化这个词在现代丹麦法及其思想中扮演着重要角色,许多丹麦法律人去国外深造或执业,丹麦法的历史传统与现代法律发展之间的关系值得再次被探讨。

[关键词]北欧法;丹麦法传统;丹麦中世纪法;丹麦法的国际化

长期以来,丹麦中世纪地方法都对丹麦法的发展起着至关重要的作用。丹麦法始于中世纪地方法,这既是丹麦法律文化的里程碑,也是令其骄傲的法律传统。1200年前后,当国王和教会密切合作,致力于建立一个和平的法治社会时,这些法律逐渐开始成文化。而一个强大的君主对这一发展至关重要。丹麦的地方法不仅适用于丹麦。同时也是欧洲共同模式的一部分,在这种欧洲共同模式下,法治是社会的基础。

地理上,丹麦和其他北欧国家都位于欧洲边缘。中世纪的欧洲历史往往集中在中心国家:法国、意大利、德国以及英国的部分地区。罗马是教会的中心,其影响遍及欧洲中世纪共同体的各个部分,包括北欧

---

* 原文题目为 The Danes and Their Legal Heritage,原文载于 Ditlev Tamm, *Danish Law in a European Perspective*, 2nd ed., Karnov Group, 2002, p. 41-59。

** 迪特莱乌·塔姆(Ditlev Tamm),丹麦哥本哈根大学法学院教授,法律史学讲席教授,丹麦皇家科学院院士,研究领域为丹麦法律史、欧洲法律史、比较法、教会法、道德神学与法律。

*** 李昭慧,华东政法大学法律学院硕士研究生。

国家。教会法在丹麦产生了重要影响。1234 年,教皇发布了《格利高里九世教令集》(Liber Extra)。1241 年,丹麦国王瓦尔德马二世颁布了《日德兰半岛法》(Jyske Law),斯堪的纳维亚半岛和欧洲各地的法律都陆续成为文化,体现了欧洲中心和边缘之间的关系。简言之,丹麦的地方法是属于丹麦的,但它们在整个欧洲范围上,也有一席之地。丹麦法在很大程度上属于地方法(*ius proprium*),但在中世纪时,丹麦法某种程度上也属于共同法(*ius commune*)。

然而这种观点并非一直被人们所认可。第一本详细描述丹麦法律史的著作于 1769 ~ 1776 年出版,作者是哥本哈根大学教授佩德·科福德·安彻。这本书可以被看作后来研究丹麦法律史的基础。书的扉页上画了一棵树,展现了安彻教授研究丹麦法律史的目的(见图 1)。

图 1　图书封面

注:佩德·科福德·安彻(Peter Kofod Ancher)是研究丹麦法律史的权威作者,其著作是 1769 年和 1776 年的两卷本报告,包含从古代到 16 世纪的法律史。封面体现了一个基本的观点:了解法律的关键是理解它的历史。科福德·安彻引用了孟德斯鸠(Montesquieu)的一个比喻,即把法律比作一棵树,这棵树是 1683 年以来丹麦法典的象征。法典的精神源头须从古老的丹麦法律根源中寻找。

树干上刻着铭文:Ius Dan. C. V. 意指国王克里斯蒂安五世在1683年颁布的丹麦法典(Danske Lov),这是第一部适用于丹麦王国全境的法典。这棵树的根部刻有前国王颁布的诸多法律名称(来自中世纪的克努德、瓦尔德马大帝、征服者瓦尔德马、埃里克六世和埃里克七世,代表16世纪和17世纪的克里斯蒂安三世和克里斯蒂安四世)。意思是,这棵树(丹麦法典),从以往更古老的法律中汲取了营养。这一点可以从拉丁文铭文中清楚地看到:在源头上可以找到所有法律的生命和精神。科福德·安彻教授也表示,“要想真正理解法律,就必须了解其根源”。对科福德·安彻来说,研究法律史意味着研究旧法律,因为理解旧法律是理解现行法律的前提。这与法国作家孟德斯鸠(Montesquieu)的想法是一致的,即同样认为有必要了解现行法律的根源,以便理解现行法律,并清楚地阐明新法律。孟德斯鸠还提到“法律的精神”,即由社会政治环境所决定,致使某一民族的法律形成其特定风格的内在原因。其在1748年出版的《论法的精神》(The Spirit of the Law)的某一章节中,将法律比作一棵树,从树的根部可以探寻法律的精神。科福德·安彻就借鉴了这一说法,并把它放到了上述的封面插图中。他的书是在丹麦产生强烈民族认同感时出版的。通过强调丹麦法的民族性,法律史也因此成为民族认同的一部分。

一、欧洲视野下的丹麦法

石勒苏益格州伦茨堡镇的南大门边有一块石碑,标志神圣罗马帝国的最北边界。石碑上刻有拉丁文的铭文:罗马帝国的边界(*Eidora Romani terminus imperii*)。石碑不仅意味着曾经分隔日耳曼人和丹麦人的埃伊德尔河(Ejder)是神圣罗马帝国的北部边界,也在很大程度上表明北欧法在过去以及今天的独立地位。

要想准确描述这一情况并不是一件容易的事。因为北欧国家由丹麦(包括法罗群岛和格陵兰岛)、芬兰、冰岛、挪威和瑞典组成(通常被称为斯堪的纳维亚国家;但严格来说,斯堪的那维亚只包括丹麦、挪威和瑞典)。一方面,这些国家在地理上都属于欧洲;另一方面,它们彼此间又有战争与合作的历史渊源,每个国家对周围国家都有着不同的价值取向。德国文化上的主导力量,使历史上丹麦与德国关系密切。19 世纪,随着德国民族主义的兴起,原来与德国的和平关系开始变得紧张起来,导致了两场战争的爆发。而在 18 世纪,丹麦与德国的关系甚至已经成为丹麦人形成民族认同感的催化剂,用来削弱德国对丹麦的影响。

历史上看,北欧国家分为两个阵营,这在法律上也有所反映。1380 年到 1814 年,丹麦和挪威总体上是统一的,因此其法律在很大程度上也是相同的。冰岛,作为挪威王国的一部分,也在丹麦的统治下,即便 1814 年挪威与瑞典建立了联盟(该联盟一直持续到 1905 年),冰岛仍然处于丹麦的统治之下。直到 1944 年冰岛独立。格陵兰岛和大西洋上的法罗群岛则仍属于丹麦。无论如何,它们都拥有自治地位,地方议会拥有立法权。

瑞典和芬兰则属于第二阵营。芬兰在 1809 年被俄国征服之前一直是瑞典的一部分。但俄国沙皇亚历山大一世允许芬兰自治。即芬兰人可以依据 1734 年《瑞典法典》中的芬兰法律来进行自治。1809 年后的芬兰一直是俄罗斯帝国内的一个大公国,直到 1917 年俄国革命才获得独立。

19 世纪末期以来,北欧国家在法律领域开展了密切合作,成为北欧国家法律发展的一个重要特征。合作开始于 1872 年,当时北欧国家的法律人召开了一次会议讨论未来的合作问题。19 世纪,北欧国家间的法律合作主要集中在商法领域。到了 19 世纪末 20 世纪初,合作扩展到了债权的核心领域,后来也扩展到了家庭法。这种合作模式仍在继续。它带来了共同立法的同时,并没有形成任何形式的"超国家"法律。由于各个国家对于共同审议的法规是单独起草的,因而法规在某些细节上会有所不同。

北欧各国的地理和历史条件的差异,可能是造成各国发展方向有所不同的原因。挪威作为一个面向西方的贸易国,与英国有利益关联;

瑞典和芬兰的历史,则更多是受到16世纪以来俄罗斯帝国在东方扩张的影响。16世纪,丹麦和瑞典这两个北方大国之间的主要矛盾是争夺波罗的海的统治权。

丹麦是于1973年加入欧洲共同体,成为第一个加入欧共体的北欧国家。传统上来看,丹麦一直扮演着北欧国家通往欧洲的桥梁这样一个角色。

北欧国家在欧洲大背景下的独立发展,致使其法律发展也呈现独立的特征。正如比较法学者所认为的那样,即将北欧法置于所谓"法系"的传统模式中可能是有益的。阿明永(Arminjon)、诺尔德(Nolde)、沃尔夫(Wolff)在1950年的《比较法特征》(*Traité de droit comparé*)中,就倾向于将丹麦、芬兰、挪威和瑞典的法律视为包括法国法、德国法、英国法、俄罗斯法、伊斯兰法、印度法在内的七个法系之一,根据这三位学者的理论体系,这七大法系统治着世界的大部分法律。然而,在德国比较学家茨威格特(Zweigert)和克茨(Kötz)的《比较法总论》中(*the Introduction to Comparative Law*),则将北欧法律体系视为大陆法系(包括法国法和德国法)的一个独立类别。勒内·达维德(René David)在其当代法律体系的研究中,将北欧法列为大陆体系,但并不认同茨威格特和克茨所认为的独立地位。然而,北欧国家的法律人今天所认同的,最普遍的观点似乎是:北欧法律体系是一个独立的法律体系,有别于大陆法系和普通法系。一般性的观点是,北欧国家形成了自己的法律类别。即便大陆法系的法律思想对其产生了相当大的影响。但相较于英美法律,北欧法律传统还是更接近欧洲大陆。

很难分辨出北欧法律区别于其他法系的具体特征。对传统的利用可能是其中很重要的一点。不太重视法律程序,也通常会被认为是北欧法的特征之一。与欧洲大陆国家更抽象、更系统的思维方式相比,私法领域缺乏现代法典通常会营造的一种更具体、更实用的风格特征。"民法总则"是民法典中的通用规则,涵盖了德国民法典的一般特征,但在北欧民法中,却没有这种"总则",北欧法的民法和商法也有着显著区别。

二、日德兰半岛法和丹麦中世纪法

北欧法在欧洲法律史中的特殊地位,在很大程度上是因为北欧当地的法律传统,直到近代早期都保持得很好。北欧国家的法律概念是基于13世纪的中世纪地方法。尤其是丹麦,这些法律一直到17世纪都发挥着重要作用。直到1683年颁布了新的法典,中世纪的成文法才被正式废除,但这部新法典仍包含了旧法律的一些条款。

这些中世纪地方法包含了家庭法、财产法、程序法和犯罪的基本规则。这些地方法是一个由国王统治的农业社会的反映,在这个农业社会中,国王已经确立了自己的统治地位。丹麦、挪威和瑞典都有这样的法律。在这些法律中,教会法的影响是显而易见的,受罗马法影响的例子则较少。

当时比较普遍的法律,一个影响北欧法律思想的特别明显的例子,是《日德兰半岛法》(the Law of Jutland)(丹麦)的序言,该法可追溯到1241年,由丹麦国王瓦尔德马二世颁布。这篇序言,和《日德兰半岛法》的其余部分一样,都是用丹麦语写成的,被认为是丹麦中世纪文学的瑰宝。它几乎完全是对12世纪教会法《格拉蒂安尼教令》(*Decretum Gratiani*)中精选语录的复述,特别规定了法律和立法的性质以及教会与世俗当局之间的关系。

《日德兰半岛法》序言的第一句是"土地必须依据法律来确定"(Land must be settled through the law),这是一句不单单为丹麦法律工作者所熟知的习语。法庭上的铭文中也可以看到它,同时它也经常被引用为法律格言。序言中另一句流行的话是,"法律应诚实、公正、可接受,符合国家的习俗,适当、有用和明确,以便所有人都能理解法律的规定"。这种简洁性的典范,即便是作为可追溯到教父时代的古老的欧洲法律遗产,在当今,也依然经常被引作一个展现真正北欧法律精神的例证,与现代法律的复杂性形成鲜明的对比。

《日德兰半岛法》承认教会婚姻法的效力,该法与其他所谓的精神领域的问题一样,归属于教会的管辖范围。还有一条比较特殊的法律规定:同居三年的男女应被视为已婚夫妇,这一规则可能是对教会要求将自由关系合法化的让步。但也有很多领域,教会法的观念不被法律所接受。如在承认与亲属继承权相违背的遗愿问题上,就不被当时的法律所承认。然而,教会也成功地确立了一条规则:即出于虔诚的目的,一个人有权在临终前处置其所有的部分财产,因此遗嘱可被视为法律的一部分。

地方法的一个特点是对和解和罚款制度的规定,这意味着即使是重大过失引起的冲突也可以通过支付罚款来解决。而在杀人案中,罚款也同样是常见的,被杀者的亲属可以选择复仇,但不一定可以获得经济赔偿。在因谋杀而支付罚款后,亲属的责任仍在,教会试图在这一领域引入有罪原则,但徒劳无功。相反其倡导的有罪原则在其他领域获得了立足点。如在区分故意违法和非故意违法的问题上。只有在故意违法的情况下,国王才被赋予收取罚款的权利。

地方法律程序的特点之一是对形式证据的要求,教会反对最普通的证据,即由宣誓助讼人宣誓的证据。在这种类型的证据下,一个人可以免于任何指控,只要一定数量的人愿意发誓(并不一定要求了解该案件,也可能是对被告的了解),被告的话就是可信的。

古代丹麦法包含火审这种神明裁判,直到1215年第四次拉特朗大公会议后,火审在欧洲其他地区才陆续被废除,并开始禁止教会人士协助审判。代替神灵审判的是陪审团审判,由陪审团对是否有罪发表意见,但直到16世纪,旧的证据类型才被证人和文件证明的方法所取代,或至少是被证人和书证所推翻。

我们不太了解丹麦法在1200年之前尚未被成文化的样子。这一时期,强大的王权与教会合作,在许多方面都对社会进行了改革。1200年前后的文化扩张,不仅使当时的法律得以保存下来,还在全国范围内兴建了一千多座教堂。由于新的王位继承人权力较弱,一种宪制习惯逐渐发展起来,即国王必须不定时与贵族协商。1282年,国王发布了一份文件,该文件在许多方面都让人想起1215年的英国大宪章,因为国王的权威被削弱了,不得不每年召开一次国民大会,就王国的状况进行讨论。后来,由一个国家的大地主组成、范围更小的贵族圈子,对国王任命的政府施加了决定性的影响,履行了王国咨议会(the Council of the Realm)的职责,他们在咨议会中与国王分享立法和司法权。由于君主是选举产生的,其与臣民之间的权力关系由国王在登基前签署一份加冕宪法大纲来确立,咨议会的存在则确保了其对政府的影响力。

三、近代早期的丹麦罗马法

丹麦是一个小国,尽管17世纪与瑞典、19世纪与普鲁士的战争,大大缩小了丹麦的面积,危及整个国家的生存,但丹麦还是奇迹般地存活了下来。作为丹麦的"记忆之地"(*lieux de memorie*),中世纪以来以丹麦语制定的法律在丹麦意识形态中起着重要作用。人们普遍认为,与被视为更不民主的罗马法不同,丹麦法律具有民主特征。丹麦法律史既肯定也质疑这种简化的法律概念。

显而易见的是丹麦和其他北欧国家没有集体采用罗马法,这一事实成为解释北欧法特征的重要原因。罗马法从未被看作前面所提到的地理边界以北地区的共同法。虽然罗马法,尤其是教会法都为人们所熟知,且对中世纪新法律概念的形成产生了相当大的影响。但罗马法并没有得到采纳。

罗马法仍然被视为外国法。然而至少从16世纪开始,北欧国家,尤其是丹麦,就如何界定罗马法的影响展开了争论——为什么是罗马法——以及为什么谈及丹麦国内法与罗马法之间的关系,总是始于这样一个观点:罗马法是外来法,一定程度上会危及地方法的自然进程?

丹麦法是不同于罗马法的本民族法,同时也是以罗马法为基础的法律体系,这种观点在讨论丹麦民族身份问题上,具有里程碑意义。

在中世纪和近代的丹麦,罗马法并非不为人知。关于中世纪北欧法的学术论著中,也有一些例子。例如,15世纪的一篇对《日德兰半岛法》的注释,就强调了丹麦地方法与罗马法之间的一致性和差异性。

哥本哈根大学自1479年成立以来,就一直教授罗马法。1536年左右,北欧国家进行了路德教改革。大学在路德教改革后仍继续研究罗马法。但它需要被合法化,因为此时罗马法并没有作为共同法生效。到1539年,哥本哈根大学章程中则明确指出,教授罗马法是因为它即使不具有普遍约束力,但符合自然法的原则,可以作为自然法的来源,虽然本地法律也以某种方式符合自然法原则。

这种思维方式受到了维滕贝格改革家菲利普·梅兰希顿(Philip Melanchton)的影响,他在1525年的一次关于法律的演讲中提到了研究罗马法的人,他说,即使罗马法不是本土的法律。但通过对罗马法的研究,他们了解了法律和正义的精神,以此便可以对本土法律进行判断,即便本土法律符合自然法的方式与罗马法有所不同。

1536年的路德教改革,虽然只是一场宗教运动,但对丹麦社会产生了巨大影响,致使丹麦在法律的各个领域都进行了重要改革,尽管当时的神学领域和法律领域有许多共同之处。

宗教改革意味着丹麦和天主教会之间的彻底决裂,建立了一个以德国改革家马丁·路德(Martin Luther)教义为基础的国家教会,这一教义至今仍是丹麦官方宗教的基础。15世纪20年代末,宗教改革运动从德国传到丹麦。内战结束后,丹麦于1536年正式宣布宗教改革。国王克里斯蒂安三世是背后的主导力量,他还引入了邦国(*Fürstenstaat*)的概念。议会由代表丹麦小贵族的富有地主主导,国王和议会共享主权。

宗教改革强化了国王神圣职责的理念和国家在控制犯罪上的责任。《十诫》和《圣经》,特别是《旧约》中关于犯罪的一些条款,如对触犯神权的惩罚被认为是刑法的应有之意,尤其是谋杀和性犯罪。因此,在1536年宗教改革之后的几年里,摩西律法在丹麦非常重要。

在新教神学中,婚姻不是圣礼,而是马丁·路德所说的"一件世俗的事情"(*weltlich Ding*)。在起草1582年婚姻法时,丹麦参考了很多书籍和法律,如路德教会的著名神学家尼尔斯·海明森(Niels Hemmingsen)于1572年出版的关于婚姻、解散和离婚(*Libellus de coniugio, repudio et divortio*)的书、德国和瑞士的现代教会法以及1561年的日内瓦法令。丹麦第一部的世俗婚姻法,被称为婚姻条例,于1582年颁布,以回应新教徒提出的很多婚姻问题。

16 世纪、17 世纪的丹麦法也包括中世纪地方法和后来特定主题的立法。然而,由于立法在法律的发展中只扮演了很小的角色。法院得以在制定法律方面发挥重要作用。

如果我们看看最高法院在法律制定中的角色,特别是在 17 世纪,我们会注意到丹麦和瑞典在受罗马法影响方面的差异。

在丹麦,最高司法权掌握在国王的御前会议的手中。法官是最高等贵族的成员,通常是受过良好教育的人,但并不是像在大学里学习过那样,掌握精确科学的法律知识。

我们可以从他们保留下来的判决中看出,他们是根据本地法律——特别是日德兰半岛法——进行审判的,同时他们普遍反对引入外国法律概念。1572 年,他们拒绝承认一份遗嘱的有效性,该遗嘱引入长子继承权,损害了其他继承人的利益。他们还拒绝承认"以手护手"的原则,即赋予买方保留其购买之物的所有权,不要求买方承担举证责任的旧原则。然而,在一些债务案件中,也存在适用罗马法规则的情形,如规定 25 岁成年、保释情形下共同保证人按照自己担保的比例对债务进行清偿。一般来说,贵族都是较保守的法官。很少有博学的贵族能够全面掌握精深的法律。

在瑞典,情况则有所不同。最高法院虽然也掌握在贵族手中,但与丹麦的情况相反,罗马法在 17 世纪被认为是一个重要的权威来源,特别是在 17 世纪初成立的新高等法院里。在没有瑞典法律规则可适用的时候,法院有义务适用罗马法。但是法院只能在没有瑞典法可适用时,引用罗马法规则来补充,而不会超出这个范围。

四、1665 年《丹麦皇家法》和 1683 年《丹麦法典》

1660 年丹麦引入专制主义,从欧洲角度上看,专制统治在 1665 年颁布的《丹麦皇家法》(*Lex Regia*)中得到了独特而具体的宪法确认。《丹麦皇家法》作为丹麦专制主义宪法是独一无二的,它的基本法,就当时人们对宪法的理解而言,被奉为典范。新宪法由佩德·舒马赫(Peter Schumacher)修订,他在国外学习后回国,对欧洲的宪法思想有深入广泛的了解,并将其应用于早期专制主义法律。

主权、继承和国王的权利——主权权利,是《丹麦皇家法》的核心。关于国王权利章节(第3~6条)的范本是亨宁·阿尼绍斯(Henning Arnisaeus)的《君主法理》(*De jure majestatis*,1610),这本书将让·博丹(Jean Bodins)的哲学引入德国。《丹麦皇家法》属于国家机密,这部法律在完成后并没有立即公布。它的部分内容被收录到丹麦法第一卷的第一部分,强调国王的权力。继承法是一个至关重要的领域,直到1709年完整的法律出版后才被公布。

立法权在主权权利的第3条中被强调,成为新治理形式的核心。由于第4条规定了立法权是任命官员的权利,因此立法权也是国王的一项重要权利。此外,第6条与国家对教会职责的考虑是一致的,根据胡果·格劳秀斯(Hugo Grotius)等的观点,国王可以决定教会的内外部事务。但国王不能改变教会的基本教义,路德教的信仰仍然建立在1530年奥格斯堡教义的基础上。

《丹麦皇家法》实施了近两百年,直到1848~1849年制定了新宪法,专制统治才被废除。到17世纪末和18世纪初,北欧国家颁布了新的法典。然而,这些法典在很大程度上是基于中世纪立法和后来的皇家法令。丹麦于1683年颁布了《丹麦法典》,四年后又在《丹麦法典》的基础上颁布了《挪威法典》。

1683年《丹麦法典》和与宪法对应的1665年《丹麦皇家法》都被部分地纳入了该法典,它们都被视为这段历史时期普遍存在的主权、国家利益(*raison d'Etat*)、主权权利(*jura majestatis*)、立法权的典型例子。

《丹麦法典》是政治变革和统一国家法律的产物。这不是一部改革法。在欧洲其他地区有德语、拉丁语和英文译本。《丹麦法典》的一位特别朋友,杰里米·边沁(Jeremy Bentham)可能读过它的拉丁语版本,大约一百年后,在他的论文《完整法典的一般观点》(*A General View of A Complete Code of Laws*)中,对丹麦法典作了如下评价:"立法者所认为完整的法典中,没有一部是完整的。1683年丹麦法典是丹麦最古老的法典;瑞典法典是1734年;弗雷德里克法典(Frédéric)是1751年;撒丁岛则是 1770 年。”

《丹麦法典》的序言明确指出它是完整的。但是,它没有任何税收方面的内容,没有关于职业的规定、关于王位继承的内容,除了司法人员,也没有任何关于下级官员权力的内容;同时也没有国际法相关的内容;无论是合同还是货物处理,或是不同的程序阶段,都没有规定。然而,这是“所有法典中相对最完整的”。

如果边沁更熟悉罗马法,而不仅是对法典编纂更感兴趣,他就会注意到罗马法在《丹麦法典》中并没有发挥重要作用。但确有一些以罗马法为基础的条款,特别是在冒犯君主罪(*crimen laesae majestatis*)的章节中,或在私法条款中,例如,引入违背善意习俗的合同无效的规定。

同时这部法典存在一定的模糊性,因为它的规则通常是通过举例方式来制定的,而不是法律所依据的抽象原则。虽然也规定了一些通用的法律原则。例如,《丹麦法典》第 5 - 1 - 1 条规定,在订立合同时,每个人都有义务履行其承诺和协议,无论是以口头、书面还是盖章的形式。体现法典不完整的一个例子是,尽管该法典规定了合同的效力问题,但是没有规定欺诈情形下的合同效力。因为在某些情境下,《丹麦法典》维持了地方法律的客观体系,所以未能提供关于损害赔偿的一般原则,而在另一些情境下,则强调侵权人的主观情况。大约在 18 世纪中叶,丹麦法律确立了所谓的“过失原则”作为管理侵权损害赔偿的基本原则,应用于司法实践。同几部德国刑法典一样,《丹麦法典》的刑法制度也是在《十诫》的基础上系统地建立起来的,因而在制定刑法规则上,摩西法的影响是十分明显的。在宗教改革后的几年里,受摩西法影响的丹麦刑法变得更加严厉,特别是在性犯罪和维持死刑方面,如谋杀案件中“一命换一命”。尽管威慑看起来是起草刑法条款时的主要原则,该法典始终没有形成一个总体的刑法原则。但应当承认的是,与许多当代法典中的严厉的刑法条款相比,《丹麦法典》的刑法是相对温和的。

从法典编纂技术的角度看,《丹麦法典》不足的原因可以通过下列事实来解释:在 17 世纪,丹麦的法律理论只发挥了很小的作用。《丹麦法典》的主要作者拉斯姆斯·文丁(Rasmus Vinding)、同时也是历史学家、文字学家和最高法院法官,都没有受过法律理论的教育。

瑞典于1734年颁布了一部法典,该法典也是力求完整,涵盖私法、诉讼法和刑法。其中涉及商法的部分受到了罗马法的重大影响。善意、公正和义务人(*vigilans*)等概念被采纳,同时这些概念也是义务法的重要组成部分。此外,1734年的《瑞典法典》也是芬兰的法律。

罗马法对北欧法的影响并不总是通过罗马法典的方式。很大程度上是通过德国权威教科书中有关"潘德克顿现代运用"(*Usus modernus pandectarum*)的研究,使很多法律概念得到采用。其中有两位重要研究者:18世纪的海涅修斯(Heineccius)和更早的司徒卢威(Struve)。一种间接的但更有影响力的吸收罗马法的方式可能是对自然法研究。1700年以来,胡果·格劳秀斯的著作被广泛阅读,成为哥本哈根大学研究自然法的基础。另一位伟大的自然法权威,德国的塞缪尔·普芬道夫(Samuel Pufendorf)在17世纪60年代被邀请到瑞典新成立的隆德大学担任教授。1659年,他被囚禁在丹麦期间,开始撰写《法学概要》(*Elementa Juris Naturae*)(他是瑞典大使的秘书,在丹麦遭到瑞典袭击时被囚禁),1672年,他的主要著作8卷本的《自然法与万国法》(*De jure naturae et gentium libri*)在隆德出版。

五、19世纪安德斯·桑德·奥斯特和外国法的影响

多年来,对中世纪法的学术研究一直是北欧国家,特别是丹麦法律史学者的兴趣所在。其中丹麦法律史学的研究中有一种直言不讳的倾向,即将本民族法与外国法进行对比。

18世纪末,丹麦法律史研究刚开始,如上所述,其目的是强调法律的民族性。这种观点可以从1736年哥本哈根一位法学教授所写的《法律研究导论》中看出。也是在1736年,哥本哈根大学开设了法律学位教育,作为丹麦法官和律师职业教育的第一步。其中罗马法是研究主题之一,但排在自然法和丹麦法之后,被认为是第三重要的学科。正如《法律研究导论》导言部分作者所谈到的那样,"从罗马法中借来的几句

俏皮话和假故事,在我们北方自古以来的简单习俗中,是没有的……”,18 世纪下半叶,丹麦法律史研究的创始人佩德·科福德·安彻也强调了这一点,“丹麦法律是我们自己土地上的果实,没有混合外国因素……”

19 世纪初,被认为是丹麦法学之父——安德斯·桑德·奥斯特(Anders Sandøe Ørsted)对外国法提出了一种新的观点。他认为,否认罗马法对丹麦法学方法和丹麦一般法的影响是“一种夸张的爱国主义”。奥斯特是德国著名法学家萨维尼(Savigny)的同代人。他出生于 1778 年,比萨维尼早一年,于 1860 年去世。奥斯特不仅是法学家,也是高级政府官员和政治家,对丹麦立法产生了巨大影响。同时他也受到很多同龄德国法律精英的影响,包括萨维尼、费尔巴哈(Feuerbach)和其他几位德国法律学者。他还仔细研究了新的欧洲法典、1794 年《普鲁士法典》、1804 年《法国民法典》和 1811 年《奥地利法典》,并直截了当地建议根据外国法对丹麦法进行修正,但他也坚持认为,只有符合丹麦法一般原则的外国法律规则才能引入。

其中一个例子是,引入 1811 年《奥地利法典》中的继承顺序制度——“亲权制度”。此外还引用了当时罗马法中并不为人们所熟知的不当得利(*condictio indebiti*)和无因管理(*negotiorum gestio*)的概念,为丹麦法中的“过错原则”提供了理论基础,即过错是侵权损害赔偿的基础。

奥斯特使外国法在丹麦法学中有了新的地位。要理解奥斯特对外国法的看法,最好的指引是他 1822 年有关私法的主要著作。在这些著作中,奥斯特强调在处理丹麦法迄今未解决的法律问题时,外国法作为灵感来源的重要性。

奥斯特还提到,在国内法没有明确规定时,外国法可以作为解决法律问题的权威依据。他举了很多例子来阐述这一观点,包括逮捕外国人后的审判地问题、未成年人在国外订立合同时的规则适用问题以及海事和商业规则——在这些法律问题上,国际立法都需要一些共同的规则。

关于外国法的更一般的看法,奥斯特强调说:

> 最重要的是,当人们发现法律的自然含义已经根据内在理性,在其他地方的法律中得以呈现时,这种自然理性就得到了印证。我应该说,坚持认为立法者要在其立法中涵盖全部理念,是非常武断的。考虑到其他见多识广的立法者也是如此。

对这种程序的证明,可以引用1804年《法国民法典》的第2180条:即使已登记的抵押贷款也是有时效的作为例证。还有例子是来自外国法的一些条款:不允许未成年人拿自己的收入作为支付的款项。以及1734年瑞典颁布的一项法律,明确规定未成年人除遗产不能处分外,有权处分自己的其他收入。

奥斯特在19世纪丹麦法学中的地位是不可挑战的。他几乎在所有领域都为丹麦法贡献了新的理论依据,丹麦在此基础上构建了未来的法律。

六、19世纪与北欧法律领域的合作

奥斯特时代以来,法律人至少承认了外国法,特别是罗马法对丹麦法发展的重要性。19世纪,德国的"潘德克顿法学运动"在丹麦的影响力很大。很多丹麦法学家前往德国学习,广泛阅读和引用萨维尼、费尔巴哈以及后来的温德沙伊德(Windscheid)和耶林(Jhering)等的著作。

19世纪的丹麦法学方法的发展,即丹麦法律的"科学化"(*Verwissenschaftlichung*)运动,是外国法影响的结果。这种影响产生的时间之晚,可以解释为什么罗马法对丹麦法和其他北欧国家法律影响力有限的问题。与英国情况完全不同。在英国,一个律师群体和一个发达的法律体系可以将罗马法拒之门外,即我们不希望英国法被改变(*Nolumus Leges Angliae mutare*)。但在北欧国家,直到18世纪、19世纪,才有足够多法律人来研究罗马法。但当时丹麦的法律体系已足够发达,足以抵御罗马法的影响。尽管如此,以罗马法为基础的德国法学还是对丹麦法产生了巨大影响,使丹麦法具有明显欧洲大陆的色彩。

17 世纪丹麦法和挪威法的统一以及 1734 年《瑞典法典》中体现的瑞典法和芬兰法的共同基础,导致北欧法被划分为西方集团,其中一组是丹麦、挪威,后来还包括冰岛,另一组则是瑞典和芬兰。1814 年挪威与瑞典合并,但主权的转变并没有使挪威采纳瑞典法。此外,前文也提到过 1809 年芬兰在并入俄国后仍遵守自己的法律。

由于 19 世纪 70 年代以来,北欧各国在立法领域中的合作,使北欧没有继续在一个大家庭中保有两个明显不同的法律体系。这种合作的基础是,各国对法律的共同看法,并相信随着国际贸易和商业的发展,需要通过共同努力对法律进行必要改革。自那时起,合作一直在继续,并实现了私法中重要领域的共同立法,刑法和程序法领域也达成了共同立法,只是相较于私法的一致性,刑法和程序法领域的差异更加明显。北欧法的另一个显著特点是,所有试图用现代法典来取代旧法典的尝试都失败了。在法典颁布后不久,便逐渐开始去法典化。19 世纪 30 年代,丹麦曾讨论过是否应该颁布新的法典。这种想法后来被否决,主要原因是冯·萨维尼在他 1814 年出版的关于立法和法律科学的小册子中的一些论点。即认为在编纂私法法典之前,需要用法学科学来发展法律。这种对法典编纂可能性的悲观看法在 19 世纪的丹麦很是盛行。

在挪威,1814 年的新宪法中同样有一条要求颁布新的私法和刑法法典。然而,这一工作一直没完成。1899 年,丹麦法学教授朱利叶斯·拉森(Julius Lassen)重新制定了一个立法目标:《北欧法典》(Nordic Code),这一想法显然受到了 1896 年《德国民法典》(German Civil Code)的启发。但这一想法也一直未实现。取而代之的是,北欧国家间采取了后续的合作立法来弥补法律中的重要空白。

七、法规、法院实践和法律科学

20 世纪初以来,法律理论和法院实践之间的紧密联系——特别是奥斯特著作的巨大影响——被视为丹麦法的一个重要特征。丹麦法律人对待法律,通常非常实用和务实,不太拘谨或教条。后来的主导丹麦法律理论是法哲学家阿尔夫·罗斯(Alf Ross,1899－1979)的理论。

议会立法是丹麦法最重要的来源。虽然丹麦法(尤其是私法)一直未被法典化,但议会法规仍占据主要地位,法律的发展主要集中在少数几个领域,如侵权行为法和义务法,并由法院制定标准。

法院在法律形成中发挥重要作用。判例虽然不像在盎格鲁—撒克逊法律中那样重要。但从19世纪初以来,人们也已经认识到,判例即便不具有约束力,也应被优先考虑。

最高法院偏离既定先例的情况并不少见,但这种判决通常会被视为重大改变。

法院解释议会立法时的一个独具特色的特征是十分重视准备性的工作、如筹备某项法律的专家委员会的报告,特别是议会在起草和辩论该项法律期间所说、所写的内容。可以说,准备性的工作内容是法律最重要的来源,往往与议会立法本身同等重要。议会在立法中的重要影响,其他北欧国家都在不同程度上有这一特点。

除了议会立法和判例,还有类推、习惯和法学理论等其他法律渊源。执业律师可以在法庭上引用权威书籍,在公开发表的意见中也可以引用经法庭审议的法学著作。法学理论往往会影响法院做出的某项特定判决,因此也被视为丹麦法的一个渊源。

法治国家和福利国家等概念在丹麦法的形成中发挥了重要作用。1660年引入的专制主义在1848年被废除,一年后1849年又颁布了新宪法。这部1849年宪法是1953年颁布的现行丹麦宪法的基础。现行宪法的结构和若干条款都可以追溯到1849年《宪法》。

根据1953年宪法,丹麦法院可以审查行政决定的合法性。在瑞典和芬兰,由独立的行政法院履行这一职能,而在丹麦,这一职能由普通法院履行。普通法院原则上也可以审查议会通过的法律的合宪性。

然而,法院在使用“司法审查”权时,非常谨慎,直到1999年才有一项法令被认为是违宪的。

大概可以这样说,丹麦法院没有——也不认为自己有很大的权力,它们非常不愿意做出任何可被定性为政治性的决定。有些人认为,司法机构的这种弱势地位源于专制主义,因为在那时司法权只是王权的一个分支,本身没有太鲜明的特征。

宪法规定了权力分立的原则,但实践中,议会在行政权和司法权的关系上具有主导性。同时,在法院与行政部门的关系上,法院也不太愿意推翻行政命令。迄今为止,丹麦最高法院仅在 1999 年的一个案件中裁定过丹麦法令违宪。

立法权、行政权、司法权之间的关系的另一个更具政治性而非法律性的特点是立法机关对行政机关的高度依赖。在由议会通过的法案中,行政部门起关键性作用,议会则很少主动提议草案。大多数法案在提交议会前都已经制定得很好,议员们所做的补充和修正很少。同时,法规通常非常宽泛,只陈述一般原则,让行政部门负责制定法规细节。

社会"福利国家"的一般模式通常是瑞典。"瑞典模式"是一个拥有严密社会体系、高度规范的社会模型。这一模式的特征包括:共识性、高度组织性、上级常常采用协商而非命令的方式、庞大的公共机构、拥有大量组织、法律机构、协会等。这也意味着,多数国家在税收问题上或多或少存在这样一个共识,认为这是朝实现共产主义最终梦想迈出的一大步。然而,值得怀疑的是,丹麦的"福利国家"是否比北欧其他国家要发达的多。还有其他一些原因可以解释税收水平。

社会保障制度的建立始于 19 世纪 90 年代。然而,丹麦的"福利国家"模式基本上是自 20 世纪 30 年代以来社会民主政府有意识制定政策的产物,尽管保守派和自由派已经达成了高度的政治共识,并使社会保障体系的建设在自由派执政时期未被中断。但近年来,与其他欧洲国家一样,丹麦发达社会保障体系的高成本问题一直存在争议,"私有化"也一直是丹麦的问题。

国际化这个词在现代丹麦法及其思想中正扮演着重要角色,许多丹麦法律人去国外深造或执业。欧洲共同体的法律和国际公约改变着丹麦法的传统领域。丹麦法律遗产也受到大陆法系理论的强烈影响。尽管如此,北欧国家大都有自己的发展道路。法学发展仍呈现丹麦化的特征,本国法律人大多也只学习过丹麦法的知识。

北欧陪审制的起源*

[英]威廉·福斯赛**/著　陈怡玮***/译　李秀清****/校

[摘要]北欧的陪审制起源于远古时期斯堪的纳维亚的司法机构。其整体特征是,由不定期从民众之中选出的12名个人组成,这12人在宣誓后决定争议的问题,并根据多数人的意见决定判决或裁决的结果。在当时的挪威、丹麦、瑞典和冰岛都存在着类似的机构和人员,他们承担着法院和法官的职责,依照法律规定对负责案件进行事实和法律上的审理。然而,斯堪的纳维亚的远古司法机构与19世纪英国的陪审制之间存在着本质区别,目前尚无法证明英国的陪审制起源于此。

[关键词]关键词:北欧;陪审制度;斯堪的纳维亚;司法机构

一位丹麦法学家,哥本哈根的雷普(Repp)教授,在几年前发表了一篇关于斯堪的纳维亚司法机构的非常博学的论文。[①] 在丹麦,它理应获得比现在更大的名声,因为它在司法文献方面实现了飞跃。在它出现之前,人们对古老的斯堪的纳维亚法院持有最原始和最不完美的观点,布莱克·斯通(Black Stone)和其他作家满足于从萨克森·格劳马图斯

---

* 本文译自威廉·福斯赛著作《陪审团的历史》一书的第二章,原标题"The Ancient Tribunals of Scandinavia",中文标题为译者所拟。William Forsyth, *History of Trial by Jury*, Cambridge University Press, 1852.

** 威廉·福斯赛(William Forsyth, 1812年-1899年),苏格兰律师、政客,毕业于剑桥大学三一学院。1857年成为英国皇家大律师,曾任剑桥议员(1865年-1866年)、印度事务大臣常务顾问(1859年-1874年)、英国皇室财务主管(1872年)等要职。

*** 陈怡玮,华东政法大学法律学院博士研究生。

**** 李秀清,华东政法大学法律学院教授,博士生导师。

① 《关于陪审团审判、誓证裁判和其他以前在斯堪的纳维亚和冰岛使用的协调法院机构的历史论述》(1832)。这部作品现在非常稀缺,我(指作者——译者注)好不容易才得到了一份副本。

(Saxo Grawmaticus)、斯特根霍克(Stjernhook)和勒斯·萨科努因(Leges Saoconuin)那里获得的有限信息,后者的一个拉丁文副本于16世纪中期在富尔达图书馆(library of Fulda)被发现。然而,雷普已经尽职而准确地调查了这个主题。他研究了大约40部古代法典的原文,使人们对这个迄今为止法院史上最"黑暗"的地区之一有了更为清晰的了解。即使是现在,对英国律师来说,这也可以说是一个不为人知的领域;同时,北欧人的原始法院和我们今天的法院之间的相似之处很可能会引起人们的好奇,即使他们尚未得到细致而有区分度的调查。事实上,雷普对这一点印象深刻,以至于他在整个作品中毫不犹豫地将他们通常的审判方式说成是陪审团审判。在提到挪威法院时,他说,这种类比是如此强烈,以至于排除了对两国关于"陪审团"法律的共同起源的一切怀疑。然而,笔者冒昧地认为,他在这一点上是错误的,他的错误是由两方面的原因造成的——首先,他没有充分区分法官的职能和现代意义上的陪审员的职能。其次,他不知道或者忘记了英国的陪审员最初只不过是证人。在本文中,当我们分别讨论斯堪的纳维亚的不同法院时,笔者将有机会更充分地指出这一点。

但在此可以笼统地说,整个该地区的法院的特征是,它们由12名不定期从民众之中选出的个人组成,这12人在宣誓后决定争议的问题,判决或裁决的结果则由多数人的意见决定。

关于这种审判方式,雷普说道,它的古老性现在无法确定。我们发现它出现在北欧史的最早期,即使是在那样早的阶段,它也算是一种古老的制度。陪审团的存在(在这个意义上)是毋庸置疑的,它最早可以追溯到一千年前。在这之前,北欧的历史被包裹在辛梅里安人的黑暗中,我们不能期待能够找到有关陪审团的真实记录,因为其他所有的记录都散佚了。然而,在10世纪初之前,这种法院在斯堪的纳维亚半岛的使用并不像之后那么频繁。在早期,它经常被决斗裁判取代——这被认为是解决争端最体面的方式。随着基督教的传入,决斗法开始衰落,它又被发誓和神明裁判取代。据说最初的神明裁判是由波普主教(Poppo)在950年创建的,他将一只手插入一个烧红的铁手套中,并毫发无伤地抽出来,以此向日德兰人证明他所宣扬的宗教是神圣的。人们看到这一幕,成群结队地冲向洗礼池,在这之后,他们以这种裁判方式作为向上帝申诉的一种手段,以此确定有争议的权利。

然而,最古老的法典并不认可除了宣誓法官的审判之外的其他任何审判方式。甚至在10世纪的法典中,也没有提到过决斗裁判,同时,只有很少的法典提到了神明裁判。但它们对陪审制度的各种形式却有大量的说明,其中包含了对其形式、运行和突发状况的细致而详尽的规定,并在几乎每一页都规定了它的运用方式。①

然而,老撒克逊人的陪审员仅是证明被告无罪的辅助誓言人。这是他们唯一使用的审判方式。如果一个人被指控犯罪,他要么支付法定的罚款,要么通过本人和一定数量的朋友的宣誓来证明自己的清白,这取决于罪行的性质。② 但没有提到任何宣誓陪审团的法院或者具有司法职能的其他机构。考虑到入侵和占领不列颠的人也来自他们当中,而他们同属于盎格鲁撒克逊人,那么这个事实就变得很重要了。我们从他们那里追溯了许多作为自由人所最珍视的权利与习俗。

一、挪威的拉格雷托曼(Laugrettomen)

在挪威,情况则不同。在最古老的时期,由宣誓过的陪审员组成的一个机构来裁决案件和审判罪行。在马格努斯国王(King Magnus)于1274年公布的《古拉庭法典》(或法律)(Law of Gulathing)中,对该法院的构成有完整的描述。但它并非对法院的创建,而仅是对一个早已存在的机构作出了些许改变。在挪威,有两种庄严的集会(Thing)或活动定期举行,一种在北方,称为佛罗斯达庭(Frosta-Thing),另一种在南方,

---

① See Throl Reep, *Historical Treatise on Trial by Jury, Wager of Law, and Other Co-ordinate Forensic Institutions Formerly in Use in Scandinavia and Iceland*, Saunders & Benning, 1832.

② 撒克逊人的法律中充满了如下规定:“如果被告坚决否认关于荣誉谋杀的指控,就让第三者宣誓。”《论伤害罪》(*De Vulneribus.*)

称为古拉庭(Gula-Thing)。后者在古雷岛集合,那里有一个神圣的地方,法院在露天举行。法律授权三位担任不同职务的王室成员从每个地区提名一定数量的代表(称为 Nefndarmen,或“指名者”)出席会议。在古拉庭中,有 139 名这样的代表。在大会开幕时,每个选举他们的官员都必须进行以下形式的宣誓:“我发誓,将我的手置于此神圣之书上,我向上帝保证,我为古拉庭提名了我认为最能干和最谨慎的人,我也没有因此而接受任何礼物或恩惠。”从代表中选出(但选出的方式不确定)36 人担任陪审员,他们在神圣的围墙内就座,这是一个用木棍和绳索标出的、被称为 Lazigretta 的空间。陪审员本身被称为 LaugrettoMen,①字面意思是“法律修正者”。这个名字乍一看似乎意味着他们要履行的是立法而不是司法职能,但事实并非如此。在那个纯朴的时代,成文法一般都规定了特定的案件,但实际上,不断有法典没有规定的其他案件发生。因此,对这些案件进行裁决就如同制定新的法律,陪审员的名字也由此而来。审判由勒格曼(*Lögmann*)或者执法者主持,在过去,担任这一职务的条件之一是他能背诵国家的法律,但在古代,他对案件的结果没有发言权,直到马格努斯国王在这方面进行了一次改革。以下是摘自他的法典的一些段落:

> 集会的持续时间由执法者选择。在这段时间内,基于陪审团的同意,由执法者来确认将要裁决的案件的必要性。他们的人数是 12 的三倍,他们的提名必须被严格监督,以便从每个地区选出一些合适的人。被选为陪审员的人在进入法院之前,应按照以下形式宣誓:
>
> “我在上帝面前发誓,在每个案件中,无论是面对原告还是被告,我都会根据法律以及自己的良知,在上帝的注视下做出最公正的投票,每当我被选为陪审员时,皆是如此。”
>
> 每个人在他第一次担任陪审员时,在进入法院之前都要

① 词源 *Laug*(法律)和 *retta*(修正)。

> 进行如上宣誓。但如果他之后又当选了陪审员,则无需再次宣誓。在太阳升起时,每位陪审员空腹进入法庭,并一直待到晌午。任何人都不能携带酒水进入法院,无论是为了买卖还是其他任何目的。如果处于神圣绳索之外的人在审判时制造噪音和干扰,使陪审员无法听取案由或者使那些获得执法人员和陪审员许可的人无法进行辩护,一旦被查明并定罪,这些人将需要缴纳一个矿银的罚款——如果他之前已经受过警告的话。
>
> 被选为陪审员的人应根据法律,对所有以合法方式和程序(向古拉庭)上诉的案件进行审判。但在所有法典没有规定的案件中,所有陪审员都同意的法律应被视为法律。但是,如果有人意见不一致,执法者就会和那些赞成自己意见的人一起劝说他们,除非国王根据最审慎之人的建议另行决定。

在这部法典颁布之前,勒格曼只是主持工作,并担任陪审员的法律顾问,虽然从所有的意图和目的上来说他都是法官,但是陪审员们不一定要征求他的意见,因为他们完全有权根据自己的法律观点来决定案件。然而,在这部法典中,他被赋予了最重要的司法权力,因为倘若陪审员之间出现任何意见分歧,他可以通过对该方的投票,使少数人的判断占上风。在一年中不开庭的季节里,他也被授权作为最高法官,单独审理和裁决案件。

现在,尽管雷普在其博学的著作中不断将这个法院的程序说成是"陪审团审判",并提请注意它与英国陪审团之间的相似性,但我们决不能让自己被这种表面上的相似性所欺骗。拉格雷托曼在各方面都是法官,而不仅是通常理解的陪审员。他们既裁决法律又裁决事实,并作出法律规定的判决。到目前为止,他们与英国的陪审团很相似,他们并不是担任任何永久性司法职务的一类人,而是不时地在民众中选出来,参加诉讼并主持正义。但是,正如我们应该看到的那样,这不过是发生在日耳曼人的拉钦堡人和伦巴第人的阿里曼人身上的事。他们是由民众组成的法官法院,但他们的职能显然不同于那些被召集的人,后者只是通过自己对案件的了解,或根据面前的证人的证据,为法院决定有争议的事实问题。

挪威国王马格努斯(king Magnus)似乎并不喜欢拉格雷托曼法院中的流行元素,他支持的审判方式是誓约审判,又称免罚宣誓审判——其含义将在下文解释。这使拉格雷托曼法院的使用不再频繁,尽管它在之后的许多时间里仍以一种改良过的形式存在,在丹麦国王克里斯蒂安五世的法典中发现了它的遗迹,该法典颁布于1683年。

二、瑞典的纳布德(Nämbd)

在瑞典,自古以来就有一个类似的法院。在该国家的古代法典中,它最常被称为纳布德(Nämbd,①又分为几种类型。目前我们发现的说法有国王的纳布德Konungz Nämbd)、国王陪审团、执法者陪审团、主教陪审团和百人陪审团。第一个法院是执法者法院的上诉法院,同时也是百人法院的上诉法院。每种类型的案件和罪行都在这些法院上审理,每当发生任何重要的案件,需要进行司法调查时,地方法官有责任召集一个特别法院或会议,并提名一位纳布德来审理。就像在挪威一样,只有在议会中才能建立法院。事实上,它具有从出席会议的代表中选出的委员会的性质,该会议是一个由纳布德处理所有司法事务的会议。在《兰德斯法》(*Landslagh*)中,国王的纳布德被说成是只有刑事管辖权,但根据雷普的说法,民事案件也要提交给它。法典中写道:

"现在,可能会发生违反国王或者国王制定的法律的犯罪行为。

---

① "怀特写道:Nembdæ被北冰洋人最为庄严地使用,他们之前的职责只是了解事实,审查事实,并阐明案件的状态,正如我们的法律所证明的那样。"参见Throl Reep, *Historical Treatise on Trial by Jury, Wager of Law, and Other Co-ordinate Forensic Institutions Formerly in Use in Scandinavia and Iceland*, Saunders & Benning, 1832, p. 8。转引自Christian von Nettelbladt, *Themis romano-svecica seu fasciculus primus disputationum juridicarum upsaliensium*, *Sumtibus Jacobi Loefleri*, Reg. Academiæ Bibliopolæ Gryphiswaldiæ, 1729, p. 30。Nämbd,有时写作Nämnd和Nämd。

因此,在每个执法者的管辖区内都需要有12人,他们的选择、提名和任命由国王和本国民众来决定。他们应在自己奉命维护正义的地区认真而勤奋地寻找和发现所有违反本法、扰乱或骚扰人民的人。他们必须进行以下宣誓。”随后法典载明了誓言的内容,即他们不会让任何无罪的人有罪,也不会让任何有罪的人无罪,凡是这12人或他们中的7人,被国王亲自定罪或者在国王的命令下在宗教法庭或兰德斯庭(*Landsthing*)被定罪的,根据罪行的性质,将其驱逐或处死,砍掉手或者头;没收的物品或钱财上交给国王或地方检察官。他们决定释放谁,就让谁被释放。对于这个陪审团(或法院)的裁决,不能上诉。

雷普说,不能从法律的文字中假设陪审员是一种官员,或和平专员,甚至是一种公诉人。从各种意义上来说他们都是陪审员,来自下级法院的所有原因的上诉都可以向他们提出。至于陪审员的提名方式,目前仍有一些疑问之处。法典《奥斯特哥达法》(*the Oestgotha-Lagh*)写道,该地区的治安官要指定一个陪审团,在指定时,争执双方都要出席,并认可被提名的人。它还写道:“陪审团中的人应当是诚实的人。① 不是案件的当事人,也不是他们的友人或亲属。”根据《韦斯特哥达法》(*West-gotha-Lagh*),国王要为自己指定一名纳布德。②

必须承认,在瑞典的纳布德和英国的陪审团之间,似乎有许多奇怪的相似点,尤其是,如果我们能够隐约相信笔者在一个注释中引自劳伦斯·怀特(Laurens Welt)写于1687年的那段话。他说,在早期,前者的任务只是知晓事实。当有犯罪行为发生时,该地区的治安法官要召集一个百人会议,用法律的话说,“纳布德应调查并确定该案件的真相。如果有证人,让他们出现在陪审团面前,并让每个人按规定宣誓,地区

---

① *Sanninda män*,字面意思是“讲真话的人”。这个词是冰岛语。

② 在《阿普兰法》(*Upland-lagh*)中出现了一项规定,即由12人提名法官:“当选择法官时,行政长官应起身从100个人中提名12人,这些人应提名2个人做法官。国王应赋予他们审判的权力。这些法官应在每个工作日出席会议。”

行政长官则应口述宣誓内容。"[①]"如果一个男人强奸了一个女人——被抓了现行——并且有12个人用证据证明了这一事实,那么地方官就会立即发出通告[②],召集一个集会,传唤这个家伙,并判决将他立即处死。"

然而,笔者仍然认为,纳布德承担了整个法院的职责,尽管怀特说他们只对事实进行裁决。而且在早期,整个司法权,包括法官和陪审团的权力都在其手中。这一观点得到了雷普本人的证实,但他一直把它说成是一个陪审团。他说:"在古代法院中,陪审团代表了一切,而法官只是次要的职能部门,随着君主制的逐步发展,原本属于陪审团的权威和权力,已转移到法官身上。"换句话说,法官最初只是一个由宣誓过的成员组成的法院的主席,行使充分的司法权力的是陪审团。后者不时地从民众中选出,他们的人数是12人。但他们仍然不是现代意义上的陪审员,完全不同于英国附近地区的贤者,后者被传唤的目的是在一些有争议的主张或犯罪问题上为法院提供证词。

在弗里斯兰,由一个名为"阿斯加"(asega)[③]的法官宣布判决或裁定(tuom)。但他经常有陪审员协助,当陪审员们出席时,他们似乎在判决中也有发言权。他们的人数是7人[④]或12人,因此经常被称为"12人"[⑤](tolef,zwolfe),或"12人中的7人"。有时他们也被称为"国王的证人(King's orkennen)",当我们谈到英国最早的陪审团时,一定不能忽

---

① Throl Reep, *Historical Treatise on Trial by Jury, Wager of Law, and Other Co-ordinate Forensic Institutions Formerly in Use in Scandinavia and Iceland*, Saunders & Benning,1832,p. 96.

② 字面意思是"切开信息的碎片"。参见 Throl Reep, *Historical Treatise on Trial by Jury, Wager of Law, and Other Co-ordinate Forensic Institutions Formerly in Use in Scandinavia and Iceland*, Saunders & Benning,1832,p. 105。

③ *Asega* 的字面意思是"法律""司法"。参见 Jacob Grimm, *Deutsche Rechts Alterthümer I*, Dieterich,1828,p. 781。

④ "七票,(决定)被告胜诉或败诉。" *Stjernhook*,59.[经译者核查,未找到相关著作信息,此处照录原文注释。——译者注]

⑤ 这个法院的古老北欧名称是 *tolfmanna-domr*,"十二人的裁决"。很难找到一个比这更具表现力的裁判术语。

视这一事实。他们必须执行阿斯加或总统的命令,并履行现代警长和警察的许多职责。

三、丹麦的厅姆纳德(Tingmænd)、纳乌宁格(Nævninger)和桑德门德(sandemænd)

在丹麦,誓证裁判(在那里被称为*Lov*①)和神明裁判都具有各自的优势地位。但与此同时,在法律的制定权落入正规法官手中之前,案件由被称为厅姆纳德、纳乌宁格或桑德门德的人所裁决,根据他们所出席的法院的性质差异而有不同的称呼。接下来让我们按照顺序简短地介绍他们。

首先是厅姆纳德②,这些人不一定是陪审员。根据瓦尔德马国王(king Waldemar)的法律规定,他们是组成集会的成员,其中7人构成法定人数。但他们最初并不对案件进行裁决,除非没有指定其他陪审员——他们的应尽职责是组成处理该地区公共事务的会议,因此他们更像是市政议会,而不是司法法院。然而,在之后的时期,根据埃里克国王(king Erik)的法律规定,他们被赋予了特殊的管辖权。

接下来是纳乌,或纳乌宁格③。这些人是丹麦的正式陪审员或宣誓法官,他们的名称源于纳乌,即"指名"。因此,这一称谓意味着,他们是被指名或被提名的人。他们存在于非常古老的时期,比任何现存的丹麦法典都要早。④ 他们的人数最初为12人,由该地区的居民选出。在

---

① *Lov*是丹麦语,字面意思是"法律"。

② *Ting*与斯堪的纳维亚其他语言中的*Thing*的意思相同,丹麦人不发h的音。*Mænd*是*mand*,即"人"的复数。因此,*Tingmænd*是在某议事会或法院出席或任职的人。

③ 比起*nævn*我们发现它更常用的拼写方式是*nefnd*,这是冰岛语的形式。

④ 萨克森·格劳马图斯(Saxo Grammaticus)的确说过,在750年至790年统治丹麦的拉格纳·洛德布拉克(Ragnar Lodbrók)建立了由12人组成的审判庭。他下令,无论何种类型的诉讼,控辩双方的意见都应由12位有资格的长老来判断,参见Saxo Grammaticus, *Historia Danica I*, edited by Hans Mattias Velschow & Peter Erasmus Müller, Sumtibus Librariæ Gyldendalianæ Havniæ, 1839, p. 447。但根据雷普的说法,安克(Ancher)教授在他的《丹麦法律史》(*Dansk Lovhistorie*)一书中已经充分证明,该机构的历史比前述时间要久远得多。

一些刑事案件中,检察官可以提名他们,在其他案件中,治安法官也可以提名他们。后者在没有地区居民提名的情况下,也拥有提名的权力。在日德兰,他们每年由居民任命,负责审理一年内的所有案件。在斯堪尼亚,最初的提名人数为 15 人,因为被告有权对其中 3 人提出质疑。在之后的时代,人数根据他们需要审判的罪行的性质而变化,但 12 人仍然是每个法院成立的基础。几乎所有关于他们的法律都提到了他们作为刑事法官的职能。雷普说,很明显,在丹麦,这种职务被认为是一种可憎的职务。在特定的案件中,他们被要求与其中一方有联系,因此被称为 *Kons-Ncevningerm* 或 *Kions-neffn*(亲属陪审员)。这种情况主要发生在需要决定家庭问题的案件中,比如,一个孩子是否活着出生,是否接受过洗礼,他的父亲或母亲是否健在。

在丹麦,案件由多数陪审员决定,但主教和该地区最贤能的 8 个人有权确认或拒绝他们的判决。一部古老的法典规定,当多数陪审员作出了一致的判决,而这一判决与大部分"该地区最贤能的人"的意见相左时,陪审员们将被没收财产。

在刑事案件中,似乎没有人可以强迫另一个人接受纳乌的审判,除非他带着证人来支持他的指控或者用一种叫作 asworen eth 的誓言来宣誓其真实性。在这个过程中,我们可以看到与我们的大陪审团制度的一丝相似之处,两者的原则是相同的,即除非有初步的犯罪证据,否则不应该对一个人进行审判。

桑德门德①是日德兰特有的。他们是宣誓过的法官,共有 8 人,由国王在国家的每个地区各提名 2 人。他们宣誓在行为发生地进行审判,当土地权有争议时,则在财产所在地进行审判。无论判决结果如何,他们都能从雇用他们的一方那里得到半马克银子的租马钱,他们的判决由多数人决定。但是,和 *nævn* 的情况相同,判决可以由主教和他的 8 位副手宣布无效。他们所做的宣誓大意是,除了他们所知道的最正确和最真实的事情(Sandeste),他们不会陈述任何事情,而且他们对

① 原型 *sand*,后演变为 *sande*。这个词被丹麦的律师们如实地翻译出来。

所有个人伤害和有关土地和教会财产的争端都有管辖权。

在此无须重复已经说过的关于挪威和瑞典陪审团的内容。丹麦的纳乌和桑德门德在原则上是完全相同的,即在特定的案件中,整个司法权都归属于他们。因此,他们是法院本身的代理人,被称为法官和陪审员同样合适。诚然,他们不是有学问的法官,也就是说,不是在法律研究方面受过训练的人,也不是由王室长期任命的人。但在古代的简朴时期,这是没有必要的,因为法律本身太简单明了,案件的性质也太明确,不需要通过见习来使一个人拥有担任法官的资格。但正因如此,从民众中挑选出来的人不时地被选来审理案件,决定法律和事实,这并没有使他们成为严格意义上的法官,即后来取代他们位置的有学识的司法人员。①

这种制度的一切痕迹在丹麦都早已消失殆尽。尽管该制度从未被正式废除,但除了哥本哈根的高级上诉法院,*nævn* 并没有被召集过。那里的法院业务是封闭进行的,由一名法官主持,由有学识的同事协助。除了当事人自己选择公开的内容,诉讼程序的任何部分在结束前都不会透露。在对公众开放的高等法院,由一位首席法官担任主持,陪审员则有12名。只有当事人的诉状是口头的,8名律师有发言的特权,但没有陪审团供他们致辞。

四、冰岛的十二奎德尔(Tólftar-Quidr)

冰岛古代被划分为39个省或郡,每个省或郡被称为戈多德

① 在著作中,雷普对沃格特(Vogt)在《谋杀案评论》(*Comment. de Homocidio*)一书中所发表的,将 Sandemænd 等同于法官的论述进行了批判。雷普说:"他(沃格特)无法想象一个没有法官的法庭的可能性。古代形式的陪审团审判——北方法院的原始性和简单性——对他来说是不可理喻的。"但是,"没有法官的法院"这种看法无疑是荒谬的。至于成员应被如何称呼,他们是否是有学问的律师,这些并不重要。从所有的意图和目的上来说,他们都是法官。参见 Throl Reep, *Historical Treatise on Trial by Jury, Wager of Law, and Other Co-ordinate Forensic Institutions Formerly in Use in Scandinavia and Iceland*, Saunders & Benning, 1832, p. 132。

(Godord),其中三个省或郡组成一个集会或司法区,该区的瓦尔庭(Varthing)或法院每年在此举行一次。① 这样的集会共有13个。每个郡都有一个被称为戈迪(Godi)的地方法官,这些地方法官中的三人为每个瓦尔庭提名12名法官,这12名法官负责审理一审案件。从这些法官那里可以向福约尔庭(Fiordungs-dom)提出上诉,这是一个大约于仲夏时节在阿尔庭(Althing)②召开的法庭,由冰岛每个地区的9名戈迪(Godar,Godi的复数形式)提名的36名法官组成。在此基础上,可以向第五法院(Fimtar-dom)提出上诉,之所以如此命名,是因为它是在阿尔庭建立的第五个法院。第五法院是终审法院,法官由戈迪提名,岛上每个区域有12名法官,所以名义上他们有48名。然而,法律规定,原告应拒绝其中的6名,被告应拒绝另外6名。因此,实际审理案件的人数减少到36名或者说12名的三倍,这被认为是一个双重的神圣数字。但除了这些常规法院,民事和刑事案件也由陪审员根据案件的性质以5人、9人或12人一组的形式进行审判。最后一种被称为Tolftar-quidr(12人的提名),在戈迪和他们的陪审员的纠纷中被大量使用。在这种情况下,戈迪提名11人,另一方提名第12人,但第12人必须是在该集会任职的另外两名戈迪中的一名。但是,这个法院并不总是这样组成。在其他案件中,11名陪审员总是由戈迪提名,而他本人是第12名。那些被认为是最有资格担任陪审员的人,他们是离审判案件发生地最近的周边居民。如果他们的意见不一致,多数人的判决就有约束力,并通过抽签决定谁应首先宣布他的意见。

现在,根据雷普的表述,这些不同的陪审员组织"被用于事实判断",这似乎意味着,就像英国陪审员的情况一样,他们的职责仅限于此。但这似乎不是他的本意,因为在他作品的另一部分,当谈到法律人权力的有限性时,他说:"他的判决仍然完全依赖于议事会的代表以及作为代表们的一个选择机构或委员会的陪审团。或者说,判决是他们的,而不是他的。

① 我们对冰岛法律的了解主要源于 *Grágás*,即《灰雁法典》。

② 即 *All-thing*,普通法院。

冰岛的情况就是如此。”如果是这样,那么冰岛的陪审员与挪威或丹麦的陪审员具有完全相同的职责,关于后者的说法也同样适用于他们。然而,事实是,在早期的时代,法律和事实的问题通常是如此简单,以至于没有必要将它们分开。对后者的裁决涉及某些明确而清晰的法律后果,而且这些后果对议会成员和自称是律师的人来说都很清楚。因此,陪审员在确定案件事实时,也决定所用来适用的法律,因此他们既是法官又是陪审团。

然而,冰岛的法律程序绝非简单。引述《尼亚尔史诗》(*Nials Saga*)①中的一两个案例可能很有趣,这可以表明在那些原始时代以及在当代,正义有时会被技术性的反对意见所击败。一位名叫阿斯格里姆(Asgrim)的知名律师在阿尔庭对乌尔夫·乌加松(Ulf Uggason)提起诉讼。“阿斯格里姆遇到了一件在他参与的所有诉讼中都很少发生的事,他因为误解了一个法律问题而败诉。他提名了5个陪审员,而不是9个。这一点被作为辩护理由。”在另一个案件中,奥德·奥菲格森(Odd Ofeigson)为他在阿尔庭的案件做好了准备,并从该地区召集了9名陪审员,但恰好其中一人死亡,奥德立即从该地区召集了另一人代替他。对此,两位律师斯提米尔(Styrmir)和索拉林(Thorarin)提出了反对意见,他们说:“我们都认为,奥德在本案的预审中搞错了一个法律问题,他传唤了一名本地区以外的陪审员来代替死者,而他本不该这样做,因此他的请求必须被驳回。”他们中的一个人于是走到法院上,说了如下的话:“这里有一些人准备在这个案件中为奥斯帕克(Ospak)(被告)辩护。(对奥德说:)你在预审中犯了一个错误,你的请求一定会被驳回。你必须作出一个选择,要么完全放弃此事,不再进行下去,要么我们提出我们的抗辩,因为我们比你更精通法律。”他们同时向他说明了错误所在,据《史诗》说,奥德大吃一惊,十分恼火,随即离开了法院。

奥德的父亲奥菲格(Ofeig)是一位不太专业的律师,他的发言如

① See Throl Reep, *Historical Treatise on Trial by Jury, Wager of Law, and Other Co-ordinate Forensic Institutions Formerly in Use in Scandinavia and Iceland*, Saunders & Benning, 1832, p. 167.

下:“奥斯帕克怎么会没有违反法律呢?难道没有足够的理由来谴责他吗?他难道不是先犯了盗窃罪,然后杀了瓦利(Vali)吗?”对此,法院回答说:“这一切都没有被否认,也没有假装这个案件的议题是基于正义或公平,但在该过程的初步阶段中存在非正式之处。”奥菲格回答说:“还有什么比这个人所犯的罪行更重要的非正式行为呢?你不是发过誓说你将在你的判决中坚持正义、真理和法律吗?但是,还有什么能比把一个罪大恶极的罪犯判决违法,并剥夺他的一切生活来源更公正和公平呢?至于誓言中要求你们依法审判的那部分内容,你们确实应该一方面注意程序法,另一方面又不能忽视公平和正义。这应该是你们宣誓时的坚定目的,即谴责那些应受惩罚的人,而不是让他们逍遥法外,承担沉重的责任。”

这就是斯堪的纳维亚的古代法院,而且笔者认为在调查过程中已经证明,它们与我们的陪审团有本质的区别。但是,除了已经提出的反对该理论的理由,下文的考虑似乎也颇有分量。如果北方的古老法院是陪审团的原型,那么我们怎么可能不在盎格鲁—撒克逊人的司法制度中发现其主要的特征?朱特人、盎格鲁人、撒克逊人和丹麦人在不同时期占领了英格兰,他们来自我们所说的那些制度盛行的国家,如果他们把这些制度移植到他们所居住的土地上,我们一定会在至今仍保有记录的盎格鲁—撒克逊时期的众多法律和习俗中发现它们。在这些法律和习俗中,纳布德的存在将会像在斯堪的纳维亚法典中一样明显地被标示出来。

在笔者看来,假设像挪威和瑞典那样的法院,有 12 名陪审员和主审法官,在诺曼征服前几个世纪由入侵的北方人引入英国,并成为该国的普通法院,直到亨利二世统治时期才留下任何记录或痕迹,这从理论上来说是不可能的。然而,如果假设为真,即陪审团是从斯堪的纳维亚半岛的法院复制过来的,那么这一定是事实。因为笔者希望证明,我们的陪审团审判形式是在那时首次建立的。而且,并不是说诺曼国王在建立大陪审团之前,就派出了像 10 人委员会那样的专员来收集北方的法律和习俗,如果这种审判方式源于那些国家,那么,它一定是在移民登陆我们海岸的时候获得立足之地的。在那个时期,移民们对这种刚刚成为国家的一部分的习俗还保留着最生动的记忆。如果这两种制度之间的同一性被认为是由它们的相似性所证明的话,那么让那些坚持这一理论的人解释一下,为什么我们越是研究撒克逊人和丹麦人移民到大不列颠之后的时期,就越能证明这种审判方式在当时并不存在。①

① 与我们自己的机构最接近的似乎是在俄罗斯早期就存在的刑事案件审判机构。在卡拉姆辛(M. Karamsins)所著《俄罗斯帝国史》的法文译本中有以下一段话:"俄罗斯最古老的法律规定,12名宣誓公民根据自己的良心,讨论对被告的指控,并留给法官决定判决的权利。"参见 M. Karamsins, *Histoire de l'empire de Russie. Tome Deuxieme*, trans. by M. M. St. -Thomas & Jauffret, De L'imprime, 1819, p. 79。

斯堪的纳维亚监察专员的全球传播

周皓伦*

[**摘要**]斯堪的纳维亚的监察专员制度在20世纪下半叶的全球传播,是对时代需求的呼应与改造。成长于瑞典的监察专员制度,因“二战”之后福利国家与不良行政的共同困境获得了“全球化”的契机,丹麦完成了监察专员制度的功能性转向,英联邦地区的实践瓦解了社会文化背景对监察专员制度移植的禁锢。但当监察专员被簇拥到历史舞台的中央,制度的泛化随之而来。分析监察专员制度如何在全球范围内被阐释、选择与移植,经由国际文化交流与互动,可以洞悉国际社会不同时刻共同的历史关切,还原其在同一名称下的不同面貌。

[**关键词**]监察专员;斯堪的纳维亚;法律移植

引　言

“法律移植”的能与不能是比较法学争议的核心议题。起源于斯堪的纳维亚半岛的监察专员制度(ombudsman)在20世纪下半叶掀起了一场世界性的移植运动,跨越了不同法律文明和社会语境,似乎是沃森等“法律移植乐观论”者的最佳例证。但在被选择、推介、传播的过程中,监察专员也不断发生着异变。《大英百科全书》为监察专员提供了一个定义,它指出监察专员是负责调查公民对官员投诉的立法专员。也有人将其称为“申诉者”“公民的捍卫者”,①但这种身份并不足以概括监察专员的全貌,其在不同时空形成了不同的模式,回应了现代世界的不同需求。“二战”之后福利国家与不良行政的共同困境成为监察专

* 周皓伦,华东政法大学法律学院博士研究生。

① Larry B. Hill, *Institutionalization, the Ombudsman, and Bureaucracy*, 68 American Political Science Review 1075 (1974).

员“全球化”的契机,但当监察专员被簇拥到历史舞台的中央,制度的泛化随之而来。

是什么构成监察专员制度移植的根本原因?法律移植是否需要以相似的社会文化为背景?牺牲“共同性”换取的“普遍性”能否作为法律移植的成功范例?笔者试以监察专员的三次传播为中心,揭示制度移植过程中对时代需求的呼应与改造。

第一次拓展范围仅限于斯堪的纳维亚国家,国与国之间的制度具有明显的亲缘关系,是在相同政体模式和地域环境之内的移植。但从1809年的瑞典、1920年的芬兰到1955年的丹麦之间存在很大的时间差,跨越了146年。第二轮传播发生在“二战”之后,此时世界面临着福利国家与不良行政的共同困境,监察专员跨越了北欧边界,进入了英伦半岛。面对“二战”后的变局,制度的制定者们倾向于为内部问题寻找现成的解决方案,通过国际交流与信息集合的方式,在管辖区之外寻找可以利用的制度。即使监察专员已经通过国际会议等国际交流,作为一种解决行政问题的范本被认可,但其传播主要依赖学者之间的交流互动。第三轮传播发生在20世纪70年代末,监察专员发生了概念性泛化与价值性泛化,“监察专员”作为一种公民权利保障的象征话语被世界需要,非洲、美洲、欧洲周边地区都设置了监察专员机构,数量不断增加。

制度无法成为社会的形塑者,但基于某种功能性的共同需要,制度的移植成为可能的选择。为了解决国际社会相似的病症,监察专员成为飘洋过海的制度药方,不同的国家性格又基于自身的需要描画出“貌合神离”的监察专员新形象。通过回溯监察专员的全球传播,可以洞悉经由国际文化交流与互动,国际社会不同时刻共同的历史关切。

一、首轮传播:监察专员的北欧范式

将北欧看作一种共同的法律文化传统似乎是世界公认的做法,新型社会、福利国家都是附着在“北欧”形象上的标签,其中监察专员被认为是导致瑞典新社会的直接原因。但从1809年的瑞典至1955年的丹麦,其在北欧的传播却“迟滞”了百余年,监察专员是否是形塑北欧“民主”社会不可或缺的法律制度?如果“文化”并不构成制度移植的直接原因,监察专员为何在20世纪中叶传入丹麦?

(一)缘起瑞典:与新型社会共生

“监察专员”一词,源于古北欧语 umboðsmaðr,即“委托(umboð)”和“人(maðr)”的含义,初见于1713年瑞典国王查理十二世的制度设计。为监察行政官员履职,维护和保障法律政令实施,受理民众控诉,其任命了以监察专员(Högste Ombudsmannen)为名的皇室代表。雏形虽现,非制度之源。

1809年瑞典宪法改革,终结了古斯塔夫三世的统治,新宪法确认国王与议会分权,议会下设监察专员(parliamentary ombudsman),同时赋予公民包括新闻自由在内的基本权利。在此基础上,瑞典掀起了大规模的自由主义改革浪潮,随之而来的是一个繁荣的瑞典新社会。

虽然平衡国王权力可以构成设置议会监察专员的政治理由,但1809年宪法赋予监察专员更具“自由主义”气质的目的——保障公民权利,处理公民投诉。① 监察专员对法官与政府官员是否遵守法律予以监督,并对其“由于偏袒、徇私或其他原因非法履行或不适当履行职务的行为”提起公诉,承担与检察官相同的责任与义务。②

长期以来,瑞典的监察专员被认为是其新社会形成的关键所在,一位美国学者曾评价说:“在促成瑞典公民对政府特有的信任和尊重的过程中,最重要的因素就是监察专员。”③但这种归因大多属于“监察专员

① See Stig Jagerskiold, *Swedish Ombudsman*, 109 University of Pennsylvania Law Review 1077 (1961).

② See Lester B Orfield, *The Scandinavian Ombudsman*, 19 Administrative Law Review 7 (1966).

③ Albert H. Rosenthal, *The Ombudsman-Swedish "Grievance Man"*, 24 Public Administrative Law Review 226 (1964).

热”的修辞,并非19世纪瑞典的真相。与其说监察专员塑造了瑞典新社会,不如说浸润在自由主义改革中的议会监察专员是与瑞典新社会一同成长起来的。

瑞典公民对政府的信任建立于绝对的信息公开之上,有学者将瑞典政府形容为“玻璃鱼缸中的金鱼”。[①] 政府档案向新闻界和全体公众开放,行政过程信息也可供查阅,这种公开行政的传统早在1766年的《瑞典新闻自由法》中就得到确立,并于1809年被纳入宪法。1830年,拉斯·约翰·希尔塔(Lars Johan Hierta)创办了*Aftonbladet*晚报,公开揭露政府不当行为的弊病,掀起了一场关于新闻自由的运动。最终,皇家法院阻止未果,议会于1845年废除了国王禁止“有害公共安全”出版物的特权。[②] 公开行政的历史传统在公共意识中根深蒂固,瑞典用实践证明这对免于行政任意行为有重要意义,也是监察专员制度得以运作的历史前提。因此,瑞典公民与行政的良性互动得益于行政公开的传统而非监察专员的制度。

另外,瑞典行政的良好运作并不依赖于诸如“监察专员制度”等归属于议会的“监督机制”,而是基于其自身的优越性。瑞典一直对其公务员的素质有着强烈的自豪感,他们行政系统内的官员都受过良好的教育,并受到强烈的职业道德约束。[③] 负责行政管理的官员是被官方任命的,而并非如监察专员是选举产生的。瑞典公共行政完全不同于大陆或英美,构成了独特的系统。[④]

在瑞典的历史和制度框架之下,监察专员逐渐将视线转向至个人

---

① Walter Gellhorn, *The Swedish Justitieombudsman*, 75 The Yale Law Journal 1 (1965).

② See Malcolm Feeley & Malcolm Langford, *The Limits of the Legal Complex: Nordic Lawyers and Political Liberalism*, Oxford University Press, 2021.

③ See Walter Gellhorn, *The Swedish Justitieombudsman*, 75 The Yale Law Journal 1 (1965).

④ See Stig Jagerskiold, *Swedish Ombudsman*, 109 University of Pennsylvania Law Review 1077 (1961).

权利保护方面。[①] 对于瑞典学者而言,监察专员办公室仅是其人权保障制度中的一小部分而已。因此,瑞典监察专员成长于瑞典新社会,并非其形成的必要前提。监察专员的本质是处理公民投诉的“回应性”机构,是公民自由的护卫者。也正是这种“回应性”赋予了其能动性的特点。例如,由于“一战”带来的复杂情况,武装部队中出现了不满情绪,为调查各种军队中的投诉和批评,瑞典于 1915 年任命了军事监察专员。该制度产生于战争年代,并在“二战”时持续,但因和平年代纠纷减少而于 1968 年被废除。[②]

(二)辐射至丹麦:北欧法律共同体的形成

北欧的法律交流在 19 世纪末以前近乎空白。出于地理的天然的区隔,法律被分为东斯堪的纳维亚和西斯堪的纳维亚,前者是芬兰和瑞典,后者是丹麦、挪威等其他国家。

由于芬兰在 1809 年之前的几个世纪一直是瑞典的组成部分,它也最早继承瑞典的监察专员制度。瑞典的法律同时也是芬兰的法律,瑞典语也是芬兰的官方语言,即使在 1809 年之后,芬兰成为俄罗斯帝国的一个自治大公国,但由于其被允许保留瑞典的法律体系,因此俄罗斯几乎没有在芬兰法律中留下痕迹。[③] 1917 年俄罗斯革命之后,芬兰作为一个独立国家被承认。1919 年,新生的芬兰共和国就任命了一名监察专员(Eduskunnan oikeusasiamies)。

丹麦继受监察专员得益于北欧法律共同体的形成。1872 年,为探索北欧国家及其法律在工业化初期所面临挑战的解决途径,第一届北

---

① See Luigi Cominelli, *An Ombudsman for the Europeans: Gradually Moving Towards “Effective Dispute Resolution” Between Citizens and Public Administrations*, in International Ombudsman Institute & Linda C. Reif ed., The International Ombudsman Yearbook, Martinus Nijhoff Publishers, 2004, p. 143.

② See Pankaj Kumar & Vijaylaxmi Sharma, *Ombudsman in Sweden and Denmark: A Comparative Study*, 13 Journal of Algebraic Statistics 527 (2022).

③ See Pia Letto-Vanamo & Ditlev Tamm, *Nordic Legal Mind*, in P. Letto-Vanamo eds., Nordic Law in European Context, Springer, 2019, p. 1.

欧法学家会议召开,标志着北欧立法合作的开始。此后,除1903~1918年和1938~1947年,会议每三年举行一次,主要围绕国际贸易和商业发展带来的共同困境与法律改革,与会者发言时都使用自己国家的语言,这也构成了跨越语言边界的北欧法律认同的一部分。通过积极的协作与交流,"北欧法律"取代了丹麦—挪威法律与瑞典—芬兰法律的划分,斯堪的纳维亚国家逐渐形成法律上的共同体。①

自北欧法学家会议以来,斯堪的纳维亚半岛的藩篱被打破,北欧公共管理协会等团体的跨国交流,将瑞典的公开行政传统辐射至丹麦等其他北欧国家,而监察专员正是作为瑞典行政公开制度的组成部分被认知。1929年,在赫尔辛基举行的北欧公共管理协会(Nordisk Administrativt Forbund)第四届大会上,C. A. Reuterskiold教授提出了有关公开行政的议题,并得到了两位丹麦学者的认同。② 被认为是丹麦行政法学先驱的保罗·安德森教授(Poul Andersen),在1936~1965年撰写的五个版本的丹麦行政法教科书中,建议仿照瑞典的模式,考虑行政公开在丹麦实施的可能性,并对监察专员制度作出介绍。③ 这是监察专员在丹麦的初登场。

随着第二次世界大战带来的行政膨胀,对行政权力行使进行控制的传统方法不再适应于此时的环境,保护公民免于行政不当的干扰成为亟须解决的问题。为此,丹麦政府于1946年专门成立了宪法委员会(Forfatningskommissionen)。④ 1949年秋,瑞典行政法学教授尼尔斯·赫利茨(Nils Herlitz)就瑞典的监察专员制度以及瑞典的行政公开原则

---

① See Pia Letto-Vanamo & Ditlev Tamm, *Nordic Legal Mind*, in P. Letto-Vanamo eds., Nordic Law in European Context, Springer, 2019, p. 5.

② See Niels Eilschou Holm, *The Danish System of Open Files in Public Administration*, 19 Scandinavian Studies in Law 153 (1975).

③ See Søren Højgaard Mørup, *The Principle of Effective Legal Protection in Danish Administrative Law*, in Zoltán Szente & Konrad Lachmayer ed., The Principle of Effective Legal Protection in Administrative Law, Routledge Press, 2016, p. 91.

④ See Stephan Hurwitz, *Denmark's Ombudsmand: The Parliamentary Commissioner for Civil And Military Government Administration*, 169 Wisconsin Law Review 170 (1961).

向委员会作了报告，这也是监察专员在丹麦设立的直接原因。[①]

1953年，丹麦在审议新宪法时作出了引入监察专员的决定，“应作出法律规定，由议会任命一名或两名不属于议会成员的人，监督国家的民事和军事管理”。1954年6月11日，国王批准了《议会监察专员法》。1955年3月29日，议会任命知名的刑法教授斯蒂芬·赫维茨为第一任监察专员。丹麦的议会监察专员承担加强议会统治和保障个人权利的双重功能，[②]负责处理和回应公民投诉，或依照自己的权利主动开展监察工作。

丹麦对于监察专员的移植，具有“工具性”的考量，在一定程度上是作为一种解决行政不当的工具被引入。瑞典的监察专员是“回应性”与“公民本位”的，它的职能与管辖范围可以随着社会的需要而灵活变动，例如，瑞典监察专员的活动范围并不限于行政领域，到20世纪，瑞典监察专员对社会领域涉及公民自由的问题予以极大的关注，包括医院管理、税收评估、对酗酒者的照顾等[③]。但是丹麦的监察专员却代表着监察专员的功能性限缩，将监察专员的活跃领域限制为行政方面，作为一种对行政控制机制的补足。

监察专员的“北欧范式”，共享公开行政与北欧民主社会的语境。但单纯的文化相似性并不能构成制度移植的直接原因，对制度功能性的需要催生了丹麦监察专员的产生。

二、再度传播：监察专员的全球化

监察专员在丹麦的移植赋予了其工具性的特征，但是依然带有北欧共同体的“地方性”特质，监察专员是否是一种专属于斯堪的纳维亚

① See J. H. Schultz, Forfatningskommissionen AF 1946, 193 - 196.

② See Sabine Carl, *Toward a Definition and Taxonomy of Public Sector Ombudsmen: Definition and Taxonomy of Public Sector Ombudsmen*, 55 Canadian Public Administration 203 (2012).

③ See Stig Jagerskiold, *Swedish Ombudsman*, 109 University of Pennsylvania Law Review 1077 (1961).

半岛的“地方性知识”？在全球面临不良行政共同问题的情境下，监察专员能否完成“普遍性”的转型？

(一)成为药方：战后的不良行政及应对

监察专员在这一阶段的传播主要是回应“二战”所带来的不良行政问题。如果我们将视域扩张至战后全球的“行政危机”与福利国家运动，就会发现全球选择监察专员的历史语境：如何应对行政膨胀与权利保护之间的问题，是战后国家共同的困境。它们处于近似的历史时刻，面对着国家变革的类似问题——福利国家的出现提供了一个新的政体概念和行政机制系统。为了实现人民的愿景，传统上负责对公职人员进行制衡的立法机构将大部分权力下放给了行政部门，在政府运作的几乎所有领域，不良行为和低效率的发生率越来越高，政府的公信力被削弱，预防和纠正机构亟须建立。①

随着政府活动的范围和复杂性的巨大增长，需要赋予政府行政方面越来越多的自由裁量权。正如英国的戴西所警告的：“凡是有自由裁量权的地方，就有任意妄为的空间。”换句话说，如今公民的权利很可能被政府行政机器的巨大冲击力意外地压垮。在这个福利国家的时代，每年都有数以千计的行政决定，其中许多是由小官员作出的，这些决定影响到很多公民的生活。如果其中一些行政决定是武断的或不合理的，普通公民甚至没有简单的方式获得补救。②

20世纪60年代，联合国召开了一系列关于“滥用行政权的司法及其他补救措施”的会议。在这个阶段，“监察专员”属于控制行政手段中的一个可选项，且大多数的国家并不认可这一制度能够在自己国家起到作用。1959年举行了两场关于非法行使或滥用行政权力的司法和其

① See Khan Kehkashan Latif, *The Functioning of the Lokayukta in the National Capital Territory of Delhi*, 2000 - 2009, Aligarh Muslim University, 2013.

② See Paavo Kastari, *The Parliamentary Ombudsman: His Functions, Position, and Relation to the Chancellor of Justice in Finland*, 28 International Review of Administrative Sciences 391 (1962).

他补救措施的会议,一场于1959年5月4日至15日在康提(锡兰)佩拉德尼亚举行,另一场同主题的研讨会于1959年8月31日至9月1日在布宜诺斯艾利斯(阿根廷)举行。两场会议都提到了监察专员的解决方案,但应者寥寥。在锡兰的研讨会上,墨尔本大学法学讲师P. D. Phillips被选为这部分讨论的负责人,他认为在所有与会者的国家都有设立监察员类型机构的空间,却没有人同意他的看法。人们对于监察专员制度持怀疑的态度,认为该制度的成功是基于人口的同质化与地域的限制,需要公民与政府都有对法律的尊重。而在大国中,人口不稳定,没有对法律与秩序的尊重,政府官员也没有良好的行政传统指导,监察专员会变成一个庞大的组织。①

同样,1962年在斯德哥尔摩召开了一场以“反对滥用行政权的司法及其他补救措施”为主题的研讨会,在会议第二个议程中,与会者对于斯堪的纳维亚国家的监察专员制度进行了深入探讨,与前两场会议相比,监察专员制度受到了更大的重视。虽然监察专员在斯堪的纳维亚国家已经被证明是防止行政部门越权的有效保障,但依然有许多人认为该制度并不适应于自己国家的情况。②

虽然监察专员作为“不良行政”的一种解决方案被人们所认知,但依然未能脱离“公开行政”或是“北欧”的语境。在面向全球作为一种不良行政的解决方案时,许多国家因社会环境的异质而却步。

(二)脱离北欧:社会中心模式与英联邦地区的尝试

监察专员在英国与新西兰的传播瓦解了社会文化背景对监察专员制度移植的禁锢,成为其不依赖于斯堪的纳维亚文化和政治因素最有力的例证。

“北欧共同体”被一个更大的“社会中心主义”的共同体取代了。

---

① See Seminar on Judicial and Other Remedies Against the Illegal Exercise or Abuse of Administrative Authority, United Nations (1959), https://www.hathitrust.org.

② See Seminar on Judicial and Other Remedies Against the Abuse of Administrative Authority (1962), https://www.hathitrust.org.

Luigi Cominelli 利用 Giovanna Zincone① 的模型,将监察专员存在的环境概括为“社会中心主义模式”,认为在这种模式中,由社会塑造公共和政府组织。在她看来,公民和政府之间的互动模式决定了监察专员能否在该国中存在,而这远比宪法与制度形态更为重要。共和国与君主制、联邦制和单一制、总统制政府和议会制政府,这些表面上的差异可能会在法律移植的过程中造成阻碍,但并不会影响监察专员的移植。英国、新西兰与斯堪的纳维亚国家同属“社会中心主义模式”。在这种模式下,制度的创造更多来自底层的要求,而非自上而下的战略整合。也即保障个人权利被放在了优先地位,建立权利保护体系是为了满足个人的需要,而不是为了官僚机构整体的一致性。② 即属调和而非理性建构的产物。在这一前提下,诸如监察专员等非正式手段就有了更大的空间。

在这一理论的支撑下,监察专员在世界其他国家的传播就具有了可能性。监察专员不是立足官僚理性,对闭合的行政体系自上而下的完善,而是站在社会民主的基础上对公民权利以互动形式进行的补足。

除了社会环境的同质性,在对“二战”后不良行政问题解决机制的需求上,英国具有更为迫切的理由。以至于在1957年,有四位英国学者以不同途径提出了在英国设置监察专员的可能性。发生于1954年的crichel down事件,使人们对于行政人员的信任跌入低谷,1955年,大法官任命了由弗兰克斯爵士担任主席的行政裁判所和调查委员会。该委员会1957年提交的报告促成了1958年《裁判所和调查法》的出台。该法对行政裁判所提出了“公开、公平、公正”的裁判原则要求,但是并没有对如何救济不良行政行为给出答案。行政裁判所在解决不良行政

① See Giovanna Zincone, *Citizenship: Between State and Society*, European University Press, 1999.

② See Luigi Cominelli, *An Ombudsman for the Europeans: Gradually Moving Towards "Effective Dispute Resolution" Between Citizens and Public Administrations*, in International Ombudsman Institute and Linda C. Reif ed., *The International Ombudsman Yearbook*, Martinus Nijhoff Publishers, 2004, p. 143.

问题上的无力使英国转向其他的救济手段。

与此同时,丹麦的首位监察专员赫尔维茨(Hurwitz)成为将监察专员引入英国的领路人。1957 年,赫尔维茨应《公法》(*Public Law*)的编辑格里菲斯(J. A. G. Griffith)之邀为《公法》写一篇文章,从 1958 年秋天赫尔维茨的文章发表开始,格里菲斯又陆续编辑刊发了许多关于监察专员的文章。1958 年 5 月,他将载有监察专员文章的一期杂志的副本邮寄给一个议员小组,并在信中呼吁注重《公法》中对监察专员的制度介绍,断言英国"相当需要"一个类似但不相同的机构。① 赫尔维茨爵士于 1958 年和 1960 年两次出访英国,他向英国传递的信息是:监察专员能够帮助建立或者说是维持丹麦民主的管理模式。1960 年,BBC 的周刊《听众》刊登了 5 月 12 日播出的赫尔维茨与学术界律师韦德(H. W. R. Wade)和格里菲斯(J. A. G. Griffiths)的讨论记录。在那次讨论中,赫尔维茨将监察专员描述为丹麦新的"民主机构"、"人民的护民官"和"民主的安全阀",其主要职责是面向社会,通过调查"政治体制的投诉或疾病"来履行这一职责。在这个意义上,监察专员是法律和行政之间的"桥梁",是比专业司法机构或公共行政机构性质更"模糊的机构"。

虽然英国是最早提倡建立监察专员的国家,但新西兰监察专员的设立却先于英国。Hill 在 *the Model Ombudsman* 一书中系统介绍了监察专员传播至新西兰的过程,主要依赖于两条路径,一是英国的学术杂志和媒体,在 1956 ~ 1961 年,赫尔维茨通过国际发行的英文出版物至少传播了 9 篇关于他的办公室的文章,使新西兰人了解了监察专员的制度细节。二是 1959 年 5 月 4 日至 15 日在锡兰康提举行的研讨会,虽然赫尔维茨没有参加该会议,但他向研讨会分发的文件详细介绍了监察专员的组成和运作,对新西兰产生了很大的影响。参加该会议的新西兰司法部副部长罗布森(J. L. Robson)将赫尔维茨的论文

① See William B. Gwyn, *The Discovery of the Scandinavian Ombudsman in English-speaking Countries*, 3 West European Politics 317 (1980).

副本交给了惠灵顿维多利亚大学政治学和公共管理学院的期刊《政治学》的编辑,并在1960年9月的期刊上重新刊登了这篇文章。这篇题为"斯堪的纳维亚半岛的监察员"的文章着重介绍了丹麦的经验,并在新西兰知识界获得了广泛的传播,同时普及了监察员这一名称。与工党政府对监察专员的忽视相反,瑞典国家党的领导人 J. R. Marshall,对监察专员兴致高涨,因此1960年国家党在选举中获胜之后,瑞典监察专员的设置就被提上日程,最终于1962年设立。①

新西兰监察专员的设置,消除了人们对监察专员制度能否适用于本国的怀疑,成为英联邦和其他国家的典范和先例。实行威斯敏斯特式宪法制度的国家,通常以部长责任制和行政秘密著称,与北欧公开行政和松散行政组织的形式截然不同。② 1967年,英国也通过了一项法案,任命了一名监察员(Edmund Compton 爵士),称为行政管理议会专员。

(三)风靡全球:国际舆论和要求

通过英联邦的尝试,监察专员脱离了北欧的环境,作为一种法律移植的成功范例被铭记。20世纪70年代左右掀起了监察专员的传播热潮,沿着西欧国家到其前殖民地的路线扩散,有关监察专员的学术出版物也逐渐膨胀。

丹麦的首任监察专员赫尔维茨爵士通过有说服力的演讲与文章将监察专员制度传播到西方世界,并将一个古老的机构转变为一个似乎专门应对当前需求而设计的机构,有学者甚至将其描述为一个针对"监察专员"新信仰的使徒。③ 新西兰的首任监察专员 Guy Powles 爵士、④

---

① See Larry B. Hill, *The Model Ombudsman*, Princeton University Press, 1976.

② See Najmul Abedin, *Transplantation of the Ombudsman Institution in Developed and Developing Countries*, 75 The Round Table 333 (1986).

③ See Walter Gellhorn, *The Ombudsman in Denmark*, 12 McGill Law Journal 30 (1967).

④ See Gerald Caiden, *Ombudsmen in Developing Democracies: Comment*, 3 International Review of Administrative Sciences 221 (1984).

加拿大的 Donald C. Rowart 教授也帮助传播了监察专员是一种有效、普遍可采纳的工具的想法。Rowart 教授的著作《监察专员：公民的捍卫者》一书是第一本以英语撰写的关于监察专员机构的长篇研究。

1974 年国际律师协会通过了一项决议，认为应当在国家、州或者省一级设立监察专员，以保护人们的权利不受到政府官员和机构的侵犯，并将监察专员定义为："由宪法或立法机构规定，由独立的高级公共官员领导，对立法机构或议会负责，并接受被侵害者向政府机构、官员的投诉，或自行采取行动，有权进行调查、建议或采取纠正措施并发布报告。"①

1975 年，经过几年的内部讨论，欧洲委员会议会通过了第 757 号建议，其中指出，在现有的司法补救措施之外，还需要一种保障，这种保障应该更简单、更便宜、更快捷、更灵活，而这种保障可以由监察专员提供。此外，大会还建议部长委员会邀请尚未建立该机构的成员国考虑在国家、地区和/或地方各级建立该机构。

至此，监察专员的制度设计经由国际组织的宣传和推广成为一种风潮，但全球化意味着监察专员跨越了"社会中心主义"的共同体环境，制度异生随之而来。Hilson 认为，斯堪的纳维亚在 20 世纪 50 年代和 60 年代是一种被塑造为进步形象的"乌托邦话语"。而推介的传播方式，不仅放大了监察专员的功能性，且使监察专员身上不可避免地附带了对于斯堪的纳维亚国家进步形象的期许，成为民主的象征。

有学者认为，监察专员制度确有其效用，但并不像斯堪的纳维亚半岛以外的一些人认为的那样伟大。"丹麦的赫尔维茨教授是一个有魔力的人，他迷惑了全世界，如果对于监察专员所能取得的成就的期望过大，则会掩盖其本身真正的职能，我担心监察专员制度可能被过分夸大

---

① Ferris Charles, Goodman Brien & Mayer Gordon, *Brief on the Office of the Ombudsman*, International Ombudsman Institute Press, 1980.

了一些。"[①]人们通常假定或期望,那些采用监察专员制度的国家的"最终目标"应确保"个人的某些基本权利得到保护,正义得到伸张"。[②]

监察专员可以"穿越"和"旅行",但移植并不能承载过多的期待。当其作为一种先进性的象征被推介,就成为制度橱窗里被渲染上光的商品,附加了"北欧""民主"的品牌价值,和形塑社会的功能期待,簇新闪亮。

三、复次传播:监察专员的泛化

监察专员的全球传播似乎可以作为一种法律移植的成功范例来研究,但是在"普遍性"的背后,我们似乎很难为监察专员找到一个统一的定义,仿佛变色龙一般,监察专员在每一个地区都呈现截然不同的面貌。

(一)概念性泛化

对于监察专员的称呼并非语义学上的问题,而涉及机构的定义,如果从结构和功能两个方面对监察专员进行分解,就能归纳出传统监察专员的基本特质——在结构上从属于议会,通过回应公民投诉的方式,促进良好行政管理。

如果忽略监察专员的结构性,那么监察专员就不必限于"议会","行政监察专员"在不同政治结构体系的国家是可行的。美国律师协会行政法分会的监察专员委员会在1969年对监察专员作出定义,认为监察专员是一个独立的政府官员,能够接受被侵害者对政府机构和官员的投诉并调查,如果投诉有理,就提出建议并补救。同时附加一份列举了33种不良行政问题的清单事项,帮助监察专员行使职能。[③] 美国的

① Walter Gellhorn, *The Ombudsman in Denmark*, 12 McGill Law Journal 30 (1967).

② Ian Scott, *The Functions of the Ombudsman in Underdeveloped Countries*, 50 International Review of Administrative Sciences 212 (1984).

③ See Larry B. Hill, *American Ombudsmen and Others*; *or*, *American Ombudsmen and "Wannabe" Ombudsmen*, delivered at the 1997 Spring Meeting of the American Bar Association Section of Administrative Law and Regulatory Practice, April 18, 1997.

行政监察专员由于其被置于政府行政部门之内而广受诟病，像所有的内部申诉处理者一样，他们因被行政机关任命而缺乏独立性。但从功能性上来说，它确实能更效率地解决问题，如果在合适的政治气候下，也能作为“公民的捍卫者”存在。

如果忽略监察专员的手段，只强调其作为解决不良行政问题的结果，从而赋予监察专员更广泛的权力，那么监察专员就可能成为“打击滥用行政权”的机构，这也是监察专员移植到大多数发展中国家后发生的变化。在行政问题不严重的国家，作为“行政申诉”的补充机制的监察专员就能够满足该国的需要，但诸如印度、孟加拉国则需要一种强力的机制扭转国内的行政困局，因此监察专员被赋予起诉权、调查权等更广泛的权力，成为该国行政问题大包大揽的一站式解决方案。①

相反，如果强化其作为投诉解决机制的运作方式，而忽略机构与功能，监察专员甚至可以离开公共行政领域进入私营部门。如果站在多元纠纷解决（ADR）的立场上理解监察专员，其就可以出现在报纸、大学、保险行业和其他私营机构，为消费者和私营企业之间的合同和交易产生的纠纷提供独立的解决方案，如英国的金融监察专员服务机构等。②

对于监察专员概念的切割可以提取出其极具特色的不同侧面，以至于监察专员游走在议会与行政、公共与私营之间，呈现泛化的局面。

（二）价值性泛化

除去基于本国不同需要而对监察专员进行的概念性泛化，有一种类型的监察专员具有惊人的一致性，成为国际社会的共同选择。20 世纪 70 年代以后，“个人权利”理念的完善提供了一种基于法律—政治理

---

① See Luigi Cominelli, *An Ombudsman for the Europeans*: *Gradually Moving Towards “Effective Dispute Resolution” Between Citizens and Public Administrations*, in International Ombudsman Institute and Linda C. Reif ed., The International Ombudsman Yearbook, Martinus Nijhoff Publishers, 2004, p. 143.

② See Chris Gill & Carolyn Hirst, *Defining Consumer Ombudsmen*: *A Report for Ombudsman Services*, Queen Margaret University Press, 2016.

由批评国家的方式,国际法的神圣地位赋予国际社会设立相关机构的义务,并成为一种“自由民主”形象的自证。“监察专员”提供了一种立足国际社会的合法性。1976年,Bernard Frank 指出:“近年来,一个保护公民对政府投诉权利的机构——监察专员——有了广泛的发展。”①

国家机构可分为三大类,即传统监察专员(Classical Ombudsman Office)、人权委员会(Human Rights Commission)和独立的人权监察专员(Human Rights Ombudsman Office,HROO)。② 传统监察专员由于其赋予个人对公共行政的不满进行申诉的权利,与 HROO 一并被认为属于保障公民权利机构之一。此时,监察专员不再是解决公共行政问题的可选项,而是与保障和促进公民权利的义务相结合,这种义务往往是随着加入国际公约而产生的。联合国系统、欧洲委员会、美洲国家组织(OAS)和美洲首脑会议都在不同程度上对于保障公民权利机构有所要求。

随着欧洲极权主义政权的瓦解,新的国家进入欧洲理事会并批准了《欧洲人权公约》(European Convention on Human Rights,ECHR),为此有必要设计尊重和保护公民权利的法律和有效机构,旨在加强现代化进程。③

琳达—赖夫将承担个人权利保障职能的监察专员定义为承担两种角色的机构:保护公民权利以及监督政府行政。这种传统监察专员模式的变种是由立法机构选举产生的,有明确的权利保障任务,同时对行政管理的公正性和合法性进行监督,有时还对不良行政和选举监督等问题有政治责任管辖权。该机构还可以积极从事与公民权利保障相关的政策研究、咨询、文件和教育活动。调查和法院移交的权力在这一群

① Bernard Frank, *The Ombudsman and Human Rights*, 22 Administrative Law Review 467 (1970).

② See J. W. Koo & F. O. Ramirez, *National Incorporation of Global Human Rights: Worldwide Expansion of National Human Rights Institutions*, 1966 – 2004, 87 Social Forces 1321 (2009).

③ See Marc Hertogh & Richard Kirkham, *Research Handbook on the Ombudsman*, Edward Elgar Publishing, 2018.

体中很常见,但对私人实体和行为者的起诉权和管辖权却很少①。

葡萄牙 Provedor de Justiça(1976 年)、西班牙 Defensor del Pueblo(1978 年)是首批将保障公民权利作为明确控制标准的监察专员模式。② 如果说瑞典的监察专员是民主社会的结果,那么西班牙和葡萄牙的监察专员则是转向民主社会的药方。西班牙弗朗西斯科—弗朗哥的统治从 1939 年延续至 1975 年,葡萄牙也经历了第二共和国的统治,欧洲集权主义政治瓦解,新的社会秩序亟须建立,为满足 ECHR 的要求,有必要设计尊重和保护公民权利的法律机构,在此情况下,监察专员应运而生,作为对于当前国家民主化进程的回应和公民权利的监护者。③葡萄牙和西班牙的监察专员作为先驱,也影响了拉丁美洲的监察专员机构的设置。综合来说,这些设置监察专员的国家都有一些共同的特征,他们缺乏问责制度,不良行政和国家滥用公民权利的现象普遍存在。鉴于公民权利保障在民主化进程中的核心作用以及曾经的不良统治对公民权利的侵犯,监察专员在这些国家存在特殊的象征意义。④

结　语

监察专员的全球传播是法律移植摆脱社会文化背景的最佳范例。制度无法成为社会的形塑者,但基于某种功能性的共同需要,制度的移植成为可能的选择。这种需要可能是基于国内政治环境,或是国际社会的要求,这种需要可能是某种价值的追求,也可能是亟须解决的社会

---

① See Linda C. Reif, *The Ombudsman*, *Good Governance and the International Human Rights System*, Springer Netherlands Press, 2004.

② See Gabriele Kucsko-Stadlmayer, *European Ombudsman-Institutions: A Comparative Legal Analysis Regarding the Multifaceted Realisation of an Idea*, Springer Wien New York Press, 2008, p. 59.

③ See Gabriele Kucsko-Stadlmayer, *The Spread of the Ombudsman Idea in Europe*, in Kucsko-Stadlmayer ed., The Legal Structures of Ombudsman-Institutions in Europe-Legal Comparative Analysis, European Ombudsman-Institutions, 2008, p. 6.

④ See Fredrik Uggla, *The Ombudsman in Latin America*, 36 Journal of Latin American Studies 423 (2004).

问题,正是纠缠在不同时空下的相似困境,赋予了制度移植的可能。正如沃森所言,在这些统一目标的背后,存在一种希望,即法律科学所带来的以普遍原则为基础的共同法律语言将会促进社会福利与和平。[①]

监察专员的灵活性和适应性使其在不同的法律制度环境中运作自如,并被用来履行不同的角色和职能。而这种模式的多样性往往反映了支撑其最初引入该国的理由。基于这种立场,整齐划一与固定模式的监察专员是加诸于制度形象的偏见。[②] 相似制度的移植并不意味着社会中实际运作的统一。但这种程度的异质,也不能得出“法律不可移植”的结论。

观察监察专员的制度形象在全球话语中的流变,也是观察国际社会在不同转型阶段的历史追问。地域性传播模式无法囊括其“旅行”的轨迹,“监察专员”在同一名称下也隐含着不同面貌。通过回溯监察专员的全球传播,可以洞悉经由国际文化交流与互动,国际社会不同时刻共同的历史关切。

① 参见余成峰:《超越历史社会的“法律移植”——纪念艾伦·沃森》,载《读书》2019年第11期。

② See Trevor Buck, Richard Kirkham and Brian Thompson, *The Ombudsman Enterprise and Administrative Justice*, Ashgate Publishing, 2011, p. 224.

阿尔夫·罗斯的权限规范理论
——斯堪的纳维亚现实主义法学解析

胡　桥*

[**摘要**]阿尔夫·罗斯不仅是斯堪的纳维亚现实主义法学的创立者之一,也是该流派最杰出的代表,其权限规范理论独树一帜。但我国法学界对罗斯及其法律理论普遍感到陌生。罗斯反对规范与事实相背离的形而上法律理论,极力主张法律的"有效性"和"经验性"的现实主义路线。基于此,罗斯创立了权限规范理论。他认为权限是一种法定的、通过并根据宣告的结果来创设法律规范或法律结果的能力,其具有规范性、可能性、处分性、宣示性的特征。权限规范是一种与社会事实相对应的指令,指令是一种作为行为模式被构想出的行动观念或语言形式。罗斯的法律规范"指令说"因此形成。权限规范在立法中可被称为权限规则,它是一种间接表达的行为规范。权限规范可以还原成行为规范。权限规范旨在保障公共利益以及私人自治,它是公法的基石,是公权力最基本的"制度之笼"。罗斯的权限规范理论是对凯尔森的"基础规范"理论的批判和超越,也是对哈特的"承认规则"理论的补充和发展。罗斯的权限规范理论为我们提供了一种关于法律"限权"的新认知、新理论,为中国公法理论的发展赋予了一种新视角,其对于实现"把权力关进制度的笼子",建立法治政府和法治国家具有重大的基础理论意义。

[**关键词**]罗斯;权限;权限规范;指令;公权力

斯堪的纳维亚现实主义法学是现代法学的一朵奇葩。它不仅与美国以弗兰克(J. N. Frank,1889 - 1957)、格雷(J. C. Gray,1839 - 1915)、卢埃林(K. N. Llewellyn,1893 - 1962)等为代表的现实主义法

---

* 胡桥,浙江工商大学法学院副教授,法学博士,法学博士后。

学有着显著区别,更主要的是,我国法学界普遍对它很陌生,对其法律理论的“独特”性更是知之甚少。其实,这种“独特”的法律理论在丹麦法哲学家阿尔夫·罗斯(Alf Ross,1899－1979)的权限规范(norm of competence)理论中得到了淋漓尽致地体现。① 当代德国法学家罗伯特·阿列克西(Robert Alexy,1945－)把罗斯誉为“20世纪最伟大的法哲学家之一”,称其是与凯尔森(Hans Kelsen,1881－1973)及H. L. A. 哈特(H. L. A. Hart,1907－1992)比肩的法学大师。罗斯与凯尔森有师生之谊,但罗斯的法律理论却不同于凯尔森。哈特早在1983年就对罗斯作了高度评价“罗斯是斯堪的纳维亚法律现实主义中最敏锐、最有才华的哲学家”。② 然而,这样一位大名鼎鼎的法学家,在我国法学界却鲜为人知。尽管当下流行的几本《西方法律思想史》教科书,对斯堪的纳维亚现实主义法律思想以及罗斯其人有所提及,但几乎都是一笔带过,至于权限规范理论更是无人涉猎。尽管,“罗斯并不总是一个容易读懂的哲学家”,③但这并不能成为忽视罗斯现实主义的权限规范理论的借口。

之所以要研究权限规范理论,是由其基础规范性及不可或缺性决定的,具体是,其一,权限规范是一种鲜为人知的基本法律规范,它与行为规范相比,也是一种基础性的规范。其二,权限规范是控制和约束公权力的基本规范形式,权限规范体系对于公法秩序的形成和公权力之笼的建立不可或缺。但在我国当下,熟知罗斯的权限规范理论的学者如凤毛麟角。这不能不说是我国法学理论研究的一大缺憾。尤其在当

① See Jens Evald, *Alf Ross-a life*, 2014 DJØF Publishing Copenhagen, Denmar, Foreword, p. 5. 此外有关罗斯的生平、著作介绍详见雷磊翻译的《指令与规范》一书的附录。

② See Alf Ross, *On Law and Justice*, translated by Uta Bindreiter, Oxford University Press, 2019, p. xvi.

③ Jakob v. H. Holtermann 教授在2019年版的罗斯代表作《论法律与正义》一书的“编者序言”中这样介绍罗斯的。See Alf Ross, *On Law and Justice*, translated by Uta Bindreiter, Oxford University Press, 2019, p. vi.

下,若要建设社会主义法治国家,就不可能不立足于中国的法律现实。如果这种推论成立,则自然无法忽略罗斯法律现实主义的权限规范理论。可见,就中国法律现实而言,罗斯的权限规范理论的学术和实践价值自然是毋庸置疑的。基于此,本文将分四大部分,前三部分对罗斯的权限规范的有关概念、特征、性质及还原定理进行重点介绍和分析,最后一部分是罗斯权限规范理论对我国法治建设的启发和作用。

一、权限的概念及特征

(一)权限的词源及词义

权限(competence)一词源于拉丁文,在中国多译为权能。[①] 这是一个随处可见,且适用广泛的日常用语,无论政治、法律、经济、军事、科技、文化、宗教、哲学等领域,都有权限的影子。[②] 于是,便产生了国家权限、政治权限、法律权限、经济权限、科技权限、教会权限等概念。

权限(competence)概念主要见于大陆法系,而在英美法系人们多以“权力”(power)或“授权”(empowerment)来表达相同的含义。罗斯说:“法律权限概念广泛运用于法律的各个领域。例如,缔约、结婚与设立遗嘱是私法中(权能行使)的典型情形。在公法中,制定法律、宣告判决、公布一项行政行为是最为常见的例子。”[③]可见,权限(法律权限)是一个普通的法律概念。但是,如果从法哲学的视角看,“权能的概念同时是法理论与法哲学上有体系争议的范畴,也是一种法律日常活动的

---

① 需要说明的是,在本文,“权限”等于“权能”。笔者一向主张把“Competence”译成“权限”,但雷磊教授翻译的《指令与规范》一书采用的都是“权能”,所以,只要是援引的内容出自雷磊教授翻译的《指令与规范》一书,都会显示“权能”一词。但笔者认为,还是用“权限”较为妥当。

② 在我国,权限一词多被翻译成范围、权能、权限、能力、资格。如“权限”一般是指职权范围。参见罗竹风主编:《汉语大词典》,上海辞书出版社2008年版,第1362页。

③ [丹麦]阿尔夫·罗斯:《指令与规范》,雷磊译,中国法制出版社2013年版,第254页。

工具”。[①]

(二)罗斯的权限概念

关于权限的概念众说纷纭,但往往大同小异。有意思的是,阿尔夫·罗斯为权限给出的却是一个颇具斯堪的纳维亚现实主义法律色彩的概念。罗斯认为,“权限(competence)是法律上(legally)设立的、经由并按照宣示的结果来创制法律规范(或法律结果)的能力”。[②] 可见,在罗斯眼中权限概念包括三个要素,其一,权限必须是法律规定的。其二,权限是一种创制法律规范或法律结果的能力。其三,权限的设立必须经由并按照宣示的结果。罗斯“权限”概念的“独特”魅力主要展现在第三个要素中。罗斯解释道,权限是一种权力(power)的特殊情形。当一个人能够通过他的行为实现其预期的法律结果(desired legal effects)时,权限就存在了。[③] 可见,罗斯的权限概念强调的不只是纸面上的法律授权规定,更重要的是事实上的一种“法律效果”。这种特别重视“法律实效”的思想,正是斯堪的纳维亚现实主义法学的“独特”之处。

罗斯权限概念的“独特性”为何没有体现在权力的法定性及能力性上?因为,权限是一种法定的权力和能力,这并非罗斯首次发现,而是一种普通人也知晓的常识。然而,权限与“通过并根据宣示的结果”联系在一起,的确为罗斯所首创。从语法分析看,这句话在汉语中应是状语,是指以什么方式去做。罗斯的意思是,权限不仅要按照法律来设定,更重要的是必须与宣告的预期结果相一致。只有在符合这一先决条件下,创立法律规范或法律结果的能力才能被称为权限。换言之,按照法律规定创设法律规范或法律结果的能力,必须通过并按照事先宣告的结果的方式来获得,即权力不能背离事先预期的法律结果。否则,权限就不能成立。可见,罗斯的权限概念,重点在于强调必须从法律结果或效果中来评判法定权力是否具备创制法律规范或法律结果的能

① [德]罗伯特·阿列克西:《阿尔夫·罗斯的权能概念》,载[丹麦]阿尔夫·罗斯:《指令与规范》,雷磊译,中国法制出版社2013年版,第258页。

② Alf Ross, *Directives and Norms*, Humanities Press, 1968, p. 130.

③ See Alf Ross, *Directives and Norms*, Humanities Press, 1968, p. 130.

力。因此,"通过并根据宣示的结果"一语,是罗斯强调"法律实效"的斯堪的纳维亚现实主义法律风格的集中体现。

罗斯不仅界定了"独特"的权限概念,更重要的是,他由此创立和发展了一种"独特"的权限理论。权限理论(Theory of competence)最先在国际法学中引起重视,它被用于解决有关国内和国际管辖权纠纷的裁判中。权限理论的创立者是拉德尼斯基(Radnitsky),后来,凯尔森(Kelsen)和菲德罗斯(Verdross)发展了这个理论。① 可以说,罗斯实际上是权限理论的集大成者。由于"权限概念与规范、效力、义务、主观法(权利)、权威以及自治联系在一起。因而对权限概念的分析就必然是对一个概念网络的分析,而由于所有这些概念都是基本法律概念,权限理论就包含着法律本质理论的根本要素"。② 因此,罗斯的权限理论探讨和解决的是法理学的基础性问题。这也是为什么说,他能与凯尔森、哈特并驾齐驱,并被誉为20世纪最伟大法学家之一的根本原因。

(三)权限的特征

从罗斯权限概念的三要素可知,权限具有法定性、结果性及能力性的特征。但这只是权限较为概括、一般的属性体现。其实,权限的概念具有丰富的内涵,其具有复杂、多样的本质属性。因此,可以从多个角度去认识权限的属性或特征。德国法学家阿列克西(Robert Alexy)对罗斯的权限概念特征作了更为深刻、全面、准确的揭示。③ 阿列克西教

---

① See Benedetto Conforti, *The Theory of Competence in Verdross*, *Eur. J. Int'l.* 6, 1995, p. 71. 此处的菲德罗斯(Verdross)应该是奥地利法学家阿尔弗雷德·费尔德罗斯(Alfred Verdross, 1890 – 1980),又译为维德罗斯或韦德罗斯,长期担任维也纳大学法学教授,他是现代国际公法学的杰出代表,与凯尔森·默克尔(Adolf Merkl, 1890 – 1970)同为"维也纳法学派"的主要成员。参见[德]彼得·黑贝勒、米夏埃尔·基利安、海因里希·沃尔夫编:《20世纪公法学大师》,王银宏、王锴、柳建龙等译,商务印书馆2022年版。——笔者注

② [德]罗伯特·阿列克西:《阿尔夫·罗斯的权能概念》,载[丹麦]阿尔夫·罗斯:《指令与规范》,雷磊译,中国法制出版社2013年版,第259页。

③ 参见[丹麦]阿尔夫·罗斯:《指令与规范》,雷磊译,中国法制出版社2013年版,第258~286页。

授把罗斯权限概念的本质属性归结为四点：

第一,规范性。权限只能是“法律上或规范上设立的”,这是罗斯权限概念的首要特征。罗斯所谓的“法律上”(legally),不仅是指法律上的形式“规范”,而且也蕴含着“规范”的哲学意义。故,阿列克西认为,作为可能性的权限是一种规范上的可能性。因此,规范性(Normativität)是权限概念的第一个特征。①

第二,可能性。罗斯的权限概念归根结底是一种“能力”(ability),这是权限作为一种特殊的权力本质所决定的。在阿列克西看来,“能力”与“可能性”息息相关,因为,“能力是可能性(Möglichkeit)的一种特殊情形。因而人们可以说,罗斯对于权能的定义立足于一种最为一般与最为根本的概念之上,即可能性这一范畴。这应被称为‘可能性命题’(Möglichkeitshese)。这一命题主张,拥有某种权能意味着拥有特定形式的可能性”。②

第三,处分性。罗斯说:“权限是一种处分性的权力并通过处分性宣示来行使的,也就是说,一个宣示通常会产生与它的内容(with its content)一致的法律效果(§§44 and 48)。”③阿列克西把罗斯权限概念中的处分性理解为,“改变规范与地位。有改变规范与地位之可能就意味着能处分它们”。④ 可见,罗斯所谓“处分性”就是指权限具有一种创设法律规范或法律效果的能力。这种创设(established)本身就意味着“改变规范与地位”。

第四,宣示性。罗斯指出:“那些在行使权限中的宣示(enunciations)被称为法律行为(*actes juridiques*)或者法律上的行为(acts-in-the-law)或者在

---

① 参见[德]罗伯特·阿列克西:《阿尔夫·罗斯的权能概念》,载[丹麦]阿尔夫·罗斯:《指令与规范》,雷磊译,中国法制出版社2013年版,第260页。

② [德]罗伯特·阿列克西:《阿尔夫·罗斯的权能概念》,载[丹麦]阿尔夫·罗斯:《指令与规范》,雷磊译,中国法制出版社2013年版,第263~264页。

③ Alf Ross, *On Law and Justice*, Stevens and Sons Limited, 1958, p. 166.

④ [德]罗伯特·阿列克西:《阿尔夫·罗斯的权能概念》,载[丹麦]阿尔夫·罗斯:《指令与规范》,雷磊译,中国法制出版社2013年版,第265页。

私法上(in private law),称为处分性表示。例如,一个承诺、一份遗嘱、一份判决、一个行政许可、一个法令。"①

阿列克西解析道,权限的处分性宣示,即法律状态的改变是"经由并依据与宣告的效果相一致的方式"来引发的。这一表述充分体现了权限的宣示性质或者说宣示性(Deklarativität)。他进一步解释说,"权能通过法律规范或法律规则来确立。这意味着宣告本身并不会引发法律效果。它之所以能引发这种效果,是因为存在合乎宣告即引发法律效果的规则"。②

二、权限规范是一种与社会事实相对应的指令(directives)

(一)罗斯对规范的界定

罗斯认为,只有满足特定的条件,才能得出规范的定义。他说,"为使'规范'这一概念对于法律理论和实在道德的研究富有成效,它的定义就必须满足特定的条件:(1)规范必须与指令具有内在联系。(2)对这个概念的说明必须使之成为可能,即说明特定规范确实存在(exist)、或有效(in force)"。③ 因此,"我们得出的结论是,'规范'概念的界定必须宽泛到足以包括哪些源于一般规范及其自身的单个指令"。④ 而且,"规范应被定义成一种以特定的方式与某个社会事实相对应的指令"。⑤ 显然,罗斯是在强调"有效性"在界定规范概念中的决定性作用。他说,"我们需要'规范'这个概念来表达出这样一个独立于任何个人反应的社会事实,即它在社会群体的成员之间是大体有效的"。⑥ 据

① Alf Ross, *Directives and Norms*, Humanities Press, 1968, p. 130.

② [德]罗伯特·阿列克西:《阿尔夫·罗斯的权能概念》,载[丹麦]阿尔夫·罗斯:《指令与规范》,雷磊译,中国法制出版社2013年版,第266页。

③ [丹麦]阿尔夫·罗斯:《指令与规范》,雷磊译,中国法制出版社2013年版,第99~100页。

④ Alf Ross, *Directives and Norms*, Humanities Press, 1968, p. 100.

⑤ Alf Ross, *Directives and Norms*, Humanities Press, 1968, p. 82.

⑥ [丹麦]阿尔夫·罗斯:《指令与规范》,雷磊译,中国法制出版社2013年版,第123~124页。

此,罗斯给出了其别具一格的规范定义,“规范是一种与社会事实存在对应关系的指令”。[①]

指令怎样才能成为真正意义上的规范?罗斯回答道,“从内涵层面来看,规范被认为是一种指令;考虑到一个规范的适用能够达到被遵循或被服从,能感到有约束力,以及与其他规范有逻辑上的关联以至于它们一起构成了一个规范体系,达到了如此程度,则这一定义就是适当的。但是按照这个定义,只有当一个指令与某一社会事实相对应时,指令才是一种规范,这一点需要被详细说明”。[②] 罗斯进一步解释说,一个规范存在的基本条件必然是在大多数情况下所提出的行为模式(S→B)被社会成员所遵守。[③] 因此,我们现在要考虑的另一种进路是这样来定义“规范”的概念的:“它指向的不是一种语言现象(指令),而是一种可以从经验上确认其存在的社会事实条件。”[④]也就是说,只有指令与社会事实相对应时,它才能称得上是一种规范。

法律现实主义的立场,是罗斯坚决主张“规范是一种与社会事实存在对应关系的指令”的根本原因。罗斯在其《论法律与正义》一书的前言中就强烈表达了这种坚定的法律实证主义立场,他说:“这部著作的主导思想是,在法律领域,将经验主义原则贯穿到其最终结论中。从这一思想中产生了方法论上的要求,即法律研究必须遵循传统的观察和验证模式,这些模式为所有现代实证科学注入了活力,并且还产生了分析性的要求,即必须将基本的法律概念解释为社会现实的概念,就是人在社会中的行为,而不是其他概念。因此,我反对将法律置于事实世界之上的特定先验‘有效性’的观点,而是从社会事实的角度来重新解释有效性;我反对将先验的正义原则作为立法(法律政治)指南的观点,而

---

① Alf Ross, *Directives and Norms*, Humanities Press, 1968, p. 82.

② Alf Ross, *Directives and Norms*, Humanities Press, 1968, p. 82 - 83.

③ 参见[丹麦]阿尔夫·罗斯:《指令与规范》,雷磊译,中国法制出版社2013年版,第105页。

④ [丹麦]阿尔夫·罗斯:《指令与规范》,雷磊译,中国法制出版社2013年版,第102页。

是以相对主义的精神来讨论法律政治的问题，即与社会中有影响力的群体所接受的次理论价值（hypo-thetical values）有关的问题；最后，我摒弃了法律认知是一种以'应当命题'（ought-propositions）表达的特定规范性认知的观点，并用与其他实证科学相同的逻辑（is-propositions）来正式解释法律思维。"①

由以上可知，规范不能简单地等同于指令，只有当指令与社会事实具有对应关系或相一致时，规范概念才能成立。换言之，规范不能只是一种空洞的语词指令，而应该成为一种真实、有效的，可感知的社会事实。这恰好是以罗斯为代表的斯堪的纳维亚现实主义法学的"独特"魅力所在。

（二）指令的概念及分类

指令又是什么？罗斯将指令放在一种具体的语句之中进行解释的。他说，"指令性语言中的语句是一种表示某个指令的语言形式。也即，指令是一种作为行为模式被构想出的行动观念"。② 例如，彼得，关门（Peter，shut the door），这种带有命令语气的语句就是一种典型的指令语句。"指令的目标就是描述一种行为模式，并在适当的情形中引发指令指向的这个人作出反应，以实施这种模式。"③可见，指令的本质是一种行为模式或语言形式。

按照罗斯的观点，指令可以划分为两大类：人身指令（personal directive）和非人身指令（impersonal directives）。④

第一，人身指令的特征，是其具有特定的行为主体。具体说，"人格化指令拥有界定明确的发送者和接受者，例如，约翰让彼得关门的命令"。⑤ 人身指令只是一个大的类别，在其之下还包括作为子类的

① Alf Ross, *On Law and Justice*, Stevens and Sons Limited, 1958, preface, p. ix-x.

② Alf Ross, *Directives and Norms*, Humanities Press, 1968, p. 34.

③ Alf Ross, *Directives and Norms*, Humanities Press, 1968, p. 38.

④ 此处的人身指令和人格指令是同一的，只是笔者把"personal directive"翻译为人身指令，而雷磊教授在《指令与规范》一书中翻译为人格指令。

⑤ ［丹麦］阿尔夫·罗斯：《指令与规范》，雷磊译，中国法制出版社2013年版，第52页。

"言说者利益"的指令。这里的"言说者利益"的指令其实就是"倾向于说话人利益"的指令,罗斯解释说,被称为"人身"指令的类别包括作为其子类的"言说者利益"的指令,这种"言说者利益"的指令包括:(1)制裁性的命令与激励;(2)权威性的命令与激励;(3)同情性的请求。①

值得指出的是,罗斯对把法律只视为一种强制性指令的传统观点持否定态度。他认为这种强制性指令的观点,无异于强盗拿着枪对着银行职员说,把钱交出来。他特别赞同权威性服从的观点,他说:"很明显,确实存在这种对于权威的服从态度;毫无疑问,他们对共同体生活而言意义重大——因为没有任何社会秩序能够仅依靠制裁来维系。没有任何政府仅运用恐惧和恐怖来实施统治。至少要有一定数量的公民将其统治者认可为权威者,如果这一点都没有达成,那么任何政治组织都不可能(成立)。"②可见,要建立"法治国家",法律规范只有"强制性"是不够的,同时还必须拥有"权威性"。

第二,非人格化和他治的指令称为准命令。它们包括:(1)法律规则。(2)惯习性规则(惯习性道德、风俗礼仪)。

非人身指令与人身指令截然不同。"非人格化指令,它们不具有确定的来源,因而其驱动力并不依赖于任何个人的权力、权威或智慧。它们没有发送者,也没有此类接收者。我们完全是从指令本身的语词中辨别出它们涉及的对象是谁,而不是从'言说者—听众'的情景中知晓这一点的。"③

总之,罗斯主张,"规范"的概念不能被等同于"指令"的概念。之所以如此,"(简言之)是因为指令是一种语言现象(无论它属于什么范畴——语义的、语法的或语用的),而对许多指令进行界定的事实语境

① See Alf Ross, *Directives and Norms*, Humanities Press, 1968, p. 38.

② [丹麦]阿尔夫·罗斯:《指令与规范》,雷磊译,中国法制出版社2013年版,第56页。

③ [丹麦]阿尔夫·罗斯:《指令与规范》,雷磊译,中国法制出版社2013年版,第64页。

是短暂之事,后者要用个体心理学的术语来描述”。[①] 可见,罗斯的规范概念的核心是“与社会事实相对应”。

这样,罗斯就把原本属于语言层面的指令,转换成社会事实层面,实现了对规范的一种“效力体验”。[②] 进一步说,只有当指令以必要的方式与社会事实相对应时它才是规范。因而,关于一个规范存在或有效的陈述,必然以某个社会事实的存在为前提。任何此类陈述事实上都涉及对社会事实进行有意义的解释。[③]

(三)权限规范是一种基础性的规范

罗斯对于法学的贡献集中体现在权限规范理论领域。可以说,他是权限规范理论的创立者和集大成者。在罗斯之前,凯尔森已创立了“基本规范理论”。罗斯在吸收和批判凯尔森的规范理论的基础上,创立了自成一体的权限规范理论。在罗斯的著作中,权限规范一词总是与权限、规范、指令、效力、行为规范等词相伴在一起。值得指出的是,在罗斯的著作中,权限规范有两种表达形式,一个是在哲学一般意义上用的权限规范(norms of competence),另一个是用于法律专门领域的权限规则(rules of competence)。其实,二者的本质含义是相同的,只是在一般的语境下用权限规范,在立法等专门的法律领域用权限规则。不过,在大多数情况下,罗斯使用的是一般意义上的权限规范概念。

罗斯似乎没有专门论述权限规范的概念,只是在论述权限的概念、规范产生的方式以及解释行为规范时顺势对权限规范进行了界定。所以,罗斯所谓的权限规范概念大致有三种视角:

第一,权限规范是具有创设法律规范或法律结果能力的规范。罗斯在界定权限概念后论及权限规范的概念,他说,这种具有创设法律规

① [丹麦]阿尔夫·罗斯:《指令与规范》,雷磊译,中国法制出版社 2013 年版,第 102 页。

② 参见[丹麦]阿尔夫·罗斯:《指令与规范》,雷磊译,中国法制出版社 2013 年版,第 109 页。

③ 参见[丹麦]阿尔夫·罗斯:《指令与规范》,雷磊译,中国法制出版社 2013 年版,第 126~127 页。

范或法律效果能力的规范就被称为权限规范。①

第二,权限规范是间接表达的行为规范。罗斯的权限规范概念总是相对于行为规范而言的。他说,“权限规范是行为规范的间接表达方式。因此,它们的验证原则上能够被解释,与在程序部分表明的行为规范是一致的”。② 权限规范调整的行为是公权力机构违反“初级规范”的权力行为,即违反其应该如何行使权力的法律规范的行为。这与普通的行为规范显然不同,普通的行为规范调整的是违反权利义务规定的行为。

第三,权限规则是立法机关按照其权限创设法律规范或法律效果的规范。这个解释是罗斯在论述规范的产生方式时给出的。换言之,在立法上,权限规范被称为权限规则。罗斯在此对权限规则的解释是,权限规则界定了创设新法律规范的必要条件是什么。他接着说,如果某个立法尝试没有满足这些条件,其结果就被认为是没有效力或无效的。③

总之,权限规范是一种基本法律规范。按照罗斯的观点,权限规范与行为规范共同构成法律规范。因此,权限规范的地位跟凯尔森的“基本规范”及哈特的“承认规则”相同。在罗斯看来,权限规范在整个规范体系中具有最高的地位。进一步看,权限规范是对立法、执法、司法权力的控制和约束,而义务规范则是对公民和法人权利的保障和维护。可以说,权限规范是控制和约束公权力的专门工具,失去权限规范,犹如老虎缺失笼子,则公权力的肆意和滥用便不可避免。

三、权限规范的还原定理与公权力的控制

(一)还原定理

权限还原定理,是罗斯权限理论中最有趣的部分,④也是最重要的

---

① See Alf Ross, *Directives and Norms*, Humanities Press, 1968, p. 130.

② Alf Ross, *On Law and Justice*, Stevens and Sons Limited, 1958, p. 50 – 51.

③ 参见[丹麦]阿尔夫·罗斯:《指令与规范》,雷磊译,中国法制出版社2013年版,第119~120页。

④ 参见[德]罗伯特·阿列克西:《阿尔夫·罗斯的权能概念》,载[丹麦]阿尔夫·罗斯:《指令与规范》,雷磊译,中国法制出版社2013年版,第259页。

一部分。它涉及这样一个命题,即,权能的概念能被还原为义务的概念。可见,这个命题被置于一个更广泛的义务命题之中,因为,"'义务'是根本性的指令范畴,任何规范都可以用它来表达"。[①]

实质上,权限还原定理不是一个一般学术问题,而是一个理论"难题"。阿列克西说,"权能的概念是否可以被还原为别的概念,尤其是还原为义务(Verpflichtung)这个概念。这个难题应被称为'还原问题'"。[②] 罗斯对还原定理的解释是,在逻辑上,权限规范可以这种方式被还原为行为规范:权限规范施加了依照行为规范来行为的义务,后者是依照权限规范所规定的程序被创设的。像义务一样,"权限"也是二者之间的一种关系,即被赋予权限之人和受其权力支配之人(他有义务遵守前者通过正当方式制定的规范)之间的关系。[③] 权限之所以能被还原成义务,这是由行为规范的特征决定的。因为,行为规范(norms of conduct)的特点在于,它们直接表达出了义务。罗斯似乎没有明确说明如何操作还原定理,但好在阿列克西代他列出了操作步骤。他说:"将所有其他规范性概念还原为义务的概念是通过三个操作步骤来实现的,它们可以被分别称为'否定化'、'相对化'与'潜在化'。"[④]

罗斯对于还原定理不仅有内容上的阐释,同时也有形式逻辑上的演示。他用特定符号分别列出了以下行为规范与权限规范的模态:[⑤]

① [丹麦]阿尔夫·罗斯:《指令与规范》,雷磊译,中国法制出版社2013年版,第147页。

② [德]罗伯特·阿列克西:《阿尔夫·罗斯的权能概念》,载[丹麦]阿尔夫·罗斯:《指令与规范》,雷磊译,中国法制出版社2013年版,第259页。

③ 参见[丹麦]阿尔夫·罗斯:《指令与规范》,雷磊译,中国法制出版社2013年版,第148页。

④ [德]罗伯特·阿列克西:《阿尔夫·罗斯的权能概念》,载[丹麦]阿尔夫·罗斯:《指令与规范》,雷磊译,中国法制出版社2013年版,第275页。

⑤ 参见[丹麦]阿尔夫·罗斯:《指令与规范》,雷磊译,中国法制出版社2013年版,第149~150页。

1. 行为规范模态

(1)义务 A－B(C)＝请求权 B－A(C)

～ ～

(2)允许 A－B(非 C)＝无请求权 B－A(C)

(3)请求权 A－B(C)＝义务 B－A(C)

～ ～

(4)无请求权 A－B(C)＝允许 B－A(C)

2. 权限规范模态

(5)屈从 A－B(F)＝权能 B－A(F)

～ ～

(6)豁免 A－B(F)＝无能力 B－A(F)

～ ～

(7)权能 A－B(F)＝屈从 B－A(F)

～ ～

(8)无能力 A－B(F)＝豁免 B－A(F)

罗斯对以上行为规范模态和权限规范模态的公式作了具体说明,他说,符号"＝"表示所联结的表达式是同义和关联的,而符号"～"表示它所联结的表达式是矛盾的,公式"义务 A－B(C)"读作"A 相对于 B 负有实施行为 C 的义务",在这里"C"描述的是 A 之义务的情景和主题。公式"A－B(F)"读作"A 在领域 F 内屈从于 B 的支配(他创设规范的行为)","F"在这里描述的是 B 在程序和实体两方面的权能。[①] 由以上可知,权限模态有其特殊性。罗斯解释说,"四个权能模态以相同的方式彼此相关,它们以(5)作为出发点。(5)表达了 A 对于 B 的屈从关系,即他遵守 B 以恰当方式创制之规范的义务"。[②]

罗斯对这两个模态之间的关系也进行了详细说明,他说,前四个模

① 参见[丹麦]阿尔夫·罗斯:《指令与规范》,雷磊译,中国法制出版社 2013 年版,第 149 页。

② [丹麦]阿尔夫·罗斯:《指令与规范》,雷磊译,中国法制出版社 2013 年版,第 149 页。

态处于否定和同义关系之中,因而可以相互定义。任何规范性话语,只要能用这些模态中的一个来表述,就可以用其他任何模态来重写。对后四个模态而言同样如此。此外,任何权限规范都可以被转换为行为规范,反之,则不成立。这暗示着,通过逻辑转换,任何规范都可以用行为规范的任何四个模态来表达,而不会改变其意义。① 接着,他又提醒说,然而在这四个形式上等值的模态中,义务模态被认为是根本性的。②

总之,权限还原定理不仅在逻辑上为权限规范理论提供了演示和证明,更重要的是,它是一种"元规则理论",在法学理论上具有重大意义。阿列克西评价道,"将权能规范还原为行为规范的正确方式是,前者被还原为具有元规则地位的行为规范。它们是关于合乎秩序被创设之行为规范的行为规范。这可以被称为'元规则理论'"。③

(二)义务的缺陷

权限与义务之间存在内在关联。权限与义务同属法律的基本范畴,只不过权利与义务是私法的内容和形式,而权限与职责是公法的内容和形式。所以,阿列克西说:"权能蕴含着潜在义务,但潜在义务并不蕴含权能。理由很简单。义务不仅可以通过权能来行使,也可以通过其他行为,如侵权、犯罪行为或居所变更来证立。"④但义务与权限的地位不同。罗斯把义务作为"根本性的指令范畴",而且是"唯一不可还原的规范性范畴"。

罗斯认为传统的"义务"论是有缺陷的。总体上说,把法律关系仅划分为义务和权利是"不令人满意"的。首先,不同的模态只是代表了

① 参见[丹麦]阿尔夫·罗斯:《指令与规范》,雷磊译,中国法制出版社 2013 年版,第 150 页。

② 参见[丹麦]阿尔夫·罗斯:《指令与规范》,雷磊译,中国法制出版社 2013 年版,第 150 页。

③ [德]罗伯特·阿列克西:《阿尔夫·罗斯的权能概念》,载[丹麦]阿尔夫·罗斯:《指令与规范》,雷磊译,中国法制出版社 2013 年版,第 286 页。

④ [德]罗伯特·阿列克西:《阿尔夫·罗斯的权能概念》,载[丹麦]阿尔夫·罗斯:《指令与规范》,雷磊译,中国法制出版社 2013 年版,第 283 页。

语言工具,但实际上,义务和权利一向被作为形而上的实体对待,这已在大陆法和英美法中产生了不幸的后果。其次,义务—权利的划分太过表面化,“义务”无法区别于请求、自由、权力(权能)和豁免等其他消极模态。最后,将“权利”作为“义务”的关联式是错误的。罗斯对于权利与义务划分的批评,其实也说出了他为何要创立权限理论的动机和原因,而且从中折射出罗斯权限规范理论的理论意义。

(三)权限规范的目的与私人自治和公权力的关系

罗斯之所以创立权限规范理论,其目的在于保护公共利益或者保障私人“自治”。权限规范旨在保护公共利益,这种主张源于他对权力的本质及其扩张性的清醒认识。罗斯说:“权力并非赋予公共机构让其随意行使的,它只能依照已确立之规则或依照作为其前提的一般性原则来行使。”①进一步说,“权力是一种具有社会功能的权限——为保护社会利益而非自己的利益的人才具有被赋予权限的资格”。② 一句话,“让公法权威随心所欲地来行动是不可欲的。它们的行动应取向于公共利益”。③

私人自治和公共权力是相辅相成的,当权限规范对于公权力实现控制和约束时,私人自治就自然得到保障。因此,阿列克西说:“还原定理表达出了权能以规范性为基础,而规范性可证立的真正本质在于另外的东西,即,自治。”④可见,权限规范在对公权力进行约束的时候,就是在保护私人权利。他说,有一些权能规则创设了我们称为公共权力(public authority)的东西。它们具有如下特征。它们仅为具备资格的特定的人创设权力。所要求之资格表现为符合特定法律规则的指定(designation):在丹麦,部长之所以拥有权力是因为他们依照《宪法》第

① [丹麦]阿尔夫·罗斯:《指令与规范》,雷磊译,中国法制出版社2013年版,第163页。

② Alf Ross, *On Law and Justice*, Stevens and Sons Limited, 1958, p. 203.

③ [德]罗伯特·阿列克西:《阿尔夫·罗斯的权能概念》,载[丹麦]阿尔夫·罗斯:《指令与规范》,雷磊译,中国法制出版社2013年版,第274页。

④ [德]罗伯特·阿列克西:《阿尔夫·罗斯的权能概念》,载[丹麦]阿尔夫·罗斯:《指令与规范》,雷磊译,中国法制出版社2013年版,第284页。

14 条被任命,议会成员之所以拥有权力是因为他们依照投票法(Polling Act)被选举出来,而国王之所以拥有权力是因为依照继承法(Act of Succession)他享有对王位的世袭权。[①]

公权力与私权利的性质完全不同。罗斯进一步剖析了公权力的实质。他认为,公共权力从来不是权利的一部分,因而也不可被转移。至多权力的运用可以被委派他人,此时有权者自己的权力未被侵犯。因此,我们这里所考虑的权力,其特征在于有资格限定的、他治的、为公共利益的和不可转移的。[②] 因为,“这一权力的实质是一种创设约束他人之规则(成文法、判决、行政行为)的能力。这一权力并不确保拥有权能之人自由地和任其方便地来运用它。运用它是一项义务,一种最广泛意义上的公共职权,当它被运用时(权力享有者)有义务以一种不带偏见和无偏私的方式来使用这种权力,为的是促进特定社会目的(的实现)。这些义务不仅是道德义务;它们受到各种制裁和控制措施的束缚。这种权力的社会功能在于为共同体的利益服务——这称为‘公益’(commonweal)”。[③] 可见,正是权限规范为公权力的拥有和实施设定了资格、条件,公共利益才能得到保障。相反,私人自治的权利被认为,是没有资格限定的(每个人都享有)、自治的(被用于约束拥有权限之人自己)、裁量性的(被自由地运用)和可转移的(可被转移给继承者)。因为,私人自治的社会功能,在于使个人能够在法律秩序的框架内依照其自身的利益来塑造他自己的法律关系。这一权力本身相对于特定客体而言不是一项“权利”,而是可转移的权利的一部分。[④]

---

① 参见[丹麦]阿尔夫·罗斯:《指令与规范》,雷磊译,中国法制出版社 2013 年版,第 165 页。

② 参见[丹麦]阿尔夫·罗斯:《指令与规范》,雷磊译,中国法制出版社 2013 年版,第 165～166 页。

③ [丹麦]阿尔夫·罗斯:《指令与规范》,雷磊译,中国法制出版社 2013 年版,第 165 页。

④ 参见[丹麦]阿尔夫·罗斯:《指令与规范》,雷磊译,中国法制出版社 2013 年版,第 165 页。

总之,“权能的本质在于,它为私人自治与公共自治的实践提供了一种法律工具”。[①] 不遵守权限规范,就意味着“越权”“无效”。对此,罗斯进行了具体论述,他说,“既然权能规范规定了规范创设的条件,那么这就相当于说,如果试图越权[(*ultra vires*)位于权能的范围之外]来运用权能,就不会创设出任何法律规范。有一种说法表明了这一点:预谋的法律上的行为是无效的,或不遵守权能规范会导致无效”。[②]

四、评析与结论

(一)对罗斯权限规范理论的评析

罗斯的权限规范理论是对凯尔森基础规范理论的“扬弃”。罗斯起初是凯尔森基础规范理论的追随者,在写作博士论文《法律渊源理论》一文时,他曾到维也纳聆听过凯尔森的教诲。[③] 凯尔森的纯粹法理论就是要把法律中的“异质成分”——道德彻底剔除出去。但是罗斯后来发现凯尔森违反了逻辑上的同一律原则。因为,按照凯尔森的观点,规范的存在是因为其有“效力”,而规范有效力意味着“个人应当像规范规定的那样来行为”。可见,凯尔森是将一个特殊的法律规则视为有效,并同时接受(这个具有道德的约束力)一个禁止为法律规则所要求之行为的道德规范。罗斯认为,凯尔森的观点在逻辑上是不能成立的,基础规范不是某个意志行为的意义内容,而是一种思维的假设。[④] 罗斯激情昂扬地说:“现在,先生们,我必须承认,我不能再遵从这一学说,我不得不放弃它。请相信我的话,放弃我为之辩护了几十年的学说并非易事。

① [德]罗伯特·阿列克西:《阿尔夫·罗斯的权能概念》,载[丹麦]阿尔夫·罗斯:《指令与规范》,雷磊译,中国法制出版社2013年版,第284页。

② [丹麦]阿尔夫·罗斯:《指令与规范》,雷磊译,中国法制出版社2013年版,第163页。

③ 参见[丹麦]克努德·瓦本:《阿尔夫·罗斯小传(1899-1979)》,载[丹麦]阿尔夫·罗斯:《指令与规范》,雷磊译,中国法制出版社2013年版,第288页。

④ 参见[丹麦]阿尔夫·罗斯:《指令与规范》,雷磊译,中国法制出版社2013年版,第196~197页。

我放弃了它,是因为我明白规范[应然(Sollen)]必然是意志[意志(Wollen)]的相关物。我的基础规范是一种虚构的规范,它基于意志的虚构性行为之上——在基础规范之中存在一种并没有实际发生的虚构性意志行为。"①由此可知,罗斯为什么要强调权限是一种在法律上"经由并依据与宣告的效果相一致的方式(through and in accordance with enunciations to this effect)"来创制法律规范或法律效果的能力。这里,最为关键的就是"经由并依据与宣告的效果相一致的方式"。显然,这种与"社会事实相一致的方式"正是罗斯权限概念的最大亮点,也是其斯堪的纳维亚现实主义法律思想的根本标志。总之,罗斯对于指令与社会事实对应关系的追求,使他成为一个彻底的法律实证主义者,最终使其成为斯堪的纳维亚现实主义法学的领军人物。但他不是一个"道德虚无主义者",而是一个努力"区隔出道德原则并教授真正的科学知识"的人。②

罗斯权限规范理论的影响并非只限于丹麦以及斯堪的纳维亚半岛,而是整个西方法学界,甚至整个世界。因此,罗斯是一位不折不扣的具有广泛国际影响的法哲学家。罗斯的权限规范理论,表现出对欧陆形而上学传统的抗争。其权限规范理论不仅与凯尔森有关,也涉及英美法中霍姆斯(Oliver Wendell Holmes)、弗兰克(Jerome Frank),尤其是格雷(Chipman Gray)。罗斯不仅与凯尔森有学术上的撞击,与哈特也有直接的学术交流,而且得到了哈特的肯定。哈特于1969年出版了《法律的概念》(*The Concept of Law*)一书,罗斯在对哈特此书的评价中认为,哈特与他之间不存在根本性分歧。就道德与法律之间的关系而言,他们存在广泛共识。这与哈特自己清晰地指出的一样。③ 罗斯的权

① [丹麦]阿尔夫·罗斯:《指令与规范》,雷磊译,中国法制出版社2013年版,第198页。

② 参见[丹麦]克努德·瓦本:《阿尔夫·罗斯小传(1899－1979)》,载[丹麦]阿尔夫·罗斯:《指令与规范》,雷磊译,中国法制出版社2013年版,第309页。

③ 参见[丹麦]克努德·瓦本:《阿尔夫·罗斯小传(1899－1979)》,载[丹麦]阿尔夫·罗斯:《指令与规范》,雷磊译,中国法制出版社2013年版,第305页。

限规范理论也受到当代法理学大师拉兹(Joseph Raz)、阿列克西的高度关注。阿列克西说,拉兹将罗斯对于权限概念的分析说成是"总的来说不成功的"。但通过我们的重构,实情恰好相反。①

(二)结论

综上,罗斯的法律规范理论可以被称为"指令说"。"指令说"在某种程度上弥补了凯尔森和哈特规范理论的不足,更为适合人类21世纪的国家与社会的治理现实,在如今的欧盟(EU),指令就是其主要的法律规范形式。在互联网时代的今天,世界形势已发生重大的变化,我们的法学理论及其观念,也应该随之更新和发展。罗斯的"指令说"有助于我们反思当下中国法学传统的"意志论"和"规范论"的利弊,从而对于建立中国自主法学体系,无疑具有积极的借鉴意义。

总之,罗斯对权限规范理论的贡献主要有两方面:其一,从法律现实主义出发,以法律指令与"社会事实相一致的方式",较为客观、系统地界定了权限及权限规范的概念。这样,法律规范的应然与实然就被融贯为一体,从而弥补了凯尔森及哈特关于法律规范理论的缺陷。基于此,阿列克西在评价罗斯的权限规范理论时说,"为把握这一时常难以理解的概念,他做出了最重要的努力和贡献"。② 其二,在行为规范之外,创立了新的法律规范理论,即,权限规范理论,从而超越和发展了凯尔森的"基础规范"理论及哈特的"承认规则"理论。值得指出的是,罗斯的权限规范理论已经趋于成熟,因为,它已经得到"还原定理"的演示和证明,从法律上和逻辑上都得到了证立。总之,罗斯的权限规范理论是对凯尔森和哈特的法律规范理论的超越和发展,由此他才能与凯尔森和哈特一起成为20世纪最伟大的法学家。此外,需要强调的是,中国当下正在致力于"把权力关进制度的笼子",以建立法治政府和法治国家。在法律上,"把权力关进制度的笼子"意味着合理的公法秩序的

① 参见[德]罗伯特·阿列克西:《阿尔夫·罗斯的权能概念》,载[丹麦]阿尔夫·罗斯:《指令与规范》,雷磊译,中国法制出版社2013年版,第275页。

② [德]罗伯特·阿列克西:《阿尔夫·罗斯的权能概念》,载[丹麦]阿尔夫·罗斯:《指令与规范》,雷磊译,中国法制出版社2013年版,第259页。

建立。而公法秩序的建立,则离不开权限及权限规范体系。正如当代德国法学家齐佩利乌斯(Reinhold Zippelius,1928 –)所说:“权限体系是合理建构法秩序的支柱”。[①] 进而言之,权限规范体系是建构公法秩序的支柱。要建立权限规范体系,其前提条件就是先进的权限规范理论。毫无疑问,罗斯的权限规范理论及其法律现实主义思想,对于中国如何成功地控制和约束公权力并最终建立良好的公法秩序,具有不可忽视的基础性意义。因此,重视和推动对罗斯的权限规范理论的研究既是法理学研究的需要,也是当下中国建设法治国家和法治政府的当务之急。

① [德]莱因荷德·齐佩利乌斯:《法学方法论》,金振豹译,法律出版社 2009 年版,第 5 页。

从《尼亚尔萨迦》看中世纪冰岛自由邦(930年至1262年)的刑事诉讼程序

刘易洲*

[**摘要**]文学作品是北欧法律史研究的重要原始文献,如古挪威的《国王明镜》(Konungs skuggsjá)抑或是古冰岛的《尼亚尔萨迦》(Brennu-Njáls saga)。在北欧中古史研究或法律史研究中,重点往往是实体刑法以及法律制度的变迁史。与此不同,本文通过对《尼亚尔萨迦》的文本分析,尝试梳理中世纪冰岛自由邦的刑事诉讼程序。以冰岛自由邦的社会秩序与政府组织形式为切入点,重点考察分析冰岛自由邦的社会形态与政府组织形式对其刑事诉讼程序的影响。

[**关键词**]中世纪;冰岛;刑事诉讼程序

一、背　景

尽管几乎没有关于中世纪冰岛第一部成文法的原始文献,但保罗·梅克尔(Paul Merker)在其1907年撰写的博士论文中认为,中世纪冰岛法律除了在一些萨迦文学作品中呈现的有公共管理性质的法规,还包括刑事法规。① 中世纪的北欧法律最初只作为口头传统存在,直到后来的12世纪和13世纪,口头传统才被记录为法律渊源。② 除了教会法,世俗法也被记录下来。③ 这种通过萨迦文学记录法律规范的方式被认为是法律编纂的最原始形式。这一时期最重要的法律记录是Hafliði

* 刘易洲,德国执业律师,科隆大学北欧研究与荷兰研究学士、北欧文学与比较文学硕士、法学硕士、经济法硕士。

① See Paul Merker, Das Strafrecht altisländischen Grágás, 1907, S. 9.

② See Dieter Strauch, Mittelalterliches nordisches Recht: Eine Quellenkunde, 2016, S. 1.

③ See Dieter Strauch, Mittelalterliches nordisches Recht: Eine Quellenkunde, 2016, S. 1.

Másson 领导的法律编纂,并由古冰岛立法机构(*Alþingi*)在公元 1118 年夏天接纳成为成文法。[①] Hafliði Másson 曾是中世纪冰岛自由邦法学领域最有话语权的人之一,因此该法律记录被命名为 *Hafliðiskrá* 以纪念他为法律编纂所做的贡献。[②] 这次编纂在冰岛法律史上具有特别重要的意义,因为它不仅是对世俗法的首次编纂,而且这次编纂也被认为是一个成熟的中世纪冰岛的"立法程序"。[③] 在这个立法程序中,立法提案并没有在中世纪冰岛立法机构(*Alþingi*)上讨论和表决,而是由 Hafliði Másson 领导的委员会对法律进行撰写,并在撰写的过程中对其不断地修改。[④] 只要这些法律后来没有被多数票表决废除,它们就仍然是法律。[⑤] 在这一程序下,中世纪冰岛的第一部世俗法律的编纂工作也得以完成。从其他萨迦作品的叙述中,特别是 *Islendinga bók*,可以注意到这部成文法虽然记录了很多实体刑法规定,[⑥]然而刑事程序规则并没有被记录下来。Merker 指出,程序性规则可能已经存在于口头传统之中,但在由 Hafliði Másson 领导的委员会编纂的法典中没有收录对刑事程序的直接规定。

基于这种认识,笔者试图对中世纪冰岛的刑事诉讼程序规定进行还原与描述,着重点为刑事审判程序。本文中所涉及的刑事程序规定主要是基于《尼亚尔萨迦》(*Brennu-Njáls saga*)中的记载。当然还有一些萨迦文本也包含了许多值得研究的刑事程序,如《拉克斯达拉萨迦》(*Laxdæla saga*)。之所以选择《尼亚尔萨迦》作为研究对象,是因为《尼

---

① See Paul Merker, Das Strafrecht altisländischen Grágás, 1907, S. 9.

② See Hans Henning Hoff, Hafliði Másson und die Einflüsse des römischen Rechts in der Grágás, 2012. S. 49.

③ See Hans Henning Hoff, Hafliði Másson und die Einflüsse des römischen Rechts in der Grágás, 2012. S. 49.

④ See Hans Henning Hoff, Hafliði Másson und die Einflüsse des römischen Rechts in der Grágás, 2012. S. 50.

⑤ See Hans Henning Hoff, Hafliði Másson und die Einflüsse des römischen Rechts in der Grágás, 2012. S. 50.

⑥ See Paul Merker, Das Strafrecht altisländischen Grágás, 1907, S. 9.

亚尔萨迦》与《拉克斯达拉萨迦》不同,它是一部内容十分丰富的萨迦,并生动形象地描述了众多刑事纠纷。这也使我们能够全面了解冰岛自由邦的刑事诉讼程序。

二、冰岛自由邦的社会形态与政府组织形式

法律和立法与社会形态,政治结构和文化传统息息相关。[①] 为了更好地理解冰岛自由邦程序法的意义和目的,有必要首先了解冰岛自由邦的社会形态和政府组织形式。

根据《土地认领萨迦》(*Landnámabók*)的记载,在来到冰岛的人对冰岛土地进行认领[②]后,在冰岛建立了一个国家,即所谓的“自由邦”。[③] 在公元999年至1000年前后,基督教也在冰岛自由邦被广泛接受。[④] 然而,这个新成立的冰岛自由邦很快就失去了独立性,并从1262年起开始接受挪威的统治,从而冰岛自由邦的时期也宣告结束。[⑤] 在300多年的时间里,冰岛形成了特殊的社会结构、独特的政府组织形式和实用的法律制度。

冰岛自由邦的社会秩序也是对土地认领状况的反映。杰西·拜洛克(Jesse Byock)认为在土地认领时期冰岛几乎没有常住人口,由于冰岛缺乏原始居民,所以新的定居者可以自由决定在哪里定居以及与谁定居在一起。[⑥] 在这种认领土地的特殊条件下,冰岛缺乏中央集权的政

---

① See Marciej Koszowski, *Medieval Iceland: The Influence of Culture and Tradition on Law*, Scandinavian Studies, 86(3), p. 335 (2014).

② 处于前国家形态的土地认领时代(公元870年至930年)出现在土地认领萨迦中记载的冰岛自由邦之前,在此期间,自愿从挪威来到冰岛的维京人以家庭为单位选择地方进行安顿。

③ See Sigurður Líndal, Eine kleine Geschichte Islands, 2015, S. 25ff.

④ See Jesse Byock, *Governmental Order in Early Medieval Iceland*, Medieval and Renaissance Studies Vol. 17, p. 33 (1986).

⑤ See Sigurður Líndal, Eine kleine Geschichte Islands, 2015, S. 25ff.

⑥ See Jesse Byock, *The Icelandic Althing: Dawn of Parliamentary Democracy*, in J. M. Fladmark, ed., Heritage and Identity: Shaping the Nations of the North, Routledge, 2002, p. 9.

府。其主要原因是,新移民不是被挪威派来"占领"冰岛的,也不是为了要求对冰岛享有主权,而是自愿从挪威来到冰岛寻找新生活。这也意味着冰岛自由邦并没有中央行政机构。由于没有这样的中央机制来管理土地认领,同时考虑到由于冰岛地理上的特殊性(山地居多,可以定居的平原多沿海岸线分布),定居者之间的居住地之间距离较远,因此很多事务也往往只能在一个定居点内进行处理。正因如此,各定居点本身对自己的事务拥有绝对的自主权。

在土地认领结束后,冰岛共建立了36个定居点(*Goðorð*),定居点由首领(Go*ðar*)管理。[①] 首领是根据亲属关系或根据定居点的权力显赫程度择选出来的。Njardvik将首领描述为一个定居点的国王,他拥有广泛的政治权力,同时也履行一部分的宗教职能。[②] 拜洛克提出了相反观点,因为自由农民(*Bóndi*)也可以罢免首领。虽然首领有权管理一个定居点,但他的主要任务是对外代表选举他为首领的自由农民的利益。[③] 拜洛克还指出,与其他欧洲国家的贵族不同,处于冰岛自由邦权力关系的中心的不是首领,而是自由农民,因为首领必须确保自由农民的利益的不可侵犯性。[④]

在这种社会秩序中自由农民和首领之间的关系表现为家族或血缘关系和权力关系。此外,这种关系还具有互惠性的特点。首领需要自由农民的支持,才能被允许保留首领的地位;作为回报,首领必须代表和维护自由农民的利益。这种互惠性也塑造了法律体系。这种互惠性也在不断转变的社会秩序中得到了扩展。在冰岛自由邦,如果没有家族或血缘关

---

① See Martina Stein-Wilkeshuis, *Laws in Medieval Iceland*, Journal of Medieval History, 12(1), p. 37-53 (1986).

② See Njördur P. Njardvik, *Birth of a nation: The story of the Icelandic Commonwealth*, Iceland Review, p. 42 (1978).

③ See Jesse Byock, *The Icelandic Althing: Dawn of Parliamentary Democracy*, in J. M. Fladmark, ed., Heritage and Identity: Shaping the Nations of the North, Routledge, 2002, p. 9.

④ See Jesse Byock, *Governmental Order in Early Medieval Iceland*, Medieval and Renaissance Studies Vol. 17, p. 32-33 (1986).

系,也可以通过承诺建立政治联盟、抑或通过友谊或兄弟关系建立这种互惠关系。[①] 因此,这种互惠关系是确保冰岛自由邦的社会秩序的一种手段。

由于自由农民之间享有平等的权利,首领也主要代表自由农民的利益,而且首领没有绝对的优势地位,因为他们可以随时被投票罢免,所以冰岛自由邦的社会实际上没有等级之分。正因为没有这种等级制度,首领和自由农民之间也就没有上下级关系。如果自由农民不参与决策,首领是不能基于自己的意志为定居点的自由农民作出决定。拜洛克将这样的社会秩序描述为一个通过共识而运作的社会。[②] 同时,拜洛克在这样的社会秩序中看到了民主的原型(*proto-democracy*)。[③] 这种基于共识的社会秩序也对法律制度产生了巨大影响。这种影响在刑事程序中得到了明显的体现。

基于这种社会秩序,冰岛自由邦的政府形式与大多数欧洲国家不同。[④] 威廉·伊恩·米勒(Miller)指出,新定居者也希望按照他们在挪威熟悉的制度来治理社会。[⑤] 因此,冰岛的新定居者也建立了类似于挪威的民众大会(Þingi)这样的制度来规范社会事务。

拜洛克将民众大会的形式和基于共识的社会秩序联系在一起。在地理上,冰岛缺乏与其他欧洲国家的联系,而且由于缺乏原始居民,冰岛也缺乏一个已经存在并运作的政府形式。新移民以挪威的制度为榜样,于930年左右在冰岛建立了中央民众大会。[⑥] 这是冰岛自由邦所有

---

① See Jesse Byock, *Governmental Order in Early Medieval Iceland*, Medieval and Renaissance Studies Vol. 17, p. 25 (1986).

② See Jesse Byock, *Governmental Order in Early Medieval Iceland*, Medieval and Renaissance Studies Vol. 17, p. 21 (1986).

③ See Jesse Byock, *Dispute Resolution in the Sagas*, Gripla, p. 99 (1984).

④ See William Ian Miller, *Bloodtaking and Peacemaking*: *Feud, Law, and Society in Saga Iceland*, University of Chicago Press, 1990, p. 5.

⑤ See William Ian Miller, *Bloodtaking and Peacemaking*: *Feud, Law, and Society in Saga Iceland*, University of Chicago Press, 1990, p. 16.

⑥ See Jesse Byock, *The Icelandic Althing*: *Dawn of Parliamentary Democracy*, in J. M. Fladmark ed., Heritage and Identity: Shaping the Nations of the North, Routledge, 2002, p. 3.

首领的年度会议,自由农民也可以陪同首领参会,他们可以就整个冰岛自由邦的社会事务进行谈判,达成共识,并决定适用于整个冰岛自由邦的法律规范。[①] 与挪威的民众大会不同的是,冰岛的民众大会是完全基于自由农民利益的,而不是基于首领的利益。[②] 在这方面,中央民众大会是一个立法职能机构,它在立法机构(*Lögrétta*)的框架内,在中央民众大会通过适用于下一年的法律,其主要目的是确保自由农民的利益不受侵犯。[③] 然而,应该指出的是,中央民众大会并不是一个有行政权力的政府,也就是说,中央民众大会可以通过法律,但不能自己执行法律。并且,中央民众大会在最开始并不具备司法功能。这意味着它不是一个解决社会争端的机构。

然而,随着定居者的增加,中央民众大会不再能满足快速有效的谈判和决策的需要。因此,人们寻求改革。基于960年左右的所谓"宪法改革"[④],冰岛自由邦被划分为几个大区,而这些区又由当地的地方民众大会管理。在南部大区、东部大区和西部大区,每大区有三个地方民众大会,在北部大区有四个地方民众大会。[⑤] Várþingi 的字面意思是春天的民众大会,因为它总是在夏天的中央民众大会之前举行。在地方民众大会上自由农民和首领不仅可以一起协商地方民众大会所负责区域

---

① See Jesse Byock, *The Icelandic Althing: Dawn of Parliamentary Democracy*, in J. M. Fladmark ed., Heritage and Identity: Shaping the Nations of the North, Routledge, 2002, p. 3.

② See Jesse Byock, *The Icelandic Althing: Dawn of Parliamentary Democracy*, in J. M. Fladmark ed., Heritage and Identity: Shaping the Nations of the North, Routledge, 2002, p. 3.

③ See Jesse Byock, *The Icelandic Althing: Dawn of Parliamentary Democracy*, in J. M. Fladmark ed., Heritage and Identity: Shaping the Nations of the North, Routledge, 2002, p. 5.

④ 这一历史事件虽然被称为宪法改革,但是实质上其与现代意义上的宪法相去甚远。由于 þórður gellir 与 Tungu-Oddr 这两个势力较大的首领之间的争执,公元960年左右冰岛自由邦进行了一系列复杂的改革,其中包括对冰岛自由邦进行区域划分等。

⑤ See Jesse Byock, *Governmental Order in Early Medieval Iceland*, Medieval and Renaissance Studies Vol. 17, p. 31 (1986).

的事务,也可以解决争端。① 这也是在冰岛自由邦历史上第一次,民众大会的功能从单纯的定居者聚会扩展到解决争议的法庭,地方民众大会法院(*Vár þingsdómar*,此词在此处为复数形式)也在召开地方民众大会的时间段里解决区域争端。② 地方民众大会法院可以很容易地解决当地的争端,但不能解决定居点之间或大区之间的争端。因此出现了设立更高一级法院的实际需要。由于这个原因,大区法庭(*Fjórðungsdómar*,此词在此处为复数形式)应运而生。大区法庭会在中央民众大会召开的时间段专门处理定居点之间以及跨大区的争端。③ 因此,中央民众大会不仅是一个立法职能的机构,也是一个具有司法职能的机构。可见,在冰岛自由邦的中央层面,只存在立法机构与司法机构,而"行政权力"继续保留在定居点的层面上。这种"行政权力"的目的仅在于维持定居点和平,并不赋予首领们指示或命令自由农民以及使用强制措施的权力。因此,应该明确的是,冰岛自由邦的首领治理与现代国家的政府治理不一致,冰岛自由邦的这些治理模式是具有其特殊性的。④

Ebel将冰岛自由邦的政府形式视为一种"有组织的无政府状态"⑤,因为冰岛自由邦缺乏有权使用强制执行手段的政府,这种特殊的政府形式也塑造了其法律体系。在刑事程序中,这一特点在传唤和执行判决过程中得到了明显的体现。

---

① See Jesse Byock, *Governmental Order in Early Medieval Iceland*, 17 Medieval and Renaissance Studies 31(1986).

② See Jesse Byock, *The Icelandic Althing: Dawn of Parliamentary Democracy*, in J. M. Fladmark ed., Heritage and Identity: Shaping the Nations of the North, Routledge, 2002, p. 6–7.

③ See Jesse Byock, *The Icelandic Althing: Dawn of Parliamentary Democracy*, in J. M. Fladmark ed., Heritage and Identity: Shaping the Nations of the North, Routledge, 2002, p. 7.

④ See Jesse Byock, *The Icelandic Althing: Dawn of Parliamentary Democracy*, in J. M. Fladmark ed., Heritage and Identity: Shaping the Nations of the North, Routledge, 2002, p. 4.

⑤ Ebel, Uwe, Von der Zweispältigkeit des Rechts in der Droplaugar sona saga, Studien zum Altgermanischen (1994), S. 113.

三、《尼亚尔萨迦》中冰岛自由邦的刑事诉讼程序

《尼亚尔萨迦》以该萨迦主人公 Njál 的名字命名。Njál 也被视为冰岛自由邦最著名的法学家和律师(抑或是辩护人)。① 本文介绍的冰岛自由邦的刑事诉讼程序规定均基于 Njál 直接或者间接参与的法律纠纷。与中国古代司法制度类似,冰岛自由邦对民事诉讼和刑事诉讼不进行本质上的区分,但是 Njál 参与的纠纷大多数具有刑事性质,故将其归类为刑事诉讼程序。

(一)法院管辖权

在我们谈及法院的管辖权时,冰岛自由邦只对地方管辖权和法院审级管辖权进行了区分。法院的事务管辖权这一概念并不存在于冰岛自由邦的法律体系,也就是说具有地域和审级管辖权的法院对一个大区或定居点的所有类型纠纷具有管辖权。

1. 法院系统

冰岛自由邦社会最重要的特征是它的复杂的法院系统。② 冰岛自由邦已经有一个相对复杂但发达的法院系统,这一系统包括三个审级,即在的地方民众大会的地区法院,中央民众大会的大区法院和同样在中央民众大会的第五法院(*Fimtardómr*,此词在此处为单数形式,因为只有一个第五法院)。③ 第五法院也是一个只有在《尼亚尔萨迦》中提到的特别法庭。在讨论法院系统时,必须严格区分民众大会和在民众大会期间进行的庭审。虽然这两者总是在同一时间进行,但它们有不同

① See Bernd Kannowski, *Die Ritter der Gerichte an der Schwelle von mündlicher zu schriftlicher Rechtskultur*, in Deutscher Anwaltverein Hrsg., Anwälte und ihre Geschichte: zum 140. Gründungsjahr des Deutschen Anwaltvereins, Mohr Siebeck, 2011, S. 8.

② See Jesse Byock, *Governmental Order in Early Medieval Iceland*, Medieval and Renaissance Studies Vol. 17, p. 20(1986).

③ See Jón Viðar Sigurðsson, *Chieftains and the legal culture in Iceland c.* 1100 – 1260, in Scheel Hrsg., Narrating Law and Laws of Narration in Medieval Scandinavia. Ergänzungsbände zum Reallexikon der Germanischen Altertumskunde, De Gruyter, 2020. S. 42.

的功能。只有在民众大会(*Þingi*)中的法院(*Dómr*)履行司法职能,进行争议解决,而民众大会只作为立法部门履行立法(*Nýmæli*)职责。法官由经首领提名的自由农民以及首领担任。[①] 任命自由农民担任法官而不是完全由首领担任法官一职体现出审判的初衷不在于维护势力强大首领的利益,而在于维护自由农民的利益并保护其权利的不可侵犯性。对民众大会中的法院与民众大会进行区分,也体现出了在冰岛自由邦的审判结构中实现了初步的司法权与立法权的分离。

2. 地方管辖权

在冰岛自由邦,依据地方民众大会归属地,即可以参加哪个地方的民众大会(*Þingfesti*)或合法居住地(*Heimilisfang*)以及犯罪地点,都可以确定法院的地方管辖权。

比如,在 Gunnar 诉 Hrútr 一案中,Njál 建议 Gunnar 问 Hrútr 他如何才会归还从 Unnr 那里夺来的钱财,因为 Njál 确信 Hrútr 会回答 Gunnar 他应该进行传唤并且这个案件将会在他的合法住所(*á eða at lögheimili mínu*)进行审理。[②] 可见,法院的地方管辖权取决于被传唤的当事人的法定住所,即被传唤的当事人所居住的定居点。在审判开始之前,会检查被传唤的一方的法定住所和他的地方民众大会归属地,以避免出现缺乏管辖权的情况。[③] 法院缺乏管辖权会产生程序障碍,同时也违反诉讼程序。下文将更详细地讨论程序错误的后果。

在 Gunnar 诉 Hrútr 一案中,也出现了不同的法院有平行管辖权,同时有几个法院对这一纠纷都有管辖权。[④] 这种情况,人们实际上可以直接在负责最近的定居点的地区民众大会的法院,即犯罪地点的地

① See Jesse Byock, *The Icelandic Althing*: *Dawn of Parliamentary Democracy*, in J. M. Fladmark, ed., Heritage and Identity: Shaping the Nations of the North, Routledge, 2002, p. 8.

② See Einar Ól. Sveinsson, *Brennu-Njáls saga*, Hið Íslenzka Fornritafélag, 1954, p. 62.

③ See Einar Ól. Sveinsson, *Brennu-Njáls saga*, Hið Íslenzka Fornritafélag, 1954, p. 142.

④ See Einar Ól. Sveinsson, *Brennu-Njáls saga*, Hið Íslenzka Fornritafélag, 1954, p. 61.

区民众大会的法院进行传唤，而无须在被传唤的一方的合法居住地。在 Geir 诉 Gunnar 案中，Geir 直接在 Rangæingr 地区的法庭(Rangæingadómr)上对 Gunnar 提起诉讼，①因为 Gunnar 和被他所杀的人之间的冲突就发生在 Rangæingr 这一地区。在这样的情况下，当事人有选择的自由，可以自己决定向哪个法院提起诉讼。

3. 事务管辖权

(1)地方法院和大区法院

正如上文中已经提到的，定居点内的争端主要由地方法院解决，定居点之间的争端由大区法院解决。从这个角度来看，地方法院和大区法院都可以作为刑事诉讼的初审法院。

在几个不同地方法院具有事务管辖权的情况下，可能会出现法院都拒绝审判的情况。虽然这样的情况在尼亚尔萨迦中没有描述，但在冰岛自由邦这种情况是时有发生的，因为每个地方法院都有自己的法院组织规则，该组织规则规定了何时可以在该法院进行审判。② 由于冰岛自由邦没有一个中央集权的政府，法院的组织规则也是各定居点以及地区自己的事务。如果基于法院组织规则，具有地方管辖权的地方法院都不被允许审理该案件，其后果是一个争端可能在地区法院无法解决。在这一情况下，大区法院具有直接事务管辖权。因此，大区法院对于那些原则上地方法院拥有管辖权但是因法院组织规则无法直接受理的案件而言是初审法院。③

如果在地方法院提起诉讼，但是并非所有地方法院的所有法官都同意拟议的判决。在这种情况下，该案件会被移交给大区法院，然后由

① See Einar Ól. Sveinsson, *Brennu-Njáls saga*, Hið Íslenzka Fornritafélag, 1954, p. 142.

② See Jesse Byock, *The Icelandic Althing*: *Dawn of Parliamentary Democracy*, in J. M. Fladmark, ed., Heritage and Identity: Shaping the Nations of the North, Routledge, 2002, p. 8.

③ See Jesse Byock, *The Icelandic Althing*: *Dawn of Parliamentary Democracy*, in J. M. Fladmark, ed., Heritage and Identity: Shaping the Nations of the North, Routledge, 2002, p. 8.

大区法院的法官直接对该争议作出判决。[①] 在这种情况下,大区法院扮演的是地方法院的上级法院的角色。

(2)第五法院

如上文所述,在冰岛自由邦还有一个所谓的第五法院,它与其他四个大区法院并存。在史书记载或者萨迦叙述中,对第五法院的描述较少,所以对第五法院的职责存在争议。在所有现存的萨迦叙述中,只有在《尼亚尔萨迦》中提到了这个第五法院,所以笔者将通过对该萨迦文本进行分析进而总结第五法院的管辖权。

随着越来越多的自由农民将他们的纠纷提交给法院,但是同时有越来越多的纠纷无法以判决结案,因为在地方法院或者大区法院经常无法达成统一的判决。[②] 这也导致自由农民不得不再次骑马回到自己的定居点,并重新面对没有得到解决的争端。[③] 这个困境也严重影响了冰岛自由邦社会的和平秩序。与此同时,社会上对成立解决大区法院无裁决的争议的法院的渴望日益强烈。另外,我们也可以看到,基于共识的社会秩序也有其缺点,即效率低下。

Njál 然后在中央民众大会上对首领 Skapti Þóroddsson说:"在我看来,如果我们去法庭审理案件但是因为无法达成共识而陷入困境以至于我们无法完成或继续审判,这对于我们而言是一个新的困境。"[④]就在这时,Njál 明确表示,如果大区法院对一个争议没有进行处理或者没有

---

① See Jón Viðar Sigurðsson, *Chieftains and the legal culture in Iceland c. 1100 – 1260*, in Scheel Hrsg., Narrating Law and Laws of Narration in Medieval Scandinavia. Ergänzungsbände zum Reallexikon der Germanischen Altertumskunde, De Gruyter, 2020. S. 42.

② See Einar Ól. Sveinsson, *Brennu-Njáls saga*, Hið Íslenzka Fornritafélag, 1954, p. 242.

③ See Einar Ól. Sveinsson, *Brennu-Njáls saga*, Hið Íslenzka Fornritafélag, 1954, p. 242.

④ Einar Ól. Sveinsson, *Brennu-Njáls saga*, Hið Íslenzka Fornritafélag, 1954, p. 242. 原文:mér þykir sem málum vorum sé komið í ñýtt efni ef vér skulum sækja mál í fjórðungsdómum og verði svo vafið að eigi megi lúkast né fram ganga.

作出最终判决,这种困境只能通过设立第五法庭来解决。

当Skapti Þóroddsson询问Njál他对这个第五法庭的设想是什么样的。Njál进一步解释说:“所有大区法院可以审理(但是无法完成审判)的案件都可以被移送至第五法院。”[①]第五法院最重要的作用是审判由大区法院无法通过统一判决而结案的纠纷,此外,Njál还提出,第五法庭也对提供虚假证词(ljúgvitni eða ljúgkviðu)和(证人或其他诉讼当事人)贿赂法官或(证人或其他诉讼当事人)接受贿赂(bjóða fé eða taka fé til liðs sér)的诉讼拥有管辖权。[②] 证人的证词(古日耳曼法传统中的人证,不同于古罗马法的书面证据)是刑事诉讼程序中一个重要的环节,其可以大大影响审判的结果。通过因受贿而提供虚假的证词,可以误导法官,进而导致法官作出对另一方不公正的判决。在冰岛自由邦,证人必须宣誓(见下文)。宣誓的作用在于构建证言特殊的可信性。虚假的证词和在贿赂的影响下所做的证词削弱了宣誓证言的可信性。这也体现了第五法院在冰岛自由邦在捍卫人证可信性上发挥了至关重要的作用。

关于冰岛自由邦第五法院的地位,拜洛克认为,第五法院是一个上诉法院。[③] 笔者不赞同这种观点。因为上诉法院是负责审议下级法院上诉案件的上级法院,也就是说下级法院需要首先作出判决,然后当事人对这一判决进行上诉。然而第五法院所处理的案件是大区法院自己无法作出判决的案件,换言之第五法院并不是在审议大区法院所作的判决。因此笔者基于《尼亚尔萨迦》的叙述不认为第五法院是大区法院

---

① Einar Ól. Sveinsson, *Brennu-Njáls saga*, Hið Íslenzka Fornritafélag, 1954, p. 244. 原文:Hér skulu og í koma vefangsmál öll þau er menn vefengja í fjórðungsdómi og skal þeim stefna til fimmtardóms.

② See Einar Ól. Sveinsson, *Brennu-Njáls saga*, Hið Íslenzka Fornritafélag, 1954, p. 245.

③ See Jesse Byock, *The Icelandic Althing*: *Dawn of Parliamentary Democracy*, in J. M. Fladmark, ed., Heritage and Identity: Shaping the Nations of the North, Routledge, 2002, p. 12.

的上诉法院。

(二)诉讼权利能力

诉讼权利能力是指一个人是否有权利以自己的名义进行诉讼。在冰岛自由邦,诉讼权利能力要求当事人是自由人(sem frjálsan mann),并达到一定的年龄,并且该当事人的诉讼能力没有被剥夺。《尼亚尔萨迦》中并没有明确提供诉讼权利能力的年龄限定,但学界广泛认为,在冰岛自由邦,只有12岁以上的自由人(更确切地说自由农民)才可以亲自向法院提起诉讼。①

1. 诉讼权利能力的剥夺

在Gunnar诉Þorgeir一案中,Gunnar的诉讼权利能力被剥夺,所以不被允许以自己的名义参与起诉,因为他袭击了Þorgeir,从而打乱了法律秩序。② 然而,在Njál使Gunnar在Þingskalar地区法院(*Þingskála þing*)重新获得诉讼权利能力(*helgaða*)。③ 重新获得诉讼权利能力的前提条件是,Gunnar必须向受害者提供足够的赔偿。④ 通过对受害者进行赔偿使Gunnar重新被视为一个遵守和平秩序的人(*friðhelgaða*)。⑤ Friðhelgaða的字面意思是处于法律秩序的和平中,该词的前缀frið(译:和平),还强调了一个人的诉讼权利能力取决于一个人对法律和平秩序的遵守。换言之,只有在提起诉讼前一直遵纪守法之人,才享有在冰岛自由邦法院提起诉讼的诉讼权利能力。

---

① See Martina Stein-Wilkeshuis, *Laws in Medieval Iceland*, Journal of Medieval History Vol. 12(1), p. 40 (1986).

② See Einar Ól. Sveinsson, *Brennu-Njáls saga*, Hið Íslenzka Fornritafélag, 1954, p. 161.

③ See Einar Ól. Sveinsson, *Brennu-Njáls saga*, Hið Íslenzka Fornritafélag, 1954, p. 161.

④ See Einar Ól. Sveinsson, *Brennu-Njáls saga*, Hið Íslenzka Fornritafélag, 1954, p. 164.

⑤ See Einar Ól. Sveinsson, *Brennu-Njáls saga*, Hið Íslenzka Fornritafélag, 1954, p. 165.

2. 妇女的诉讼权利能力

在Gunnar诉Hrútr一案中,Gunnar代表Unnr在法庭上宣读了对Hrútr的指控,因为Unnr要收回被Hrútr夺走并被扣留的财产。然而,从《尼亚尔萨迦》的叙述并没有明确说明为什么Unnr不可以自己宣读对Hrútr的指控。笔者认为一种合理的解释是,在冰岛自由邦,妇女不被允许出庭。这一解释也在Unnr和Hrútr的离婚争议中得到了佐证。当这段婚姻因为二人不和谐的性生活而被宣布为合法离婚时,宣布Unnr与Hrútr离婚的不是Unnr本人,而是Unnr的父亲Mörðr。[①] 即使在离婚这样一个依靠个人意愿的决定中,妇女也不被允许亲自出庭,由此也可以推断出,冰岛自由邦的妇女是不具备诉讼权利能力的。

3. 死者的诉讼权利能力

值得一提的是,一个人的死亡并不妨碍对该人提起诉讼,因此,已故的人也有被动诉讼权利能力。在现代法律体系中,被告人的死亡通常是一种刑事程序障碍,这也意味着刑事程序会被中止。在《尼亚尔萨迦》中偶尔出现对死者提起诉讼,死者家属往往在诉讼程序上代表死者,这说明了一个人的被动诉讼权利能力并不因死亡而自动终止。但是,为什么死者在冰岛自由邦中必须保持被动诉讼能力呢?拜洛克认为,法律判决是对自由农民的权利不可侵犯的这一基本理念的体现。[②] 自由农民权利的不可侵犯这一理念要求在两个自由农民之间的纠纷必须通过判决解决并重塑双方的和平共处的关系。如果不允许人们对死者提起诉讼,那么可能被死者侵害的诉讼人与死者及其亲属之间就无法重新回到产生纠纷之前的和平共处的关系。毋庸置疑的是诉讼人将永远无法让已故的被告人服刑。然而,服刑、惩处并不是冰岛自由邦刑事诉讼的唯一目标。相反,刑事诉讼的作用更在于通过判决重塑法律上和平共处的关系,其前提是通过判决裁定过世的被告人的罪责。[③] 从

① See Einar Ól. Sveinsson, *Brennu-Njáls saga*, Hið Íslenzka Fornritafélag, 1954, p. 26.

② See Jesse Byock, *Governmental Order in Early Medieval Iceland*, Medieval and Renaissance Studies Vol. 17, p. 32 (1986).

③ See Jesse Byock, *Dispute resolution in the sagas*, Gripla, p. 88 (1984).

这个角度来看,赋予过世被告人的诉讼权利能力符合冰岛自由邦对社会和平秩序的需求。

(三)传唤

在现代法律体系中,法院是刑事诉讼程序的主宰,在检察机关提交公诉书后,只有法院有传唤被告人的权力,与此现代制度不同的是,在冰岛自由邦,诉讼人需要亲自对被告人进行传唤。

Gunnar 诉 Hrútr 案中,Gunnar 去见 Hrútr 后,Gunnar 对 Hrútr 宣读了他对 Hrútr 的传唤请求,并且 Hrútr 必须向 Gunnar 重复他所理解的传唤请求并同意该请求,以使该传唤请求具有法律效力(sá er réttr)。[①] 原则上,被传唤的一方必须理解传唤请求的内容,在起诉人宣读传唤请求后,还必须询问被传唤人是否认为传票请求的陈述是正确的。[②] 如果被传唤人不理解传唤请求的内容或认为内容不正确,该传唤就没有法律效力,起诉人则需要重新宣读传唤请求。传唤和被传唤人复述传唤的内容都需由 Gunnar 的同伴见证,否则该传唤请求将失去法律效力。[③] 这再一次体现了在古日耳曼法中人证的重要性。

传唤请求也有其时间限制。在 Otkel 诉 Gunnar 案中,Otkel 和他的兄弟们以及 Skammkel 在中央民众大会的大区法院规定的宣读传唤请求的时限(*Stefnudagr*)结束前不久向 Gunnar 宣读了传唤请求。[④] 然而,目前仍不清楚这一时限有多长,从何时起开始计算这一时限以及这一时限在什么时候终止。本萨迦中对该时限没有进行进一步的描述,但是可以确定的是在超过一定时限后,传唤人也将失去传唤的权利。

传唤人自行对实施犯罪的被传唤人进行传唤这一制度是冰岛自由

① See Einar Ól. Sveinsson: Brennu-Njáls saga, Hið Íslenzka Fornritafélag, 1954, p. 65.

② See Einar Ól. Sveinsson, Brennu-Njáls saga, Hið Íslenzka Fornritafélag, 1954, p. 130.

③ See Einar Ól. Sveinsson, Brennu-Njáls saga, Hið Íslenzka Fornritafélag, 1954, p. 65.

④ See Einar Ól. Sveinsson, Brennu-Njáls saga, Hið Íslenzka Fornritafélag, 1954, p. 129.

邦社会秩序与政府组织形式的产物。冰岛自由邦是一个没有等级制度的社会,拜洛克也将冰岛自由邦的无等级制度的社会理解为在人际共识的基础上运作的社会。① 在这样的一种社会秩序下,传唤行为不是一种国家行为,而是一种个人行为。并且传唤缺乏其强制性,而只有在双方均同意的情况下才有其法律效力。

(四)起诉

在现代刑事诉讼中,刑事诉讼程序始于检察机关的公诉。公诉一词强调了国家机器对于刑事诉讼的主导权力。然而在冰岛自由邦对刑事犯罪的控告并不是基于检察机关代表国家发起的公诉,而是基于私人的起诉。

1. 起诉

当起诉人在刑事诉讼程序中提起诉讼时,《尼亚尔萨迦》不加区分地使用了诸如提起诉讼(*að hlýða til framsögu sakar*)、宣布诉求(*að hafa mál fram*)或寻求法律帮助(*sókn*)等表达方式。这些词语的选择都表明对刑事案件的起诉是一项私人事宜。按照本萨迦的描述,只有自由农民和首领有权利宣读指控。

在 Gunnar 诉 Hrútr 案中, Gunnar 来到 Breidafjord 地区法院(*Breiðafirðingadómr*),在法庭上要求 Hrútr 宣读其诉讼请求(*að hlýða til framsögu sakar*)。② 在 Gunnar 诉 Geir 案中,Geir 也宣读了对 Gunnar 的杀戮指控。③ 自由农民或者首领而非国家机关提起诉讼的原因还是主要在于在冰岛自由邦的非等级社会中,没有行政权力的政府无法代表国家对犯罪提起控告。

2. 起诉人资格

起诉人资格是指以自己的名义或代表他人向法院对罪犯提起控告的权利。起诉人资格与上文讨论的诉讼权利能力有重叠之处,然而起

① See Jesse Byock, *Dispute Resolution in the Sagas*, Gripla, p. 88 (1984).

② See Einar Ól. Sveinsson, *Brennu-Njáls saga*, Hið Íslenzka Fornritafélag, 1954, p. 66.

③ See Einar Ól. Sveinsson, *Brennu-Njáls saga*, Hið Íslenzka Fornritafélag, 1954, p. 142.

诉人资格着重强调的是具有诉讼权利能力的人在刑事案件中进行起诉的权力,即诉讼权利能力为具有起诉人资格的前提。

在 Gunnar 诉 Hrútr 案中,Gunnar 在法庭上宣读了对 Hrútr 的指控,要求收回被 Hrútr 强制夺走并扣留的财产。这场纠纷的受害者实际上是 Unnr,她是 Gunnar 的一个亲戚。然而,Unnr 要求 Gunnar 代表她向 Hrútr 要回这笔钱。从这一点可以看出,起诉人资格并不以起诉人自己是受害者为前提。当起诉人因没有发生在他身上的伤害而进行起诉时,本萨迦称为起诉权的转移。Gunnar 是 Unnr 的一个有权势的亲戚。Unnr 找到 Gunnar,让他代表她提出起诉,因为她也知道她需要一个与她前夫 Hrútr 同样有权势或者更有权势的起诉人,借以实现她的起诉目的。因此,当受害者与犯罪人相比处于社会弱势地位时,转移起诉权是一种诉讼策略。Gunnar 不仅帮助 Unnr 进行起诉,在她能拿回自己被抢走的钱之前仍然在经济上支持她。这也可以被解释为亲属之间互惠的表现。

在 Gunnar 诉 Þorgeir 案中,Gunnar 在法庭上宣布了对 Þorgeir 杀害 Hjörtr 和伤害 Kolskeggr 的指控。① 与 Gunnar 和 Hrútr 之间的纠纷不同,这里的受害者,也就是 Gunnar 的兄弟 Hjörtr 已经过世了。在冰岛自由邦,起诉人资格在受害者过世的情况下直接移交给家庭成员,家庭成员自己可以决定是否进行起诉。将起诉权移交给家庭成员也是为了帮助过世的家庭成员重新找回法律上的正义。虽然受害者已经过世,不能再感知正义,但要作出的判决和与之而来的惩戒可以被看作对被侵犯的正义的补偿,其具有一种象征意义。

在这场纠纷中,受伤的 Kolskeggr 的起诉人资格也被移交给 Njál。这种转移完全是出于诉讼策略的考虑。当然,Kolskeggr 作为一个很有权势的自由农民,也可以自己提出起诉。但是,Gunnar 的朋友 Njál 作为在冰岛自由邦中最熟悉法律的人,在将起诉人资格转移给他后,可以通过 Njál 的法律知识大大提高这次审判胜诉的概率。

---

① See Einar Ól. Sveinsson, *Brennu-Njáls saga*, Hið Íslenzka Fornritafélag, 1954, p. 65.

(五)宣誓

宣誓作为刑事审判中确保法庭上陈述的真实性的工具,在现代司法程序中也被普遍使用。宣誓后的虚假陈述会受到比简单的虚假陈述更严厉的惩罚。在冰岛自由邦的刑事诉讼司法实践中,宣誓已经起到了确保证言真实性的作用。在本萨迦几乎在所有的纠纷中起诉人和证人都进行了宣誓。

在本萨迦中一共提及了两种誓言,即起诉人誓言和证人誓言。然而,我们对世俗宣誓的誓言内容知之甚少,因为萨迦中只记载起诉人和证人宣读过誓言。因此,我们不能直接从萨迦的叙述中了解世俗宣誓誓言的内容。然而,在第五法庭审理的 Mörður 诉 Flosi 案中,起诉人和证人的宣誓已经是所谓的宗教宣誓了。宗教宣誓至少能够让我们了解刑事程序中宣誓誓言的大致内容。

在这场争论中,Mörður 首先作为起诉人宣誓。在 Mörður 的誓言中他请求上帝帮助他准确地宣读起诉书,并证明他没有贿赂或接受金钱。① Laing 认为,宣誓是法庭上非常严肃的行为。② 原告的宣誓确保了法庭确信原告依法进行起诉,并确保其起诉书内容受到广泛认可。③ 在此之后,Mörður 的宣誓证人进行了宣誓。Mörður 宣誓证人请求上帝帮助他们证明 Mörður 陈述的真实性。④

这种复杂的宣誓程序也是在建立第五法庭时 Njál 设计的。在第五

① See Einar Ól. Sveinsson, *Brennu-Njáls saga*, Hið Íslenzka Fornritafélag, 1954, p. 337.

② See Gregory L. Laing, *Bound by Words: Oath-Taking and Oath-Breaking in Medieval lceland and Anglo-Saxon England* (Ph. D. diss., the Western Michigan University, 2014), p. 126.

③ See Gregory L. Laing, *Bound by Words: Oath-Taking and Oath-Breaking in Medieval lceland and Anglo-Saxon England* (Ph. D. diss., the Western Michigan University, 2014), p. 126.

④ See Einar Ól. Sveinsson, *Brennu-Njáls saga*, Hið Íslenzka Fornritafélag, 1954, p. 338.

法庭上,起诉人的誓言仍需由两位自由农民确认。① 这确保了冰岛自由邦最高法院是基于对案件事实的正确把握而作出最终判决。

同样值得注意的是,Njál 在设计宣誓制度时并没有引进宗教宣誓,即以上帝的名义。然而,Mörður 和 Mörður 的宣誓证人都在宣誓时是以上帝的名义起誓。在这一点上,我们需要对这一事件段的历史事件进行梳理。本萨迦中的叙述是按照时间顺序进行排列的。Njál 的提议被记载在第 97 章(*kapítuli*)。直到第 101 章才记载冰岛自由邦将基督教纳为国教。在第 144 章中记载了 Mörður 诉 Flosi 一案。因此,可以认为,在 Njál 设计宣誓制度之时,基督教还没有被冰岛自由邦广泛接受。因此,在刑事诉讼程序中加入进行宗教宣誓,而非世俗宣誓,是冰岛自由邦接受基督教的结果。由此可以看出,新的宗教也对冰岛自由邦的社会秩序产生了影响,即自由农民之间的相互信任现在也因上帝的见证而得到加强,这种上帝的见证成为一种额外的保障。② 由此也可以看出冰岛自由邦的刑法程序是动态发展的,并不断适应持续变化的社会秩序。

(六)判决

与现代法律体系不同,在冰岛自由国度,判决直接获得法律效力,所判处的刑罚可以根据判决直接执行。判决的直接法律效力正是作者不同意拜洛克关于将第五法院归为上诉法院的观点的原因。③ 拜洛克虽然正确地认识到,第五法庭是最高法庭,但它不是上诉法庭。上诉法院可以推翻判决,但第五法院不能这样做。第五法庭只能处理尚未在大区法庭中完成统一判决的诉讼。只有在这一点上,第五法庭与大区法庭相比是一个更高的法庭,因为它有更高的管辖权。也就是说,还没

① See Einar Ól. Sveinsson, *Brennu-Njáls saga*, Hið Íslenzka Fornritafélag, 1954, p. 224.

② See Jesse Byock, *Governmental Order in Early Medieval Iceland*, Medieval and Renaissance Studies Vol. 17, p. 34 (1986).

③ See Jesse Byock, *The Icelandic Althing: Dawn of Parliamentary Democracy*, in J. M. Fladmark, ed., Heritage and Identity: Shaping the Nations of the North, Routledge, 2002, p. 12.

有一个季度法院的判决可以让第五法院推翻。相反,第五法庭通过了自己的判决。

尼亚尔萨迦中有三种类型的判决,即自我判决、法院判决和仲裁裁决。它们可以在没有强制的申请次序的情况下具有相同的法律效力。

1. 自我判决(*sjálfdœmi*)

自我宣判是冰岛自由邦的最常见的判决形式,即被告人在刑事诉讼中自己提议自己应受到怎么样的判决。这种判决形式与现代法律体系并不相容。在 Oktel 诉 Gunnar 一案中,Gunnar 可以提出一个自我判决。在此,Gunnar 建议他对 Oktel 造成的损失进行赔偿。[1] 然而,这个建议没有直接成为有法律效力的自我判决。起诉人 Oktel 和他的律师(法律支持)Geir 必须认可这一提议,否则 Gunnar 的自我判决无法生效。起初,Geir 不同意,因为 Geir 并不希望 Gunnar 对损失进行赔偿,而是希望 Gunnar 能够再次向 Oktel 表示友好。[2] Gunnar 并没有不同意 Geir 的提议。在这种情况下,如果双方不能就被告人提出的自我判决达成一致时,则需要继续进行刑事审判程序,其后必须由法院作出法院判决。然而,鉴于 Gunnar 有强大(亲友)团队在庭审中造势,Geir 最终同意了 Gunnar 的自我判决。

从这个角度,我们可以再次意识到,共识是冰岛自由邦社会运作的基本模式。然而,在冰岛自由国度,并非每个自由农民都能提出自我判决。就像 Oktel 诉 Gunnar 案中那样,当审判中的双方实力相当或双方中的一方实力较强时,自我判决是一种诉讼策略,以使被告人获得对其较为有利的判决。这也表明,冰岛自由邦的刑事审判程序也是一场权力游戏,因为实力较强的起诉人不需要接受实力较弱的被告人提出的自我判决。

---

① See Einar Ól. Sveinsson, *Brennu-Njáls saga*, Hið Íslenzka Fornritafélag, 1954, p. 132.

② See Einar Ól. Sveinsson, *Brennu-Njáls saga*, Hið Íslenzka Fornritafélag, 1954, p. 132. 原文:Það viljum vér að þú gjaldir ekki fé en þess beiðum vér að þú sért vinur Otkels.

2. 法院判决(*dœmi*)

与现代诉讼程序不同的是,在冰岛自由邦中,只有在极少数情况下诉讼程序以法院判决而结束。在本萨迦中,没有对由法院直接作出判决进行的记载。我们唯一可以了解到的是,大区法庭的判决是一个“法官意见统一”的判决。① 统一性的要求是社会共识原则在司法层面的体现。然而,拜洛克认为,大区法院“法官意见统一”的判决并不要求所有被任命的法官必须一致投票赞成一项判决,否则大区法院的功能就会受到限制,因为大区法院法官在法庭上如果无法达成绝对共识,就无法作出判决。② 所以拜洛克认为只有在36名任命的法官中超过6人投票反对一项判决时,大区法院将无法作出判决并且该起诉需被驳回。③ 无论大区法院判决需要全票通过抑或是只需要绝对多数法官同意,可以看出的是法院判决需代表社会大多数人的共同意志。

3. 仲裁裁决

仲裁裁决也是一种判决形式,在萨迦中经常出现。例如,Gunnar 诉 Geir 案就是最终以仲裁裁决结束。我们只知道双方必须分别任命六名仲裁员。④ 然而,从萨迦中并无法清楚了解仲裁员是如何作出仲裁裁决以及仲裁员意见不统一时对仲裁判决有何影响。除此之外,还有待解释的是,仲裁裁决与法院判决在本质上有何不同,因为无论是法院判决还是仲裁判决都是由独立于诉讼双方的其他审判参与者作出的。在本萨迦中表现出的最大不同的是,作出法院判决的法官在开

① See Einar Ól. Sveinsson, *Brennu-Njáls saga*, Hið Íslenzka Fornritafélag, 1954, p. 242.

② See Jesse Byock, *The Icelandic Althing: Dawn of Parliamentary Democracy*, in J. M. Fladmark, ed., Heritage and Identity: Shaping the Nations of the North, Routledge, 2002, p. 13.

③ See Jesse Byock, *The Icelandic Althing: Dawn of Parliamentary Democracy*, in J. M. Fladmark, ed., Heritage and Identity: Shaping the Nations of the North, Routledge, 2002, p. 13.

④ See Einar Ól. Sveinsson, *Brennu-Njáls saga*, Hið Íslenzka Fornritafélag, 1954, p. 145.

庭前已经确定,双方当事人对法官的选择没有重大影响,而作出仲裁裁决的仲裁员是由双方当事人在庭审中提议的。仲裁员可能来自各自的关系网络。这种差异也是体现出这两种裁决形式的不同目标。仲裁裁决的出发点是通过第三方的参与使各方尽快达成协议,并有效率地解决纠纷。而法院判决的目的是维护社会正义和重造社会整体稳定。

(七)程序性错误的后果

1. 地方法院或大区法院的程序错误

在 Geir 诉 Gunnar 案中,Geir 犯了一个程序性错误。在这次审判中,Geir 宣读了对 Gunnar 的指控后,Otkel,Hallbjörn,Skammkel,而且还指控他杀害了挪威人 Auðólfr。[①] 在《尼亚尔萨迦》中,Auðólfr 被描述为"和 Otkel 合住的挪威人叫 Auðólfr"。[②] 冰岛自由邦的法院只对冰岛人之间的纠纷有专属管辖权,但对冰岛人和挪威人(*Austmaðr*)之间的纠纷没有管辖权。在法庭发现 Auðólfr 是挪威人后,法院宣布自己没有管辖权,因为只有挪威的法院对 Auðólfr 有专属管辖权。[③] 由于缺乏管辖权,法院没有对这一犯罪指控作出裁决,而是直接宣布 Geir 因为程序错误败诉。

然而,法院的判决对 Geir 产生了后果,影响了 Geir 诉 Gunnar 案的结果。Geir 被认定为 fjörbaugsmann。Fjörbaugsmann 来自单词 fjörbaugsmaðr,这是一个因扰乱法律和平秩序而被判处三年放逐的罪犯。在这场刑事诉讼后 Geir 不仅被驱逐出冰岛自由邦,而且还失去了其社会地位。由于他打乱了法律秩序,因而也失去了诉讼权利能力并且在重新获得诉讼权利能力之前不可以在冰岛自由邦的法院上提起

---

① See Einar Ól. Sveinsson, *Brennu-Njáls saga*, Hið Íslenzka Fornritafélag, 1954, p. 142.

② Einar Ól. Sveinsson, *Brennu-Njáls saga*, Hið Íslenzka Fornritafélag, 1954, p. 142. 原文:Austmaðr var á vist með Otkatli, er Auðólfr hét.

③ See Einar Ól. Sveinsson, *Brennu-Njáls saga*, Hið Íslenzka Fornritafélag, 1954, p. 143.

诉讼。

2.第五法院的程序性错误

在第五法院,程序性错误的后果更加明确。第五法院的诉讼程序必须以判决作结。如果起诉人违反诉讼程序,其后果已经在第五法院的法庭规则中作出了明确规定。即违反诉讼程序即败诉。[①]

诉讼程序是维护冰岛自由邦法律和平的重要工具。因为如果在诉讼程序上出现错误,自由农民之间安定的法律关系也会被扰乱。以败诉作为违反诉讼程序的后果是对法律安定的一种捍卫。

(八)刑事判决的执行

在现代法律体系中,执行法院判决由行政机关的职能部门负责;例如,在德国,刑事判决的执行由检察院的司法事务官(*Rechtspfleger*)负责。然而,在冰岛自由邦,刑事判决的执行是一个私人事宜,这也意味着自由农民必须自己执行自己案件的刑事判决。[②]

在Gunnar诉Geir案中,Gunnar直接在法庭上主动按照判决向Geir支付了罚金,[③]而不是基于强制措施被迫缴纳罚金。Miller认为,在冰岛自由邦执行判决,与有中央政府和国家执法机构的国家不同,是一个私人事宜,这是由冰岛自由邦社会秩序所决定的。[④] 冰岛自由邦由于其特殊的政府组织形式因而没有执法权。即使是首领也不能对他的自由农民执行刑事判决。因此,被定罪的人必须按照判决自愿清偿刑罚或者诉讼方必须动用自己的力量使被定罪的人承担判决书中规定的刑罚。

---

① See Einar Ól. Sveinsson, *Brennu-Njáls saga*, Hið Íslenzka Fornritafélag, 1954, p. 142. 原文:Svo skal og ef annar fer með rétt mál en annar með rangt, þá skal eftir þeim dæma er rétt fara að sókn.

② See Jesse Byock, *Dispute resolution in the sagas*, *Gripla*, p. 92 (1984).

③ See Einar Ól. Sveinsson, *Brennu-Njáls saga*, Hið Íslenzka Fornritafélag, 1954, p. 145.

④ See William Ian Miller, *Bloodtaking and Peacemaking: Feud, Law, and Society in Saga Iceland*, University of Chicago Press, 1990, p. 5.

这样的制度也引发了新的问题:如果被定罪的人故意不想服刑,起诉人也没有能力自己去执行判决,那么起诉人在冰岛自由邦可以做什么?在这个问题上,《尼亚尔萨迦》并没有给出具体的答案。Friedman认为,在这样的情况下,起诉人需再一次对被定罪的人提起指控,但是这一次的指控内容是被告人未按照判决服刑。[①] 服刑实际上是重构和平的方式。不主动服刑表现出被定罪的人对重构和平的抗拒,最终会导致该被定罪的人丧失诉讼权利能力。

个人执行判决这一制度也有其弊端。在这个执法系统中,在支付罚金后罪责也随之消失。这意味着,只要有钱支付罚金,总是会有办法让自己免于罪责。在冰岛自由邦,所有自由农民基本上享有同等权利,但在经济上他们并不十分平等。另外,就像Gunnar诉Geir案中,Gunnar的亲戚可以直接在法院上支付大额罚金以使Gunnar免于杀人罪的罪责,并在未来其他的审判中保持诉讼权利能力。[②] 如果一个自由农民和他的家族在经济上处于弱势地位,那么他就会受到威胁,如果他不能按照判决服刑,支付罚金,即使他只犯了简单的盗窃罪,也将会在未来其他的审判中丧失诉讼权利能力。在这方面,富有的自由农民在制度层面上就得到了一种法律特权。笔者认为,审判后对判决的执行其实可以被视为一种冰岛自由邦社会中处于不同经济地位的自由农民之间的权力游戏。

四、总　结

本文以《尼亚尔萨迦》为基础,根据该萨迦中的叙述,对冰岛自由邦的刑事诉讼法进行了考察研究。《尼亚尔萨迦》总共包括159个章节,是一部内容相对较为广泛的萨迦文本。由于篇幅限制,本文的分析主要围绕本萨迦中的部分争端与部分刑事程序。

---

① See Friedman, David, *Private Creation and Enforcement of Law: A Historical Case*, The Journal of Legal Studies, 8(2), p. 400 (1979).

② See Einar Ól. Sveinsson, *Brennu-Njáls saga*, Hið Íslenzka Fornritafélag, 1954, p. 145.

通过上述分析,首先可以确定的是,在冰岛自由邦已经存在一部与现代法律体系相媲美的系统的刑事诉讼制度,并且在法庭实践中也普遍适用。从对各自程序规则的分析中可以看出,冰岛自由邦的刑事程序设计是对冰岛自由邦的社会形态和特殊的政府组织形式的缩影。在一个无等级差异和基于共识的社会中,起诉人与被告人是刑事程序真正的主导者,而不是法院或者民众大会。法官并不指导审判,他们是根据双方陈词以及举证而进行判决。法院的判决需要法官多数票作出,这可以理解为是一种社会共识的表达。由于其特殊的政府形式,冰岛自由邦缺乏执法机构,因此执行判决也就成为了一个原告的个人事宜。

在冰岛自由邦,刑事审判的目的不在于制裁罪犯或者维护国家的统治,而是为了寻求正义,恢复社会的和平与稳定。这首先体现在对诉讼权利能力的规定上。扰乱和平秩序的自由农民将被剥夺了提起诉讼的能力,只有当他重新遵守和平秩序之后,才会重新获得起诉的权利。

最后,冰岛自由邦的刑事诉讼程序也在不断适应社会发展的需求。第五法庭的设立满足了对更高一级法院的需求,也成为冰岛自由邦的最高法院。在刑事审判中证人进行宗教宣誓也展现了冰岛自由邦从自然宗教信仰向基督教信仰的过渡。

乌普萨拉学派的法律观及其哲学基础

高　宇*

[**摘要**]以黑格斯特罗姆、伦德施泰特以及奥利弗克罗纳为代表的乌普萨拉学派是斯堪的纳维亚法律现实主义的主要一脉。乌普萨拉学派基于本体论自然主义哲学立场对主流的规范主义法律观提出了根本质疑,主张法律规范性是一种形而上学,法律既不是具有客观约束力的规范体系,也不是表达主权者意志的国家命令。乌普萨拉学派认为,从根本上说,法律不过是一种组织性的强制力量,一种以人为齿轮的社会机器。由此,乌普萨拉学派最终描绘了一幅由纯粹事实构成的法律世界图景。

[**关键词**]乌普萨拉学派;自然主义;法律规范性;法律命令;法律机器

尽管斯堪的纳维亚法律现实主义以法律怀疑主义名世,但严格说来,它并不是一个统一的法学流派,而是可以区分为瑞典与丹麦两支,二者的哲学基础有所不同。其中,著名法学家罗斯(Alf Ross)是丹麦一脉最突出的代表,其理论以名噪一时的逻辑实证主义为哲学基础;瑞典一脉则以"乌普萨拉学派"("the Uppsala School")为中心,主要包括黑格斯特罗姆(Axel Hägerström),伦德施泰特(Vilhelm Lundstedt)以及奥利弗克罗纳(Karl Olivecrona)等哲学家与法学家,这一脉的哲学基础是由黑格斯特罗姆创建的乌普萨拉学派哲学。

20 世纪初,具有浓厚形而上学色彩的德国观念论哲学盛行于欧洲,一些哲学家试图以实在论批判、取代观念论,最著名的就是英国哲学家罗素与摩尔发起的反对观念论运动,并由此开创了现代分析哲学。同一时期观念论哲学同样盛行于瑞典,形而上学思维支配了学术领域,黑格斯特罗姆(1868 -1939)接受的正是观念论哲学教育。正是在这样的

* 高宇,法学博士,福建农林大学公共管理与法学院副教授。

哲学背景下,黑格斯特罗姆对形而上学产生严重怀疑,并独立地从事一种新的哲学,开创了以实在论哲学为基石的乌普萨拉学派。黑格斯特罗姆最初研究知识论与本体论等理论哲学领域的实在论问题,自1911年担任位于瑞典文化与宗教中心城市乌普萨拉的乌普萨拉大学的实践哲学教席,研究重心转向道德、法律与政治等实践哲学,直到1933年退休。乌普萨拉学派是诞生于瑞典本土的原创性哲学流派,黑格斯特罗姆也因其开创性贡献被视为瑞典最重要的哲学大家。乌普萨拉学派是实在论哲学流派中对法哲学与法学影响最大的一支,黑格斯特罗姆本人撰写了大量法哲学著作,并对伦德施泰特与奥利弗克罗纳这两位乌普萨拉学派的法学旗帜产生决定性影响,成为斯堪的纳维亚法律现实主义的主要奠基人,是名副其实的"斯堪的纳维亚法律现实主义之父"。①

伦德施泰特(1882–1955)求学于隆德大学,1908年获得法学博士学位,此后执教于隆德大学,1914年担任乌普萨拉大学民法与罗马法教授,直到1948年退休。结识黑格斯特罗姆后,伦德施泰特的法学观念发生根本性变化,并成为黑格斯特罗姆理论的忠实信徒。在黑格斯特罗姆的哲学对伦德施泰特产生决定性影响后,伦德施泰特终其一生的学术使命都在于根据黑格斯特罗姆的哲学革新法学研究,进一步延展黑格斯特罗姆的法学工作。伦德施泰特积极将黑格斯特罗姆的哲学运用于法学核心领域,产生广泛影响,成为乌普萨拉学派的法学领袖。②伦德施泰特的法哲学思想集中体现在1956年出版的《法律思维变革》(*Legal Thinking Revised*)一书中,伦德施泰特在该书中表达了乌普萨拉学派最为激进的法律怀疑主义倾向。

① 关于黑格斯特罗姆的生平,参见Patricia Mindus, *A Real Mind: The Life and Work of Axel Hägerström*, Springer, 2009。黑格斯特罗姆的法哲学代表作《法律与道德的性质研究》已有中译本,参见[瑞]阿克塞尔·黑格斯特罗姆:《法律与道德的性质研究》,陈曦译,商务印书馆2021年版。

② 关于伦德施泰特的生平,参见Jan-Olof Sundell, *Vilhelm Lundstedt—A Biographical Sketch*, 48 Stockholm Institute for Scandianvian Law 465(2010)。

奥利弗克罗纳(1897－1980)出生于乌普萨拉,20世纪20年代求学于乌普萨拉大学,1928年获得法学博士学位,求学期间获得伦德施泰特与黑格斯特罗姆的指导,深受二人开设的课程、讲座与研讨班的影响,自此确立了实在论法哲学的坚定立场。在伦德施泰特的建议下,奥利弗克罗纳1933年从乌普萨拉前往隆德大学,接任瑞典法学家卡伦伯格(Ernst Kallenberg)的程序法教席,直到1964年退休。自1939年出版法理学名作《法律作为事实》(Law as Fact)以来,奥利弗克罗纳始终将法理学作为主要研究领域,该书于1971年又发行了第二版。退休后他仍笔耕不辍。奥利弗克罗纳1980年去世,与伦德施泰特、黑格斯特罗姆葬于乌普萨拉的同一块墓地。① 奥利弗克罗纳被广泛视为乌普萨拉学派最杰出的法学家,与罗斯比肩的斯堪的纳维亚法律现实主义的代表性人物。

正是基于相同的哲学基础,乌普萨拉学派持有大致相近与统一的法律观,一种区别于自然法理论与法律实证主义的独特的法律观。乌普萨拉学派因其彻底的怀疑主义立场长期饱受争议,学界关注的焦点在于该学派对传统法理学的消极批判一面,对于该学派正面的理论建构则有所忽视。本文首先阐发乌普萨拉学派法律思想预设的哲学基础,这种实在论哲学差不多就是当代哲学讨论的“本体论自然主义”(ontological naturalism)。其次论述乌普萨拉学派对传统的规范主义法律观的激烈批判,指出其法律怀疑主义立场的根源;然后阐述乌普萨拉学派对流行的法律命令论的批评,以及奥利弗克罗纳正面提出的一种新的法律规则理论,即独立命令说。最后,进一步阐述乌普萨拉学派提出的法律作为一种社会机器的新法律观,分析这种法律观的实质蕴涵及其与传统法律观的根本差异。

---

① 关于奥利弗克罗纳的生平,参见 Torben Spaak, *A Critical Appraisal of Karl Olivecrona's Legal Philosophy*, Springer, 2014, chapter 2。

一、本体论自然主义

作为乌普萨拉学派的创始人,黑格斯特罗姆的哲学不仅是他本人法学思想的根源,也是整个学派法律观念的基础。黑格斯特罗姆的哲学体系博大精深,按照他自己后期的总结,他一生的理论哲学主要体现在三个方面:反主观主义、实在论命题与反形而上学。①

首先是反主观主义。意识与物质的关系是近代哲学的基本问题,自笛卡尔、莱布尼茨到贝克莱、休谟,再到康德,近代哲学家形成了主观主义的哲学思路。主观主义认为,意识才是第一位的,物质是第二位的,意识的对象只有在意识中才能真正存在,意识或"我思"才是世界真正的本源。主观主义的影响是巨大的,它不仅带来德国的观念论运动,也导致了包括叔本华的意志主义在内的各种唯我论思潮。黑格斯特罗姆认为,主观主义的核心假定——意识的对象由意识决定——存在内部矛盾。意识总是关于某物的意识,可见,意识与意识的对象是不同的范畴。那么,二者究竟是何关系呢?主观主义的回答是,这一关系由意识本身给定。然而在黑格斯特罗姆看来,意识作为其中一个关系项,不能与关系本身进行混淆,而这恰恰是主观主义的矛盾所在。② 换言之,意识所意向的东西必然不同于意向过程本身,意识不可能仅凭借自身就能给出意向对象。事实上,意识自身也无法给出意识与对象是否相符的判断标准,因为正是区别于意识的客观对象才使这一标准成为可能。黑格斯特罗姆当然不是要回到笛卡尔的二元论,而是主张客观对象或实在具有本体论与知识论的优先性,意识是派生物。因此,主观主义的各种形式,无论是主张对象仅是意识的派生物的"知识论观念论"(epistemological idealism),还是主张存在一个无法认知的"事物本身"

---

① See Axel Hägerström, *A Summary of My Philosophy*, in H. D. Lewis ed., Philosophy and Religion, trans. by R. T. Sandin, Humanities Press, 1964.

② See Enrico Pattaro, *Axel Hägerström at the Origins of the Uppsala School*, in Enrico Pattaro and Corrado Roversi eds., Legal Philosophy in the Twentieth Century: The Civil Law World, Springer Netherlands, 2016, p. 320.

的“知识论实在论”(epistemological realism),都不能成立。①

其次,黑格斯特罗姆对主观主义的批判必然导向他的实在论命题,即存在一个独立于人类心智的外部自然世界,这一时空经验世界之中的实在才是意识与知识的终极基础。② 必须指出的是,在康德那里,时间和空间是主体的先验感性形式,因而在根本上依赖于主体本身。黑格斯特罗姆反对这种空洞的主观主义时空观,主张时空间就是独立于主体的经验世界。③ 事实上只有预设共同的时空经验世界的存在,不同的意识存在者或“我思”才能彼此区分开来,一切思想才具有可设想性。由实在构成的时空经验世界的存在是无须证明的,也是无法证明的,因为任何证明活动实际上都必然预设了这个世界的存在。任何试图否定它的存在的怀疑论论证都只会导致无意义的句子。④ 只存在一个世界,即时空经验世界,这个世界也就由时空当中的物质事物、自然属性与因果关系构成,即所谓“可感实在”(sensible reality)。可感实在是独立于人类意识与表征的客观实在,而非某些极端经验主义者设想的主观性的“感觉材料”。在认识论上,黑格斯特罗姆反对不可知论,认为可感实在可以被认识,认识的方式不是凭借观念论的本质思辨,而是依靠经验感知与归纳。在获取关于外部实在的知识的过程中,经验科学由于缜

---

① See Axel Hägerström, *A Summary of My Philosophy*, in H. D. Lewis ed., Philosophy and Religion, trans. by R. T. Sandin, Humanities Press, 1964, p. 38 – 39.

② 黑格斯特罗姆实际上区分了“逻辑实在”(logical reality)与“现实实在”(effectual reality),前者是指逻辑上可能的实在,后者则是指这种可能性已经现实化的实在。简单说来,所有在逻辑上确定、连贯、无矛盾的东西都属于逻辑实在,而所有现实世界中实际存在的东西都属于现实实在。用黑格斯特罗姆自己的话来说,逻辑实在是作为确定性或自我同一性的实在,现实实在则是时空经验世界之中的实在。方便起见,无特别说明,本文的“实在”指的都是后者。See Enrico Pattaro, *Axel Hägerström at the Origins of the Uppsala School*, in Enrico Pattaro and Corrado Roversi eds., Legal Philosophy in the Twentieth Century: The Civil Law World, Springer Netherlands, 2016, p. 322 – 323.

③ See Axel Hägerström, *A Summary of My Philosophy*, in H. D. Lewis ed., Philosophy and Religion, trans. by R. T. Sandin, Humanities Press, 1964, p. 55.

④ See Axel Hägerström, *A Summary of My Philosophy*, in H. D. Lewis ed., Philosophy and Religion, trans. by R. T. Sandin, Humanities Press, 1964, p. 58.

密地运用了观察、实验、分析、推理等方法成为了最可靠的途径,“科学的世界图景是唯一正确的那个”。可见,本体论层面的唯物主义立场决定了黑格斯特罗姆在知识论上倾向经验主义,无怪乎他称自己的进路为“理性自然主义”(rational naturalism)。

最后,反形而上学。形而上学是主观主义的各种具体表现,不仅遍及哲学,而且广泛存在于各种科学与日常思维当中。形而上学是对实在与非实在之间关系的颠倒,设想存在某种超出时空经验世界之外的不可还原的实体与属性。黑格斯特罗姆发现,形而上学的出现有两个根源。第一个是假定存在某种我们无法认识的实在,把不可知性赋予实在,从而错失了真正的实在,也即前面提及的所谓知识论实在论。第二个是超验自我的意识,把自我当成感知到的世界的本源,从而无法区分自我与实在。“我的实在看起来与我的自我意识紧密联系着。我的实在似乎就是我自己的意识。我就是我自己封闭的世界。现在我所有的观念在我之中,全部实在也在我的世界之中。”①总之,形而上学要么把客观实在神秘化,要么把主观自我超验化,扭曲了意识与实在的关系。

综上所述,正如诸多斯堪的纳维亚法律现实主义专家指出的,尽管黑格斯特罗姆的哲学颇为复杂,但其哲学要义实际上就是当代哲学中的本体论自然主义。② 本体论自然主义主张一切真实存在的实体与属性最终都是自然实体与自然属性,或者说一切属性最终都可还原为或附随于(supervene on)自然属性,而所谓自然实体与自然属性是指可以通过广义的自然科学加以研究的对象。③ 当然,黑格斯特罗姆持有一种

---

① Axel Hägerström,*A Summary of My Philosophy*,in H. D. Lewis ed.,Philosophy and Religion,trans. by R. T. Sandin,Humanities Press,1964,p. 63.

② See Torben Spaak,*Realism about the Nature of Law*,30 Ratio Juris 75 (2017); Enrico Pattaro,*I Will Tell You about Axel Hägerström: His Ontology and Theory of Judgment*,23 Ratio Juris 123 (2010).

③ See David Papineau,*Naturalism*,The Stanford Encyclopedia of Philosophy (Summer 2021 Edition), Edward N. Zalta ed., URL = < https://plato.stanford.edu/archives/sum2021/entries/naturalism/ >.

更强的或极端的本体论自然主义立场,主张一切真实存在的事物都只能存在于自然时空之中,所谓自然事物指的是严格意义上的物理事物。① 这种极端的自然主义立场在本体论上具有强烈的革命性效应,清除了一切处于自然时空之外的传统形而上学事物,如上帝,先验主体,抽象对象,等等。可以说,黑格斯特罗姆与整个乌普萨拉学派的实践哲学的核心努力几乎就是运用本体论自然主义这把剃刀剔除道德与法律领域中的形而上学,还原出一幅基于实在论的真实的道德与法律图景。

二、法律规范性

极端的本体论自然主义使乌普萨拉学派对道德与法律的核心特征——规范性——产生深刻怀疑,认为规范性仅是一种幻觉,对价值判断持有非认知主义立场。黑格斯特罗姆认为,人们在作价值判断时往往预设了某种道德实在论,即价值判断的真假取决于相应的客观独立的道德实在。② 就像自然世界的自然事实保证了事实判断的真假,道德实在或道德事实保证了价值判断的真假。不过,与自然事实不同,道德实在是一种特殊的事实,一种无法通过感觉器官而只能诉诸直觉加以把握的"不可见的"事实。更重要的是,它还是一种能够产生规范性的道德事实。换言之,道德实在能够为行动主体提供行动理由,告诉行动主体应当做某事,使行动主体处于一种强烈的约束与义务当中。对行动者而言,道德的这种规范性是一种实实在在的强规范性,与世界中其他事物属性同样客观真实的属性,并且是一种将人类社会按照理性加以秩序化从而区别于动物世界的力量,规范性使人类同时生活在自然世界与规范世界之中。然而黑格斯特罗姆认为,一旦我们接受本体论自然主义,就必须放弃传统上人们设想的这种道德实在,因为一种不存在于时空经验世界中且无法通过经验去感知的存在必定是某种形而上

① See Torben Spaak, *A Critical Appraisal of Karl Olivecrona's Legal Philosophy*, Springer, 2014, p. 73.

② See Axel Hägerström, *On the Truth of Moral Propositions*, in H. D. Lewis ed., Philosophy and Religion, trans. by R. T. Sandin, Humanities Press, 1964, p. 79.

学虚构物。由此,道德判断并不是真的判断,它仅表达了言说者的情感、欲望或偏好,没有真假可言。[①]

基于这种怀疑主义道德哲学,乌普萨拉学派对主流法学的基本观念发起了猛烈冲击。主流法学认为,法律是一种由规则、信条、原则、准则、规定、命令构成的具有效力或约束力的体系,简言之,法律是一种具有效力的规范体系。[②] 这种规范体系从根本上说建立在自然正义的基础上,它能够产生客观的权利义务,赋予特定的行为正确或错误的内在属性。乌普萨拉学派相信,这是自然法学与法律实证主义共同分享的基本法律观,却是一种形而上学的、迷信的、神话的法律意识形态。例如,传统法理学一直主张某种二元论。自然法理论主张实证法与自然法的二元区分,法律实证主义阵营虽反对自然法,但仍主张事实与规范/应当、实然与应然、实效与效力的区分,进而主张存在一个法律世界,一个区别于社会事实的自治的规范系统,主张法律是有效的,主张法律有所谓约束力与规范性,主张法律为行动提供客观理由,主张有所谓权利义务,主张存在所谓法律关系,等等。在乌普萨拉学派看来,这种以规范性为基础的主流的法律世界观恰恰是一种神话。

奥利弗克罗纳基于自然主义对法律的效力或约束力的观念提出了深深的质疑。通常认为,法律的约束力是法律对个体产生的一种应然层面的束缚力,为个体提供实质的、权威的行动理由。既然法律约束力是一种客观存在,它就必须能够安置于客观世界之中。但是,奥利弗克罗纳发现,约束力作为一种应然层面的束缚力无法根据任何社会事实界定,也就是说,约束力无法还原为任何自然属性。(行动)理由本身似

① 不过,黑格斯特罗姆并非意在唆使人们无视道德规范,他当然承认并赞同道德语言实际上的社会作用。他是要提醒我们,在理智层面必须清醒看待道德,防止被道德形而上学魅惑。道德形而上学往往会通过各种理论学说与道德教义深化社会鸿沟,加剧社会冲突,这些不幸在一定程度上可以通过澄清对道德性质的误解来减少。这种意义上的"道德虚无主义"不仅反对社会无序,也反对激进社会革命,主张借助法律来改善既有社会秩序,参见 Jes Bjarup, *The Philosophy of Scandinavian Legal Realism*, 18 Ratio Juris 1 (2005), p. 5。

② See Vilhem Lundstedt, *Legal Thinking Revised*, Almqvist & Wiksell, 1956, p. 23.

乎也永远不等同于任何事实，它不是能够通过感官感知到的经验事物。奥利弗克罗纳认为，有约束力的法律规则无法置于时空世界，只能置于某种超自然领域，唯如此约束力这一属性才有意义。但是，法律不可能超出时空世界，因为这两个世界缺乏连接。“有一个简单的理由可以说明为什么外在于自然世界的法律是无法设想的。法律必须与我们这个自然世界的现象存在某些联系。但是不属于时空世界的任何东西都不会与这个世界的现象发生联系。因此，所有关于以某种神秘方式超出生活事实之上的法律的谈论都是自相矛盾的，根本毫无意义。”①在《法律作为事实》第二版里，他更是否认“法律规则是否具有约束力”是一个科学问题，因为规则的约束力不是可理解的性质。“将约束力归于一项规则意味着宣布客观上它应该被遵守。这是一种价值判断。它的语言形式是一个关于规则属性的命题。但应然性（oughtness）不是可想象的属性，因此，讨论某些规则是否具有应然性是无用的。这不是科学问题……问当时或现在的某种规则体系是否真的具有约束力似乎很奇怪。事实上，这样的问题没有答案。”②而法律人之所以认为法律具有约束力，是因为他们误解了规则与价值判断的性质。法律规则的那些陈述句形式仿佛是在表征外部世界的客观事态，令人误以为约束力本身客观存在。③

相比奥利弗克罗纳，伦德施泰特对规范主义法律观的批评显得更加激烈乃至极端。伦德施泰特认为，主流法学的基本概念，诸如法律规则、法律关系、法律权利、法律义务、过错、罪责，等等，所有这些都不是真正的或科学的概念。④ 这些法律概念整个的基础乃是自然正义，即某种客观的应当观念，可以说，这些基本法律概念有赖于价值判断。伦德

① Karl Olivecrona, *Law as Fact*, Einar Munksgaard and Humphrey Milford, 1939, p. 15 – 16.

② Karl Olivecrona, *Law as Fact*, 2nd ed., Stevens and Sons, 1971, p. 112.

③ See Karl Olivecrona, *Law as Fact*, Einar Munksgaard and Humphrey Milford, 1939, p. 46.

④ See Vilhem Lundstedt, *Legal Thinking Revised*, Almqvist & Wiksell, 1956, p. 42.

施泰特区分了三类最常见的价值判断。“应当被完成是这个行为的属性。”(This action is of a quality that it ought to be done.)“他要为这个行为承担责任。”(Through this action he has brought guilt upon himself.)“A向B主张损害赔偿,是正当的。”(It is just, that A obtains a claim for damages against B.)伦德施泰特分别称为“应然判断”(ought-judgment)、“责任判断”(guilt-judgment)、“正当判断”(justice-judgment)。[①] 表面上看,它们都是典型的陈述句,似乎是对某种事实或实在的陈述,进而构成法学推理的基础。但细究之下却不难发现,它们并没有陈述任何实在,“应当”、“责任”与“正当”这些概念均没有对应的实在,涉及它们的这些陈述也没有对应的事实。与其说我们无法判断这些价值判断究竟是真的还是假的,毋宁说,它们根本就没有真假,既不是真的也不是假的。因此,所谓的价值判断严格说来根本就不是真正的判断,它们仅具有判断的表面形式。而价值判断之所以如此,还是因为它们本质上不是对外部事实的反映,而是对陈述者本人内在情感或感觉的表达。实际上,一个完全独立于主观情感的纯粹理论判断,从中只能确立事实,而不可能推出任何“应当”、“责任”与“正当”。“换言之,‘应当’‘责任’与‘正当’这些观念对于一个没有情感的人是完全不可理解的,如果确实存在这种纯粹的思维机器。”[②]主观性内在于价值判断,是价值判断的必然属性。上述价值判断与“一个东西是美的或丑的”“一个人或他的行为是好的或坏的”等判断均无本质差别。一个东西是美的或丑的因人而异,美丑有赖于特定主体的情感偏好而非事物本身的客观属性。同样,上述价值判断也没有反映行为的某种内在属性,事实上事物内部也不存在这些价值属性,价值判断仅表达了主体的内在情感。人们之所以认为存在内在于行为或事物之中的客观价值,是因为他们误解了价值判断的制作过程。并非我们发现了某个行为的某种价值属性,然后使用价值判断将我们观察到的属性客观反映出来;

---

① See Vilhem Lundstedt, *Legal Thinking Revised*, Almqvist & Wiksell, 1956, p. 44.

② Vilhem Lundstedt, *Legal Thinking Revised*, Almqvist & Wiksell, 1956, p. 45.

相反，是我们关于某个行为的观念在我们心中引发了某种情感，而价值判断就是这种情感的表达。这种情感本身并不是任何观察，没有内在地包含关于任何实在的认知性观念，因而也必定没有真假之别。[①] 既然价值判断没有任何经验实在基础，不是严格意义上的命题，它们在科学推理与论证中便没有一席之地。正是在这个意义上，主流法学还不是一门科学。

伦德施泰特认为，整个法学都是按照自然正义的方法建构的，即以某种正义感为基础，或预设了某种客观的应当观念。以刑法学为例，刑法之所以惩罚罪犯，是因为行为人违反了客观义务，存在过错，“罪有应得”。按照朴素的正义感，罪犯由于犯错就应当被惩罚，应受惩罚性可以说是犯罪行为的内在属性，法律惩罚实现了一种天经地义的“报应正义”。伦德施泰特认为，这种自然正义方法是不科学的，甚至是荒谬的。[②] 就盗窃罪而言，自然正义似乎并不总是应当惩罚一个贫穷的罪犯，尤其是当他的贫穷并非出于他自身的原因，也非他个人之力所能改变的。诚然，他由于实施了盗窃行为存在过错与罪责，但是，某种意义上他的行为最终说来并非出于自由意志，而是客观环境的必然产物。这样，我们似乎很难认为对他施以惩罚实现了所谓自然正义，除非我们将自然正义理解为一种极为狭窄的报应正义。伦德施泰特进一步指出，真实的情况要远为复杂，推而广之，几乎所有类型的犯罪的自然正义理解都存在类似难题。犯罪人往往是出于一些善良动机或某种道德考量选择实施犯罪（例如，为了救人而盗窃），在这些情况下，惩罚犯罪人难道也是因为他们违反了客观义务存在罪责进而“罪有应得”吗？法律惩罚难道就实现了自然正义了吗？伦德施泰特还认为，19 世纪末严格责任原则的确立进一步暴露了自然正义方法的荒谬性，因为在严格责任情形下行为人主观上没有过错，此时不存在报应正义的适用空间。实际上，我们之所以惩罚这些行为人，并不是因为他们“罪有应得”，而

① See Vilhem Lundstedt, *Legal Thinking Revised*, Almqvist & Wiksell, 1956, p. 47.

② See Vilhem Lundstedt, *Legal Thinking Revised*, Almqvist & Wiksell, 1956, p. 55.

完全是出于双方乃至社会的实际利益权衡的考量,这里只有经验事实,无关超验正义。不消说,自然正义方法的荒谬性的根源在于,根本不存在客观的自然正义,所谓的自然正义不过是一些人的主观情感罢了。对于规范世界的设想,伦德施泰特始终不留情面,“如果一个人假设一个超越时间和空间联系的世界,其结果必然是存在于时间和空间中的物理世界必须消失”。[①] 然而令人遗憾的是,法学家们从未能够从形而上学思想的枷锁中解脱出来,整个欧洲法学一直受到这种自然的、意识形态的正义的虚幻概念的支配。

基于对规范性的否定,伦德施泰特彻底否定了主流的法律观(伦德施泰特所谓的“the law”)。规范法学设想的法律概念、法律实体与法律属性都缺乏在自然世界中的对应物,本质上是形而上学的虚构,应当一律抛弃。例如,权利义务并不存在,“权利”“义务”这些词缺乏指称,属于所谓“空词”。权利义务观念是一种迷信,不存在被国家保护的所谓权利义务这种法律实体。所谓“权利”仅是一些具体的优势地位,例如,房屋所有权就是那种一旦房屋被侵犯就会引发法律机器制裁的有利地位,这里没有任何形而上学实体,只有损害、制裁、因果等自然事实。同样,规范法学设想的应然意义上的法律效力也不存在,真正存在的只是法律的实效。说一条法律是有效的,无非就是在说人们将会据此行动并伴有相应的拘束感,因而就是在表征关于人们行为与心理的自然事实。有鉴于此,伦德施泰特甚至认为法律规则本身也是一种虚构,在法学中使用“法律规则”一词充满误导并且只是权宜之计。[②]

三、法律命令

如果法律规则并没有传统上人们设想的这种规范性,那么,法律规则到底是什么呢?自然法理论与法律实证主义都主张法律规则本质上

---

① Vilhem Lundstedt, *The Responsibility of Legal Science for the Fate of Man And Nations*, 10 New York University Law Quarterly Review 326 (1932).

② See Vilhem Lundstedt, *Legal Thinking Revised*, Almqvist & Wiksell, 1956, p. 301.

是一种命令，区别只在于，它是理性或上帝的命令，还是国家的命令。乌普萨拉学派相信，自然法理论只是一种形而上学，法律实证主义则是另一种形而上学。法律实证主义认为法律是国家的命令，表达的是国家的意志。但是，黑格斯特罗姆却坚持认为，法律实证主义所预设的国家观念最终仍然是近代自然法理论家虚构的形而上学造物。[①] 国家一方面看起来是法律进而权利义务的创造者；另一方面又深深依赖于权利义务，国家意志的观念只能陷入形而上学的泥淖之中。实际上，国家只不过是一个受规则组织的民众集合体而已，不是一个拥有神奇意志的有机体，国家意志论只是原始的物活论观念的现代变体。如果说国家没有意志可言，那么说法律表达的是国家的意志也就没有意义。这样，法律实证主义对法律规则的理解同样是错误的。然而，对于法律规则的性质，黑格斯特罗姆并没有给出一个具有充分理论根据的替代性模型。他一方面激烈批判法律意志论；另一方面又认为法律的确是立法者命令构成的，这样，二者之间的矛盾没有获得有效的解决。

伦德施泰特也激烈批评法律命令论，认为法律命令论连同整个主流法学建立在国家与个人的二元论基础上。为了实现和平共处，个人与个人组成一个超个人实体即国家，国家通过自己的意志（一种统一的意志）实现社会目标。在此，国家与个人处在社会秩序的两端，是最基本的社会主体，双方均有各自的意志与权利义务。国家像是超人一样管理社会，向社会发布各种行为命令，这些命令表达了国家的意志，法学的主要工作正是研究这些命令，及其背后的国家意志。可以说，霍布斯的国家学说清楚地绘制了这幅“国家—法律”图像。然而，伦德施泰特认为这种二元论是一种虚构。伦德施泰特否认存在超个人实体意义上的国家，认为真正存在的仅是个体的集合。“毕竟，社会仅是个体的聚集，即由个体组成。由此，如果个体消失，社会也就消失。除了在脱

---

① 参见［瑞］阿克塞尔·黑格斯特罗姆：《法律与道德的性质研究》，陈曦译，商务印书馆2021年版，第2章；参见 Axel Hägerström，*A Summary of My Philosophy*，in H. D. Lewis ed.，Philosophy and Religion，trans. by R. T. Sandin，Humanities Press，1964。

离实际的想象中,正如不可能将整体与它的构成部分分开对比,也不可能将社会与个人分开对比。这是逻辑上不可能的事情。"①不难看到,在整体与部分的关系问题上,伦德施泰特坚持一种彻底的还原论,反对任何一种认为存在超出部分的整体的涌现论,这是伦德施泰特极端的自然主义立场的必然后果。②

此外,伦德施泰特发现,法律命令论还存在一个显著的错误。③ 通常来说,只有当一个人理解了一个命令时,我们才会说这条命令适用于这个人。一个不理解一条命令的孩子,即使实际上做出了违反这条命令的行为,我们也不能说他由于违背命令而应当接受惩罚。由于法律知识的专业性,事实上不可能指望大众都能准确理解法律的意义,在同样的意义上,所谓的"法律命令"也就只能适用于那些理解它的人。因此,认为法律命令无差别地适用于所有人,对所有人都产生了客观的义务并且义务的违反也都应当接受法律惩罚,这种法律观念扭曲了法律运作的实际情况。按照主流法学,法律命令产生了一个应当遵守这一命令的客观的义务,违背义务会导致过错,进而招致法律的惩罚。然而,我们实际上却不可能通过理性论证给出任何义务与价值,因为它们最终取决于个体的感觉,在本性上不是客观的而是主观的。义务不过是驱动我们做或不做某事的一种感觉,所谓"客观的义务"不过是诸如"干燥的水"这样的无意义的语词组合。认为法律命令总是能够在个体之中产生这种感觉,是纯粹的魔法。法律命令本身并没有隐含任何命令之外的东西,法律命令本身不能产生法律义务。"法律规定……"这种常见措辞仿佛表明法律本身的确具有自己的意志,或代表国家的意志。但是,"法律本身"(the law)并没有任何超自然的力量,它只能存在于人类世界之中,所谓的"法律规定"必须借助于具体的惩罚来保障,抽

① Vilhem Lundstedt, *Legal Thinking Revised*, Almqvist & Wiksell, 1956, p. 33.

② 当然,伦德施泰特承认,为了方便起见,人们在日常生活中可以使用诸如"国家的权利"这种表达,但必须谨记,权利并不是一个真正的科学概念,国家也不是一个真正的意志主体。

③ See Vilhem Lundstedt, *Legal Thinking Revised*, Almqvist & Wiksell, 1956, p. 34.

象地理解“法律规定”只能是一些空洞语词。[①] 伦德施泰特甚至认为，法律中没有命令要素，法官使用的法律规则不是命令，而是类似工匠制造家具体遵循的行动指南或说明书。这样，他实际上把法律规则视为一种“条件规则”(if-rule)，它仅告诉人们为了达到一个目的该怎么做，例如，法官为了社会福利该怎么应用法律规则。法律规则由此成了一种纯粹的工具性规则，体现得仅是工具理性。

在法律规则的性质问题上，奥利弗克罗纳认为伦德施泰特走得太远了。法律规则似乎不是条件规则，不是法官可用可不用的工匠技术，因为法律规则确实对法官提出了要求，法官必须实施，即使法官有自己的价值判断。试图抹除法律规则中的命令要素，是很困难的。在奥利弗克罗纳看来，可以肯定的是，法律规则不是一种告知，也不是预测，它不是表达期望与意图，也不是建议。从法典中法律语言的特征来看，典型的法律语言是一种指示性语言而非报道性语言，法律语言是社会控制与社会交往的工具。因此，所谓的法律规则本质上的确是一种命令。[②] 否认法律规则的命令属性，将会导致像伦德施泰特那样最终断言不存在法律规则。不过，奥利弗克罗纳这里，法律规则绝不是法律实证主义者或奥斯丁意义上的命令(command)，而是一种独立命令(independent imperative)。[③]

根据奥斯丁的法律命令论，命令具有三个必要元素，即意志的表达，威胁以及强制力。但奥利弗克罗纳认为，它们实际上均不是命令的必要元素。按照奥斯丁的理解，命令的本质是“如果，那么”的威胁力与

---

① See Vilhem Lundstedt, *Legal Thinking Revised*, Almqvist & Wiksell, 1956, p. 37.

② See Karl Olivecrona, *Law as Fact*, Einar Munksgaard and Humphrey Milford, 1939, p. 31.

③ See Karl Olivecrona, *Law as Fact*, Einar Munksgaard and Humphrey Milford, 1939, p. 42 – 49. 值得注意的是，奥利弗克罗纳认为“imperative”与“command”这两个词都有命令的意思，因而原本可以互用，但是，鉴于奥斯丁以来的经典命令理论总是把“command”与国家意志以及强制力绑定起来，为避免误解，在解释法律规则的性质时奥利弗克罗纳还是使用了“imperative”这个词，参见 Karl Olivecrona, *The Imperative Element in the Law*, 18 Rutgers Law Review 794 (1964)。

条件特征,但事实上它的本质是一种引导力(suggestive force)与绝对特征。一个命令表达了应当做什么的绝对要求,不是附条件的,而是你应当做这件事,无条件。奥斯丁的错误在于把命令变成了假言式,于是规则也就变成了这种假言式。但实际上,规则并非这种“如果,那么”的假言式,规则就是告诉你应当做某事,你之所以要做这件事不是因为有某个后果在等着你,而是你应当去做。法律中禁止杀人的规则告诉我们杀人是错的,不该杀人! 奥斯丁的理论总是假定存在一个命令者,然而,真实的立法过程不存在命令者,议会或政府的成员或国家首领并没有命令任何事情,他们不过是按按钮(投票)或者签署文件。况且,立法者的身份本就是基于某些规则才得以构建,如果认为这些规则反过来也是立法者的命令,就会陷入循环论证。奥斯丁的法律命令理论要想成立,总是要预设某种超人类实体作为命令者,并且这一命令者的意志就构成法律的本质。如此,法律规则不过是这意志的表达。但任何表达都是不完美的,法律规则注定无法完整地表达这一意志,无法完整地代表法律。不难看到,法律实证主义这种命令论最终把法律变成意志,法律成了难以捉摸的观念性的存在。然而实际上,说法律规则是国家颁布的命令,这一点绝没有想象得那般清晰,严格来说,国家颁布这种抽象命令这件事情本身就需要具体的理论解释,否则容易陷入形而上学误区。①

奥利弗克罗纳认为,法律规则作为一种命令与奥斯丁意义上的命令的区别在于,前者属于独立命令,而后者本质上乃是一种面对面的命令。面对面的命令意味着两个个体之间的个人关系,而独立命令则独立于这种个人关系。例如,“你应当说出真相”这个命令句就不仅出现在个人场合,也出现于书本中。当这个命令句出现在个人场合,它是一种面对面的命令,当它出现在文本中,就构成了一个独立命令。独立命令与面对面的命令的共同之处在于,它们都是命令,因而都绝对地要求

① See Karl Olivecrona, *Law as Fact*, Einar Munksgaard and Humphrey Milford, 1939, p. 35 -40.

某种行为，也即都具有命令要素，但二者之间仍然存在三个重要差别。① 首先，就命令的发布者而言，面对面的命令总是出自具体的人，独立命令则并非由具体的人颁布。其次，就命令的接收者而言，面对面的命令总是针对特定的人，而独立命令则不针对特定的人。最后，就表达形式而言，面对面的命令总是表现为通常的命令句（例如，“你不能盗窃！”），而独立命令有时可以用表达判断的陈述句来代替，例如，“不盗窃是你的义务”（It is your duty not to steal.）。当然，这种句式的可转换性并不意味着独立命令就是真正的判断，实际上这里仅存在一种心理联系，把命令表达与行为观念联系在一起。独立命令的表现形式其实多种多样，远远不限于语言表达，在日常生活中有丰富的运用。通常的伦理句与立法法令当然符合独立命令的要求，生活中一些信号也属于独立命令，如交通信号灯，花园的围栏、门锁，等等。可见，相比作为奥斯丁命令观原型的面对面命令，独立命令不仅避免了形而上学疑难，而且在说明法律规则方面具有更大的包容性与灵活性，是一种更具解释力的命令论。

根据这种独立命令论，一部法律草案要成为正式法律，须经过一系列官方行动，如开会、投票、颁布。有些奥斯丁命令理论的追随者认为，正是通过颁布行为，国家或主权者意志被宣布了。换言之，在颁布的那一刻，草案就成了立法意志的表达。奥利弗克罗纳十分警惕对法律生效的这种云雾般的理解，因为把法律与草案区分开来的决定性要素不是某个意志的宣布，而是一些正式程序（formalities），例如，它们以某个合适的人在文本上的签字为终结。这些程序承担的角色是所谓“命令标记”（the imperative sign）。官方签字释放了一个信号，即这个文本现在被视为法律的一部分。这个标记之所以有实效，原因在于，人们已经被训练得总是以某种一致的方式作出反应，就像士兵对军官那样。公众很难了解属于立法过程的那些程序有没有被遵守，因此，颁布行为就

① See Karl Olivecrona, *Law as Fact*, Einar Munksgaard and Humphrey Milford, 1939, p. 43 – 46.

作为命令标记出现在整个过程的结尾。有人会说,在现代社会,即使是颁布行为往往也不为公众所知。确实。不过奥利弗克罗纳认为,颁布的文本往往发在法律公报上,并且被每一个获知它的人承认为法律,这就足够。也就是说,言谈中的“这是法律”这种表达或句子事实上也构成了命令标记,这些句子直接印在公众心智中。如果说颁布行为是首要命令标记,它们就是次要命令标记。次要命令标记必须有规律地使用,否则就无意义,只要公众理所当然地认为据称是法律的文本已经通过了以颁布行为为结尾的宪法程序,次要命令标记就对公众产生了心理意义。归根结底,立法行为的真正意义就体现在它是一种程序,正是这种程序赋予法律规则“一种特殊的灵气”使人们把它当作要遵守的行为模式。“法律草案并没有被提升至另一个实在领域,它仅成为了程序的对象,而这个程序却能产生心理效果。程序才是本质性的东西。”①

奥利弗克罗纳还注意到,不是所有的法律规则都要求做某事或禁止做某事。有些法律规则涉及的仅是行为的手续或程序,例如,结婚行为的手续,交换行为的形式。如果把这一类法律规则称为“程序命令”,那么,就必须将它与另一类法律规则区分开来,后者规定的是行为的法律后果,奥利弗克罗纳称之为“施为命令”(performative imperative)。② 施为命令这类规则也不是直接关乎行为的,但仍然具有命令特征,表达了一种无条件的“应当”。这是一类特殊的命令,它不是嘱咐人们做某事,而似乎是一种“创造”(创造权利义务与法律属性或法律关系)。奥利弗克罗纳认为,施为命令的这种特点具有极大的误导性,误导人们犯下“创世谬误”(creation fallacy),误以为它真得创造了一个权利义务的法律或规范世界。但这却是错觉,施为命令的功能并不真得是创造,而是与其他独立命令一样能够产生一种心理影响的功能。独立命令在本质上仍然是处于因果关系中的事实。作为独立命

---

① Karl Olivecrona, *Law as Fact*, Einar Munksgaard and Humphrey Milford, 1939, p. 60.

② See Karl Olivecrona, *The Imperative Element in the Law*, 18 Rutgers Law Review 794 (1964), p. 808.

令，法律规则具有引导力，可以影响人们的心理与行为。"法律规则的唯一功能是作用于人们的心理，引导他们做这个或那个，或者避免做其他事情，而不是交流关于事物状态的知识。通过这种表达方式，立法者能够影响国家官员和公众的行为。因此，法律是因果链中的一环。"①可见，奥利弗克罗纳之所以根据独立命令来解释法律规则，归根结底还是因为奥斯丁命令论背后的意志论本质上仍然是一种形而上学，它诱导许多现代法律人相信意志本身可以魔法一般地产生约束力或权利义务，从而把意志作为法律世界的规范基础，而独立命令论可以真正摈弃法律中的形而上学因素，把法律彻底还原为一种"纯粹事实"。

四、法律是什么

如果传统的法律观（the law），即作为一种规范体系的法律，缺乏实在基础，是一种形而上学，甚至有效的法律规则观念也缺乏可理解性，那么，真正实在的法律世界观是怎样的呢，或者说法律究竟是什么呢？乌普萨拉学派采纳了机器隐喻，主张法律是一种"社会机器"，法律机器本质上就是强制行为的规律性执行。伦德施泰特认为 the law 是个充满误导的提法，the law 其实是一种能够在人们特别是官员心中产生有效法律规则观念的语词串联，垄断了强制力的官员在这种心理影响下促成了法律机器的运转。如果说主流法学的一系列基本概念是形而上学的伪概念，那么，法律机器这个概念则是一个真正的科学概念，它指涉的是包括心理力量在内的一种社会事实。说到底，法律规则的心理力量并非来自规则的内容本身，而是来自规则内嵌其中的以强制力为核心的整个法律机器。法律规则的重要性就在于对人们的心理与行为的影响，但这不是规则内在的属性，因为离开法律机器，法律规则仅是些空词。

伦德施泰特虽然采纳了机器隐喻，但强调法律机器的特殊性，法律

① See Karl Olivecrona, *Law as Fact*, Einar Munksgaard and Humphrey Milford, 1939, p. 21–22.

不是死的机器,而是由能动的要素——人——构成的活的机器。人类通过其行为方式和心智能力构成了法律机器的动力装置、驱动轮、齿轮及各种装置。[①] 理论家描述死的机器可以纯粹从外部视角出发,但描述活机器更为困难,因为理论家本身同样构成机器齿轮的一部分。为了描述法律机器,法学家必须能够将自身在理论层面从法律机器中抽离出来,从社会科学的观察视角出发。作为一种比喻,法律机器最终指涉的其实是人性与社会之间的持续互动。伦德施泰特对人的本性表现出了深刻的心理洞察,相信人是部分理性部分情感的复杂存在。尽管伦德施泰特反对把正义感当作科学推理的起点,但与黑格斯特罗姆一样认为正义感是法律机器运转的催化剂,与此同时,法律本身也在持久维续着根源于人的社会本能并表达了一种原始的是非对错观念的正义感。“如果法律机器停止运作,正义的感觉将失去所有的轴承和控制。”[②]法律是一个源于自然正义并创造权利义务的规范体系,伦德施泰特认为这种法学幻想是对人类几千年以来发展出的复杂法律机器的一种粗糙的原始理解。原始人的宗教、巫术与种种迷信观念对于他们的共同体生活是决定性的,原始人借助于这些观念能够不断发展社会秩序,进一步说,关于正义的迷信观念有助于集体利益。这种生活与思维方式造就了一系列复杂的心理因素,正是这些心理因素在深层次上推动着现代社会法律机器的运作。[③]

西方法学在形而上学传统的影响下,一直视(自然)权利为法律规则的先验来源,但在伦德施泰特看来,“现实完全颠倒了”,权利应被理解为法律机器运作的产物,应该放弃将法律概念化为权利和义务的体系,法律可以更好地理解为由稳定的联系和因果关系组成的法律机器,其动力由倒置的“结果——原因”关系决定。[④] 相比“法律”的虚幻概念,“法律机器”则是一个可以被科学认知的行为规则系统,新的科学法

① See Vilhem Lundstedt, *Legal Thinking Revised*, Almqvist & Wiksell, 1956, p. 18.

② Vilhem Lundstedt, *Legal Thinking Revised*, Almqvist & Wiksell, 1956, p. 18.

③ See Vilhem Lundstedt, *Legal Thinking Revised*, Almqvist & Wiksell, 1956, p. 123.

④ See Vilhem Lundstedt, *Legal Thinking Revised*, Almqvist & Wiksell, 1956, p. 100.

学只能基于对法律机器的实际运作分析法律现象。伦德施泰特强调，要使法学成为一门科学，一方面必须拒绝所有不在时间和空间中给出的“起点”、“事实”和“联系”；另一方面必须选择一种自然主义的方法来进行基于经验的法律探究，突出观察与实验，秉持一种关心实际事实和因果联系的知识论。伦德施泰特进一步认为，这种新的科学法学或所谓“建设性法学”（constructive jurisprudence）将建立在作为社会事实的“社会福利”（social welfare）而非形而上学的正义观念基础上。法律的功能是保护社会，立法与法律解释旨在促进社会的最大利益。经验导向的社会福利概念既是法律的目的，也是法律评估的实践指南。①

奥利弗克罗纳特别强调了强制力对于法律机器的意义。虽然规范主义法学往往也承认强制力对于法律的必要性，但仍然坚持法律与强制力的区分，声称法律是规范或应然的领域，强制则是事实的领域，强制不是法律的内在或本质属性。奥利弗克罗纳认为，在自然主义眼光的透视下，既然不存在传统意义上的法律效力或约束力，也不存在相应的规范意义上的权利义务等实体与属性，存在的不过是独立命令产生的心理影响，那么法律无非就是纯粹的社会事实，一种组织性的强制力量。② 这样，强制力就不仅是通常意义上的法律的保障条件，更是法律的本质属性。传统法学之所以看不到法律与强制的这种内在联系，是因为人们对已经渗透进法律机器日常运转的强制力本身熟视无睹。奥利弗克罗纳在人性论上延续了霍布斯的看法，认为仇恨、报复欲与自私自利是人性的普遍现象，缺乏强制力的规制就会连基本的社会安全都无法落实，通过法律实现人与人之间和平共处的目标必然无法实现。③传统法学虽然承认强制对法律的保障作用，但认为被保障的对象乃是那种能够产生客观权利义务的规范体系，或者干脆就是权利义务本身。

---

① See Vilhem Lundstedt, *Legal Thinking Revised*, Almqvist & Wiksell, 1956, p. 137.

② See Karl Olivecrona, *Law as Fact*, Einar Munksgaard and Humphrey Milford, 1939, p. 123.

③ See Karl Olivecrona, *Law as Fact*, Einar Munksgaard and Humphrey Milford, 1939, p. 136.

对法律强制力的这种理解当然是建立在形而上学的法律观基础上的,奥利弗克罗纳认为,强制力保障的对象并非任何形而上学实体,而就是作为经验事实的社会和平与秩序。就此而言,即使是那些看起来像是赋予个体权利义务的私法规则,本质上仍然是关于强制力使用的规则,甚至可以说,法律规则主要就是由关于强制力使用的规则组成的。①

法律强制力对我们的道德价值也有重要影响,有助于我们内化道德规范。法律规则表现为独立命令,独立命令将某种行为模式与命令因素结合起来,反复出现的独立命令容易在行为与命令之间建立稳固的心理联系,从而将这种行为模式体现的道德规范在个体心中内化成"具有约束力的"道德命令。实际上,唯有当独立命令被内化时,我们才能说一个真正稳固的法律秩序确立了。② 促成这种内化现象的主要原因则在于法律作为独立命令所具有的强劲的引导力,法律强制力所伴随的威严的仪式或程序会在个体心中造成深刻的印象,强化行为与命令之间的内在联结,使相应的独立命令看起来客观地"具有约束力"。奥利弗克罗纳甚至认为,一旦废止法律强制力,我们的道德会发生根本性变换。因为在一个没有法律强制力的环境下,例如,自然法思想家们设想的那种"自然状态"下,适用于人们的道德规范必定不同于法律社会中的道德规范。在霍布斯的自然状态里,自我保存是第一自然法,任何出于自我保存的行为都具有无可置疑的道德正当性。但是,在法律强制力管辖的社会状态中,自我保存的道德规范失去了自然状态下的要义。

奥利弗还罗纳突出了立法之于法律机器运转的统摄性作用,因为正是立法将法律规则整合进法律机器。"法律体制因而像一个巨大的机器,有节奏地、确定地执行自身的功能。立法者坐在机器的中央,就

① See Karl Olivecrona, *Law as Fact*, Einar Munksgaard and Humphrey Milford, 1939, p. 135.

② See Karl Olivecrona, *Law as Fact*, Einar Munksgaard and Humphrey Milford, 1939, p. 154 – 155.

像坐在配电盘前一样，他们从那里指挥不同的轮子。”①奥利弗克罗纳对立法的关切不在于立法能够创造权利义务或法律关系的能力，而在于立法影响人们的行为方式的能力，将立法置于因果链条的一部分来考察。“立法对行为的影响没有任何神秘之处，这不过是一个自然世界里的因果问题，尽管是在心理学层面。”②奥利弗克罗纳认为，立法的实际效能主要依赖于人们对法律秩序基础的宪法的敬畏。宪法对立法权作了基本规定，宪法本身又被人们视为具有正当性的根本大法。这样，对宪法的敬畏态度就产生了双重效能。首先，立法者的立法被人们接受为“有效”。其次，立法权限被视为仅属于特定的立法者而非任何团体，或者说正是因为立法出自具有立法权限的这一立法者才“有效”。在常规状态下，这一宪法态度作为法律机器持续运转的背景隐而不显，立法者正是通过这一态度才能“在我们的脑海中演奏乐器”。这种隐匿性容易使人们把立法的效能当作理所当然，以至于可能产生它们本身已经属于宇宙秩序组成部分的形而上学观念。③ 然而实际上，这种敬畏态度却并非一劳永逸或自在自为地存在，而是需要不断地向公民施加心理压力来维持，这就使拥有强制力的国家组织成为立法效能的另一个必要条件。垄断强制力的国家组织借助强制力来掌控法律规则的应用与实施，法律强制力在与公民的互动中施予公民心理压力，反复强化公民对宪法的敬畏态度，进而不断赋予立法的实际效能。

从反形而上学到共同走向法律机器观念，乌普萨拉学派的理论发展具有某种内在必然性。机器这一隐喻意味着，法律完全是人造的事物，而非自然法理论设想的那种超验实在。与此同时，机器隐喻侧重强调的是法律的事实面相，法律的实在是事实而非规范。机械与有机体

① Karl Olivecrona, *Law as Fact*, Einar Munksgaard and Humphrey Milford, 1939, p. 55 – 56.

② Karl Olivecrona, *Law as Fact*, Einar Munksgaard and Humphrey Milford, 1939, p. 52.

③ See Karl Olivecrona, *Law as Fact*, Einar Munksgaard and Humphrey Milford, 1939, p. 55.

不同,缺乏内在的目的或意义。实证主义与自然法理论之所以顽固地持有规范主义观念,与法律机器的运作方式息息相关。法律机器被创造出来,目的是管控生活在法律之下的人们的行为,以实现社会安全与和平。但为了成功实现这一目的,法律就必须显得像是由客观的规范构成的,人们就必须生活在一个看起来是在追求客观的正义价值的规范体系之中。实证主义与自然法理论被这一表象所误导或迷惑,没有看到背后"隐藏的法律机械"(the hidden clockwork of law)。[①] 法律命令论倾向于把某种神秘的意志当作法律机器运作的起点,乌普萨拉学派则有意削弱意志的因素,主张整个法律系统的真正发起点并非意志,而是程序,正是程序决定了法律的效力秩序。客观的程序本身催动了法律机器,无论这一程序的参与者的心理状态如何,程序一经开启,法律机器行将运转,仿佛多米诺骨牌游戏一般。[②] 法律机器之所以能够永不停息地运转,在根本上是由于"人类是构成法律机器运转的齿轮"。尽管乌普萨拉学派没有完全忽视人的能动性因素,但这种能动性仍然是服务于机器运转本身,归根结底,乌普萨拉学派不是在强调人的主体性地位,人只不过被视为具有认知能力的活性工具。"齿轮"这一隐喻的真正意味在于,人不再被设想为根据理由行动的理性主体,而是根据原因运动的被动工具,这是机械法律世界观所透露的人性论真相。[③] 由此,乌普萨拉学派最终建立的也只能是一幅纯然事实构成的冰凉的法律世界图景,而所谓法律科学,也就只能变成对其中种种因果关系进行经验探究的纯粹事实科学。

---

① See Patricia Mindus, *A Real Mind: The Life and Work of Axel Hägerström*, Springer, 2009, p. 137.

② See Enrico Pattaro, *Axel Hägerström at the Origins of the Uppsala School*, in Enrico Pattaro and Corrado Roversi eds., Legal Philosophy in the Twentieth Century: The Civil Law World, Springer Netherlands, 2016, p. 151.

③ See Jes Bjarup, *The Philosophy of Scandinavian Legal Realism*, 18 Ratio Juris 1 (2005).

专题论文

两性平等观兴起与清末民初知识女性的近代化*

苗　丽** 　陈　超***

[**摘要**]在"三千年未有之大变局"的清末民初，伴随近代男女平等观的兴起，一批卓越的知识女性与男性社会精英合力掀起了"废缠足"与"兴女学"的女性解放社会思潮，打破传统法中根深蒂固的男尊女卑观念。这也给予知识女性强大的发展动力与社会机遇，她们秉承明清才媛的书写传统，以报刊和学校为主阵地，凭文字播风潮，争取与男性同权，显现出强烈的"女国民"社会担当精神与献身社会进步事业的志士情怀，完成从传统家族才女向近代国民女性的转型，树立了近代女性的新人格与新形象。知识女性的近代化与国家民族"保国保种"时局缠绕交织，故而呈现鲜明的志士化特征。在西法新女性教育观与中国传统礼法的激烈冲突中，"五四"时期的知识女性被抛到传统与现代的断层上，一批培养于"五四"新文化的卓越新知识女性，因融通中西文明而具有开阔视野，提倡中国文化主体性下的新女权观，但在时代思潮裹挟中被遮蔽。

[**关键词**]清末民初；知识女性；近代化；男女平等；女权观

自 1840 年第一次鸦片战争后，中国西学东渐新潮涌动。林则徐、魏源、梁廷枏、徐继畬等接受西方的影响，著书立说宣传西方先进的政治观念和法律理念。洋务派中的黄遵宪、王韬、郑观应等辈也对传播西学进步理念和启蒙民智贡献颇多。伴随国人对西方传教士译著的接受

* 本文界定女性近代化的"清末民初"时间段为戊戌变法至"五四"新文化运动。本文系作者参与何勤华主持的 2020 年度国家社会科学基金重大项目（委托）"中华法系与中华法律文化问题研究"（项目编号：20@ ZH038）的阶段性成果。

** 苗丽，文学博士，阜阳师范大学法学院副教授。

*** 陈超，文学硕士，顺发恒业有限公司《人境》主编。

与留学直观地感受欧美社会形态,“天赋人权”“自由平等”,男女平等观对传统的纲常人伦、男尊女卑礼教产生了剧烈的冲击,进一步催生了晚清维新思想的萌发。甲午战争后,康有为、谭嗣同、皮锡瑞父子与梁启超等维新志士,为“保国强种”呼吁“兴女学”,提倡男女平等思想。“无论承认为‘西学东渐’,抑或伪饰成‘托古改制’,根深蒂固的‘男尊女卑’观念在晚清发生了动摇,毕竟是最重要的事实。”①

在清末民初,一批风采卓绝的知识女性与梁启超、陈独秀、胡适等男性社会精英以报刊号召“废缠足”,进行创办女学校、女报,女子团体等社会改革实践,涉及范围从女性身体解放到人格独立及其社会系统性支持等方面。这些促进晚清到“五四”的女性主体意识的觉醒,并与两性平等观的法律推进交织。清末民初既是文字可作风雷、解放女性思想、建构公开空间的言论时代,也是女性广泛而深入参与社会事务,摆脱数千年枷锁,探索自由思想和独立人格的历史时刻。

一、清末民初两性平等观的法律推进

法律是女性近代化社会支持的重要因素。西法东渐风潮中,晚清政府虽开启具有一定自主性“法律移植”的修律变革,然公开承认纳妾制。外国传教士季理斐,传教士丁义华、丁本民等提倡西法一夫一妻制,抨击纳妾制的危害。② 国内进步人士赵紫宸列举出纳妾的四大恶果:精神的消耗、家庭的不睦、德行的沦丧与生计的衰落;斥责这种将女性卖为婢妾的旧俗。③ 至20世纪初,野蛮落后的缠足,已在当时文化中

---

① 夏晓虹:《从男女平等到女权意识——晚清的妇女思潮》,载《北京大学学报(哲学社会科学版)》1995年第4期。

② 参见[加]季理斐(Donald MacGillivary,1862－1931):《论中国宜改良婚制》,载《申报》1913年7月23日;[美]丁义华(Edward Waite Thwing,1868－1943):《四面八方之改良观》,载《大公报》1912年5月11日;以上转引自赵妍杰:《从合礼到非法:民初纳妾制度的负面有罪化》,载《河北学刊》2020年第2期。

③ 参见赵妍杰:《从合礼到非法:民初纳妾制度的负面有罪化》,载《河北学刊》2020年第2期。

丧失了正当性。民国元年,即明令通饬全国劝禁缠足。[①] 与此同时,外国传教士与社会先进之士竞相宣传废除纳妾制,张默君甚至向政府建言"纳妾者以重婚罪论之"[②],支持女性享有受教育、财产继承、婚姻自由、职业平等权。与此同时,当时先进之士竞相宣传两性平等观"女权",推动女性参政、受教育、财产继承、婚姻自由、职业平等权获得法律保障。

其一,推动清末"女学"合法化。女子学校能逐渐被纳入官办的教育管理体制,得益于梁启超等进步人士对两性平等观的播扬,其《变法通义・论女学》称日本已经渐行男女平权,提倡我国"女学与男学必相合",1898 年梁启超、经元善在上海创立中国女学堂。[③] 1907 年 3 月清廷学部颁布《女子小学堂章程》与《女子师范学堂章程》,女性平等受教育权最终得到官方认可。同时清政府也制定了相关女性出国留学政策,在 1911 年出台《编订女生留学的酌补官费办法》。

民国时期的女性教育进一步发展。其始于蔡元培,而完成于胡汉民。蔡元培重视女性教育,强调德育有助女子建立完全人格。1902 年,他与蒋观云等人创办"爱国女学堂",1917 年,创立北京女子高等师范学校,培养了第一代女性知识分子。基于蔡元培提倡男女平等观念,北京大学自 1920 年起开始招收女生,并主张不必限定女子受教育的科目。其中,胡汉民成就最大,他主张确立男女平等地位,打破传统社会的多妻制与大家族伦理制度,并在任国民政府的立法院院

---

① 参见李秀清:《中法西绎:〈中国丛报〉与十九世纪西方人的中国法律观》,上海三联书店 2015 年版,第 128 页。

② 《女子参政同盟会开会纪事》,载《申报》1920 年 5 月 9 日,参见《申报》(影印本第 164 册),上海书店 1983 年版,第 156 页;《女权运动会向国会请愿》,载《申报》1922 年 9 月 8 日,参见《申报》(影印本第 184 册),上海书店 1983 年版,第 158 页。

③ 参见(清)梁启超:《饮冰室全集》(第一册),中华书局 1989 年版,第 43 页。夏晓虹:《从男女平等到女权意识——晚清的妇女思潮》,载《北京大学学报(哲学社会科学版)》1995 年第 4 期。

长期间,制定民法贯彻男女平等权利精神,完成一个“不流血的社会革命”。[①]

其二,为女性争取平等继承财产的权利。当时国立北京高等女子师范学校的李超,因父死后遗产悉归嗣子,缺乏经济来源导致贫病交加而死。胡适、陈独秀因此事撰文指斥“有女不为有后”旧俗的不合理性,批判传统以男性为核心的宗法父权制。苏雪林在自传中说胡文一出,女子要求承继遗产者相继不绝,产生影响宪法修改的效果。[②] 陈独秀认为“尊重女子的人格和权利,已经是现在社会生活进步的实际需要”,指出“李女士之死,非个人问题,而是社会的重大问题”。然而直至民国成立,规定妾及其女不享有继承权的旧制仍发挥效力。这从1912年赵聚五律师为谢郝氏代理继承财产纠纷案可窥。该女嫁后始知其丈夫已有正妻,谢某实际成为其妾,婚后育有一女,夫死后由正妻立嗣。该案虽有律师据理力争,仍被判决败诉。可见,女性获得平等继承财产权的立法艰难。[③]

其三,女性婚姻家庭权受到新旧法冲突的影响。按照中国传统礼法规定,夫对妻享有家事代理权,财产权、教令权、休妻权、嫁卖权,甚至杀妻权,而妻子则单方遵从“从一而终”“不事二夫”的忠贞义务。清代社会虽倡导“琴瑟和鸣”“尊卑有序”的夫妻关系,然而有数量巨大的夫

---

① 参见蒋永敬:《胡汉民先生提倡女权的思想及其成就》,载蒋永敬:《近代人物史事》,商务印书馆1979年版,第21页;蔡元培著,文明国编:《蔡元培自述》,人民日报出版社2011年版,第169页;载朱庆葆等:《教育的变革与发展》,南京大学出版社2015年版,第117~118页。

② 参见苏雪林:《苏雪林自传》,江苏文艺出版社1996年版,第38页,胡适言其《李超传》比《史记》的《汉高祖本纪》《项羽本纪》还有价值,称之为“中国女权史上重要的牺牲者”;陈独秀:《陈独秀文存》,安徽人民出版社1996年版,第580~581页,因此事撰写了《男系制与遗产制》一文。

③ 案例源于《直隶高等审判厅判牍·民事》。参见徐家力:《中华民国律师制度史》,中国政法大学出版社1998年版,第91~92页。作者指出民国时期(1912-1949年)是中国律师制度建立发展的重要阶段。

妻相犯而杀的暴力案件屡见于刑部档案中。① 学者陈惠馨指出，“家庭暴力”或犯罪行为是“经过一连串的社会运动与反省”。② 在两性平等理念被宣扬后，由于中国传统的男尊女卑思想根深蒂固，社会对丈夫殴打妻子仍习以为常。在民国时期，女性受男女平权、婚姻自由观念影响，打破贞操观，争取平等婚姻家庭关系，享有婚姻解除权。但性解放与本土文化贞操观缺乏有效的衔接。

其四，女性平等职业权影响我国女性的经济独立观念。伴随女权著作的翻译及关于女性经济独立的新理论传播，国内社会精英如梁启超等人也积极宣传平等职业观，无论“农商医律格致制造业”，男女“皆可各执一业以自养，而无或能或不能之别”③，甲午战败后在“实业救国”思潮推动下，开明人士兴办女子实业教育，近代女子职业开始勃兴。1913年，孙中山颁布《实业学校令》，女子职业学校取得合法地位。女性逐渐认识到参与社会生活，从事职业对经济独立与实现两性关系平等的重要性。至1916年年底，广东女子职业学校已发展到20所，学生1719人。至1917年黄炎培发起中华职业教育社，女子实业教育已受到政府和教育界的广泛重视。1919年广东成立女界联合会，其宗旨是“对于工商各界当提倡革命，使妇女在生活上得经济独立”，章程规定“提高及改善妇女职业”。

知识女性自下而上诉求职业平等权，促使政府修改立法。律师制度作为西方法律制度中的重要组成部分，受到传统“女子守内”礼法思想的影响，在1912年引进中国时，剥夺女性从事律师职业资格。民国政府公布实施的《律师暂行章程》第2条规定申请律师资格条件是“满

① 参见钱泳宏：《清代“家庭暴力”研究：夫妻相犯的法律》，商务印书馆2014年，第31～45页，第252页。作者认为清代律例存在明显的夫尊妻卑性别特征。规定“和卖”，女性同意下将其被卖。

② 陈惠馨：《法律叙事、性别与婚姻》，台北，元照出版有限公司2008年版，第10页；参见钱泳宏：《清代“家庭暴力”研究：夫妻相犯的法律》，商务印书馆2014年版，第279页。

③ （清）梁启超：《饮冰室全集》（第一册），中华书局1989年版，第43页。

二十岁以上之男子”,经过女性数十年的斗争,司法部在1927年将该条款修改为“中华民国人民满二十岁以上者”。[①] 然由于当时法官不习惯女律师在法庭上与其唱“对台戏”,故通过制定《律师应守义务》的补充规定限制该行为。1916年年底,女界跻身于由男性垄断的银行业;1924年,上海女界首开女性经营金融的先河,这标志着知识女性的社会地位得到提升,可见,女性职业平等权斗争过程的艰巨。

在清末民初的社会变革背景下,两性平等观给予近代女性解放重要的思想武器与法律支持。与此同时,我国近代法律移植与司法实践推动了女权运动。民国初年,女性婚姻由父母代订婚约转向婚恋自由,已是潮流所趋,最高审判机构大理院司法推事多数具有留学经历,濡染近代“权力本位”理念,在立法依据缺失的情况下,裁判时能驾轻就熟地借助先进法律理念,在司法实践中灵活变通当时的现行法。他们在审理婚姻家庭纠纷案件时,旧法的男权思想仍有强大惯性,但其为女性争取平等的婚姻自主权与继承权,尊重女性的独立人格与诉求。[②] 以一桩源于真实刑事案件改编的评剧《杨三姐告状》为例,平民女性杨三姐吊丧时发现嫁于豪门的二姐被姐夫谋杀并击鼓喊冤,在县级法官受贿不予审理情况下,她通过天津最高检察院为姐姐昭雪,这反映了新女性勇于用法维护权益的自觉。[③]

二、近代知识女性追求平权独立的实践探索

家国兴亡是清末民初知识女性转型的时代背景。一批具备深厚古典文化修养的传统知识女性群体,在民族国家危亡和西法东渐思潮的激荡下,追求救亡兴国与自由平等权利,从闺门走向社会,投身报刊、女性教育,乃至革命。其转型为新知识女性,宣传男女两性在教育、婚姻、

① 徐家力:《中华民国律师制度史》,中国政法大学出版社1998年版,第40页,第46~47页,第69页。《律师章程》见附录部分。

② 参见徐静莉:《民初女性权力变化研究——以大理院婚姻、继承司法判解为中心》,中国政法大学博士学位论文,2008年,第141页。

③ 参见杨剑利:《女性与近代中国社会》,中国社会出版社2007年版,第222页。

职业、参政等方面权利平等观念,唤起更多女性从禁锢于家庭走向参与社会、职业化道路,开启了影响至今的女性近代化之路。

知识女性的近代化因诞生于清末衰世,与"国家""民族""家庭"等不同层面的关系错综复杂,与国家政治与社会思想权势转移高度关联,从而由传统到近代转型过程中,呈现出丰富又悖谬的面貌。

(一)文学播风潮:利用报刊的自觉意识

梁启超等思想启蒙运动者对新式教育有着远见卓识,利用报刊媒体全面和深刻地论述启蒙民智以维新。他们认为改变女性受压制的地位,赋予她们受教育权和找工作的自由,这是欧美各国强盛的一个重要原因。并且他主张"采泰西之美制"创女子学堂为当务之急,这也根源于维新派提倡救国、强国必开民智,兴女学,"急保种之远谋"教育论。①

1898 年,梁启超、经元善在上海倡立兴办中国女学堂后,又兴女报。主笔薛绍徽、康同薇、裘毓芳等有关女子教育的议论借由报刊流布,对以后各地女学堂新建起了推动作用。从维新时期的薛绍徽、康同薇、裘毓芳、单士厘等,到辛亥革命中的秋瑾、陈撷芬,再到民国初年的张默君、唐群英、张汉英和陈鸿璧等继起者,都秉承明清才媛的书写传统,通过主办以女性为阅读对象的妇女报刊,将其变成重要的舆论宣传阵地。她们为女性权利发声,与男性一起形成文字风潮。秋瑾认为"具左右舆论之势力,担监督国民之责任者,非报纸而何",她借助《中国女报》刊物唤起同胞觉醒,将其作为"女界之总机关""迷津筏""暗室灯""使我女子生机活泼,精神奋飞"。② 吕碧城呼吁女子痛除旧习,亟待维新,深感"女权意识,在外国则为旧例,在中国则为创举;外国视为公理,中国则视为悖逆"。③ 南社为革命组织团体,其中的徐自华用古典的诗笔书写女性追求救国、女性人格独立等时代内容,在《中国女报》创刊号上发表

① 李喜元、元青:《梁启超新传》,商务印书馆 2015 年版,第 79 ~ 82 页。

② 秋瑾:《中国女报发刊词》,载《中国女报》第 1 期,1907 年 1 月 14 日。转引自鲍家麟、刘晓艺:《侠女愁城:秋瑾的生平与诗词》,南大出版社 2016 年版,第 141 ~ 142 页。

③ 吕碧城:《吕碧城集》,李保民校笺,上海古籍出版社 2015 年版,第 732 页。

了《问"女报"入股未见踊跃感而有作》的文章,呼吁女性同胞改变奴性思想与追求独立,并以犀利文笔为女子教育大声疾呼。[①] 至辛亥革命的十余年,出现了《女子白话报》《亚东丛报》《神州女报》《中国女报》《中国新女界杂志》等影响较大的女性报刊。女报人群体整合了女报、女学堂和女社团三者的同盟力量,在共同言说与实践中凝聚共识,将更多新女性汇入与形成女界共同体。

新式学堂在社会广泛呼吁与晚清政府教育改革的直接刺激下,得到了较快的发展,女学热也随之兴起。1907年,据京师、直隶、奉天等地统计,全国有女子学堂428所,女学生15,498人。全国各类学校中的女学生有141,000人。[②] 梁启超的《敬告留学生诸君》呼吁"今日之学生"做怀抱兴国强国愿望的"有志之士",肩负"国民之责任"。还应不止步于学业,"为拯救同胞之计"与"采他国之长"。[③] 该时期以秋瑾、陈撷芬、林宗素、张竹君等为代表的留日女性群体有百余人,最早接受新思想观念,她们深受日本学者福泽谕吉和森有礼等明治维新期间所倡女权风气的影响,回国后通过办报刊,组团体,积极兴办各种活动,促进女性独立意识觉醒,成为推动妇女解放的新兴力量。这些举措推动当时政府在全国推广女子教育,采取男女同学,女性出国留学等改革措施。

在新旧教育的滋养与碰撞中,一代知识女性形成了融合个性解放与珍视传统的独特魅力。她们是新女性追求独立解放的先驱,把渴求自由、平等建立在参与社会变革,职业实践的基础上,通过报刊积极宣传国外女性的职业、经济、教育等情况,"利用美国职业女性和妇女活动家作为模范的'他者',推动国内的女性解放,有意识地推进她们自己的

---

① 参见苗丽、罗时进:《论晚清语溪徐氏姊妹诗歌创作》,载《苏州大学学报(哲学社会科学版)》2011年第3期,第134页~135页。浙江语溪的徐自华家学渊源,丧偶后被聘为浔溪女学校长,在女校结交了秋瑾,徐氏姊妹经秋瑾介绍共同参加了同盟会、光复会、南社等进步社会组织,资助秋瑾创办《女报》。

② 参见阎广芬:《中国女子与女子教育》,河北大学出版社1996年版,第257页。

③ (清)梁启超:《饮冰室全集》(第二册),中华书局1989年版,第21页。

事业”。① 并在教育、文学、科学、艺术、学术等行业取得较大的成绩，她们是女子近代化的中坚力量。

（二）“金闺国士”：“志士化”的女界革命

晚清激进时代推崇女子爱国救亡。以秋瑾为代表的巾帼耆英，受谭嗣同的变法须流血的人格感召和徐锡麟刺杀恩铭的书生气概感发，以女子之身将闺阁志士之义推向顶峰。女权的兴起在最后一代士人与最新一代知识女性的交汇点上，激起女性在广阔社会空间中的最大能量，造就了一道悲壮绚烂的“金闺国士”时代景观，“万一屠鲸事不成，女儿殉国最光荣”，“漫说金闺无国士，黄金铸像古来稀”。② 可见女权革命已汇入民族革命，即推翻清政府而获得彻底解放的浪潮中，女性的独立与民族复兴密不可分。

南社徐氏姊妹诗人不仅义葬秋瑾，还在《时报》《小说林》《神州日报》等多种新闻报刊宣传烈士精神，其以传统的诗文融入女权、妇女解放与革命救国时代内容。她巾帼铁笔的诗风有着鲜明的女界革命的特征，激锐思想表现的铁骨和光彩“具有空前的叛离旧世纪，向新时代瞻望的非凡意义，是一代女性建立起新人格、新形象的标志”。③ 孙中山称誉同盟会“女界多才”，武汉组织女子军的吴淑卿，上海女子北伐敢死队的沈警音，广州徐宗汉的女子军，秋瑾与陈撷芬组织的共爱会以及参与同盟会横滨炸弹制造机构的秋瑾、方君瑛、陈撷芬、林宗素、唐群英等巾帼豪杰，都是那个风云诡谲时代的亲历者。她们振起国民精神，对革命作出了贡献。孙中山在民国十四年国民党改组时，主张男女平等原则，认为应在法律、经济、教育、社会各方面确认“男女平权”，助进女权

① 转引自刘霓、黄育馥：《国外中国女性研究文献与数据分析》，中国社会科学出版社 2009 年版，第 257 页。

② （清）高旭：“报载某志士送其未婚妻北行，赠之以诗，而诗阙焉，为补六章”，见《天梅遗集》，万梅花庵藏板，1934 年。转引自夏晓虹：《英雌女杰勤揣摩——晚清女性的人格理想》，载《文艺研究》1995 年第 6 期。

③ 苗丽、罗时进：《论晚清语溪徐氏姊妹诗歌创作》，载《苏州大学学报（哲学社会科学版）》2011 年第 3 期。

发展。

清末民初知识女性以古典的诗歌形式传播解放与民主进步的思想,可见知识女性英雄气概乃至强烈的报国担当与献身情怀。诗篇的激锐思想、豪侠壮举和革命姿态,彰显出大抵英雄皆热性的革命意志。如南社不少女诗人的"风云气"诗词与国情桴鼓相应,如"愿身化作丰城剑,斩尽奴根死也瞑"(唐群英《绝句八章之一》),"大好河山扶得住,胭脂宝马任驱驰"(王灿《读妇女时报》有感率成四章),张默君"愁去吹箫咽孤鹤,狂来击剑舞潜虬""愿君手挽银河水,好把兵戈涤一回",及秋瑾"休言女子非英物,夜夜龙泉壁上鸣"(《鹧鸪天·夜夜龙泉壁上鸣》)。概言之,这些是平等观与时代共命运激荡,用血泪淬炼而成的生命之歌。在1912年至1913年女子参政运动期间,唐群英先后创办刊物《女子白话报》《亚东从报》《女权日报》,张汉英创办《万国女子参政会旬报》等。此类女性刊物以其强烈的政治色彩展现了她们在报刊舆论界建构女性政论空间的尝试以及积极进取的革命姿态。

辛亥革命前后的新知识女性开启了浓墨重彩的社会改革,启迪了女性独立自主和国民责任意识。她们以国家民族的社会担当意识,参与社会实践,从事新式教育,培养女性独立人格,以职业保障女性自立自尊。女性从人权的缺失,到争取两性平等,进一步为成为男子一样的现代国家公民权利奋斗,女性逐步自主的历程,也成为清末民初社会基础变革的印证。

(三)"五四"转型思想:"多歧互渗"的新女权观

清末以来,以梁启超为代表的知识分子通过报刊杂志大量引进介绍西学,影响中国的世界时代精神的"各种各样"思想,这些正是转型时代的文化思想底色。"五四"运动属于"一个新旧思想战的时代",正如戴季陶指出,"革命的要求常常是以思想的革命为表现"。[①] 20世纪初,

① 戴季陶:《学潮与革命》,唐文权、桑兵编《戴季陶集》,华中师范大学出版社1990年版,第1142页。

斯宾塞的《女权篇》,约翰·弥勒的《女人压制论》及第二国际的《女权宣言》中的"天赋人权""男女平等"学说始大量输入中国。男女平等思想输入成为进一步启迪广大知识女性独立觉醒的催化剂。20世纪初知识女性的近代化之路,呈现从摆脱藩篱与锁链,到追求人格独立与思想自由的自我空间写照。

自晚清始,在新知识女性积极进行社会改革、追求权利过程中,逐渐出现过四个具有代表性的女性形象。金天翮的"国民之母";以秋瑾为代表的金闺国士,完全否定女性角色,主张"尽与男子一样的义务";张竹君、何震探索女性新角色,张竹君与秋瑾一样承认女性应为国家贡献,但在社会性别认知上有区别,抛弃了二元对立的性别角色,刘师培夫人何震拒绝"在民族国家框架下的女性解放"。正如日本学者须藤瑞代所言,尽管这四种模式都是以"天赋人权"为根据,但这些知识女性的女权观都想要探索不分性别的,作为人的平等。①

在清末民初知识女性近代化的过程中,从第一代家学渊源的知识女性,到真正依靠社会公共教育成为新型的知识女性,破除了男尊女卑观念与女子读书无用论,在追求教育权的艰难过程中也承担了"女国民"义务。辛亥革命时期的女国民意识成为主流思潮,从教育权、参政权、财产继承权、婚姻权等一系列男女平等权力,到"五四"新女性从外在的身体自由、性别意识,再到婚姻自由与人格独立,知识女性们从晚清一直追寻到了"五四",才获得了完全"人"的觉醒。其中,新女性解放思潮向前推进,离不开陈独秀、李大钊、胡适、周作人、鲁迅等文化巨匠思想哺育。"五四"文化视野宽泛而丰富,但充斥着18世纪和19世纪各种西方的思想学说与价值观念,崇尚个人与崇尚集体并存,达尔文、卢梭、罗素、杜威与马克思并存……各种理念多歧互渗。

"五四"知识分子倡导人格独立与个性解放,婚姻伦理的革故鼎

① 参见[日]须藤瑞代:《中国"女权"概念的变迁——清末民初的人权和社会性别》,须藤瑞代、姚毅译,社会科学文献出版社2010年版,第103页。

新成了当时知识者推进社会变革的突破口,《浮生六记》在"五四"后引起的热烈反响便是这一思想的折射。该时期新青年倡导以"个人本位"易"家族本位",个体伦理的彰显带来了恋爱自由与婚姻自主的诉求。有学者以东南大学郑振埙教授的离婚事件,讨论分析他受盛行的新恋爱婚姻观影响而解除旧婚姻的难题。冰心也曾描述其《解除婚约》的事件经过。① 婚姻自由权利与兼顾家庭社会责任的矛盾,在新文化运动的洗礼下更见冲突,后者遭到激烈抨击。但曾宝荪、陈衡哲、冰心等民国知识女性,指出当时男女平等观念错误,过分强调"平等"与"解放"。其将人格分性别人格与个人人格,后者才是男女根本的差异,认为发展每一个人的天察才能,使她能成为一个最有益的社会势力,才是平等的真谛。女性应该出于个人禀赋,选择回归家庭或职业角色。②

在西法新女性教育观与中国传统礼法的激烈冲突中,"五四"时期的知识女性被抛到传统与现代的断层上。不同于生活在封闭社会的传统知识女性,求知于新式学堂的知识女性,接受"个人主义""婚姻自由"新女性观,因而"五四"婚恋自由思潮引发与传统贞操观、家庭观的冲突。传统才女文化中因缺少深入的女性经验话语,无法为"五四"女性面临"恋爱自由"与"离婚自由"带来的贞操观、爱情观、家庭观、性解放与两性关系冲突等问题提供时代指引。吴贻芬、吴贻芳姊妹、冰心、苏雪林、陈衡哲、陈学昭、萧红、白薇等"五四"时期卓然而立的知识女性,她们以白话文为武器,通过报刊时文、自传式小说创作等形式,自觉地审视女性贞操、事业与爱情、婚姻与家庭,将女性解放推向更为切实的人生境遇层面。

① 参见周叙琪:《民国初年新旧冲突下的婚姻难题:以东南大学郑振埙教授的离婚事件为分析实例》,见王政、陈雁主编:《百年中国女权思潮研究》,复旦大学出版社2005年版,第89~91页。

② 参见陈衡哲主编:《中国文化论集——1930年代知识分子对中国文化的认识与想象》,王宪明、高继美译,福建教育出版社2009年版,第259页。

三、清末民初知识女性转型的精神渊源

“五四”转型时代，主体意识觉醒的女性在新旧观念纠缠的历史背景下歧路彷徨，曲折地追求解放与自由。受平等权利熏陶，及近代中国的大量期刊积极宣传职业女性，经济独立、参政等新女性思想，“五四”新知识女性反思传统贤妻良母的角色，逐渐深化了女性自由思想与独立人格的时代内涵。自西学东渐与保国保种时局缠绕交织，极大地激发和调动了女性的爱国热情与参政的积极性，知识女性同时也受传统才媛文化影响，自觉担当国民责任。在中国文化传统与西方文化激烈碰撞的“五四”转型时代，一批知识女性追求思想自由与独立人格，呼吁在中国文化的主体性下衔接传统与现代，这些都是她们转型的精神渊源。清末民初知识女性的精神转型可从三方面溯源：

其一，男女平等权利思想冲击催化与传统“贤媛”自由、自强、自立精神结合。中国古代“才女文化”受父权社会钳制，长期隐于幕后，却在清末维新运动中以女学实践得到彰显。这在民国时期的一批留学归来的新型知识女性文学写作与生活实践体现自主意识与平等精神中也得到体现。冰心、陈衡哲等是“贤媛”派新女性代表，其文学写作推崇人格独立，对于妇女的社会责任有独特看法。她们的小说呈现新女性的困境与突围，女性家庭生活与职业生涯的矛盾。①

其二，对内在志趣与社会职责有高度的认知与自觉。女学合法化，使女性逐渐自发认可与重视自身的社会价值，自觉担当国民责任。而从“五四”走出来的一批批优异的知识女性，如陈衡哲、冰心、白薇等绝大多数在反抗包办婚姻与冲破藩篱追求人生自由的过程中艰难蜕变，重视实现自身价值与社会职责的统一。新式教育使其摆脱个体发展的性别限制，有着高度的社会职责认知与自觉。翻开“五四”知识女性的传记，对婚姻与事业的权衡与焦灼充溢其中。

---

① 参见钱南秀、杨联芬：《对谈：“列女”“贤媛”传统与中国女性文化的现代转型》，载《妇女研究论丛》2022 年第 6 期。

其三,独立思想成为衔接传统与现代的桥梁。“五四”时代面临新旧文化冲突,在驳杂的学说与价值理念背后,各种观念并存,“五四”知识分子需要具备审视优劣的眼光。如该时期“恋爱自由”与“离婚自由”受到社会广泛关注,它的理论来源是爱伦凯的《恋爱与结婚》自由主义、女性性别理论,事实上激励和塑造了中国新女性的爱伦凯,其实根本不赞同“新女性”。[①] 人为选取部分内容以激进的姿态反抗传统文化,因而文字的遮蔽也影响了知识女性的近代化转型。在“五四”的大熔炉中,中国妇女作为一个新的群体正在努力崛起。清末民初严复、梁启超等“五四”先驱思考文化本位问题,其“深刻”的底蕴就在于“并立而竞进”,在抛弃旧意识的同时,本身又有与之对垒的新取向。[②]

辛亥革命前后女国民意识成为女权主流思潮,“五四”反传统的新文化运动时期,女性追求独立自由与人的解放,选择家庭还是社会成为重要的女性议题。一批受“五四”多元文化培育的卓越新知识女性,融通传统文化与西方文明的精髓而具有广阔视野,对文化主体性下的女性解放深入思索,认为各国、各民族的妇女运动都应有自己的特色,崇尚传统文化中母爱奉献和妻子忠贞。苏雪林、陈衡哲、曾宝荪、冰心等一批知识女性传统与现代衔接中,注入“五四”新文化“独立之人格,自由之精神”,提倡在中国文化主体下寻求女性的独立自主之路。因她们大多具有深厚的传统文化根底,且有机会深入了解西方文化的知识背景,使其对传统文化精髓的认知较为自觉。但这种新女权观被“五四”“反传统”历史声音所“遮蔽”。在弘扬中华民族优秀传统,实现民族伟大复兴的当代,这批精英知识女性对中国文化主体性的坚持,对现代女性独立人格、自由思想的探索,具有重要的历史借鉴意义。

---

① 参见杨联芬:《爱伦凯与五四新文化》,载《中国现代文学研究丛刊》2012年第5期。

② 参见张宝明:《启蒙与革命:五四激进派的两难》,学林出版社1998年版,第68~74页。梁氏青年时代都对传统进行激烈的批判,但民国后都对传统给予了重新的肯定。1918年梁启超到欧洲,次年发表了《欧游心影录》。“二战”对欧洲造成的破败,直观冲击了中国人眼中的西方世界,加之西方人对自身文化的悲哀,由此重新审视西方文明。

四、余　论

“二十世纪为女权发达之时代，是为二百兆女子祸福转移之大关键哉！”①回首百年，女性解放在清末的风云际会中开启了求索之行。但不容忽视的问题在于，由于中国幅员广阔，其复杂性与绝大多数女性的文盲境况以及动荡的时代环境，清末民初知识女性在近代化过程中积聚的力量还不够深厚，因而未能产生更大的历史能量。由于缺少对女性自我主体人格形成的社会体制进一步的探索，“五四”期间及其后抗战爆发至改革开放，“妇女回家”论的主张未绝。

人格独立与自由思想是女性解放历程中的恒久追求。清末民初的一批知识女性作为解放先驱，逢时代际遇能登上历史舞台，既受传统家族文化培养才识的馈赠，也与她们走出国门开阔眼界、融通中西文化相关。她们不依附于他人，不盲从于时代思潮，认可自身的价值，秉持独立自尊的思想，其之所以能在新旧嬗变之际挺立于时代潮流，最根本的原因在于以人格独立与担当责任自立于社会。在当今社会，女性独立自主与两性平权议题仍面临传统与现代的张力。晚清到五四的知识女性追求平权独立的实践探索，推动了社会进步与性别平等，为当代女性权益奠定了基础。清末民初知识女性对文化主体性的坚守，以及其“独立人格”与“自由精神”的探索，为当代女性提供了历史镜鉴，乃至为探寻独立自主之路启迪思想。

① 吕碧城：《吕碧城自述》，安徽文艺出版社2014年版，第177页。

不方便法院原则的历史与当代适用研究

郭雪晴*

[**摘要**]不方便法院原则最初来自苏格兰“forum non competens”(无管辖权法院)一词,至19世纪的后半期采用“forum non conveniens”(不方便法院)并为今广泛使用,即有管辖权的法院以外国法院是适当法院或其自身是不适当法院为由拒绝行使管辖权,本质上是法院的一种自由裁量权。本文考察不方便法院原则的起源与历史发展,研究这一原则的本质和内涵以及在具体司法裁判中的作用与价值。结合我国上海地区法院以及最高人民法院的具体案例,分析我国司法审判中对这一原则的适用,并且从历史发展的角度研究不方便法院原则对中国司法实践的影响及其在我国的发展过程中产生何种变化。案例中主要问题在于对《民事诉讼法司法解释》第532条的适用以及该司法解释本身在逻辑上存在矛盾之处,并且未能解决平行诉讼等问题,加重当事人和法院的诉讼负担。其中的主要原因在于不方便法院原则在中国的产生和适用有所偏离其历史的本质和目的,通过对其起源和发展历史的梳理,从而把握其最重要的作用与价值,从而促进国际层面涉外商事审判管辖权的协调,并且就提高我国法院涉外商事审判专业化水平,促进法律统一适用,提升裁判质效和司法公信力方面提出设想。

[**关键词**]不方便法院原则;涉外审判;自由裁量权;司法主权;国际礼让

一、不方便法院原则的起源与历史

不方便法院原则最早追溯到苏格兰法院的判决,19世纪末逐渐被美国等国家采用,[①]在英美法系国家通过一系列判例确定其适用条件。

---

* 郭雪晴,复旦大学法学院2021级博士研究生。

① See Roger S. Foster, *Place of Trial - interstate Application of Interstate Methods of Adjustment*, 44Harvard Law Review, 41(1930).

大陆法系中德国、日本等均在成文法和司法实践中体现不方便法院原则。[①]笔者希望考察两大法系关于涉外商事审判领域不方便法院原则的适用情况，研究其中的共性，把握这一原则的本质和最重要的价值。

（一）英美法系适用不方便法院原则的条件

1. 英国涉外商事审判实践

在最初的苏格兰法律中，不方便法院原则是法院无管辖权的情况之一，适用条件为诉讼当事人为外国人且在苏格兰诉讼不方便，国外具有替代性法院。随后在 1926 年的 *La Societedu Gaz de Paris v. La Societe Anony me de Navigation* 案中，上议院将不方便法院原则中的"方便"解释为"合适的"，考虑案件审理的公正性，并且在 1973 年之前，其适用标准均是在 1936 年 *St. Pierre v. South American Stores* 案中确立的"困扰性与压迫性标准"（oppressive and vexatious），[②]在本案中因双方当事人之间签订的租赁合同产生纠纷，合同约定适用智利法作为准据法，语言是西班牙语，标的物是位于智利的不动产，且智利法院已经受理本案。仅存在平行诉讼或者取证、审理便利性的考虑并不足以中止诉讼，而是要求被告证明在英国进行诉讼会使其面临着不公正的司法待遇，并且在其他法院起诉不会使原告同样面临不公正的对待。因此若原告在英格兰法院提起的诉讼对被告构成困扰和压迫，或者滥用法院地的诉讼程序，则英格兰法院应为不方便的法院。在这一时期不方便法院原则的核心价值是公正而非便利。

随后在 1974 年 *The Atlantic v. Bona Spes* 案[③]中对此标准作了更开放的解释，即应考虑原告的利益和被告可能遭受的任何不利，以及审理案件是否符合正义，其审查标准主要包括证据的获得、查找准据法的便利性、相关诉讼是否存在、诉讼时效、语言等，并将该原则规定

---

① See Wendy Kenett, *Forum Non Conveniens in Europe*, 54 Cambridge Law Journal 552, (1995).

② *St Pierre v. South American Stones* (*Gath & Chaves*) *Ltd.*, (1936) 1KB 382, 398.

③ See *The Atlantic v. Bona Spes*, (1974) AC 436.

于《1982年民事管辖权和判决法》第49条中。在1987年 *Spiliada Maritime Corporation v. Gansulex Ltd.* 案将其进一步提炼,[①]法院应当考虑行使管辖权的适宜性和适当性(Suitability or Appropriateness),而不是便利性;这一原则更应该考虑的是适宜法院(Appropriate forum)而不是方便法院。主要确立了适用不方便法院原则的具体标准:首先,存在一个具有管辖权且可以保障各方利益,维护司法公正,更适宜审理本案的外国法院,否则英国法院拒绝中止诉讼。其次,在举证责任方面,由被告证明存在前项更适宜法院,并且需要证明英国法院是不适宜的法院,才能说服法官适用不方便法院原则,放弃管辖;同时如果被告证明本案无法在外国法院得到公正的司法待遇,则法院可拒绝适用该原则。最后,法院判断被告所举证的外国法院是否是更适宜的法院时,所考虑的因素主要包括诉讼便利性、诉讼费用、争议所指向的准据法、当事人的居住地或营业地等,重点在于证明外国法院与诉讼存在最真实和最实质性的联系,审理可以实现实质正义。

直至2000年的 *Lubbe v. Cape PLC.* 案将其实施原则作了最完整表述并沿用至今。[②] 英国不方便法院原则的适用分为两个阶段,第一阶段由被告承担举证责任,证明英国法院不是审理本案最合适的法院,以审判公正的标准存在其他更为合适的法院,法官依据冲突规则指向其他法院的连接点,如果认为不存在更合适法院,可能会驳回被告请求,继续审理;否则会同意被告请求,中止诉讼,由此进入第二阶段。在第二阶段由原告承担举证责任,证明该替代性法院不能作出公正裁决,从而由法官自由裁量是否继续审理本案或者放弃管辖。

可见,英国不方便法院原则适用与否的关键在于"更适当法院"而非"更方便法院",[③]而所谓适当的标准是指对实现正义的目标更为

---

① See *Spiliada Maritime Corporation v. Gansulex Ltd.*, (1987) AC 476.

② *Lubbe v. Cape*, (2000) 1 WLR 1545.

③ See Bryan A. Garner ed., *Black's Law Dictionary*, 9th edition, West Press, 2009, p. 593.

适当的法院。适用不方便法院原则的本质在于为实现正义和公正的目的而确认处理争议的合适法院。并且,为避免对"方便(convenience)"一词的含义产生误解,英国权威国际法学者特别指出,"convenience"并不是指"方便"而应该理解为"适当"。[①]因此可能是由于翻译问题导致在我国司法中偏重于便利性的考虑,而对公正性有所忽视,从而导致司法实践和法律解释中对不方便法院原则的适用有所偏离。

2. 美国涉外商事审判实践

由于美国存在联邦和州的双重法院体制,各州对于不方便法院原则有着不同的态度和实践标准,本文着重考察联邦法院层面对于涉外商事审判中不方便法院的适用标准。美国的不方便法院原则最初就是从最合适与否的标准来决定是否驳回原告的诉讼请求,最早体现在1947年的 *Gulf Oil Corp v. Gilbert* 案中,[②]包括在之后的 *Koster v. Lumbermans Mutual Casualty Co.* 案,[③]*Piper Aircraft Co v. Reyno* 案,[④]以及 In re *Union Carbide Corp Gas Plant Disaster at Bhopal* 中将判断标准不断细化。[⑤]

美国不方便法院原则同样为两个阶段,第一阶段为至少存在一个具有管辖权的其他法院,即替代法院。第二阶段是平衡公共利益与私人利益,其中公共利益强调对受理法院的便利性,包括案件数量与积压情况、适用外国法律和解释的复杂程度、案件的教育与示范作用、与本国无联系的案件中,强制法院地居民作为陪审员公正与否、加重法院地税负是否公正、当事人能否及时知悉案件审理过程等;对于私人利益强调对当事人便利性和公正性,具体包括证据取得的难易程度、是否需要强制证人出庭、对证人费用支付能力等影响案件审理容易、迅速

① See L. Collins et al, *Dicey, Morris & Collins on the Conflict of Laws*, Sweet & Maxwell, 15th edition, 2012, p. 465.

② 330 US 501, 508 (1947).

③ 330 US 518 (1947).

④ 454 US 235 (1981).

⑤ 809 F. 2d 195 (2nd Cir. 1987).

和节俭的一切实际问题。并于1948年《联邦移送法》以及1971年《第二次冲突法重述》第34条中则完全沿用了该案提及的裁量因素。考量以上因素,但是并不要求完全满足,法院可以自由裁量适用不方便法院原则撤销或者中止诉讼。另外一旦确定适用不方便法院原则不行使管辖权,法院往往会附加条件,主要是根据美国的证据开示制度、时效、判决执行制定,规定了送达、证人、放弃诉讼时效抗辩、执行判决等相关问题,①如果不满足相关条件,原告可以重新要求美国法院审理。

通过WestLaw数据库检索发现,在美国法院受理的涉及中国的就国际金融一类纠纷案件,当事人提出适用不方便法院原则共计50余起,其中主要是中国法人,特别是中国银行作为被告提出美国法院不具有管辖权,应当将案件移交中国法院管辖。② 美国法院依据判例所确立的两阶段标准进行判断,出于公共利益和私人利益的考虑,同样强调审判的公正性而不是便利性,倾向于适用不方便法院原则,特别是考虑公平竞争和实质公正标准时,便利性往往是最不重要的,如果过重考虑受案法院的便利性,将导致外国法院采取相对应的对抗举措,其结果就是重复诉讼和平行诉讼大大增加。③ 美国不方便法院原则的重要作用之一在于限制以长臂法令为基础的过于广泛的管辖权。④通过美国法院近年来国际涉外商事司法实践而言,可能出于主权意识的增强以及同外国法院的竞争,对于国际商事诉讼的管辖权也呈现同中国类似的收紧

① (1)被告同意在外国可替代法院进行诉讼并接受送达;(2)被告同意在原告于外国进行的诉讼中提交文件和证人;(3)被告在外国法院进行的诉讼中放弃任何时效抗辩;(4)被告同意偿付原告在外国获得的任何判决。参见809 F. 2d 195 (2nd Cir. 1987)。

② See *Keren Elmaliach v. Bank of China Limited*, 2010 WL 1172829; *Gau Shan Company, Ltd. v. Bankers Trust Company*, 956 F. 2d 1349.

③ See Ronald A. Brand, *Challenges to Forum Non Conveniens*, 45 New York University Journal of International Law and Politics 1003(2013).

④ See Jeremy D. Morley, *Forum Non Conveniens: Restraining Long-Arm Jurisdiction*, 68 Northwestern University Law Review 24(1973 – 1974).

倾向。①

(二)大陆法系适用不方便法院原则的条件

大陆法系重点强调法律的确定性和稳定性,只有部分国家主要通过三种方式采用不方便法院原则,即国内法直接规定或者规定相似制度,以及允许个别领域适用该原则。例如,联邦德国《非诉讼程序法》第 47 条规定不方便法院原则,其适用条件为国内法院具有管辖权,同时存在其他具有管辖权的外国法院,依据最密切联系原则来判定国内法院管辖权是否具有充分的国内因素从而决定是否行使管辖权。以及日本采用“特殊情势”的标准,即通常遵循公正的原则以维持日本法院的管辖权,除非存在一些特殊情况,*Mukoda v. Boeing Co.* 案开始了不方便法院原则司法实践,②随后在《日本民事诉讼法》中专门规定了该原则,③考虑因素主要包括案件发生地点、证据获得、非自愿证人到庭难易程度以及费用、能否公平对待当事人等,考虑本国法院应否对案件行使管辖权,重点在于确定本国法院是否具有管辖权,而并不考虑是否存在替代法院。

通过探究不方便法院原则的起源以及梳理这一原则在英美法系和大陆法系的发展历史,特别是在历史和当代具体司法实践中法官说理部分的归纳整理,虽然在两大法系具体的实施条件和效果稍有不同,但是均强调了司法公正与实质联系,审判便利性仅是其中考虑因素之一;并且不同于中国需要同时满足所有实施条件。虽然英美法系一般要求具有其他具有管辖权的外国法院,对于其他法官自由裁量因素多体现公正性和便利性,重点在于对国外替代法院的管辖权是否合适或充分,通过中止诉讼等方式,暂停行使管辖权,便于条件成就时本国法院再行使管辖

① See Matthew J. Eible, *Making Forum Non Conveniens Convenient Again: Finality and Convenience for Transnational Litigation in U. S. Federal Courts*, 68 Duke Law Journal 1193(2019).

② 31 Japanese Ann. Int’l L. 201,229 (1988).

③ 2012 年 4 月 1 日正式生效的日本《民事诉讼法》第 3 ~ 7 条规定了涉外管辖权规则,特殊情势规则是在特殊情况下,如果日本法院行使管辖权对当事人不方便,则可以放弃行使管辖权。

权。而在大陆法系国家的管辖权源自法定,强调法律的严格性、确定性以及可预见性,而不方便法院原则恰恰要求法律具有灵活性,因此不方便法院原则的实施条件比较简单,限制法官自由裁量权,着重体现为认定国内法院的管辖权是否充分,从而决定是否拒绝行使本国法院的管辖权。

二、不方便法院原则在我国的适用

20世纪90年代,我国最高人民法院即以不方便法院原则为依据拒绝行使案件管辖权,①并在最高人民法院民事审判第四庭《涉外商事海事审判实务问题解答(一)》第7条对此提出了指导意见,②随后,《第二次全国涉外商事海事审判工作会议纪要》(以下简称《工作会议纪要》)第11条明确规定不方便法院原则适用的七个条件。③ 2014年,在《工作会议纪要》的基础上,最高人民法院《关于适用〈中华人民共和国民事诉讼法〉的解释》(以下简称《民事诉讼法司法解释》)第532条首次在司法解释层面对人民法院适用不方便法院原则规定需要全部满足的6

① 例如,在1995年"佳华案[最高人民法院(1995)经终字第138号民事裁定书]"中,最高人民法院虽未明确适用不方便法院原则,但基于其精神拒绝管辖;以及在"住友银行公司与新华房地产有限公司贷款合同纠纷案[最高人民法院(1999)经终字第194号民事裁定书]"中,最高人民法院明确适用不方便法院原则。

② 如果人民法院依据我国法律规定对某涉外商事案件具有管辖权,但由于双方当事人均为外国当事人,主要案件事实与我国没有任何联系,人民法院在认定案件事实和适用法律方面存在重大困难且需要到外国执行的,人民法院不必一定行使管辖权,可适用"不方便法院原则"放弃行使司法管辖权。

③ 法发〔2005〕26号,《第二次全国涉外商事海事审判工作会议纪要》第11条:"我国法院在审理涉外商事纠纷案件过程中,如发现案件存在不方便管辖的因素,可以根据不方便法院原则裁定驳回原告的起诉。'不方便法院原则'的适用应符合下列条件:(一)被告提出适用'不方便法院原则'的请求,或者提出管辖异议而受诉法院认为可以考虑适用'不方便法院原则';(二)受理案件的我国法院对案件享有管辖权;(三)当事人之间不存在选择我国法院管辖的协议;(四)案件不属于我国法院专属管辖;(五)案件不涉及我国公民、法人或者其他组织的利益;(六)案件争议发生的主要事实不在我国境内且不适用我国法律,我国法院若受理案件在认定事实和适用法律方面存在重大困难;(七)外国法院对案件享有管辖权且审理该案件更加方便。"

个条件。[1] 但是在涉外商事审判实践中，特别是涉外金融审判中，法官对不方便法院原则适用条件逐渐趋紧，极少适用该原则放弃管辖权。考察上海法院和最高人民法院具体案例，适用不方便法院原则也存在一些问题，特别是《民事诉讼法司法解释》所规定的同时适用6个条件是否真正契合不方便法院原则的本质，是否有利于在涉外商事审判中协调不同国家或地区之间民事管辖权的冲突，以及是否有利于公平保护当事人利益，实现司法公正。

（一）上海涉外商事审判案例分析

首先以近几年上海金融法院受理的一起案件为例，[2]其基本案情为中国公司A与某意大利银行上海分行B之间的独立保函纠纷。本案中中国公司A与意大利公司C签订了位于科威特的住房基础建设项目合同，意大利公司C申请B银行向作为受益人的中国公司A开立独立保函，保函载明适用ICC Uniform Rules for Demand Guarantees（URDG758），后因意大利公司C违反基建项目合同，2018年中国公司A与上海金融法院起诉意大利银行上海分行B。在审理期间，意大利银行上海分行B提出管辖权异议，要求上海金融法院适用《民事诉讼法司法解释》第532条规定的不方便法院原则，驳回起诉。其主要理由为：第一，双方不存在选择中国法院管辖的协议。第二，诉争保函的基础法律关系发生在科威特，其发生纠纷的主要事实不是发生在中国境内。第三，双方约定保函所适用的法律并非中国法律，所以本案如果由上海

① 《关于适用〈中华人民共和国民事诉讼法〉司法解释》第532条规定："涉外民事案件同时符合下列情形的，人民法院可以裁定驳回原告的起诉，告知其向更方便的外国法院提起诉讼：（一）被告提出案件应由更方便外国法院管辖的请求，或者提出管辖异议；（二）当事人之间不存在选择中华人民共和国法院管辖的协议；（三）案件不属于中华人民共和国法院专属管辖；（四）案件不涉及中华人民共和国国家、公民、法人或者其他组织的利益；（五）案件争议的主要事实不是发生在中华人民共和国境内，且案件不适用中华人民共和国法律，人民法院审理案件在认定事实和适用法律方面存在重大困难；（六）外国法院对案件享有管辖权，且审理该案件更加方便。"这一原则在2022年修改《民事诉讼法司法解释》法释〔2022〕11号后位于第530条。

② 上海金融法院民事判决书，（2018）沪74民初1420号。

金融法院审理,在查明事实和适用法律方面具有较大困难。第四,本案存在更适合的法院,即意大利法院,已受理本案并且发出止付令,原被告双方均出庭答辩,出于避免《民事诉讼法司法解释》第247条重复诉讼的需要以及中意两国民事司法协助条约的规定。①

上海金融法院驳回被告适用不方便法院原则的诉讼请求,原因在于本案中双方约定的URDG758规则是独立保函条款部分,其中第35条第a款规定,除非另有约定,任何担保人与受益人之间与保函有关的争议,应由担保人开立保函的分支机构所在地国家具有管辖权的法院排他管辖,在本案中即为上海具有管辖权的法院,即上海金融法院。因此认定双方存在管辖协议,不存在更方便的外国法院。并且意大利法院受理案件与本案当事人不同,法律关系也不同,尚未进行实体审理,因而不存在双重诉讼的问题。另外考察上海其他法院司法审判案例适用不方便法院原则(见表1)。

表1　上海市法院适用不方便法院原则案例统计分析

编号	案例名称及案号	审理法院	是否适用	裁判依据
1	睿智公司诉OZ公司买卖合同纠纷案(2019)沪0104民初16073号	上海市徐汇区人民法院	否	合同签订地为上海,被告未在答辩期内提出管辖异议
2	中国澳门特别行政区第一环球国际有限公司诉丁育侵权责任纠纷案(2016)沪01民初62号	上海市第一中级人民法院	否	被告在中国内地的住所在本院辖区范围内,根据《中华人民共和国民事诉讼法》第28条的规定,有管辖权

① 中意两国民事司法协助条约第2条规定了司法保护:缔约一方的国民在缔约另一方境内,在其人身和财产方面享有与缔约另一方国民同等的权利,有权在与缔约另一方国民同等的条件下,诉诸缔约另一方法院。

续表

编号	案例名称及案号	审理法院	是否适用	裁判依据
3	国泰世华商业银行股份有限公司与高超保证合同纠纷案（2016）沪民辖终99号	上海市高级人民法院	否	《最高人民法院关于适用〈中华人民共和国民事诉讼法〉的解释》第532条规定，本案被上诉人为中华人民共和国公民，案件涉及中华人民共和国公民利益，且我国内地法院对本案不享有管辖权
4	海上、通海水域货物运输合同纠纷案（2017）沪72民初2384号	上海海事法院	否	上海作为提单签发地、货物起运地，较中国香港特别行政区而言，与案件事实的联系更为直接和紧密。原告法定代表人和股东均为中国内地居民，也愿意在中国内地法院进行诉讼
5	太阳能电力有限公司与尚德电力投资有限公司企业借贷纠纷案（2015）沪高民二（商）终字第S6号	上海市高级人民法院	否	不存在《民事诉讼法司法解释》第532条所规定事项
6	叶国强与赵成武合同纠纷案（2015）闸民二（商）初字第S763号	上海市静安区人民法院	否	原、被告均为中国公民，被告的转账行为亦发生于中国境内，且与本案相似的原告起诉案外人崔某的案件已由北京的两级法院审结生效

续表

编号	案例名称及案号	审理法院	是否适用	裁判依据
7	范健诉毛裕民等侵权纠纷案 (2013)沪二中民四(商)初字第S11号	上海市第二中级人民法院	否	涉及中国公民利益
8	陈宏昌诉翁雅贞等退伙纠纷案 (2013)沪一中民四(商)初字第S3号	上海市第一中级人民法院	否	准据法为中国法,主要行为和门店在中国大陆
9	捷腾电子有限公司与时毅电子有限公司买卖合同纠纷案 (2009)沪高民四(商)终字第59号	上海市高级人民法院	是	(1)主要履行事实均发生在中国香港特别行政区,且纠纷应适用中国香港特别行政区法律,法院在认定事实和适用法律方面存在重大困难。 (2)双方均为中国香港特别行政区企业,中国香港特别行政区法院对双方争议有管辖权,且审理更加方便

(二)最高人民法院和其他法院涉外商事案例比较分析

在上海法院涉外商事审判案例之外,最高人民法院和其他法院也有类似涉外商事案例,其中最高人民法院裁判的案例见表2。

表2　最高人民法院裁判案例统计分析

编号	案例名称	是否适用	裁判依据
1	西斯威尔滥用市场支配地位纠纷案 (2020)最高法知民辖终392号	否	《反垄断法》第2条规定的域外适用原则
2	胡贝尔和茹纳股份公司、连展科技股份有限公司确认不侵害专利权纠纷案 (2020)最高法知民辖终46号	否	《最高人民法院关于适用〈中华人民共和国民事诉讼法〉的解释》第532条,本案涉及中国法人的利益,争议法律行为发生在中国境内
3	黄松盛、黄振豪侵权责任纠纷案 (2019)最高法民终592号	是	合同签订于珠海,人民法院对涉及该合同的纠纷具有管辖权。 《最高人民法院关于适用〈中华人民共和国民事诉讼法〉的解释》第532条,双方不存在选择中华人民共和国法院管辖的协议、因《股权转让协议》产生的纠纷不属于中华人民共和国法院专属管辖、因《股权转让协议》所产生的争议的主要事实亦不是发生在中华人民共和国境内。并且法院在事实认定和法律适用存在极大不方便。 本案最密切联系的地点是加拿大
4	大同股份有限公司、中华映管股份有限公司合同纠纷案 (2019)最高法民辖终467号	否	案件的审理结果直接关系到作为中华人民共和国企业法人的华映科技公司的利益。故《最高人民法院关于适用〈中华人民共和国民事诉讼法〉的解释》第532条的规定不适用于本案

续表

编号	案例名称	是否适用	裁判依据
5	致富集团诉神通文化公司股权纠纷案 (2018)最高法民辖终261号	否	《最高人民法院关于适用〈中华人民共和国民事诉讼法〉的解释》第532条,神通文化公司系在中国内地注册成立的企业法人,案涉中国法人利益
6	澳大利亚杜罗·费尔格拉私营股份有限公司等诉大连华锐重工国际贸易有限公司欺诈纠纷管辖权异议案 (2017)最高法民辖终264号	否	《最高人民法院关于适用〈中华人民共和国民事诉讼法〉的解释》第532条,本案涉及中国法人利益

例如,在澳大利亚杜罗·费尔格拉私营股份有限公司等诉大连华锐重工国际贸易有限公司欺诈纠纷管辖权异议案(表2案例六)中,法院认为独立保函欺诈是否受双方约定仲裁条款约束,应当根据独立保函欺诈法律关系的性质具体分析,依照《独立保函司法解释》第21条第2款规定,[①]本案应由被请求止付的独立保函开立人住所地或被告住所地人民法院管辖。而且在本案中双方仅约定实体问题准据法,而未约定管辖等程序性问题,因此不能排除中国法院管辖权。同时由于本案涉及中国法人利益,因此不能适用不方便法院原则。

与之相似的裁决还体现在广东法院审理的刘念汉等与中国信托商

① “独立保函欺诈纠纷案件由被请求止付的独立保函开立人住所地或被告住所地人民法院管辖,当事人书面协议由其他法院管辖或提交仲裁的除外。当事人主张根据基础交易合同或独立保函的争议解决条款确定管辖法院或提交仲裁的,人民法院不予支持。”

业银行股份有限公司保证合同纠纷上诉案,①由于法院对被告财产已经采取保全措施因而具有管辖权,②并且不符合《民事诉讼法司法解释》有关不涉及中国法人利益的规定,且法院不认为存在更方便的外国法院,因此不适用不方便法院原则。只有在最高人民法院审理的案例三“黄松盛、黄振豪侵权责任纠纷案”中,因为只有合同签订地在中国境内,而其他法律事实和行为均发生在中国境外,并且当事人也并非中国公民,因此除了合同签订地外,本案与中国几乎没有任何联系。

前述涉外商事案例管辖权异议案例具有一定的共性特征,即当事人之间不存在协议管辖,也不属于中国法院的专属管辖案件,部分案件存在已经被国外其他法院受理,但是其中或多或少涉及中国公民或者中国法人。被告提出管辖权异议,要求适用不方便法院原则,我国法院根据《民事诉讼法司法解释》,因为涉及中国法人利益或者案件主要事实发生在中国境内,或者概括性说明不存在更适合的外国法院而拒绝适用不方便法院原则。

在涉外商事审判中,法院倾向于积极行使管辖权,主要依据是涉及中国公民或者中国法人的利益,目的可能在于更好维护国家利益和司法主权。另外在判断是否适用“不方便法院”原则与判断我国法院是否具有管辖权的问题上,部分案例存在先后顺序,例如,在最高人民法院案例五“致富集团诉神通文化公司股权纠纷案”中,就是先确定我国法院对于案件本身具有管辖权,且符合《民事诉讼法司法解释》第 532 条规定的六项要件,才能拒绝行使管辖权。同时,域外平行程序的存在并不构成不方便法院的当然理由。正如本案一审裁定指出,中国香港特别行政区作为中国单独司法区域,其是否已经受理案件或者作出判决,均不影响内地法院依法行使管辖。但是内地法院是否受理,应根据案件具体情况决定,其中包括考虑案件是否存在不方便管辖的因素。二

① 广东省深圳前海合作区人民法院民事裁定书,(2016)粤 0391 民初 852 号;广东省深圳市中级人民法院民事裁定书,(2017)粤 03 民辖终 86 号。

② 参见《中华人民共和国民事诉讼法》第 265 条。

审裁定则指出,案件审理结果涉及中国内地企业法人神通文化公司的利益,因此本案情形不符合"不方便法院原则"适用的条件。但是这在一定程度上可能会造成平行诉讼,或者一方诉讼、一方仲裁的问题。

三、不方便法院原则适用存在的问题

在前述我国涉外商事审判实践中,体现出涉外商事案件管辖权收紧的倾向,不同于最初适用不方便法院原则案例,也不同于在婚姻纠纷和航空民事纠纷中,不方便法院原则尚有适用的空间,特别是《民事诉讼法司法解释》施行之后,普通涉外商事纠纷几乎没有满足适用条件的案例。这其中固然有政策原因,但是更为突出的是司法实践中不当适用司法解释以及民诉法解释自身存在逻辑上难以自洽之处,究其根本原因在于不方便法院原则是起源于英国的规则,我国在适用过程中部分偏离了不方便法院原则最初的目的和核心价值。

(一)司法解释适用不合理

1. 扩张适用有关涉及我国国家、公民、法人利益判断标准

中国法院在涉外商事审判中主要拒绝适用不方便法院原则的理由在于涉及我国公民、法人、国家利益。出于对我国当事人利益的维护,法官行使自由裁量权的过程中对此款具有扩张适用的倾向,无论当事人还是案件事实与我国存在联系,就认定为涉及本国利益,例如,在尚德电力控股有限公司诉尚德电力投资有限公司管辖权异议案中,即使双方属于外国法人,且主要案件事实均发生在境外,但是离岸公司在中国境内有办公场所和工作人员以及考虑判决执行问题,所以认定与我国利益相关,积极行使管辖权。并且根据连接点,认为与中国存在十分密切的联系,但是并未说明存在怎样密切的联系,从而适用中国法律,因而不存在适用外国法律困难,因此不适用不方便法院原则。在天津法院审理的天卓国际案中,[1]双方当事人都是香港法人,法官认为涉及我国内地法人利益的理由是被告当事人占有我国内地法人49%股权。

---

[1] 天津市高级人民法院民事裁定书,(2016)津民终45号。

并且,就扩大适用这一条款后再次扩张,不仅只依据国籍国和住所地来判断是否涉及本国的利益,这本身就是被国际民商事审判中所批评的歧视外国当事方的问题,而且扩展到判决执行问题,更是十分不当。因为判决执行并不是管辖权裁决所要考虑的,判决执行问题并不在六项条件之中,而且这其中存在因果倒置的问题,不能由于便于执行因此认定法院具有管辖权;更严重的是在审理过程中混淆不具有管辖权和不方便法院原则。另外,由于人民法院是否与案件存在紧密联系缺乏充分说理,与各国考虑审判便利性和公正性的司法实践有所不同,易引发外国法院对人民法院司法管辖权扩张的疑虑,缺乏对涉外当事人的尊重和保护,有损司法公信力。①

2. 弱化不方便法院原则的适用,不利于当事人利益保护

考察不方便法院原则的起源和历史发展,这一原则的目的应该是维护司法公正,保护当事人利益,避免重复诉讼的负担。其中更适宜的法院本质在于与案件由最密切、最实际的联系,避免原告通过起诉强令诉讼在被告最不利之处进行,从而使诉讼尽可能对原被告都是公平的。

我国法院往往出于政策原因,特别是保护我国公民和法人的合法利益以及维护我国司法主权的目的,因而不愿放弃管辖权。适用不方便法院原则需要被告举证关于《民事诉讼法司法解释》的六个条件全部满足,但是法院仅需认定其一不满足即可,特别是在众多案件中法院直接认定不存在更方便的外国法院即驳回该诉讼请求。特别是在《民事诉讼法司法解释》规定了比较严格的适用条件的情况下,我国法院可以轻易驳回被告诉讼请求,而并不是出于诉讼便利性的考虑。从以上案件而言,审判时间至少在一年以上,一审法院实际面临着繁重的司法审判任务,并且部分涉外金融案件本身标的价值较大,且往往具有期限利益,利用期限错配营利,长时间审判程序,特别是长时间扣押财产可能会导致损失扩大。虽然严格适用不方便法院原则的出

① See A. Briggs & P. Rees, *Civil Jurisdiction and Judgements*, 5th edition, Informa Law, 2009, p. 448.

发点可能是保护当事人利益,但是实际上可能并没有达成目标。并且也不能保证在我国法院审理就一定有利于维护我国公民或法人的利益,特别在部分案件中的准据法是外国法,我国法官可能对此缺乏充分了解,需要相关机构提供专家意见进行外国法查明,也增加了法院负担。

3. 司法实践并未解决平行诉讼与冲突判决的问题

前文所述的部分案例中,双方当事人已经将案件提交外国法庭,并且已被受理,当事人均已出庭答辩,但是我国法院仅由于外国法院并未作出判决为由驳回被告诉讼请求,或者直接认定不存在更方便的外国法院,仍然认定本院具有管辖权。由此不同国家或地区之间存在平行诉讼并由此导致相互冲突的判决不可避免,并且有违中意两国等国际民事司法协助条约的规定。特别是认定不存在更方便的外国法院的情况下并未说明理由,之所以外国法院受理,就是因为案件存在不止一个连接点,并且在我国法院的说理过程中也说明案件部分事实与中国有联系,至于是不是主要案件事实有赖于法官自由裁量,但是至少说明外国法院具有管辖权,不能直接否认。另外,根据《民事诉讼法司法解释》第533条的规定,中外法院均有管辖权,一方向外国法院起诉,人民法院依然可予受理,法院往往以此拒绝适用不方便法院原则,但是忽视对于外国法院更方便的判断。而且在我国法院判决后,不支持外国判决的承认执行,这在一定程度上就隐含着必然存在平行诉讼的问题,特别是外国法院判决在中国法院受理之后,判决之前,会造成司法判决冲突,也有违司法经济和效率的要求,不利于保护当事人利益。

(二)司法解释自身存在问题

1.《民事诉讼法司法解释》第532条缺乏适用空间

从《第二次全国涉外商事海事审判工作会议纪要》第11条到《民事诉讼法司法解释》第532条,基本内容几乎一致,但是司法解释减少我国法院对案件具有管辖权的规定,但是这一规定本身也是提示性规定。考虑到其他规定,不涉及中华人民共和国国家、公民、法人或者其他组织的利益即不属于属人管辖,案件主要事实不是发生在我国境内,不属于属地管辖,并且同时需要满足不属于我国专属管辖,不属于协议管辖,如此导致的结果很可能是我国法院根本没有管辖权,也就无从谈起适用不方便法院原则的问题。假设某案件,双方当事人均非中国法人、自然人并且考虑上述案件,当事人不能持有中国法人股份以及不能在中国境内具有人员和办公场所等,主要事实不是发生在中国境内,即使是作为国际贸易融资合同的从合同的担保合同事实也不是发生在中国境内,在中国不具有可供扣押财产,即和中国没有任何联系,那么我国法院的管辖权从何而来?特别是涉外或者国际商事案件随着世界市场的发展和经济全球化,各国之间联系逐渐加强,同时满足六项条件,过于强调对本国当事方利益保护,这在根本上与民商事诉讼管辖体系相悖,而且几乎不具有适用空间。

2. 司法解释有违不方便法院原则的本质与初衷

对于当事方提出管辖异议以及不具有协议管辖和专属管辖问题一般不具有争议,问题主要集中于"案件不涉及中华人民共和国国家、公民、法人或者其他组织的利益"、"案件争议的主要事实不是发生在中华人民共和国境内,且案件不适用中华人民共和国法律,人民法院审理案件在认定事实和适用法律方面存在重大困难"及"外国法院对案件享有管辖权,且审理该案件更加方便"的条件。

首先,不方便法院原则起源时期,苏格兰杰斯法官在1979年"智米克信贷诉詹姆斯·史葛特工程有限公司案"中明确指出,[①]在适用不方便法院原则的过程中,必须考量一个有管辖权的法院拒绝行使管辖权的原因,仅基于受案法院不方便的考虑是不充分的。并且,不方便法院

① 杰斯法官将苏格兰法院适用不方便法院原则的规则总结如下:(1)由被告证明在苏格兰的诉讼不应继续进行,且由法院根据被告提供的证据采信;(2)必须考量一个有管辖权的法院为何拒绝行使管辖权的原因,仅基于不方便的考虑是不充分的;(3)当事人能够在另一个有管辖权的法院就争议提起诉讼;(4)在该外国法院当事人的利益得到更为适当的维护,正义的利益在外国法院得到更为适当的保障。参见 *Credit Chimique v. James Scott Engineering Group Ltd.*,(1979) SC 410。

原则的适用应当使在法院诉讼的当事人之利益得到更为适当的维护,正义利益在法院得到更为适当的保障。基于当事人国籍或者住所地,甚至扩张到当事方办公场所和人员,来判断是否涉及我国利益,与国际司法实践中一国法院不应基于当事人的国籍或惯常居所对之予以歧视的要求不符。[①] 不方便法院原则的适用应在于确定一个能够高效、公正解决当事人之间涉外商事争议的法院,而不是一方当事人的所在国家。换句话说法院应该考虑由本院审理对于上方当事人来说是否具有便利性和公正性,而不是本院审理是否具有便利性。

其次,法官可能滥用自由裁量权,导致法律适用具有较大不确定性。关于案件主要事实问题以及外国法院是否更方便完全依赖于法官的自由裁量,缺乏可预测性和稳定性,出于对我国司法主权和利益的考虑,法官会尽可能扩张适用,而不是考虑诉讼经济与效率以及取证便利性等因素,正如前文实践中产生的问题,从而倾向于扩大管辖权,并不符合不方便法院原则创立之初解决国际民商事诉讼管辖权冲突的初衷。

四、不方便法院原则适用的未来展望

本文通过对我国涉外商事审判的实践以及两大法系国际商事审判的实践,研究不方便法院原则在国际商事审判领域的适用条件。不同于航空领域民商事案件可以依据《蒙特利尔公约》《华沙公约》等统一划分管辖权,也不同于婚姻家庭关系多涉及身份诉讼,所涉财产纠纷标的相对较小,而且在婚姻家庭领域适用不方便法院原则较少,即使适用也没有全部满足六个条件。在国际商事争议领域,目前仍然缺乏国际层面统一管辖权的多边公约,各国都希望积极行使管辖权,因此平行诉

---

① 关于不方便法院原则的适用,2001年海牙国际私法会议起草的《民商事管辖权及判决的承认与执行的公约》中间草案第22条第3款规定,在决定是否应中止诉讼时,法院不应基于当事人的国籍或惯常居所予以歧视。参见 Ronald A. Brand, *Comparative Forum Non Conveniens and the Hague Convention on Jurisdiction and Judgements*, 37 Texas International Law Journal 467(2002)。

讼和重复诉讼较多；同时间接管辖权的域内效力，同样会带来直接管辖权的竞争，因为对于国际商事纠纷，选择法院非常重要。但是我国司法实践中却反应出一定的问题，主要体现在《民事诉讼法司法解释》第532条适用条件非常严格，而且与我国现在的民法体系中闭合管辖权体系不相适应，应该予以修正，同时也有违我国和其他国家之间的司法互助协定的规定。本文希望通过借鉴国际商事审判实践经验，找到平衡司法主权与国际礼让，既保护我国当事方利益与安全，又要避免重复诉讼和冲突判决的方式，为我国涉外商事审判提出合理化的建议。

（一）降低不方便法院原则适用门槛，注重审判的公正性

我国的不方便法院原则的适用需要同时满足六个条件，不同于英美法系国家只是规定裁量范围，这也体现我国强调法律的稳定性，限制法官自由裁量权的趋势，但是这本身和不方便法院原则的灵活性相冲突，而且在案例中可能已经偏离不方便法院原则的本质与初衷。其中与国际实践相一致的主要在于当事人提出管辖权异议，存在其他具有管辖权的外国法院以及不属于协议管辖以及我国专属管辖的适用条件，前述条件同时满足具有合理性和可适用性，即英美法系判断标准的第一阶段，存在具有管辖权的外国法院。但是就第二阶段，涉及我国的利益、案件发生地、认定事实和适用法律以及外国法院审理方便等因素，与美国和日本的裁量因素具有相似性，其问题之处就在于不需要同时满足以上条件，可以考虑德国标准之一即最密切联系原则，在裁量过程中应该重视审判的公正性与正义性，不要过分强调法院审理的便利性，而是考虑当事人参与诉讼的便利性，不能歧视外国当事方，也不能过度保护本国当事方。

另外，在举证责任分配上，也可以参照英国法院实践，平衡原告和被告之间的举证责任。在我国现有涉外商事审判法律实践中，适用不方便法院原则，被告承担过重的举证责任，需要证明同时满足六个条件，而法院只需证明其中一个条件不满足即可，并且可以不说明理由和依据，直接认定不存在更方便的外国法院，原告没有任何举证责任，因

此被告需要对抗法官和原告,其中的举证责任十分不平衡,[①]因此可以适当借鉴英国法院实践,平衡双方举证责任。

(二)司法裁决中以中止诉讼代替驳回起诉或者驳回诉讼请求

由于不方便法院原则的适用在于解决不同国家和地区管辖权纠纷,因此一国立场可能会导致其他国家采取相似态度回应。目前,由于我国在涉外商事审判领域对于管辖权趋紧的立场,几乎不会适用不方便法院原则而放弃管辖,而当事人在其他国家法院参与诉讼会产生可能冲突的判决以及重复诉讼的问题,或者我国和外国法院都适用不方便法院原则放弃管辖,从而使当事人无法得到救济。因此,笔者认为,相比于驳回诉讼请求的做法可以借鉴美国和英国司法实践经验,先中止诉讼,考虑外国法院是否符合公正审判的标准,甚至可以附条件适用,其考虑因素可以包括外国法院是否基于国籍或住所地对非本国当事方的歧视、司法程序是否不合理拖延、当事方是否能够获得公平救济途径等,如果不满足上述标准,我国法院可以恢复管辖。相较于驳回起诉和驳回诉讼请求,中止诉讼更具有合理性,并且符合诉讼经济和效率的要求。

(三)积极参与国际上统一管辖权方面的实践

除对我国国内法适用进行调整,还应该积极参与国际统一管辖权方面的实践,合理分配国际商事纠纷的管辖权。2015年正式生效的海牙《协议选择法院公约》,中国已经签署,但是公约尚未生效,其中国际商事纠纷属于公约调整范围,公约保障国际民商事案件当事人排他性选择法院协议的有效性,被选择法院所作出的判决应当在缔约国得到承认和执行,如果当事人选择法院有效,那么当事人合意选择的受诉法院必须受理,其他法院中止诉讼或者拒绝管辖,从而避免重复诉讼。未来可以继续在国际层面推进统一合理分配国际商事诉讼管辖权问题,尊重我国与其他国家签订的司法互助协定。同时也不必过于担心由于中国法院放弃部分涉外商事案件管辖权而导致我国国家、法人和自然人等合法利益受损,或者有损我国司法主权,可以通过我国《民事诉讼

① 最高人民法院民事裁定书,(2014)民四终字第27号。

法》第 281 条、第 282 条的相关规定，在承认和执行外国法院判决的过程中，以司法审查作为安全阀，对于违反中华人民共和国法律的基本原则或者国家主权、安全、社会公共利益的判决不予承认和执行。

五、小　结

没有哪个信条不受震动，没有哪个曾经饱受称赞的教条没有显露出疑点，没有哪个继受的传统没有瓦解的威胁。不方便法院原则起源于历史上的英国，之后对其他法域的法院行使管辖权产生各种或多或少的影响。这一原则从历史中走来，经过一代又一法官的理解与应用，其内容与价值日益确定与合理，重视司法公正与实际联系，直到当代依然在沿用。我国关于涉外商事审判领域不方便法院原则的适用，需要结合案件具体与中国法院是否具有实质联系，而不是只要存在与我国有关的因素就要求由中国法院进行管辖并且要适用中国法律作为准据法。由于这一原则来自其他法域，因此要注意翻译问题，理解梳理不方便法院原则的起源与历史，从而把握这一原则的本质和核心价值，即对司法公正和实质联系的追求，不能仅从字面理解“方便”与否，更要注重案件裁判的公正性，否则可能会演变为另一种意义上的“长臂管辖”。同时也需要具有国际视野，不仅将目光聚焦于中国法院或者某一具体案例，而是要学习借鉴外国法院在管辖权争议方面的实践经验，注重国际礼让，积极参与国际商事争议管辖权的协调，提高司法裁判的公正性与先进性。

德国劳动法中“从属性”概念的构建

李童童*

[**摘要**]从静态的视角看,“从属性”几乎是当今所有大陆法系国家劳动法的核心概念,它决定了劳动法的特殊保护适用的对象范围。从历史的视角看,“从属性”具备动态的重要作用。在“一战”前后,德国的第一批劳动法前辈们正是以“从属性”为基石,围绕劳动者、劳动合同、劳动法等基本概念展开充分论证,才使作为一门新兴学科的劳动法得以创设。在此过程中,他们采取或保守或激进的立场,有意或无意改变了法学研究的范式,从而使实证主义主导的法律科学被迫在劳动法领域接纳了新的方法元素,而这些元素为这个领域的法律研究与实践带来的灵活优势影响至今。

[**关键词**]劳动者;劳动合同;劳动关系;从属性;法社会学

“从属性”(Abhängigkeit)是劳动法的核心概念。从部门法的角度看,从属性的内涵和构造决定了劳动法的适用范围;从法律史的角度看,20世纪初,为应对现实中的日益严峻的劳工问题与难以阻挡的工人运动,学者们以从属性概念为中心确立起了劳动者在法律上的特殊地位,而劳动法作为劳动者的身份法,其特质超出了传统私法理论与技术的能力范围,因此德国劳动法作为一门新兴的法律科学得以成长为独立的部门法,而从属性概念是这一学科统一的基石。这一主题之下的部门法研究成果多着眼于技术性的教义学论证,以求为当下日益复杂的劳动关系判定提供理论工具。本文旨在从法律史的角度出发,以从属性概念的构建为线索,还原德国劳动法学诞生之初学术争鸣的盛况,揭示在工人运动的背景之下,19世纪末主流的实证主义法学如何遭到来自马克思主义与法社会学的挑战。

---

* 李童童,中国人民大学法学院2021级博士研究生。

一、第一批登场人物

(一)菲利普·洛特玛的学术贡献

在理论层面上,针对散乱的劳动立法状况作出统一化尝试的第一人是菲利普·洛特玛(Philipp Lotmar),他被视为德国劳动法的开山鼻祖。1902 年,他在《德意志帝国私法中的劳动合同》中开创性地使用"劳动合同"(Arbeitsvertrag)的概念,来描述所有的有偿双务劳务给付合同。同时,他以"劳动者"(Arbeitnehmer)一词来指代这种合同中的劳务给付方,以"雇主"(Arbeitgeber)指代劳务的受领方。①

洛特玛并非没有注意到后来成为争议焦点的从属性问题,他看到了"许多雇用合同和承揽合同的劳动者处于强烈的人身从属性之中",但是他认为,这种从属性主要源自"当事人的人格,也就是劳动者的经济劣势或者糟糕的教育程度,这些都是在合同签订以前就存在的",②不是合同的要件或效果。鉴于他使用的劳动者概念是以劳动合同为基础的当事人概念,自然也就排除了处于合同之外的从属性因素。

(二)魏玛共和国的劳动法学者

提洛·拉姆(Thilo Ramm)认为,魏玛时期劳动法学界的代表人物有四位,分别是胡果·辛茨海默(Hugo Sinzheimer)、海因茨·波特夫(Heinz Potthoff)、沃尔特·卡斯克尔(Walter Kaskel)和埃尔文·雅各比(Erwin Jacobi)。由于这四人之间不仅存在完全不同的法学思想和方法论,他们的社会经验、社会地位也有巨大的差异,这为魏玛时期劳动法学派的分流奠定了基础。③

一是以辛茨海默为代表的法兰克福学派,他们主要采取马克思主

---

① See Vgl. Philipp Lotmar, Der Arbeitsvertrag nach dem Privatrecht des Deutschen Reiches, Band Ⅰ,1902,S. 60.

② Philipp Lotmar, Der Arbeitsvertrag nach dem Privatrecht des Deutschen Reiches, Band Ⅱ,1908,S. 859.

③ 参见久保敬冶『ある法学者の人生－フーゴ・ジンツハイマー』(信山社,2001年)158 頁以下参照。

义立场与法社会学方法,这个学派的成员更偏实务,与大学学界的关系是疏离的。二是以卡斯克尔为代表的柏林学派,他们主要采取法实证主义的立场,认为法社会学的方法论是"向曾经的社会政策劳动法理论的退行",应当予以排斥。三是作为柏林学派旁系的科隆学派,以阿弗雷德·胡维克(Alfred Hueck)、汉斯·卡尔·倪珮岱(Hans Carl Nipperdey)为代表,此学派没有犹太学者,在后来的纳粹体制之下得以幸存,在"二战"后具有最大的影响力。四是同样以法实证主义为基调、谋求劳动法体系化的莱比锡学派,其代表人物是埃尔文·雅各比、埃里希·莫利特(Erich Molitor)、陆茨·里希特(Lutz Richter)。和柏林学派相比,这个学派彻底贯彻讲坛主义法学的立场,在这个点上与其他学派都不相同。①

二、劳动法的基本概念之争

(一)何为劳动者

在魏玛共和国时期,学术界对于劳动者概念及其一般标准没有达成一致。此时洛特玛的影响仍然存在,这体现在一些学者倡导,劳动者概念应以劳动合同为基础,或者将报酬的受领作为劳动者的标志之一。但是,主流意见已经开始偏向脱离劳动合同,在超越劳动合同的前提之下建立新的劳动者概念。本节接下来将简述第一代劳动法学者们对于劳动者概念的一些观点,并以表格总结。

作为柏林学派领头人、统一劳动法委员会委员,卡斯克尔是对劳动者概念作出最多限定的学者。他认为劳动者属性包含两个方面,一方面劳动者必须具备一定的特点;另一方面应当符合劳动法之下的职业身份。他将劳动者定义为"为了他人的考量,非独立地,承担基于合同的和职业相应的工资劳动的人"。

同样强调职业身份的是汉斯·克莱勒(Hans Kreller),他将劳动者

① 参见久保敬冶『ある法学者の人生－フーゴ・ジンツハイマー』(信山社,2001年)164頁参照。

定义为“根据各自职业(berufsmäßig),为了报酬,或者作为学徒,为了给付劳动,而在他人的企业中被雇佣的人”。[①] 辛茨海默则否认了劳动者的职业性,如“在闭店之后,为手工业者记账的独立商人也应当是劳动者,尽管他不是以此为业”。[②] 对他来说,对劳动者职业性的认识是构建统一劳动法所必须清除的障碍。

辛茨海默是以从属性为基础构建劳动者概念和劳动法体系的代表。他认为,劳动者具备同一种社会身份(Stand),从属性劳动是其生存基础。[③] 从属性概念不考虑劳动者的法律关系状态,仅考虑其对特定社会身份的归属状况。[④] 他对从属性的构建过程尤其体现了马克思对德国劳动法的影响。

他认为,从属性的根源在于雇主的处分权(Verfügunsgewalt),它构成了统一劳动法存在的正当性。[⑤] “处分”(Verfügung)作为一个教义学基本概念,其含义包括命令、指令,支配、处置。[⑥] 处分本来最常见形式是所有权人对物所享有的整体性处分权能,包括占有、使用、收益、出卖等。而辛茨海默将它引入劳动法,正是因为他从这种所有权的机能中发现了从属性的历史根源。“自由人如何变得从属,或者说,将劳动变为从属劳动的处分权是基于什么样的权利?”为了回答这个问题,辛茨海默揭示了劳动法隐藏的基础,即劳动法与所有权之间的关系。[⑦] 这种

---

① Vgl. Hans Kreller, Zum Entwurf eines Allgemeinen Arbeitsvertragsgesetzes, in: AcP122 (1924),S. 8.

② Vgl. Hugo Sinzheimer,Grundzüge des Arbeitsrechts,1927,S. 33.

③ See Vgl. Philipp Lotmar, Der Arbeitsvertrag nach dem Privatrecht des Deutschen Reiches,Band I,1902,S. 64.

④ See Vgl. Hugo Sinzheimer,Grundzüge des Arbeitsrechts,1927,S. 33f.

⑤ 辛茨海默的整个学说体系是以从属性劳动为基准的。他认为“劳动法(Arbeitsrecht)的标的只能是从属性劳动,不涉及从属性劳动的法律应当被称为劳动的法律(das Recht der Arbeit)”。参见 Vgl. Hugo Sinzheimer, Grundzüge des Arbeitsrechts,1927,S. 4。

⑥ 参见周恒祥:《德汉法律词典》,Duncker & Humblot 出版社 2017 年版,第 287 页。

⑦ 参见 Vgl. Hugo Sinzheimer, Grundzüge des Arbeitsrechts,1927,S. 22. 日译本:楢崎二郎、蓼沼謙一『労働法原理』(東京大学出版会,1977 年)29 頁以下参照。

关系的前提是,在资本主义社会中,劳动者手中没有生产资料,生产资料存在于他人的所有权之下,因此,“劳动和所有权之间就产生了法条文字中不会表现出来的,但是作为规范前提必定存在的各种关系”。①

问题的答案在于,所有权具备二重机能:②

第一重机能是,所有权为了自己的价值实现(Verwertung)会将劳动力吸引到自己身边。劳动者为了生活下去,不得不依存于所有权,因为所有权把持着劳动力主人的劳动条件和生活条件。依靠劳动的无产者聚集到可以提供劳动和工资的所有权者的生产场所,这就如同中世纪初期缺乏保护、缺乏法权的时代(Rechtslosigkeit),没有武器的人蜂拥至提供保护的领主那里一样。将劳动者赶到所有权的处分权之下,不是法的强制,而是社会动力(soziale Dynamik)的默然的强制(stumme Zwang)。在这种情况下,劳动合同的自由不过是劳动者选择处分自己的所有权者的自由而已。

第二重机能是,为了实现自己的价值,对置于其处分下的劳动力进行支配管理(dirigieren)。根据所有权对劳动力进行处分,不单是物权法的行为,同时也是人法的(personenrechtlich)行为。所有权不单是对物的处分,更是对人类的处分,也就是表现为马克思所说的“由物作为媒介的人和人之间的关系”。辛茨海默将这种作用命名为,所有权的处分作用(potestative Wirkung)。

这里的词根“potesta”,暗示了“处分”根源于罗马法的历史之中。他认为“最初,所有权不是根源于一种特殊的物权,而是根源于一种一

① 参见 Vgl. Hugo Sinzheimer, Grundzüge des Arbeitsrechts,1927,S. 22. 日译本:楢崎二郎、蓼沼謙一『労働法原理』(東京大学出版会,1977 年)29 頁以下参照。这里辛茨海默显然受到了卡尔·伦纳(Karl Renner)的影响。Vgl. Martin Becker, Arbeitsvertrag und Arbeitsverhältnis während der weimarer republik und in der Zeit des Nationalsozialismus,2005, S. 213.

② See Vgl. Hugo Sinzheimer,Grundzüge des Arbeitsrechts,1927,S. 23ff.

般的支配权”。“这种支配权在罗马法上被称为 dominatio”[①]。这里的 dominatio 意指共和时期的“家父权”，即 potestas。[②] 这种支配权“既针对人也针对物”适用，这是“在家这种古老的经济统一体之中，将人和物为了统一的目的进行总括调度的根源性的组织力（organisatorische Macht）”。

在后来的历史中，这种支配权分化为国家享有的政治性的治权（imperium）[③]，私法层面的支配权坍缩为特殊的物权。但辛茨海默认为这种分化并不彻底，“虽然今天 dominatio 的基础和形式发生了变化，但是它仍然存续着”。[④] “在古老的家父权（patria potestas）和夫权（Muntgewalt）[⑤]中所体现出来法律核心，在今天并没有消亡，从属劳动即是其新的形式。”[⑥]而这些都是从教义学的角度出发的学者所看不见的。最后他得出结论，“从属劳动的基础就是所有权。作为生产资料的所有权产生了从属劳动，而规定从属性本质的是处分权”。[⑦]

有关从属性的具体标准，辛茨海默认为应当参考劳务义务人是否必须严守一定的劳动时间。如果他不能自由决定劳动时间，则他所给付的劳动通常是从属劳动。除了时间拘束性，他还提到从属性的决定性因素不是劳动者“是否”事实上从属于他人的秩序，而是他“能否”从

① Vgl. Hugo Sinzheimer, Grundzüge des Arbeitsrechts,1927,S. 25.

② potestas 本意是指罗马法中家父所享有的一体性的支配权，在共和早期，家庭团体中的成员地位屈从于家父一个人几乎不受限制的完全权力之下。参见［德］卡泽尔：《罗马私法》，田士永译，法律出版社 2018 年版，第 154 页。

③ 辛茨海默将这个过程称为政治性分化（politische Enteignungsprozeß）。Vgl. Hugo Sinzheimer, Grundzüge des Arbeitsrechts,1927,1927,S. 19.

④ Vgl. Hugo Sinzheimer, Grundzüge des Arbeitsrechts,1927,1927,S. 25.

⑤ 夫权起初既象征支配，也含有提供保护的意义。后来夫权仅指对妻子的权力。这个词也被基尔克用来指代日耳曼家庭中的家长权，这里罗马法与日耳曼法的资源被辛茨海默“混搭”使用。庄子良男『ドイツ団体法論（第一分冊）』（信山社，2014 年）25 頁参照。

⑥ Vgl. Hugo Sinzheimer, Grundzüge des Arbeitsrechts,1927,S. 11.

⑦ Vgl. Hugo Sinzheimer, Grundzüge des Arbeitsrechts,1927,S. 27.

属于他人的秩序。[①] 整体来说,他对从属性理论的贡献更多是提供了法律史和社会学的论据。对于从属性的具体标准讨论更多的是莱比锡学派的莫利特等。

莫利特一开始在和里希特、胡维克一起发表的文章《对一般劳动合同法草案的法学观察》中拒绝了用经济、人身或组织从属性标志来规定劳动者概念,他认为这样是不充分的。但是在一年之后发表的著作《劳动合同的本质》中,他就改变了自己的看法,认为低报酬以及在民法典中规定的预先给付义务(Vorleistungspflichten)对劳动者的经济地位造成了不利的影响,从而采用了劳动者的经济从属性。此外莫利特和波特夫、约特曼一样,强调劳动给付人在雇主的企业中的组织性融入(betriebliche Einordnung),因为这会导致组织性从属(betriebliche Unterordnung)。[②]

如莫利特一样,保罗·约特曼(Paul Örtmann)也通过劳务给付人融入他人的企业而产生的从属性来建立劳动者属性。此外他还有时间的要求,即劳动者和雇主之间存在或多或少的持续关系。[③]

陆茨·里希特(Lutz Richter)认为,劳动者身份属性涉及人身从属性。劳动者是“受时间约束,在他人的劳动标的上劳动的人”。和莫利特一样,里希特也将雇主视为对劳动履行者的“权力所有人”(Gewalthaber)。[④] 而雅各比认为,“单纯的人身从属性标准是不能运用的,因为每一种劳务给付都会导致给付人在受领人的权威之下的具有某种人身从属性。”[⑤]这种从属只是在种类和强度上有所不同而已,因此

① See Vgl. Hugo Sinzheimer, Grundzüge des Arbeitsrechts, 1927, S. 122f.

② See Vgl. Nadine Däumichen, Erich Molitor Mitbegründer der neueren Arbeitsrechtswissenschaft, 2012, S. 70.

③ See Vgl. Nadine Däumichen, Erich Molitor Mitbegründer der neueren Arbeitsrechtswissenschaft, 2012, S. 76.

④ See Vgl. Nadine Däumichen, Erich Molitor Mitbegründer der neueren Arbeitsrechtswissenschaft, 2012, S. 74.

⑤ Vgl. Erwin Jacobi, Grundlehren des Arbeitsrechts, 1927, S. 50.

在他看来从属性劳动者概念不能成立。

此外，思博施密特将从属性分为组织从属性（betriebliche Abhängigkeit）、人身从属性和经济从属性。组织从属性即“劳动者融入任何公共的、工商业的、慈善的以及混合经济企业的运营，并投入劳动力，如果不存在组织从属性，那么必须同时存在经济从属性和人身从属性，劳动法才得以适用”。① 卡斯克尔认为思博施密特和主流学说相反不要求从属性或非独立性，②应该不是针对思博施密特对劳动者的定义而言，而是针对思博施密特对劳动法的定位。对于思博施密特来说，以从属性劳动为核心的劳动法不能构成独立的规范系统，而只能构成“能量法”（Energierecht）的一部分。而“能量法”是以思博施密特对于“劳动”的物理学定义为基础的法律概念，这里暂不展开。③

梅斯巴赫将经济非独立性规定为劳动者属性，他将经济非独立性定义为“履行人不是承揽人，不是为了自己的考量而劳动”。梅斯巴赫没有采纳人身从属性，他认为雇主的指示权（Direktionsrecht）不重要。他也没有依据融入来确定劳动者概念（见表 1）。④

表 1　第一代劳动法学者对劳动者概念的定义

学者	人身从属性	经济从属性	组织从属性	从属性的根源	从属性是否作为劳动法的合法性基础	其他
沃特·卡斯克尔	√			雇主指挥权与劳动者的服从义务	宪法是劳动法的基础，采用宪法实证主义的法学方法	以合同为基础；为他人的考量；报酬性；职业性

① Vgl. Martin Becker, Arbeitsvertrag und Arbeitsverhältnis während der weimarer republik und in der Zeit des Nationalsozialismus, 2005, S. 179.

② See Vgl. Walter Kaskel, Arbeitsrecht, 1925, S. 30. Anm. 2.

③ See Vgl. Martin Becker, Arbeitsvertrag und Arbeitsverhältnis während der weimarer republik und in der Zeit des Nationalsozialismus, 2005, S. 183.

④ See Vgl. Nadine Däumichen, Erich Molitor Mitbegründer der neueren Arbeitsrechtswissenschaft, 2012, S. 73.

续表

学者	人身从属性	经济从属性	组织从属性	从属性的根源	从属性是否作为劳动法的合法性基础	其他
胡果·辛茨海默	√			生产资料所有权的二重功能	√	是否必须遵守劳动时间是判断从属性的标志
埃里希·莫利特		√	√	劳动的种类与特性对于从属性来说是决定性的，融入支配组织的时间会增强从属性	√(更确切说是保护需求构成劳动法基础)	支配组织中形成支配权力关系，这种关系是企业主的命令权力和融入其中的劳动者的服从义务所导致的
保罗·约特曼			√	大企业生产方式导致劳动的支配结构	√	时间上具有一定持续性
陆茨·里希特	√			劳动的时间约束性导致的结果	劳动过程的本质足以构成劳动法的基础	劳动法构成人法与财产法的中间领域
威廉·思博施密特	Ⅱ	Ⅱ	Ⅰ	签订合同时劳动者和雇主之间的经济地位差距	劳动的“能量”概念构成劳动法的基础	从属性标志只是为了指出特殊的保护需求，劳动法也不构成独立的规范体系，而是“能量法”的组成部分

续表

学者	人身从属性	经济从属性	组织从属性	从属性的根源	从属性是否作为劳动法的合法性基础	其他
海因茨·波特夫			√	现代企业的运作方式导致个别债法关系让位于人法的社会组织关系	√	继承基尔克的同时独立发展了经济目的理论
亚瑟·菲利普·倪济施[1]	√	√		聘用合同的本质特征	×	和其他学者以从属性定义聘用合同相反，认为聘用合同是一切的根源
阿尔弗雷德·胡维克	○		○	所有劳动给付的义务都会导致一定程度的从属性	劳动者的保护需求和经济弹性	从属性的程度是决定性的
汉斯·卡尔·倪佩岱			√	劳动中的"他人决定""服从义务"以及融入企业组织体	√	劳动关系的持续性；劳动专属性；劳动的种类
威廉·赫尔施	/	/	/	/	劳动合同，确切说是个人主义形式，构成劳动法的基础	魏玛后期否认劳动法的法学性

续表

学者	人身从属性	经济从属性	组织从属性	从属性的根源	从属性是否作为劳动法的合法性基础	其他
埃里希·梅斯巴赫		√		劳动的目的是为他人而非自己	√	经济从属性和一般交易观念对于劳动者概念是决定性的
汉斯·克莱勒			√	/	大企业中的劳动合同(Einstellungs-vertrag)本质上脱离了传统债法领域	实证主义思路,理论重点不在于构建从属性
埃文·雅各比	/	/	/	/	劳动合同构成劳动法的基础	否定一般性的劳动者概念
《一般劳动法草案》			√	企业在生产过程中的理性要求导致劳动者的去人格化	√	

注:○表示可以(二者中择一),√表示必要,数字表示判断顺序,×表示不必要,/表示未提及。

〔1〕倪济施在"二战"之后更加强调组织从属性,这里的归纳以他在魏玛共和国时期的作品为依据。参见橋本陽子「労働法・社会保険法の適用対象者㈡ 一ドイツ法における労働契約と労働者概念一」法協120卷8号(2003年)1536頁以下参照。

这张表格只能提供魏玛时期劳动者理论的概观,其中涉及的许多问题都无法通过表格的形式展现出来,未免挂一漏万。尤其需要指出的是,在德国现行理论通说中,组织从属性被作为人身从属性的下位标志,[①]持这种观点的代表者是胡维克,他认为人身从属性与组织从属性是同质的,即"对于劳动者来说必须存在人身从属关系,但是这种从属关系也可以体现为组织从属性,或者融入企业,或者融入雇主的家庭"。[②] 但是同样是持组织从属性理论,另外一些学者对组织从属性的认识存在非常大的不同。如思博施密特将组织从属性作为劳动者身份判断的第一顺位标准,强调了组织从属性相比其他两种从属性的决定性意义。[③] 莫利特和波特夫的组织从属性则带有更多奥托·冯·基尔克(Otto von Gierke)的影子。

基尔克整个理论体系的出发点在于他对人类的独特理解。他认为,所有人类都具备双重身份,一方面是自我完整的个人;另一方面是某个团体的成员(Glied)。这种双重身份是"人类概念的标志"。这两重要素既不是相互敌对,也不是简单并存的状态,相互之间必须进行调和。对应人类的双重身份,存在两种思想。也就是与个人身份对应的自由思想(der Gedanke der Freiheit),和与团体身份对应的统一思想(der Einheitsgedanke)。它们之间也必须调和。而这两种思想在法的层面表现为个人法(Individualrecht)和团体法(Sozialrecht)。"个人法将人这种意思载体作为个别存在相互关联,团体则将人的关系作为社会存在(Gesellschaftswesen)进行秩序化。"[④]和前二者一样,个人法和团体法也必须在一个法体系中进行调和。基尔克认为,现代雇佣合同产生的个别债法关系中的支配关系和主人权(Herrenrecht),是个人法视角下的

① See Vgl. Rolf Wank, Der Arbeitnehmer-Begriff im neuen § 611a BGB, Arbeit und Recht, 65(2017), S. 147.

② Vgl. Martin Becker, Arbeitsvertrag und Arbeitsverhältnis während der weimarer republik und in der Zeit des Nationalsozialismus, 2005, S. 281f.

③ See Vgl. Martin Becker, Arbeitsvertrag und Arbeitsverhältnis während der weimarer republik und in der Zeit des Nationalsozialismus, 2005, S. 179.

④ 西谷敏『ドイツ労働法思想史論—集団的労働法 における個人・団体・国家』(日本評論社,1987 年)194 頁以下参照。

存在。而融入支配团体所产生的权力关系,是团体法视角下的存在。他对这两种关系的区分可以视作是人身从属性与组织从属性理论的雏形。[①] 而且在基尔克的理论中,这两种从属性的关系是明晰的:劳动者融入雇主的支配性团体之后,组织从属性就获得了独立性,并且在从属关系的性质中占有绝对优势地位。

类似地,莫利特认为"融入"这种社会现象背后是一种组织思想(Organisationsgedanke),在这种思想的影响下,劳动者处于组织中服从的、次要的地位。"广泛的、方法不明的、规定不清楚的"企业控制权(betrieblichen Leitungsgewalt)得到承认的同时,雇主在个别劳动关系中的控制意愿(steuernden Willen)反而不重要了。[②] 相应地,他对于合同的作用也只给予了非常有限的承认。[③] 他对于劳动法的定位远离民法、远离合同基础,更倾向服务于具有支配结构的组织的理性要求(Rationalitätsanforderung)。[④] 在他的理论中,"企业——社会"(betrieblich-sozialen)法优先于私人自治。[⑤]

波特夫致力于大型企业中的法律关系研究,在他看来,未来这些大型企业将会取代小型的企业,因此劳动法的世界观应当以大型企业为基础。[⑥] 劳动关系的决定性因素是劳动者融入企业组织体,因此劳动关

---

① See Vgl. Otto von Gierke, Die Wurzeln des Dienstvertrages, in Otto von Gierke-Aufsätze und kleinere Monographien, Band I, ed. Wolfgang Pöggeler (Baden-Baden: Olms-Weidmann, 2001), S. 57.

② See Vgl. Martin Becker, Arbeitsvertrag und Arbeitsverhältnis während der weimarer republik und in der Zeit des Nationalsozialismus, 2005, S. 279.

③ See Vgl. Nadine Däumichen, Erich Molitor Mitbegründer der neueren Arbeitsrechtswissenschaft, 2012, S. 75.

④ See Vgl. Martin Becker, Arbeitsvertrag und Arbeitsverhältnis während der weimarer republik und in der Zeit des Nationalsozialismus, 2005, S. 279. auch Nadine Däumichen, Erich Molitor Mitbegründer der neueren Arbeitsrechtswissenschaft, 2012, S. 71.

⑤ See Vgl. Martin Becker, Arbeitsvertrag und Arbeitsverhältnis während der weimarer republik und in der Zeit des Nationalsozialismus, 2005, S. 280.

⑥ 关于波特夫的"劳动法世界观",参见 Vgl. Heinz Potthoff, Weltanschauliche Grundlagen des Arbeitsrechtes, Archiv für Rechts und Wirtschaftsphilosophie, 20(1927), S. 450ff。

系不是债法的交换关系，而是人法的社会组织关系。[1]“企业不是由成千上万的个别独立的劳动给付的简单相加，而是一个被组织、被领导的整体（organisch geliedertes Ganzes）”[2]，劳动者不是孤立的原子，而是一个共同体的成员（Glieder eines gemeinsamen Ganzen）。[3] 企业主不需要个别劳动给付的集合，而是需要整体领导（dirigieren）一群为了企业需求而被雇佣的劳动者。[4] 由于作为企业目标的生产活动只能通过所有人的共同作用才可以达到，因此组织中的“支配关系是必要且合宜的”。[5] 对于劳动者来说，团体义务（Verbandpflicht）远远超过合同义务的范围。因此，法律和司法必须以人类的社会团结（soziale Verbundenheit）为出发点，承认共同体相对于个体的优先性以及个人对于组织的从属性。[6]

因此，对于波特夫来说，劳动法的重点不在于个别债法合同，而在于集体的劳动纪律。[7] 对此，贝克甚至批评道，波特夫是牺牲个人自由来支持集体。[8] 但其实波特夫正是通过将劳动关系构建为人法的组织关系来解决自由的问题。因为他认为，这种支配关系应当通过个别劳

① See Vgl. Martin Becker, Arbeitsvertrag und Arbeitsverhältnis während der weimarer republik und in der Zeit des Nationalsozialismus, 2005, S. 198.

② Vgl. Martin Becker, Arbeitsvertrag und Arbeitsverhältnis während der weimarer republik und in der Zeit des Nationalsozialismus, 2005, S. 198.

③ See Vgl. Martin Becker, Arbeitsvertrag und Arbeitsverhältnis während der weimarer republik und in der Zeit des Nationalsozialismus, 2005, S. 199.

④ See Vgl. Martin Becker, Arbeitsvertrag und Arbeitsverhältnis während der weimarer republik und in der Zeit des Nationalsozialismus, 2005, S. 198.

⑤ Vgl. Marie Louise Seelig, Heinz Potthoff-Arbeitsrecht als volkswirtschaftliches und sozialpolitisches Gestaltungsinstrument, 2008, S. 174.

⑥ See Vgl. Martin Becker, Arbeitsvertrag und Arbeitsverhältnis während der weimarer republik und in der Zeit des Nationalsozialismus, 2005, S. 198.

⑦ See Vgl. Marie Louise Seelig, Heinz Potthoff-Arbeitsrecht als volkswirtschaftliches und sozialpolitisches Gestaltungsinstrument, 2008, S. 173.

⑧ See Vgl. Martin Becker, Arbeitsvertrag und Arbeitsverhältnis während der weimarer republik und in der Zeit des Nationalsozialismus, 2005, S. 207.

动者的团结和民主的企业共同体予以限制:“通过企业共同决定,劳动者自身也成为了不受限制的企业主人。”①总而言之,劳动关系作为人法支配关系,个人是企业共同体的一部分并且可以融入其中,这种观点和基尔克是一脉相承的。但是,波特夫独创性地发展了经济目的理论,他用这个理论证明了将个人整合进组织是合理的,这对他的整个劳动法概念来说至关重要。②

《一般劳动合同法草案》第1条规定:“劳动者被雇主有偿聘用(angestellt)以为劳动给付的合同是劳动合同。”③虽然没有专门的劳动者条款,但是通过草案备忘录可以得知,“聘用”的概念在这里意味着劳动者在组织意义上融入企业。④ 因此草案是持组织从属性的观点。⑤相应地,在劳动者的给付义务方面,草案没有赋予雇主以广泛的指挥权,而是为劳动者规定了客观的、符合企业需求的给付义务。⑥ 而劳动合同法的适用范围和给付义务的范围逻辑上是一致的,因此,草案体现的劳动者对雇主的人身从属性非常有限。可以看出,草案基本上采纳了波特夫的观点。虽然在魏玛时期的统一劳动法立法委员会中,波特夫没有列席一般劳动合同法下级委员会。但辛茨海默是这个委员会的组长,而辛茨海默本人将波特夫视为自己的战友。⑦ 他们所使用的材料

① Vgl. Marie Louise Seelig, Heinz Potthoff-Arbeitsrecht als volkswirtschaftliches und sozialpolitisches Gestaltungsinstrument, 2008, S. 174.

② See Vgl. Marie Louise Seelig, Heinz Potthoff-Arbeitsrecht als volkswirtschaftliches und sozialpolitisches Gestaltungsinstrument, 2008, S. 178.

③ Vgl. Martin Becker, Arbeitsvertrag und Arbeitsverhältnis während der weimarer republik und in der Zeit des Nationalsozialismus, 2005, S. 310.

④ See Vgl. Martin Becker, Arbeitsvertrag und Arbeitsverhältnis während der weimarer republik und in der Zeit des Nationalsozialismus, 2005, S. 311.

⑤ See Vgl. Martin Becker, Arbeitsvertrag und Arbeitsverhältnis während der weimarer republik und in der Zeit des Nationalsozialismus, 2005, S. 311.

⑥ See Vgl. Martin Becker, Arbeitsvertrag und Arbeitsverhältnis während der weimarer republik und in der Zeit des Nationalsozialismus, 2005, S. 313.

⑦ 参见久保敬治『ある法学者の人生 - フーゴ・ジンツハイマー』(信山社,2001年)152頁参照。

或许不同,但很多观点都是一致的。

受时局所限,统一劳动法立法委员会还未完成任务就已解散,这部《一般劳动合同法草案》也从未正式生效。作为法典的某种替代方案,1926 年的《劳动法院法》先实现了劳动司法管辖权的统一。1928 年,帝国劳动法院(RAG)刚成立不久,即确定“经济从属性”与“人身从属性”为认定劳动者身份的核心标志,且二者不是彼此对立,而是并列的关系。此后,法院放弃了并列定义,转为择一的定义,即只要满足人身从属性或经济从属性其中一项标准,即可认定劳务义务人为劳动者。①1931 年,帝国劳动法院在判决中降低了经济从属性的重要性,将它作为辅助性判断标准来认定人身从属性,从此人身从属性成为司法判决中劳动者概念的核心标准,②这也为后来的联邦劳动法院所继承,并作为主流学说延续至今。

(二)何为劳动法

魏玛时期劳动法学家们争论的一个根本点其实在于,如何划定统一劳动法的范围,劳动法学科应当如何构建。因此,劳动者概念之争不如说是劳动法学科之争。如前所述,卡斯克尔对劳动者属性有两方面要求,除了劳动者的几种标志,还必须具备一定的职业身份(Berufsstände)。他认为“劳动法不是所有人的法律,毋宁说是不同职业

---

① See Vgl. Martin Becker, Arbeitsvertrag und Arbeitsverhältnis während der weimarer republik und in der Zeit des Nationalsozialismus, 2005, S. 316f.

② 参见 Vgl. Martin Becker, Arbeitsvertrag und Arbeitsverhältnis während der weimarer republik und in der Zeit des Nationalsozialismus, 2005, S. 319。总结起来,帝国劳动法院逐步增加对人格从属性的重视,降低经济从属性的重要性,这一系列策略具备合理性。因为经济从属性更多地依赖对当事人的社会地位的判断,而这种判断是需要足够的经验材料支撑才能发展为一个清晰的标准概念,帝国劳动法院在早期并没有完成这种经验材料的积累。但人格从属性是一个可以直接从劳动合同的本质中推理出来的特点,即劳动合同只能在实际履行过程中才能将其标的特定化,从而使雇主获得了针对这种特定化的指示权。Vgl. Erwin Jacobi, Grundlehren des Arbeitsrechts, 1927, S. 47f. 以法律人的思维,肯定是后一种思路更方便、且更具备合理性。

的劳动者服从不同的劳动法”。[①] 劳动的人“并不是在所有情况下都可适用劳动法,也不是所有的劳动者都适用同样的劳动法,劳动法只适用于特定职业身份的劳动者,不同职业身份的劳动者每次都适用不同的劳动法”。[②] 可见,卡斯克尔严格秉持实证主义立场,或者准确地说是宪法实证主义的立场。除了根据实证法总结出来的职业阶层,卡斯克尔还根据《魏玛宪法》第7条第9项,直接将劳动法等同于保险法、劳动者保护法、劳动介绍法。[③] 对于劳动法的体系定位问题,卡斯克尔以现行劳动立法中公法的发展远远超过私法为理由,主张从公法层面对劳动法学科进行构建,同时强调加强劳动当局(Arbeitsbehörde)的地位。[④]

与卡斯克尔不同,在第一次世界大战之前,辛茨海默就论述了劳动法统一的必要性,作为支配这种统一性的核心,辛茨海默建立了“从属性劳动”的概念。“劳动法趋向的统一性,是基本理念的统一。这个基本理念是,劳动者在劳动关系中,作为给付投入了自己的人格,他们的人格从属性将劳动关系从民法以及其他的法律关系中区别出来。”因此,根据这种基本理念,“尽管个别的劳动关系是多样的,劳动法应当包含所有被他人雇佣的工作的人”。[⑤] 在他的劳动法体系中,首先是集体自治和国家规制所构成的劳动立场(Arbeitsstand),其次是劳动关系和劳动宪法。由于集体自治的主体——劳动同盟(Koalitionen)很难被归入公法社团或私法社团,而被看作“社会新秩序的承载者”[⑥],因此辛茨海

---

① Vgl. Walter Kaskel, Arbeitsrecht, 1925, S. 31ff.

② Vgl. Walter Kaskel, Arbeitsrecht, 1925, S. 31ff.

③ See Vgl. Martin Becker, Arbeitsvertrag und Arbeitsverhältnis während der weimarer republik und in der Zeit des Nationalsozialismus, 2005, S. 162.

④ See Vgl. Thomas Bohle, Einheitliches Arbeitsrecht in der Weimarer Republik, 1990, S. 114.

⑤ Vgl. Hugo Sinzheimer, Über den Grundgedanken und die Möglichkeit eines einheitlichen Arbeitsrechts für Deutschland, 1914, reprinted in Hugo Sinzheimer - Arbeitsrecht und Rechtssoziologie ed. Kahn-Freund/Ramm, Hamburg: Europäische Verlagsanstalt, 1976, S. 47.

⑥ Vgl. Hugo Sinzheimer, Grundzüge des Arbeitsrechts, 1927, S. 81.

默的劳动法已经超越了公私法的基本划分。

与辛茨海默的观点针锋相对的是威廉·赫尔施(1895－1986),他认为,如果不想在劳动法的教义中引入一种与法学无关的、从社会政策中舶来的划分原则,就必须放弃建立一种特殊的劳动法体系,劳动法没有统一的“源泉”。与卡斯克尔对公法的青睐不同,赫尔施和洛特玛一样认为劳动法应当纳入私法的范围。他认为虽然革命后的劳动法有一种“集体主义”的倾向,然而劳动关系“本质上是个人主义规定性的”。此外,只有通过法典化达成统一,才可以终结目前碎片化的立法状况。[①] 在追求形式统一这一点上,他和卡斯克尔的立场也是一致的。

对于职业性这一问题,胡维克、倪珮岱认为“职业身份”概念本身存疑,“劳动者和商人一样,属于应当被法律特殊对待的人的集合。是否称为职业身份不过是用语的问题”。“如同商法是商人的特别法,劳动法也是劳动者的特别法。”[②]对于劳动同盟的法律地位,倪珮岱定性为私法团体。[③] 关于劳动法的体系定位问题,他们认为劳动法既不是公法的一部分,也不是私法的一部分,但是它也绝不构成法律体系中独立的领域,而是结合了公法和私法下的要素。[④] 这一点与辛茨海默的设想针锋相对。

雅各比对于这种以劳动者概念界定劳动法的路径表达了不赞同,他认为,将劳动法定义为“劳动者的法律”(Recht der Arbeitnehmer)并不是一个真正的定义,只是把劳动法概念的问题提法,转移到了劳动者概念上,而且还忽视了劳动关系中同样重要的雇主一方。[⑤] 胡维克与倪

---

① See Vgl. Martin Becker, Arbeitsvertrag und Arbeitsverhältnis während der weimarer republik und in der Zeit des Nationalsozialismus, 2005, S. 301.

② Vgl. Alfred Hueck & Hans Carl Nipperdey, Lehrbuch des Arbeitsrechts, 1931, S. 7f.

③ See Vgl. Martin Becker, Arbeitsvertrag und Arbeitsverhältnis während der weimarer republik und in der Zeit des Nationalsozialismus, 2005, S. 185.

④ See Vgl. Martin Becker, Arbeitsvertrag und Arbeitsverhältnis während der weimarer republik und in der Zeit des Nationalsozialismus, 2005, S. 280.

⑤ See Vgl. Erwin Jacobi, Grundlehren des Arbeitsrechts, 1927, S. 43.

珮岱也承认,“将劳动法定义为劳动者有关的直接的法律关系并不妥当,虽然多数情况下是这样,但有例外”。比如,前面脚注提到的卡斯克尔对劳动者保护法的例外性观点,也为胡维克和倪珮岱所承认,即“劳动者保护法是规定雇主对国家的公法上的义务,调整的是国家和雇主之间的法律关系”,但是,因为“这种义务也是为了劳动者而创设的,所以这种规则也包含在劳动法构成要素之中”。①

关于统一劳动法的争论在当时并没有一个定论。从之后的历史来看,我们可以说劳动法成为了劳动者的法律,也可以说劳动法是建立在劳动关系之上的法律。无论如何,“从属性”都成了德国劳动法的核心议题,无论是劳动者身份的判断还是劳动关系的判断,都适用这一标准。从上述学者的论述中可以看出,他们对从属性的判断和构建,最终大多落脚到“支配关系”“权力关系”“支配组织”上。基尔克对于劳动法的影响在这里彰显。

然而,雇佣合同作为人法的支配关系的观点,只是基尔克团体理论中的很小一部分。因为他将整个社会都视为人法的团体,目的是将个体从孤立的位置解放出来,使之进入团体的社会关系。② 因此,重要的不是劳动法学家们大量使用了基尔克所创造的概念,而是他们对于从属性或权力关系的构建过程。虽然有人确实遵循了基尔克的部分理论逻辑,强调融入支配性团体的决定性作用,但大多数时候基尔克只是一张皮,法学家们只是借用基尔克来实现各自的想法。有人以实证主义的方式构建从属性,有人从法律史和法社会学中寻求其渊源,其中对立的根本还是法学方法的问题。

三、“法社会学”对实证主义法学的挑战

在19世纪的德国法学界,由历史法学派发展出来的,以概念法学

① Vgl. Alfred Hueck & Hans Carl Nipperdey, Lehrbuch des Arbeitsrechts, 1931, S. 8.

② See Vgl. Marie Louise Seelig, Heinz Potthoff-Arbeitsrecht als volkswirtschaftliches und sozialpolitisches Gestaltungsinstrument, 2008, S. 178.

为巅峰的法学实证主义在德国法学领域占据支配地位。直至世纪之交,德国的法学的整体范式才迎来转折。在这时,与其说是法学家的研究旨趣由抽象概念转移至社会现实,不如说是严峻的危机迫使法学界直面其一直以来试图回避的现实问题。早期的自由法学的文献已有围绕方法论所展开的讨论。① 但是,对于法学与社会学之间的相互关系这个关键问题,自由法学并没有给出明确的答案。

韦伯倾向于严格区分二者,坚持法学的科学性与法律系统的自主性。这一立场由劳动合同法的开创者洛特玛所继承。以大量的实证研究为基础,他首先证明了劳动合同在经济上的重要意义,②然而在构建概念的时候,他采取了极度抽象的形式主义的方式。③ 韦伯对于洛特玛在概念构建过程中展现出来的经济与法律视角的灵活运用给予了高度评价。他指出,经济的视角很容易发展为只以经济为条件的概念构建,变成洛特玛所说的“无产阶级劳动关系的分析”,④而忽视劳动合同的一般性,沦为“对单个劳动合同的偶然性分析,丧失现代劳动法科学概念的统一原则”。⑤ 辛茨海默强烈批评了这种对劳动合同的形式抽象的定义方式。在他看来,这种方法体现了强烈的民法学家的“共同法”思维方式。⑥

与洛特玛类似,卡斯克尔采用实证主义法学方法,他反对任何法社

---

① 参考顾祝轩:《制造“拉伦茨神话”——德国法学方法论史》,法律出版社 2011 年版,第 32 页。

② See Vgl. Philipp Lotmar, Der Arbeitsvertrag nach dem Privatrecht des deutschen Reiches, BandI, 1902, S. 5f.

③ See Michel Coutu, *Max Weber on the Labour Contract—Between Realism and Formal Legal Thought*, Journal of Law and Society, Vol. 36(4), p. 565(2009).

④ Vgl. Philipp Lotmar, Der Arbeitsvertrag nach dem Privatrecht des deutschen Reiches, BandI, 1902, S. 43.

⑤ See Michel Coutu, *Max Weber on the Labour Contract—Between Realism and Formal Legal Thought*, Journal of Law and Society, Vol. 36(4), p. 565(2009).

⑥ See Michel Coutu, *Max Weber on the Labour Contract—Between Realism and Formal Legal Thought*, 36 Journal of Law and Society 568(2009).

会学和法史学的方法进入法学领域。辛茨海默提出“法学的终极目标就是法律政策”。① 而卡斯克尔认为社会政策与劳动法之间是“计划与实施、约定和履行”的关系。社会政策是为了解决社会问题而寻求所有可行措施,劳动法只是其中一种。从学科与方法的角度看,社会政策是“课题科学”(problematische Wissenschaft),没有空间、时间的限制;劳动法是教义科学(dogmatische Wissenschaft),其任务限定为对现行法规进行解释与适用。②

卡斯克尔的反面是波特夫。波特夫在作品中大量使用了非法学的概念和原则,如“民主”、“人法”、“组织性”、“社会”、“共同体”以及经济学价值如“秩序”“纪律”“命令”。③ 他的理论中,“社会学与法学在方法论上没有区别,实然与应然在劳动法中相互交错”。因此波特夫的法学是社会科学,而不是以社会科学作为法学判断的辅助工具。④

倪珮岱、思博施密特和辛茨海默是折中主义的代表。其中辛茨海默的方法尤其具有争议性。他所提倡的“法社会学”并非我们今天所说的基于经验研究的法社会学,而是指一种突破概念法学范式的,对于其他社会科学理论资源,或者说对跨学科研究的一种开放姿态。辛茨海默为了论证劳动在法学上的特殊意义,一次又一次引用马克思的作品,尝试将劳动法从其他法学的分支中解放出来,使其成为一个独立的学科。这受到了马克思主义对于无产阶级在资本主义社会中地位的分析的影响。⑤

---

① Otto Kahn - Freund, *Labour Law and Politics in the Weimar Republic*, Ed. Roy Lewis and Jon Clark, translated by Jon Clark, Oxford, Blackwell, 1981.

② 参见孫田秀春『労働法の開拓者たち』(高文堂出版社,1970年)145頁以下参照。

③ Vgl. Martin Becker, Arbeitsvertrag und Arbeitsverhältnis während der weimarer republik und in der Zeit des Nationalsozialismus,2005,S. 207.

④ See Vgl. Martin Becker, Arbeitsvertrag und Arbeitsverhältnis während der weimarer republik und in der Zeit des Nationalsozialismus,2005,S. 205.

⑤ See Otto Kahn - Freund, *Labour Law and Politics in the Weimar Republic*, Ed. Roy Lewis and Jon Clark, translated by Jon Clark, Oxford, Blackwell, 1981.

辛茨海默所使用的论证方法在当时遭到了更保守的法学家的激烈反对。倪珮岱认为，辛茨海默“将社会政策家的劳动法作为法学家的劳动法，表明新劳动法学在开历史倒车”。卡斯克尔全盘否定了辛茨海默的《劳动法原理》是法学作品，因为在他看来，“这本书完全与教义学决裂了，它以法学门外汉为受众，退步逆行为社会学”。对这二人的批评，辛茨海默认为言过其实，因为自己并非没有尊重法学方法，他肯定法学方法是整个法律共同体“精神文化”的一部分，是“法学上所有认识的前提”。但是，要警惕制止法学方法“要求理论独裁的倾向”。[①] 他本人认为，自己的法社会学方法其实是在还原被概念法学所扭曲的社会现实，近的来说就是将工人结社，劳资斗争，集体合同等实践中已经非常普遍的现象还原包装为法学理论。在当代德国劳动法学界，左派的主要批评者提洛・拉姆认为，虽然辛茨海默学派“将政治论证带入了劳动法的学术研究，但是明确区分了法律政策与现行法，使讨论可能在左派与右派之间进行，此时马克思主义没有构成障碍”。[②]

有关魏玛共和国的学界与后世的联系性，不是本文处理的主要问题，这里仅稍微提及。当时的劳动法学家中很多人都有犹太血统，在纳粹上台之后被迫流亡国外，因此魏玛时期的劳动法学与“二战”之后的劳动法学存在一定程度的学脉断裂。而之所以胡维克和倪珮岱的教科书被奉为经典，成为后世的主流学说，很可能是由于历史偶然——他们所属的科隆学派没有犹太学者，在纳粹体制之下得以幸存。战后倪珮岱成为联邦劳动法院的第一任院长，赫尔施成为联邦劳工部劳动法司司长，他们对于战后联邦德国的劳动立法和司法产生了极大的影响。但是在魏玛时期，劳动法这门学科诞生之初，其他学派的贡献是不能忽视的，尤其是与大学联系并不密切，但是活跃于法律实践领域的法兰克

① 孫田秀春『労働法の開拓者たち』(高文堂出版社，1970 年)138 頁以下参照。

② Vgl. Thilo Ramm, Die „Linke“ und das Arbeitsrecht, Juristen Zeitung, 33. Jahrg., Nr. 5/6(1978), S. 185. 而辛茨海默作为法学家的保守性在当时也曾被左翼指责为“在工人运动的顶点让工人阶级失望”。Vgl. Sandro Blanke, Soziales Recht oder kollektive Privatautonomie? Hugo sinzheimer im Kontext nach 1900, 2005, S. 2.

福学派的学者,这一点从当时统一劳动法立法委员会的名单中可以窥见一斑。[①] 可以肯定的是,劳动法作为一门学科,其形成与跨学科方法的运用是不可分割的。[②] 与英美国家法社会学的兴盛相比较,“二战”之后的德国的法社会学研究鲜有人问津。但是,唯独劳动法领域具有令人瞩目的开放性。当今德国并不存在一部《劳动法典》,甚至没有一部统一的《劳动合同法》,劳动法的主体渊源是法官续造法。[③] 缺乏抽象完善的立法体系,反而给非法学的话语不断进入法学领域提供了很大的空间。此外,战后的学界仍然存在这样一批“马克思主义”劳动法学者,他们有意去挑战主流法学对于精确性的强调,把政治立场引入法学的讨论中。[④] 双方争辩的激烈程度和魏玛时期不相上下,但是在宪法的整体框架之下实现了一种动态平衡。他们的存在也印证了当下劳动法的研究方法与风格已经有了本质不同的特点。

---

① See Vgl. Thomas Bohle, Einheitliches Arbeitsrecht in der Weimarer Republik, 1990, S. 8ff.

② 本文未涉及的是法兰克福学派对于集体劳动法的法理构建,这真正使劳动法脱离了传统公私法的结构,或也可称为是对于前公私法结构的社会实践的一种坚守和还原。

③ 参见[德]沃尔夫冈·多伊普勒:《德国劳动法》,王倩译,上海人民出版社 2016 年版,第4页。

④ See Vgl. Thilo Ramm, Die „Linke“ und das Arbeitsrecht, Juristen Zeitung, 33. Jahrg., Nr. 5/6(1978), S. 184ff.

公司制的制度优势及其在中国的早期移植

马　哲*

[摘要]传统中国长期以来是一个自给自足的农业社会,缺乏公司制滋生所需的经济基础,直到近代社会,公司法律制度形成和发展所需的土壤才开始生成。西学东渐加速了中国的公司实践和公司法律制度的发展,促使中国在很短的时间内将西方的公司法律制度嫁接到中国的土壤之上。在此之后又经历了一段漫长和曲折的过程,公司这一新型的商业组织形式才真正在中国站稳脚跟。从传统的抑商到后来的重视和保护商业,思想的转变是一个漫长和痛苦的过程;从通过道德软约束的内在控制和政府直接干预,到间接、强制性、外部的法律控制,更非一蹴而就。本文将沿着历史的足迹,对近代中国商业观念的转变、公司实践和立法的演变等问题进行探讨。

[关键词]公司;实践;法律移植;法律人格;有限责任;立法

> "制度是一个社会的博弈规则,或者更规范地说,它们是一些人为设计的、型塑人们互动关系的约束。从而,制度构造了人们在政治、社会或经济领域里交换的激励。制度变迁决定了人类历史中的社会演化方式,因而是理解历史变迁的关键。"
>
> ——道格拉斯·G. 诺斯①

一、经济发展、商业观念转变、资本主义萌芽和传统中国的早期合伙:与同时期的西方社会对比

在中华文明发展的最早期,农业经济在很长一段时期内占据绝对

---

* 马哲,法学博士,澳门大学法学院助理教授、中国—葡语国家司法法律研究中心副主任。

① [美]道格拉斯·G. 诺斯:《制度、制度变迁与经济绩效》,杭行译,韦森译审,格致出版社、上海三联书店、上海人民出版社 2014 年版,第 3 页。

的主导地位。后来,农业和手工业的发达为商业的发展提供了土壤,虽然农业仍占据主导,但商业活动也未受到抑制,在整体社会经济中占据日益重要的地位。[①] 到战国末期,封建统治者不想继续纵容民众追求商业活动的高额利润而放弃作为封建统治基础的农耕,开始采取重农抑商的政策。[②] 商鞅改革的举措之一便是遏制商业的发展。为此,商鞅颁布了诸如禁止商人出售粮食、提高酒和肉的价格、增加商品的销售税等措施。[③] 商鞅及其追随者韩非的抑商思想符合封建统治阶级维护其统治基础的需要,被后来历代封建王朝接受并大力提倡,成为中央集权封建社会经济政策的基本指导原则。儒家学派虽然经常与以商鞅和韩非为代表的法家学派对立,但在遏制商人和商业发展方面的贡献不亚于后者。自汉代以来,儒家思想长期主导着中国社会,主张仁义道德,重义轻利,商人因其逐利性而被视为低贱的职业,这长期束缚了中国商业的发展。[④] 与社会经济发展状况相关的是人们开展活动的方式。在传统中国这样一个自给自足的农业社会,人们之间共同进行的活动自然较少。

在几乎同时期的西方文明中心古罗马,已经有大量由不同个人组成的团体存在,它们通常出于宗教、职业、互助等目的而建立。[⑤] 此时已经出现了一种被称为"societas"的组织形式,是罗马市民之间的协议,他们据此分享共同活动的利润和损失。人们一般认为,这是与现代公司

---

① 参见岳强:《中国传统产业政策思想的发展图景——兼谈重农抑商思想的成因与流变》,载《经济问题》2018年第8期。

② 参见范忠信、秦惠民、赵晓耕:《论中国古代法中"重农抑商"传统的成因》,载《中国人民大学学报》1996年第5期。

③ 参见王宏:《变法的前夜:秦国墨学与商鞅变法的社会史考察》,载《学术探索》2011年第5期。

④ 参见文建龙:《康有为对中国传统重义轻利价值观的批判》,载《兰州学刊》2018年第3期。

⑤ See Reinhard Zimmermann, *The Law of Obligations: Roman Foundations of the Civilian Tradition*, Oxford University Press, 1996, p. 451 ss.

具有类似目的和功能的最早的机制。[①] 显然,罗马法中的"societas"是一种契约关系,并非人之组织体,在外部关系中也不作为一个独立的单位,因此也没有代表和运作其之机关。[②] 有罗马法学者认为,既然公司从本质上看是法人的一种类型,应将其起源追溯到"universitas"。这一术语出现在6世纪的查士丁尼法典中,被用来概括性地指称罗马市民的集合或者市政当局的集合,该集合体作为一个整体拥有法律人格,是权利和义务的主体。[③] 教皇英诺森四世将"universitas"与"societas"之间的区别总结如下:"universitas"是一个人,而"societas"只是其成员(socii)的别称。[④]

反观中国,上述商人和商业活动受到压制的情况直到宋朝才得以改善:当时农业的发展导致农产品出现剩余,这些农产品被转化为商品,并在市场上销售;酿酒、纺织、制瓷和冶炼技术的提升,导致大量高质量的手工艺品被制造出来,促进了商业的持续繁荣;在对外关系方面,航海活动的发展也促进了商品的流通。这些因素共同促成了繁荣的商业社会的出现。当时的统治者顺应时势,重视对经济活动的立法规制,以保护商人的合法利益。[⑤] 在同时期的西方社会,被认为是公司的另一重要前身的行会在11世纪至12世纪出现。[⑥] 它们是商人的自治组织,制定在交易中应遵循的惯例,解决争端,并在一定程度上履行

---

① See Henry Hansmann, Reinier Kraakman & Richard Squire, *Law and the Rise of the Firm*, 119 Harvard Law Review 1336(2006).

② 参见[德]马克斯·卡泽尔、罗尔夫·克努特尔:《罗马私法》,田士永译,法律出版社2018年版,第191页。

③ See P. W. Duff, *Personality in Roman Private Law*, Cambridge University Press, 1938, p. 230.

④ See Otto von Gierke, *Political Theories of the Middle Age*, translated with an introduction by Frederic William Maitland, Cambridge University Press, reprinted 1922, p. xxii.

⑤ 参见董立章:《略论中国资本主义萌芽于宋》,载《华南师范大学学报(社会科学版)》2001年第3期。

⑥ 参见邓峰:《普通公司法》,中国人民大学出版社2009年版,第17页。

规制商业活动的行政职能。[①] 此外,12世纪的商业合伙关系"康曼达"(commenda)也与现代公司形式非常相似。[②] 康曼达其实是投资人和他的委托代理人之间的合伙合同,前者提供进行海外贸易所需的资本和其他资源,后者则具体负责贸易活动的开展,活动所得利润由二者分享。[③]

明朝和清朝是中国商业发展的另一个高峰期。明朝末年,资本主义萌芽在手工业领域出现。商业的发展和繁荣带来了物质生活的丰富,商人的成功给周围人带来的示范效应,使人们的观念发生了很大的变化,不同阶层的人对商业和商人持越来越宽容和接受的态度,他们认为以营利为目的的商业是一种有效且正当的谋生方式,商业活动的必要性和合法性得到了肯定。[④] 经济的发展导致了人们生产和生活方式的改变,特别是,手工业和商业的发展需要更多的人力和资本资源,也具有更高的风险,需要更多的人去分担,于是有些活动被认为不适宜由个人或小型家庭来完成,人们开始联合开展某些事业。[⑤] 事实上,合伙和共同经营的企业在中国由来已久,甚至可以追溯到春秋时期,[⑥]但直到明朝末年资本主义萌芽才导致其迅速发展。中国早期的合伙有三个特点:第一,它不是一个独立的法律实体,而是人与人之间的协议。第二,成员根据其投入(可能是资本或劳动力或其他资源)分享利润。第

① 参见方流芳:《中西公司法律地位历史考察》,载《中国社会科学》1992年第4期。

② 参见[美]哈罗德·J. 伯尔曼:《法律与革命(第一卷):西方法律传统的形成》,高鸿钧等译,法律出版社2018年版,第464~466页。

③ See Max Weber, *The History of Commercial Partnerships in the Middle Ages*, translated and introduced by Lutz Kaelber, Rowman & Littlefield Publishers, 2002, p. 65 – 66.

④ 参见王小章:《商的正当性与儒的新出路:余英时对韦伯论题的回应》,载《浙江工商大学学报》2022年第4期。

⑤ 参见吴慧:《会馆、公所、行会:清代商人组织演变述要》,载《中国经济史研究》1999年第3期。

⑥ 参见刘秋根、黄登峰:《中国古代合伙制的起源及初步发展——由战国至隋唐五代》,载《河北大学学报(哲学社会科学版)》2007年第3期。

三,成员对合伙的债务承担无限连带责任。[①] 人们对如此繁重的责任的恐惧,限制了当时中国联合经营企业的规模,更何况,当时合伙的主要功能也不是筹集资本,而是分散投资和减少风险。[②]

传统中国企业规模有限的另一个原因是,它们通常由同一大家族中的不同家庭共同拥有和经营,而少吸引外部投资者。这并不难理解,因为传统中国社会长期以来一直是一个自给自足的农业社会,是一个植根于血缘关系的宗法社会,几乎人们所有的活动都是围绕这样的社会结构构建的。[③] 虽然工商业很早就有所发展,但长期以来是以家庭为基本单位进行的,规模相对较小,凝聚资金有限,所有权和经营权统一,进行家族式管理,缺乏现代公司出现的温床。[④] 因此,克服合伙制的弊端也是后来近代中国社会引入公司模式及进行公司立法的重要目的和背景。

而在西方社会,正是在这一时期,真正的现代公司出现。这是政府参与经济活动、战争和殖民化以及筹集资本之需要等因素共同作用的结果。[⑤] 最早出现的现代公司是合股公司(joint stock companies),它们以人们之间的协议为基础,人们基于此共同开展活动(通常与海外贸易活动有关),每个人按其投资比例分享活动所产生的收益。这类公司的典型代表是英国东印度公司和荷兰东印度公司。[⑥] 这一时期的公司开始被视作“现代”公司是因为它们已经包含了现代公司制度的一个重要

---

① See William C. Kirby, *China, Unincorporated: Company Law and Business Enterprise in Twentieth Century China*, 54 Journal of Asian Studies 46 (1995).

② See William C. Kirby, *China, Unincorporated: Company Law and Business Enterprise in Twentieth Century China*, 54 Journal of Asian Studies 46 (1995).

③ 参见王向民:《“没有政府的治理”:西方理论的适用性及其边界——以明清时期的南方社会组织及其公共服务为例》,载《学术月刊》2014 年第 6 期。

④ 参见张华、王晓芳:《中小企业与家族式产权制度》,载《甘肃社会科学》2001 年第 6 期。

⑤ 参见邓峰:《普通公司法》,中国人民大学出版社 2009 年版,第 24 页。

⑥ See M. Schmitthoff, *The Origin of the Joint-Stock Company*, 3 University of Toronto Law Journal 40(1999).

特征“股份制”:不同的投资者各自出资,并据此分享利润和承担风险;投资者的出资表现为“股份”,这一语词从罗马法中的“请求”概念发展而来,因此不难理解,持有股份的股东对公司享有请求权,主要表现为要求获得分红的权利。① 与现代社会的私人公司相比,这一时期公司的一个显著特点是,它们是国家特许设立的,因此要接受国家的监督和控制,国家也赋予它们相当的权力,甚至可以代表国家发动战争和进行外交活动。② 除了国家进行贸易和殖民活动的需要,这一时期殖民公司的出现也与航海和殖民活动需要投入较多资源且活动风险巨大有关,股份制和有限责任可以妥善地将风险分散至广泛的国民承担。

不过,即使是西方的合股公司,最初也不具备法人资格,其成员须对公司债务承担连带责任。事实上,当时成员之间的联合是货物的“联合”,即人们把货物集中起来,共同开展活动,分担活动中产生的风险,而非如现代公司一样是通过资本而联结的。作为货物的联合体,早期的所谓合股公司是不能持续和稳定的,某项贸易任务一旦完成,“公司”就被解散了。③ 直到1657年,英国东印度公司的情况才真正得到改善,当时公司被允许发行股票,股东从中分配红利,而不是分拆公司,从此公司开始有自己的稳定资本。④ 到了1692年,随着股东之间的私下交易被正式禁止,东印度公司才成为一个更现代的合股公司。⑤ 作为一种

---

① 参见[德]托马斯·莱赛尔、吕迪格·法伊尔:《德国资合公司法》(第6版),高旭军等译,上海人民出版社2019年版,第6页。

② 参见[德]托马斯·莱赛尔、吕迪格·法伊尔:《德国资合公司法》(第6版),高旭军等译,上海人民出版社2019年版,第6~7页。

③ See Margaret M. Blair, *Locking in Capital: What Corporate Law Achieved for Business Organizers in the Nineteenth Century*, 51 UCLA Law Review 414 (2003); Paul Davies & Sarah Worthington, *Gower: Principles of Modern Company Law*, Sweet & Maxwell, 2021, p. 20.

④ See Frederick G. Kempin, Jr., *Historical Introduction to Anglo-American Law in a Nutshell*, West Academic Publishing, 2007, p. 285.

⑤ See Paul Davies & Sarah Worthington, *Gower: Principles of Modern Company Law*, Sweet & Maxwell, 2021, p. 20.

新的经济现象,即使是西方国家,也在对公司的监管方面走过弯路。以英国为例,在18世纪初,人们购买股票的意愿非常强烈,以至于产生了相当大的负面社会影响。① 在这种情况下,英国议会在1720年左右通过了《泡沫法》,规定在没有皇家特许的情况下成立合股公司是非法的。② 直到1825年《泡沫法》被废除,该法在长达100多年的期间内确实严重限制了英国新公司的成立。③

中国在很长一段时间内保持着闭关锁国的政策,从1840年开始,中国的传统经济体系开始瓦解,一些有识之士要求振兴民族工商业,以实现国富民强。在重商思想的影响下,近代中国开始形成对商业和商人的尊重意识,商人的社会地位得到了极大的提高。④ 在近代中国,经商成为一种新的社会潮流,甚至许多学者和官员都转而投资于近代工商业,这在几千年来提倡"学而优则仕"的传统社会是无法想象的。⑤

在同一时期的西方,除了特许公司在海外殖民地大规模攫取资源,国内也开始掀起了建立私人公司的浪潮。以英国为例,1833年英国东印度公司对中国的独家贸易许可到期,随后,英国于1844年颁布《股份公司登记和规制法令》(*Joint Stock Companies Registration and Regulation Act*),标志着欧洲划时代的公司法革命的开始。⑥ 自此,成立

---

① See Richard Dale, *The First Crash*: *Lessons from the South Sea Bubble*, Princeton University Press, 2014, p. 6.

② See Robin Pearson, James Taylor & Mark Freeman eds., *The History of the Company*: *The Development of the Business Corporation* 1700 – 1914, Routledge, 2006, p. 59.

③ See Richard Dale, *The First Crash*: *Lessons from the South Sea Bubble*, Princeton University Press, 2014, p. 135.

④ 参见马陵合:《重商观念与晚清利权意识的演进》,载《史学月刊》2007年第3期。

⑤ 参见董辉:《略论晚清"商战"思潮的兴起及其社会效应》,载《长白学刊》2010年第3期。

⑥ 对英国1844年法令的介绍和评价,参见 John D. Turner, *The development of English company law before* 1900, in Harwell Wells ed., Research Handbook on the History of Corporate and Company Law, 2018, p. 133 – 135。

公司不再是特权阶层的专利,而是任何个人都有机会成立的商业组织。方流芳教授将这种转变的特点提炼为三个方面:第一,组建公司的动机从谋求获得官方的特许转变为获得在资本市场上运作所需的资源、免除股东的个人责任以及建立一个持久性的法律实体。第二,适用于一般公众的普遍规则取代了依据个案情况分别颁发的特许令,成为公司成立的法律依据。第三,公司成为任何私人财产所有者都有机会发起的商业组织,因此其数量不断扩大。[①] 英国公司法历史上的另一个里程碑事件是在立法上对有限责任制度的确认。1862 年的《英国公司法令》便是在 1855 年《有限责任法令》的基础上修订颁布的。值得一提的是,当时的香港地区受英国影响,也于 1865 年颁布了《公司条例》,这对晚清时期的公司实践产生了重大影响,因为许多在中国经营的外国公司,特别是英国公司,都把香港地区作为注册公司的首选之地。自此以后,在西方社会,私人公司不仅在数量上急速扩大,而且在经济生活中占据越来越重要的地位,一些大型跨国公司甚至富可敌国。[②] 毫无疑问,人们已经进入了公司化的时代。[③]

19 世纪以来,现代社会中的私人公司之所以层出不穷,与公司(法)的两大特点有关:一是公司具有法人资格,独立于股东,相当于在公司与股东之间设置了一层“面纱”。二是现代社会中的绝大多数公司都是有限责任公司,公司以其全部资产对其债权人承担责任,即使公司自身财产不足,股东通常也仅以其认缴的出资额为限对公司之债务承担责任,而不累及其个人财产。具有法律人格和股东有限责任,是现代

---

① 参见方流芳:《公司词义考:解读语词的制度信息——“公司”一词在中英早期交往中的用法和所指》,载王文杰主编:《月旦民商法研究 1:公司法发展之走向》,清华大学出版社 2004 年版,第 335 页。

② 有学者进行过统计,2006 年全球 100 强经济体中有 53 个国家和 47 个公司(国家按 GDP 名义货币值统计,公司按销售收入统计),参见邓峰:《普通公司法》,中国人民大学出版社,2009 年,第 2 ~ 6 页。

③ See Philippe C. Schmitter, *Still the Century of Corporatism*?, 36 The Review of Politics 85(1974); Stephen M. Bainbridge & Todd M. Henderson, *Limited Liability: A Legal and Economic Analysis*, Edward Elgar Publishing, 2016, p. 1.

公司最重要的两个特征,也是公司相比于合伙合同或其他组织形式最重要的制度优势。[①] 这两个特点使西方国家的公司在经营过程中——特别是在东西方交流过程中——取得了丰硕的成果,为中国政府和有志之士所注意到,从而开启了中国借鉴和移植公司实践和公司法律制度的历程。

二、中国早期公司实践:1840~1904 年

英国东印度公司是中国在长期封闭后被动开放之初最早接触的西方产物之一。当东印度公司驻中国的代表向中国官员介绍自己时,中国人第一次接触"公司"的概念。根据发音,中国官员创造了"公班衙"一词来指代英国东印度公司的代表,而"公司"则指东印度公司本身。[②] 直到 19 世纪初,中文中的"公司"一词才从指代英国东印度公司的专有名词,变成了一个普通名词。中文"公司"一词最早的使用不一定与商业或商务有关,例如,谋求反清复明的"天地会"(又称"洪门")是近代中国最有影响力的秘密社团之一,也曾自称"公司",以避免被政府或西方殖民者取缔。[③]

后来,中国人开始将"公司"概念与商业组织形式联系起来,这与西方的影响有关。在中国出现的第一批商业公司是外国公司。例如,1818 年,美国商人塞缪尔·罗素与一些合作伙伴在广州成立了旗昌洋行的前身公司。[④] 由学者型官员魏源等人编撰并于 1843 年首次出版的《海国图志》中也提到了"公司",指出这是英国商人做生意时首选的组

---

① See John Armour, Henry Hansmann, Reinier Kraakman & Mariana Pargendler, *What is Corporate Law?*, in Reinier Kraakmanet et al eds., *The Anatomy of Corporate law: A Comparative and Functional Approach*, Oxford University Press, 2017, p. 1-2.

② 参见方流芳:《公司词义考:解读语词的制度信息——"公司"一词在中英早期交往中的用法和所指》,载王文杰主编:《月旦民商法研究 1:公司法发展之走向》,清华大学出版社 2004 年版,第 329~330 页。

③ 参见姜朋:《"公司"一词源流小考》,载《清华大学学报(哲学社会科学版)》2014 年第 1 期。

④ 参见何思兵:《旗昌洋行与 19 世纪美国对广州贸易》,载《学术研究》2005 年第 6 期。

织形式。①

中国人最早参与的公司实践始于19世纪30年代,表现为向在中国做生意的外国公司进行投资。在不平等条约的保护下,外国公司在中国经营时能够获得巨大的回报,这吸引了中国资本家的投资。特别是外国公司的"有限责任"特征大大降低了投资者的风险,这增加了中国资本向在华外国公司的流入。然而,当时中国的一些先进人士并不满足于个人利用西方的公司制度为自己谋利,而是主张建立中国人自己的公司,利用公司制度的制度优势,发展本国工商业。特别是自19世纪40年代开始,一些在早期与西方国家接触过程中吸收了西方先进思想、了解到公司这一组织形式的思想家,如郑观应等,纷纷著书立说,宣扬公司在吸收资本、降低风险方面的好处,认为大规模采用公司这一组织形式是西方国家强大的重要原因之一。②

中国人成立的第一批公司是官督商办公司,开始于19世纪70年代和80年代。最典型的代表如李鸿章于1872年在上海成立的轮船招商局,这被认为是近代中国按照西方制度成立的第一家中国公司。这些早期中国公司的设立和运营都需要经过清政府的审查和批准,而由于关于公司的一般性立法是在几十年后才颁布的,清政府在批准公司设立的时候并没有一般规范作为依据。这一时期成立的中国公司虽然在很大程度上受到了在通商口岸活动的外国公司的模范作用的影响,但它们在治理方面仍然具有传统的中国特色:与西方公司由股东通过股东会决议选任经理的做法不同,中国这一时期成立的公司的经理是由清政府挑选的,除了通常的管理公司的职责,他们还有社会和政治任务。③ 与此相关,19世纪下半叶中国公司的运作在很大程度上依赖于

① 参见孔新峰:《从公司治理到国家治理:历史规律及相互镜鉴》,载《人民论坛》2019年第34期。

② 参见李玉:《晚清"官督商办"企业制度的"跷跷板"效应》,载《南京社会科学》2016年第4期;佘雪琼、王利平:《拼合视角下的晚清官督商办公司之形成》,载《管理学报》2020年第3期。

③ 参见狄金华、黄伟民:《组织依附、双边预算约束软化与清末轮船招商局的发展——基于轮船招商局与清政府关系的分析》,载《开放时代》2017年第6期。

总经理，事实上，许多股东投资于公司正是出于对总经理的信任，而不是相反，如西方公司的通常实践一般由股东投资设立公司，然后才根据公司需要选任行政管理机关成员。[①] 可以想象，在洋务运动时期的早期中国公司中，股东会几乎不发挥任何作用，现代公司所具有的分权特征也不存在，因为决策权、管理权和监督权都是一体化的，最终归属于封建君主。于是，不可避免地，官僚主义在这些公司中极为盛行，延续了官本位的作风。洋务运动期间成立的新公司任人唯亲情况严重，邀请了许多没有商业技能的人到公司工作，造成了冗员和沉重的成本，这严重影响了这些公司与进入中国市场的同行业外国公司的竞争。[②]

这些公司经营成本高、与外国公司相比缺乏竞争力的另一个原因是不合理的盈余分享政策。根据当时常见的公司章程条款，无论公司经营与否，无论经营结果是盈余还是亏损，投资者都能定期获得固定数额的利息，也就是所谓的“官利”；如果支付利息后仍有盈余，投资者可以继续按持股比例获得红利：投资者实际上同时拥有股东和债权人的权利，处于一种特权地位。[③] 这种做法其实是对中国传统商业惯例的延续：在传统观念的影响下，股东们认为他们把钱出借给了公司，而不是

---

① 参见张玲玉：《近代中国股份制公司的资本筹集——以轮船招商局为个案》，载《经贸法律评论》2022 年第 5 期；Wellington K. K. Chan, *Merchants, Mandarins and Modern Enterprise in Late Ch'ing China*, Harvard University Press, 1977, p. 81.

② 参见狄金华、黄伟民：《组织依附、双边预算约束软化与清末轮船招商局的发展——基于轮船招商局与清政府关系的分析》，载《开放时代》2017 年第 6 期；Albert Feuerwerker, *China's Early Industrialization: Sheng Hsuan-huai* (1844 – 1916) *and Mandarin Enterprise*, Harvard University Press, 1958, p. 193 – 194.

③ 参见张玲玉：《近代中国股份制公司的资本筹集——以轮船招商局为个案》，载《经贸法律评论》2022 年第 5 期；Wellington K. K. Chan, *Government, merchants and industry to* 1911, in John K. Fairbank & Kwang-Ching Liu eds., The Cambridge History of China, Volume 11: Late Ch'ing 1800 – 1911, Part 2, Cambridge University Press, 1980, p. 481; Albert Feuerwerker, *China's Early Industrialization: Sheng Hsuan-huai* (1844 – 1916) *and Mandarin Enterprise*, Harvard University Press, 1958, p. 142, 241.

作为出资移转给了公司,因此他们也可以在任何时候撤回他们的投资,这在同一时期的西方公司中几乎是不可想象的。当然,造成这种现象的根本原因是可投资到工业活动中的社会资本的缺乏:一方面,中国社会仍以小农经济为主,商品经济处于起步阶段,生产力有限,对闲置资本的积累有限;另一方面,拥有资本的人仍倾向于购买土地以获得稳定的、高回报的地租,或将资本存入银行、钱庄、典当行和其他金融机构以获得高额利息,留给投资新式工商业企业的资金很少。[①] 股东这种陈旧的投资理念的另一个后果是,他们没有动力像现代公司的股东那样对公司的经营活动行使查账权和知情权,导致公司的活动无法得到有效的监督,于是部分管理人员趁机吞噬公司的财产。

另外,这些由商人经营并由政府官员监督的吏治企业显然受到了西方公司做法的影响。一个典型的体现是,从轮船招商局开始,中国公司开始通过发行股票筹集资金。这些新式公司不仅允许股东查阅公司账目,甚至在报刊上公布公司账目,这种做法在当时已经颇受社会好评。[②] 此外,以轮船招商局为代表的新式公司还仿照西方公司设立了股东会和董事会等公司机关。[③] 尽管由于前述原因,股东会在实践中必然不可能发挥很大的作用,经理们经常在欠缺股东会决议作为基础的情况下作出重要的决定,但股东会的存在本身无疑是中国对西方公司制度打开大门的一个标志。

20世纪初,随着对外开放的进一步深入,中国官方和民众对公司的认识也在加深。人们逐渐认识到,早期的中国公司与西方公司有着本质的区别。西方公司以立法机关制定的公司法为基础,获赋予独立的法人资格,而中国公司是由清政府和官员建立的,以封建统治阶级的利益为基础,以封建衙门的方式运作,这从他们被称为“局”也可以看出。

---

① 参见万钧:《官利制:中国近代公司制的本土资源》,载《理论导刊》2012年第3期。

② 参见李玉:《〈申报〉所见晚清招商局之账目公开》,载《安徽史学》2020年第2期。

③ 参见李玉:《从几个节点看1920—1930年代招商局政企关系演变》,载《社会科学辑刊》2022年第1期。

公司具有法人资格的优势可以通过张维迎教授所设计的一则示例来说明：A、B 二人商议共同出资兴办一间奶牛场，但由于精力有限，委托 C 为他们的代理人，为他们购买奶牛并饲养。为便于奶牛场的运营，现在需要在银行开立一个账户，问题是，以谁的名义开立这个账户呢？假如以 A 和 B 的名义开立一个联合账户，则每次操作都需要两人同时到场，极为不便；假如以 A 或 B 其中一人的名义开立账户，则另一人将面临巨大的风险；假如以 C 的名义开立账户，一旦将来 C 死亡或辞职，又需要重新开立账户，况且与前一种情况一样，C 也不无卷款逃跑的可能性……权衡各种因素后，他们最终决定以“abc”的名义开立账户，任何人只要得到 A 和 B 的联合授权即可动用账户中的钱，但无论 A 还是 B 都不得单独动用这笔钱，而且，将来 C 无论因任何原因而不再负责奶牛场的经营，其继任者均可按照同种方式继续工作。于是，通过在银行开立“abc”账户，前述问题得到了解决。又因为 A、B 的奶牛场必然不仅与银行发生交易，而是还需与市场上的其他各种主体进行交易，那么最有效的方法便是 A、B 最初即设立一间名为“abc”的公司。①

概括而言，公司的法人资格保证了经营者在授权范围内的自主经营权，而股东只能通过法律规定的方式行使其对企业的所有权，相当于透过一层“面纱”将公司的所有权与控制权分离开来，如果事事都要向股东征询意见，经营者将寸步难行，这在当代社会广泛存在的股东极为分散的股份公司中尤其如此；法人资格也确保股东不会因为其他股东的不当行为而受到损害，如在上面的例子中，假如 A 或 B 均可随意将企业账户中的钱取出，势必损害另一位所有人的利益，长此以往还会损害投资者的积极性，尤其是不便参与企业经营的投资者的积极性；法人制度也有利于保障债权人的合法权益，例如，当公司破产时，债权人优先于股东获得清偿，否则，假如允许股东在公司资不抵债时任意取回自己的出资，将不会有债权人愿意借钱给公司；归根结底，法人制度降低了

① 参见张维迎：《理解公司：产权、激励与治理》，上海人民出版社 2014 年版，第 188 ~ 189 页。

交易成本。[①] 所以,其实公司的准确定义并非经济学家所谓“合同的联结”,而是“为了缔约的联结”,拥有法律人格的公司,作为与供货商、雇员和客户等签订的诸多合同的共同相对方,通过行使合同权利而协调这些主体的行为。[②] 也不乏法学家持与经济学家相同的观点,例如,拉里·E. 利伯斯坦教授认为,本质上公司可以被理解为是所有者之间、所有者与经理人之间为实现特定目的而签订的一系列合同条款。[③] 当然,公司法终究是一套用于协调各方利益的机制,因而也没有必要过于强调公司的法律人格或资产的独立性而忽略其背后真实的利益关系。[④]

1902年,中国思想家严复翻译了亚当·斯密的《国富论》,将自由放任的经济政策引入中国,主张政府对个人和社会经济事务进行最低限度的干预即可。[⑤] 甲午战争后,即使是在清政府担任要职的政府官员,如李鸿章、左宗棠和张之洞,也主张鼓励私人公司的自行发展和完全私有化。[⑥] 在这种背景和压力下,清政府为了维持其统治地位,不得不调整其产业政策,放宽对私人公司投资近代工商业的限制,允许政府主导的公司将其业务转移给私人公司。[⑦] 光绪皇帝在1895年发布的诏令中明确提到,在私有化过程中,一切应仿照西方国家的做法。1898

---

① 参见张维迎:《理解公司:产权、激励与治理》,上海人民出版社2014年版,第191~193页。

② 参见[美]莱纳·克拉克曼、亨利·汉斯曼等:《公司法剖析:比较与功能的视角》(第2版),罗培新译,法律出版社2012年版,第6页。

③ 参见[美]拉里·E. 利伯斯坦:《非公司制组织的兴起》,罗培新译,法律出版社2018年版,第6页。

④ 参见许德风:《公司融资语境下股与债的界分》,载《法学研究》2019年第2期。

⑤ 参见高力克:《斯密与严复:苏格兰启蒙运动在中国》,载《浙江社会科学》2014年第11期。

⑥ 参见杨汤琛:《甲午前晚清官绅“商务”观的嬗变——以晚清域外日记为中心》,载《广东社会科学》2022年第4期。

⑦ 参见杨洋:《晚清时期企业体制变迁及其现代化审视——对汉阳铁厂“招商承办”之再思考》,载《安徽史学》2020年第4期。

年,光绪皇帝颁布的两部法规直接承认了私人公司在发展工商业方面相比于官办公司的优势,并宣布将对取得良好经营业绩的私人公司给予奖励。①

当然,这一时期真正在商业上取得巨大成功的并不是纯粹的私人公司,而是那些得到政府支持、由与政府关系密切的乡绅创办的公司,这些公司被称为官商合办公司,或绅领商办公司。这些乡绅的主要职能是充当政府和商人之间的桥梁,将这两种力量联合起来,共同促进民族工商业的发展。这类公司中最具代表性的是地方士绅张謇于1895年创办的南通大生纱厂,它逐渐发展成为中国最早的私营股份制企业集团。虽然清政府也参与了对该公司的投资,但其地方代表在与张謇签订的合同中承诺只分红而不派员干涉公司的经营,把管理权交给张謇和其他管理人员。② 这是这一时期的公司相比于洋务运动时期的公司的一个显著不同。

为了吸引投资(这在公司成立之初是相当困难的),张謇延续了中国传统的商业惯例,向投资者支付"官利",即每年8%的固定利息。有了固定收入的承诺,股东们愿意不参与公司事务,使张謇处于大权在握的绝对地位。尽管如此,公司的财务状况还是非常透明的,股东们定期得到关于公司运营和财务的报告,他们的知情权得到了充分保护。③ 为了克服旧式官僚管理的缺点,张謇引入了现代公司治理机制,将公司事务分由若干个部门分别处理,每位管理人员都有各自明确的职责范围。这种治理模式下,治理权最终集中在创始人身上,有利于商业决策,降低运营成本,提高效率,而且符合公司仍处于起步阶段的现实。④

---

① 参见茅海建:《戊戌时期康有为与光绪帝》,载《近代史研究》2021年第4期。

② 参见张忠民:《晚清大生纱厂的早期企业制度特征》,载《清史研究》2016年第3期。

③ 参见汤可可:《张謇与近代公司制度创新》,载《江南大学学报(人文社会科学版)》2007年第1期。

④ 参见张忠民:《晚清大生纱厂的早期企业制度特征》,载《清史研究》2016年第3期。

自1904年《公司律》颁布后,大生纺厂的公司治理进一步规范化,并于1907年召开了第一次股东大会。这次会议决定公司将采用股份公司的治理模式,设立股东大会、董事会和监事会,并规定了公司各个机关的职责。① 大生公司还采取了一项保护小股东的措施:在计算表决权时,大股东的每一股份所代表的表决权要小于小股东的每一股份所代表的表决权。这种做法成为同一时期公司的典范。②

遗憾的是,中国公司法史上的这一卓越的尝试最终仍然以失败告终。大生集团走向破产的主要原因是其财务问题,这是由其所采用的制度造成的:③一方面,这与继承自中国传统的"官利"制度有关,公司无论盈亏都要向股东支付固定利息;另一方面,公司没有适当提取和留存公积金作为储备金,这导致公司应对亏损和抵御风险的能力相当薄弱。简言之,大生公司失败的根本原因是中国商业传统的延续,哪怕该公司在很多方面借鉴了西方公司制度之表面和形状,仍然没有改变上述结局。④

无论是洋务运动期间或之后成立的官督商办公司,还是甲午战争后成立的绅领商办公司,每一公司在设立时都必须获得官方的许可,更重要的是,虽然实践中存在股东只以其出资额为限对公司债务承担有限责任的现象,且这也在一定程度上得到了官方的认可,但没有一家公司真正被正式认定为有限责任公司,因而股东的这一利益并不

① 参见卢征良:《早期大生纱厂内部治理结构的发展及其特征研究》,载《山东科技大学学报(社会科学版)》2007年第2期。

② 参见汤可可:《张謇与近代公司制度创新》,载《江南大学学报(人文社会科学版)》2007年第1期。

③ See Yu Chen, *Zhang Jian and the Transfer of Western Business Methods through Japan into China*, in David B. Sicilia & David G. Wittner eds., Strands of Modernization: The Circulation of Technology and Business Practices in East Asia, 1850 – 1920, University of Toronto Press, 2021, p. 132 – 133.

④ 参见王京滨、姜璐:《近代民族工业企业的规模扩张与信用风险——以大生企业系统为例》,载《社会科学》2020年第12期;姚清铁、尹博、徐虎、李慧敏:《防止资本无序扩张的历史启示——以张謇大生企业为例》,载《上海经济研究》2022年第10期。

能得到确切的保护。然而,有限责任恰恰是现代公司的另一最重要的特征和制度优势,事实上,有限责任也是“公司法的基础性原则”。[①] Easterbrook 和 Fischel 在其文章中将有限责任制度的优势概括为以下几个方面:[②]

第一,有限责任降低了监管的需要。由于股东以其出资为限对公司债务承担责任,监督其他股东以及公司代理人的动力不大,这降低了公司运营的成本,也使投资者将其资本分散地投入多家公司成为可能,使资本的利用更有效率。

第二,有限责任降低了监督其他股东的成本。假如前述奶牛场示例中的 A 和 B 须以各自的个人财产对因经营奶牛场而负的债务承担无限连带责任,则任一方都不得不花费大量时间、精力去监督其他股东的活动,因为其他股东的经济能力对己方利益的维护至关重要。而在有限责任制度之下,财力再强大的股东也仅以其出资为限为公司债务承担责任,股东的身份和个人财力对公司而言变得没那么重要,监督其他股东的动力和需求下降,从而节约了这部分费用。

第三,由于有限责任推动了股票的自由交易,激励经理人有效率地工作。在有限责任制度下,公司与股东的人身关系变得并不紧密,“易主”较容易,对公司经营成绩不满意的股东可以“用脚投票”,将其持有的股票出售,结果经营不善的公司股价往往大幅下降。经理人为了维护自身的利益,有足够的动力努力维系公司的良好运作,使股价维持在比较好的水平上。

第四,有限责任使公司的股价能够较准确地反映公司的经营状况和实际价值,方便投资者作决策。相反,假如采纳的是无限责任制度,投资者在决定是否投资、以何等价格投资时就不得不关注公司本身运营情况以外的因素,尤其是调查现有出资者的财富存量,

---

① See Frank H. Easterbrook & Daniel R. Fischel, *Limited Liability and the Corporation*,52 University of Chicago Law Review 89(1985).

② See Frank H. Easterbrook & Daniel R. Fischel, *Limited Liability and the Corporation*,52 University of Chicago Law Review 94(1985).

包括其个人财富甚至家庭财富,为此亦需要投入大量的资源进行调查。

第五,有限责任使投资多元化,进而降低公司的融资成本。如前所述,有限责任使股东有动力将公司交由具有专业才能的人管理,自己不直接参与经营,而是收取投资回报。在现实生活中,投资者往往分散地投资多家公司以降低风险,有限责任使此成为可能,因为假如投资者须对每一家公司的债务承担无限责任,当然没有动力到处投资。投资者对风险的惧怕程度降低,公司融资自然变得容易。

第六,有限责任可以促进形成最优的投资决策。例如,在无限责任的压力之下,公司经营者可能不愿投入高风险但具有创新性的产业,这其实可能不利于公司的长远发展,也构成一种社会损失。

简言之,中国早期的公司实践,虽然借鉴了西方经验,利用了公司形式在筹集资金和分散风险方面的优势,但只是模仿了它的形式,而没有模仿它的本质:中国的公司没有被正式承认具有法人资格,更没有正式承认股东只承担有限责任。"正式承认"应当由谁作出?答案是只有立法者。①

三、近现代中国的公司立法及其影响:1904~1946年

如前所述,为了使他们的投资和商业利益得到确切的保护,中国商人期盼制定公司法。其中一个原因是,当他们在中国与外国同行竞争时,由于后者受到本国法律的保护,而前者则没有,因此使前者处于竞争劣势。另外,即使在中国商人之间进行交易,由于缺乏公司立法,导致他们的部分交易没有规则可循,从而产生不公平的结果。与此同时,西方列强也强烈要求清政府制定一个与他们的利益相符的公司制度,以保护他们在中国的投资和活动。例如,在19世纪末一家英国公司与其中国股东之间的纠纷中,后者拒绝缴付他之前认缴的出资,而上海的

① 参见季奎明:《商主体资格形成机制的革新》,载《中国法学》2019年第3期。

法官认为他有权这样做。[①]

此外,颁布公司法也符合清政府自身利益。[②] 长期以来,由于公司法的缺失,中国的资本家们不愿意自己成立公司,而是将多余的资本投资于在中国经营的外国公司。这既减少了清政府的财政收入,也鼓励了外国企业的发展。颁布公司法,鼓励民族资本家发展民族资本主义,是清政府维持其财政资源的一个可靠途径。另外,通过不平等条约,西方列强在中国获得了治外法权的特权,使清政府感到非常尴尬。为了结束这种局面,清政府也有动力进行法律改革,以期待当中国的法律制度和审判方法与西方国家接近时,西方国家会放弃其治外法权。[③]

1903 年,清政府成立了商部,负责制定商法,同时在商部下设立了律学馆,负责收集外国商法资料和相关法律。1904 年,随着修订法律馆的成立,翻译外国法律和法学著作的步伐进一步加快。后来的《钦定大清商律》正是在参考了各国商法译本后制定的。总体而言,这部公司法以英国公司法和 1899 年的日本商法典为蓝本,是普通法和大陆法的混合体。[④]《钦定大清商律》中的很大一部篇幅,规定的就是公司律。

1904 年的《大清公司律》确认了有限责任制度,明确规定了两类有限责任公司,股东对公司之债务仅以其出资额为限承担责任,即使公司破产,未偿还的债务也不影响股东的其他个人财产。为了获得有限责任机制的保护,公司不能只是依靠在日常经营中自称是有限责任公司,而必须在向商部登记时声明自己是有限责任公司。[⑤] 清政府及其法律

---

① See George Williams Keeton, *The Development of Extraterritoriality in China*, Longmans Green, 1928, p. 371 – 374.

② See William C. Kirby, *China, Unincorporated: Company Law and Business Enterprise in Twentieth Century China*, 54 Journal of Asian Studies 43 (1995).

③ 大清公司律的立法背景,参见魏淑君:《〈公司律〉的颁行及其时代效用——晚清因应现代性挑战在立法层面上的首次尝试》,载《山东社会科学》2013 年第 5 期。

④ 参见徐立志:《略论〈钦定大清商律〉对外国法的移植》,载《郑州大学学报(哲学社会科学版)》2005 年第 5 期。

⑤ See William C. Kirby, *China, Unincorporated: Company Law and Business Enterprise in Twentieth Century China*, 54 Journal of Asian Studies 48 (1995).

专家相信,有限责任制度的引入将大大促进商人的投资热情,使公司成为经商时的首选组织模式。不过,由于《大清公司律》的颁布比本应作为公司法基础的《民法典》要早得多,因此当时还没有建立起系统的法人理论和制度,所以根据1904年的法律成立的公司并不享有独立的法人资格,直到十年后的1914年《公司条例》才确认了这一点。[①]

1904年的《大清公司律》为中国的公司治理结构设计提供了一个新的解决方案。早期的中国公司并不具有现代化的公司治理,洋务运动时期政府主导的商业公司中的裙带关系和冗员现象以及20世纪初商业公司的严重集权均为例证。这种情况直到1904年公司法颁布后才得以改善:这部法律在中国历史上首次以正式法律的形式确立了股东会、董事会和监事会并立的公司治理模式。[②] 公司法的颁布也极大地防止了政府对商业公司的干预,根据该法第30条和第44条的规定,如果政府或官员是公司的股东,他们没有特权,而要像其他股东一样遵守公司法的规定;股东在公司的发言权取决于其出资所占份额,而非其在政府中的官职高低。[③]

1904年《公司律》在一定程度上促进了公司的建立。[④] 这是因为,在此之前,由于缺乏公司立法,政府需要根据具体情况来批准公司的成立,即采用个案审批的方式。公司法明确了设立公司的要求和标准,自此,只要申请人的申请程序符合立法要求,就可以设立公司。在1904年至1908年,有200多家公司申请注册,其中许多公司后来成为中国工

① 参见朱海城:《从〈公司律〉到〈公司法〉:近代中国股票发行制度与实践研究》,载《社会科学》2018年第7期;颜冰、张静:《公司概念在近代中国的起源与演进》,载《求是学刊》2010年第4期。

② 参见陈剑:《〈钦定大清商律〉中的商法原理——以股东平等和分权治理为进路》,载《北京化工大学学报(社会科学版)》2013年第3期。

③ 参见周游:《近代中国公司法制之形塑及其诱因考论——以股权利益调整为线索》,载《法制与社会发展》2015年第6期。

④ 参见魏淑君:《〈公司律〉的颁行及其时代效用——晚清因应现代性挑战在立法层面上的首次尝试》,载《山东社会科学》2013年第5期。

业现代化进程的骨干。[①] 然而,《公司律》的实施并没有达到清政府和立法者的最初目标。该法颁布后依此法注册的公司大多资本规模较小,而且由于盲目移植英日制度,《公司律》中的许多规则模糊不清,人们对其不信任,倾向于继续按照以前的方式经营企业;法院也不愿意按照所移植的新法解决与公司有关的纠纷,而宁愿将纠纷提交给商部解决,而商部作为一个行政机构,其决定的有效性和公正性惹人怀疑。[②]

概言之,尽管具有开创性,但 1904 年的《公司律》并不是足够发达的。首先,由于缺乏系统的法人理论作为基础,公司法没有赋予公司以独立的法律人格,然而,作为法人本应是现代公司的最重要的基本特征之一。此外,由于公司不具备法人资格,所以无法解释为什么股东可以只对公司的债务承担有限责任。公司法对四种类型的公司的设计也不科学。公司法中的许多具体规则也有缺陷,使其在实践中难以执行。公司法也没有充分调查和考虑中国的既定习俗,导致许多条款不符合中国商人的商业传统,不能很好地发挥约束和指导作用。简言之,这套公司法律制度是模仿西方经验而构建出来的,而不是自发形成的。[③]

直到 1914 年,北洋政府颁布了《公司条例》,公司作为法人的地位才得以确立。与 1904 年的《公司律》相比,1914 年的《公司条例》更加详细,条款范围更广,规则更清晰,更多地借鉴了德国和日本法中的条款。[④] 然而,即使是这个相对先进的新的公司法,对中国公司经济发展的影响仍然非常有限。历史证明,清政府和早期民族主义者认为公司

① See Wellington K. K. Chan, *Government, merchants and industry to* 1911, in John K. Fairbank & Kwang-Ching Liu eds., The Cambridge History of China, Volume 11: Late Ch'ing 1800 – 1911, Part 2, Cambridge University Press, 1980, p. 513.

② See Wellington K. K. Chan, *Merchants, Mandarins and Modern Enterprise in Late Ch'ing China*, Harvard University Press, 1977, p. 182; Albert Feuerwerker, *China's Early Industrialization: Sheng Hsuan-huai (1844 – 1916) and Mandarin Enterprise*, Harvard University Press, 1958, p. 4.

③ 参见许世英:《论清末商法的实施及其效果》,载《政法论丛》2011 年第 2 期。

④ 参见朱大明:《中国公司法产生源流考——以日本法的影响为视角》,载《财经法学》2021 年第 1 期。

法的颁布会引发商人大规模地通过成立公司的方式获得资本和投资者,这种想法是过于乐观的和不现实的。[①]

公司立法没有导致人们大量设立公司的原因之一,是商人对政府的恐惧。当政府强大时,人们担心政府对他们的活动构成威胁;而当政府较为弱小时,人们又担心政府无法履行承诺,无法为他们的经营活动提供稳定的政治和法律环境。[②] 即使在1914年以后,许多商事纠纷中的主体自称"公司",但实际上从未注册为公司,这些所谓的"公司"实际上仍然只是合伙合同。之所以出现这样的现象,是因为人们仍然不愿意为了注册公司而面对政府,尽管当时的政府相对弱势。更重要的原因,是中国资本家和民众之间的相互不信任。资本家们担心民众会因为投资而来干预他们的业务,并分享他们的控制权和利润。反过来,民众也担心他们的出资被放入陌生人的口袋,他们不知道资本家是否会正确使用这些投资。商人和民众之间的相互不信任使所有权和经营权无法分离,即使在上海这样发达的商业城市中亦是如此。这解释了为什么20世纪初的中国公司往往被注册为无限公司,并致力于避免非家族成员的股东参与公司事务。[③]

与清政府希望利用公司法促进工业发展、废除治外法权并在此过程中加强国家力量的愿望相比,国民党政府秉持的是一种更加现实的立法理念:将公司法的立法作为国家实现对所有私人公司——无论中国公司还是外国公司——进行支配的内在驱动力。[④] 在国民政府成立以后不久,在清末已经开始的法典编纂工作取得了重要成果,包括在

---

① See William C. Kirby, *China, Unincorporated: Company Law and Business Enterprise in Twentieth Century China*, 54 Journal of Asian Studies 50 (1995).

② See William C. Kirby, *China, Unincorporated: Company Law and Business Enterprise in Twentieth Century China*, 54 Journal of Asian Studies 50 (1995).

③ 参见程霖、周艳:《近代中国家族企业代际传承与"泛家族化"股权融资思想》,载《财经研究》2018年第11期;黎文靖、彭远怀:《从家族企业治理到家族治理:基于中国家族传承的框架重构》,载《财务研究》2021年第4期。

④ See William C. Kirby, *China, Unincorporated: Company Law and Business Enterprise in Twentieth Century China*, 54 Journal of Asian Studies 51 (1995).

1929 年颁布的《民法典》和新的公司法。国民政府 1929 年的《公司法》以 1914 年的《公司条例》为基础,但对其条款进行了大幅修改。1929 年《公司法》的立法精神之一是约束资本,为此,立法者采取的措施之一是限制大股东的权利,保护小股东的利益。另一项措施是将任何股东的投票权限制在不超过总票数的 1/5。[①] 总体而言,与 1914 年《公司条例》相比,1929 年的《公司法》对有限公司的监管程度更高,对与公司有关的不当行为的处罚也更严格;但是,公司法中的规则也有过于严格之嫌,以至那些守法经营的人很难发展他们的业务,具有这样特点的公司法自然就不太被人们所接受和采纳。

抗日战争胜利后,国民政府面临三种需求:一是吸收资本振兴工业。二是接管日本留下的工商企业。三是引进外资,特别是美国资本,因为美国几乎是战后唯一有能力进行对外投资的国家。所有这些需求的实现,都要求有一个有效运作的公司制度。[②] 这就是 1946 年新公司法的立法背景。1946 年新公司法的另一个立法背景是抗日战争结束后,西方列强终于结束了他们在中国的治外法权。晚清中国法律改革的一个重要目标是结束列强的治外法权,但并不成功,最终,英国和美国在 1943 年放弃了治外法权,中国法律开始适用于在中国的英国和美国公民。1929 年的《公司法》如此严格,以至于外国公司拒绝在中国注册公司,并寻求本国政府的支持,要求他们向中国政府施压以放宽公司法对其经营活动的规制。

1946 年新公司法的第一个特点是创建了一种新的公司类型,即有限公司,以适应战后以中央政府为主要股东和管理者的某些事业。[③] 原则上,公司的股东之间应当是平等的,但当中央政府作为股东时,它又

---

① See William C. Kirby, *China, Unincorporated: Company Law and Business Enterprise in Twentieth Century China*, 54 Journal of Asian Studies 52 (1995).

② 参见胡文涛:《1946 年〈中华民国公司法〉的产生、特点及影响》,载《河南师范大学学报(哲学社会科学版)》2000 年第 1 期。

③ 参见魏淑君:《中国有限责任公司法律制度的历史解读——以国企公司化的百年变迁为视角》,载《法制与社会发展》2020 年第 5 期。

被赋予监督权。1946年的《公司法》还首次定义了“外国公司”。这一定义对中国政府来说非常重要,因为政府既想获得外国投资又想控制这种投资。①

四、结　论

如前所述,现代公司的出现与欧洲国家的航海和殖民活动的高风险有关。为了解决筹集资本和减少商业风险的需要,西方社会设计和创建了一个具有独立法人资格、资本分为若干股权、投资者只承担有限责任的商业组织。在早期,这种组织形式与公共企业有关,只允许获得国家特许的投资者使用。后来,这种组织形式逐渐被“私人化”和“平民化”,允许普通私人投资者选择和采用这一组织形式,以利用其制度优势。可见,公司这种组织形式,它所拥有的独立的法人资格以及大多数公司所共有的有限责任的特征,都是人类创造的产物:它们并不实际存在,而是共存于接受和采用这种制度的人类社会的想象中。

这套在西方国家发展了几个世纪的制度,在清朝末年被中国的统治者和有志之士注意到,并开启了将其移植到中国的过程。公司制度移植到中国后的实践,不仅取决于该制度本身的合理性和优势,也取决于它与中国传统观念和社会文化的结合程度。尽管中国政府在不同时期都积极推进公司立法,但它们对公司经济的贡献实际上是非常有限的。这是因为,受延续了几千年的传统生活方式的影响,中国人仍然更倾向于以家族企业的模式实现经营合作。

为什么中国公司倾向于以家族企业——而非公开公司——的形式运作?一个可能的解释关系到陌生人之间的相互不信任。由于晚清以来中国发生的许多戏剧性事件,商人担心他们的财产安全以及其个人和家庭对其业务的控制。另一个可能的解释是,以家庭为中心的商业运作模式事实上在中国是相当成功的,以至于许多经济学家认为,以家

① 参见魏淑君:《近代中国对外国公司的管制及其法律制度》,载《云南行政学院学报》2009年第4期。

庭为中心的商业模式对中国企业的运作产生了积极的影响，是一种适合于经营小企业的模式。以家庭为中心的商业模式可以降低交易成本，因为人与人之间的纽带和共同的道德准则可以产生一种约束力，而这种约束力往往是合同等法律机制无法实现的。[①]

费正清（John King Fairbank）将现代中国商事法律有待完善的原因总结为没有独立的商人阶层。在这样的背景之下，人们没有把公司作为具有独立法律人格的主体的概念，大公司几乎都是家族所有；在商业关系中，法律制度并非作为绝对的指导，而只是其中一个方面，其他的方面还包括人际关系、家庭关系、宗族关系、裙带关系，等等。[②]

---

① See Giovanni Pisacane, *Corporate Governance in China: The Structure and Management of Foreign-Invested Enterprises Under Chinese Law*, Springer, 2017, p. 95 ss.

② See John King Fairbank & Merle Goldman, *China: A New History*, Belknap Press of Harvard University Press, 2006, p. 185 – 186.